Sebastian Uhrich

Stadionatmosphäre als verhaltenswissenschaftliches Konstrukt im Sportmarketing

GABLER EDITION WISSENSCHAFT

Marketing und Innovationsmanagement

Herausgegeben von Professor Dr. Martin Benkenstein

Die Schriftenreihe „Marketing und Innovationsmanagement" soll drei für die Betriebswirtschaftslehre richtungsweisende Forschungsfelder integrieren: die marktorientierte Unternehmensführung mit Fragen der Kunden- und der Wettbewerbsorientierung, die marktorientierte Technologiepolitik mit allen Fragen des Innovationsmanagements und schließlich das internationale Marketing mit einer speziellen Fokussierung auf den Ostseeraum und Osteuropa. Die Schriftenreihe will dabei ein Forum für wissenschaftliche Beiträge zu diesen Themenbereichen des Marketing-Managements bieten, aktuelle Forschungsergebnisse präsentieren und zur Diskussion stellen.

Sebastian Uhrich

Stadionatmosphäre als verhaltenswissenschaftliches Konstrukt im Sportmarketing

Entwicklung und Validierung eines Messmodells

Mit einem Geleitwort von Prof. Dr. Martin Benkenstein

GABLER EDITION WISSENSCHAFT

Bibliografische Information der Deutschen Nationalbibliothek
Die Deutsche Nationalbibliothek verzeichnet diese Publikation in der Deutschen Nationalbibliografie; detaillierte bibliografische Daten sind im Internet über <http://dnb.d-nb.de> abrufbar.

Dissertation Universität Rostock, 2008

1. Auflage 2008

Lektorat: Frauke Schindler / Sabine Schöller

Gabler ist Teil der Fachverlagsgruppe Springer Science+Business Media.
www.gabler.de

Umschlaggestaltung: Regine Zimmer, Dipl.-Designerin, Frankfurt/Main
Gedruckt auf säurefreiem und chlorfrei gebleichtem Papier
Printed in Germany

ISBN 978-3-8349-1236-7

Geleitwort

Der Spitzensport hat weltweit eine enorme Kommerzialisierung erfahren. Sportveranstaltungen wie Fußballweltmeisterschaften oder auch Olympische Spiele haben mittlerweile einen Etat von deutlich über einer Milliarde Euro. Auch die europäischen und amerikanischen Profiligen im Fußball, Basketball oder Eishockey haben Etats von bis zu über einer Milliarde Euro. Diese Etats werden im Wesentlichen aus vier Quellen gespeist: dem Verkauf von Übertragungsrechten, dem Sponsoring, dem Verkauf von Fanartikeln sowie den Zuschauereinnahmen. Vor allem kleinere Veranstaltungen und Sportvereine, die am Verkauf von Übertragungsrechten und am Sponsoring nur unterproportional partizipieren, sind vornehmlich auf Zuschauereinnahmen und die korrespondierenden Fanartikelverkäufe angewiesen, um ihre Etats zu decken. Für diesen Kreis von Veranstaltern bzw. Vereinen ist es deshalb besonders wichtig, der Frage nachzugehen, warum Zuschauer in die Stadien strömen. Diese Zusammenhänge haben letztlich dazu geführt, dass sich auch die Käuferverhaltensforschung mit der Frage auseinander setzt, welche käuferverhaltenstheoretischen Konstrukte zur Erklärung der Fanloyalität herangezogen werden können. Insbesondere mit dem Zufriedenheitskonstrukt haben sich ganze Forscherkohorten auseinander gesetzt, um die Loyalität von Kunden und damit auch von Sportfans zu erklären. Lange Zeit galt die Zufriedenheit als wesentlicher Treiber der Kundenloyalität.

Dieser Fragestellung – der Erklärung des Zuschauerverhaltens – hat sich auch die wissenschaftliche Diskussion auf dem Gebiet des Sportmarketing gewidmet. Hierzu liegen eine Reihe von wissenschaftlichen Untersuchungen aus dem US-amerikanischen, aber auch aus dem deutschsprachigen Raum vor, die u.a. ausweisen, dass ein wesentlicher, wenn nicht gar der zentrale Beweggrund für den Stadionbesuch die besondere Atmosphäre im Stadion ist. Letzteres wird immer wieder auch von Sportmarketingpraktikern betont. Allerdings liegen bislang keinerlei wissenschaftliche Untersuchungen vor, die der Frage nachgehen, was die Stadionatmosphäre überhaupt ist, wie sie operationalisiert werden kann und ob darauf aufbauend eine Messung der Stadionatmosphäre möglich ist. Vor diesem Hintergrund hat sich Uhrich mit der vorliegenden

Schrift das Ziel gesetzt, die Forschungslücke zur Stadionatmosphäre zu schließen, indem er ein Messmodell für das Konstrukt Stadionatmosphäre entwickelt und validiert.

Als Ausgangspunkt seiner Überlegungen geht Uhrich zunächst auf hedonische Konsumerlebnisse ein, verdeutlicht deren Stellenwert für das Kaufverhalten in verschiedensten Konsumsituationen und kennzeichnet den Einfluss von „Konsumumwelten" auf den hedonischen Aspekt des Konsums. Dabei weist er auch darauf hin, dass speziell zum Einfluss der Laden- bzw. Einkaufszentrenatmosphäre vielfältige Untersuchungen vorliegen, die die Einflüsse der Atmosphäre auf das Kaufverhalten nachweisen. Diesen Erkenntnisstand voraussetzend geht Uhrich dann auf die Atmosphäre bei Sportveranstaltungen ein und verdeutlicht auch die ökonomische Bedeutung der Stadionatmosphäre, um dann die Forschungslücke zu kennzeichnen, die zum Atmosphärekonstrukt bei Sportveranstaltungen herrscht.

Diese Lücke aufgreifend entwickelt Uhrich ein exaktes Konzept des Atmosphärekonstrukts und seines theoretischen Kontextes. Dazu setzt er sich zunächst mit den wissenschaftlichen Erkenntnissen der Umweltpsychologie auseinander. Sie liefern ihm eine theoriegeleitete Basis zur Definition und weiteren Konzeptionalisierung des Konstrukts. Weiterhin werden Untersuchungen aufgearbeitet, die sich aus der Perspektive der Käuferverhaltens-, aber auch der Ästhetikforschung mit der Atmosphäre auseinander setzen. So gelingt es Uhrich, das Atmosphärekonstrukt aus verschiedenen wissenschaftlichen Perspektiven näher einzugrenzen und auch theoretisch stärker zu fundieren. Eine generalisierbare Definition des Phänomens „Atmosphäre" gelingt so relativ leicht. Nachdem diese Grundlagen gelegt sind, ist es für Uhrich ein leichtes, sein generelles Begriffsverständnis von Atmosphäre auf die Stadionatmosphäre zu übertragen. Stadionatmosphäre wird als ein Konstrukt abgegrenzt, „das den Einfluss der besonderen Eigenschaften der Umwelt Sportstadion auf ein präferenzgerechtes gefühlsmäßiges Ergriffensein der Stadionbesucher abbildet". An diese Begriffsbestimmung anknüpfend setzt er sich dann mit den beiden Perspektiven, die die Stadionatmosphäre kennzeichnen, auseinander und geht einerseits auf das Reizbündel der Umgebungseigenschaften in Sportstadien und andererseits auf das Empfinden dieses Reizbündels durch den Stadionbesucher ein.

Im weiteren Verlauf der Schrift widmet sich Uhrich dann der Entwicklung eines Messmodells für das Konstrukt der Stadionatmosphäre. Er macht sehr schnell deutlich, dass er die Stadionatmosphäre – konsequent seinem zweiseitigen Begriffsverständnis folgend – sowohl über formative als auch über reflektive Indikatoren messen will. Diese Indikatoren werden in akribischer Arbeit empirisch generiert. Weiterhin zeigt sich, dass Uhrich sich sehr umfassend in die Konzepte der Konstruktoperationalisierung und Messmodellkonzeptionalisierung eingearbeitet hat. Dies belegen nicht zuletzt seine Ausführungen zur Problematik fehlspezifizierter Messmodelle. Darauf aufbauend wird dann – der Theorie zur Messung latenter Konstrukte folgend – ein MIMIC-Modell entworfen, in das gleichzeitig die Ausprägungen von Umgebungsreizen in Sportstadien und die Empfindungen der diesen Reizen ausgesetzten Stadionbesucher eingehen.

Schließlich führt Uhrich die empirische Prüfung des entworfenen MIMIC-Modells durch. Dazu kennzeichnet er zunächst Kriterien und Verfahren zur Beurteilung der Güte derartiger Messmodelle. Er geht dabei besonders auf die Reliabilität und Validität des Modells sowie die Gütebeurteilung reflektiver und formativer Messmodelle ein. Darauf aufbauend werden dann die Datenerhebung, insbesondere die Fragebogenentwicklung sowie die Durchführung der Zuschauerbefragung bei Hansa Rostock näher gekennzeichnet. Der so erhobene Datensatz wird dann eingesetzt, um die Reliabilität und Validität des Messmodells zu prüfen. Dazu setzt Uhrich einen ganzen Kranz multivariater Verfahren ein, um so das Messmodell sowohl auf der formativen als auch auf der reflektiven Seite anzupassen und nochmals empirisch auf der Grundlage eines weiteren Datensatzes zu prüfen.

Insgesamt entwirft die vorliegende Schrift ein umfassendes Modell zur Messung und Validierung des Konstrukts der Stadionatmosphäre. Damit liefert der Verfasser einen wesentlichen Baustein zur Erklärung des Fanverhaltens. Darüber hinaus zeigt sein Ansatz aber auch auf, wie das Sportmanagement die Atmosphäre in Sportarenen gezielt steuern kann. Deshalb ist zu wünschen, dass die vorliegende Schrift nicht nur in der Wissenschaft, sondern auch in der Praxis des Sportmanagements eine weite Verbreitung findet.

Prof. Dr. Martin Benkenstein

Vorwort

Werden die Zuschauer professioneller Teamsportveranstaltungen nach ihren Beweggründen für einen Besuch im Stadion gefragt, so ist beständig von der „besonderen" Atmosphäre zu hören, die es im Stadion zu erleben gilt. In kaum einer Fußball Live-Übertragung im Fernsehen unterlässt es der Kommentator zumindest kurz seine Eindrücke von der Atmosphäre im Stadion zu schildern. Nicht selten äußern sich auch die an den Veranstaltungen beteiligten Sportler in Interviews nach dem gerade zu Ende gegangenen Spiel oder Wettkampf zur „unglaublichen" Atmosphäre im Stadion, die vermeintlich einen wesentlichen Einfluss auf das Spielgeschehen ausgeübt hat. Die Organisatoren von Sportveranstaltungen versuchen ihrerseits alles dafür zu tun, dass eine „tolle" Atmosphäre in ihrem Stadion entsteht, um den Stadionbesuch für die Zuschauer zu einem außergewöhnlichen Erlebnis zu machen. Schließlich nutzen viele Sponsoren die offenbar „einzigartige" Atmosphäre in Sportstadien zur Platzierung ihrer Werbebotschaften.

Für die wesentlichen Beteiligten am professionellen Teamsportgeschäft erscheint die Bedeutung des Phänomens Stadionatmosphäre also eine ausgemachte Sache zu sein. So häufig und selbstverständlich der Begriff Stadionatmosphäre auch gebraucht wird, so unklar ist, was sich hinter diesem Konzept eigentlich genau verbirgt. Trotz der augenscheinlich hohen Relevanz der Stadionatmosphäre für die Erklärung des Vor-Ort-Sportkonsumverhaltens hat die Wissenschaft das Konzept Atmosphäre im Kontext von Sportveranstaltungen bisher vernachlässigt. Im Blickpunkt der marketingorientierten Atmosphäreforschung stehen bislang vor allem Verkaufsräume und Einkaufszentren.

An dieser Problematik setze ich mit der vorliegenden Arbeit an und entwickle den Alltagsbegriff der Stadionatmosphäre zunächst zu einem käuferverhaltenstheoretischen Konstrukt. Dabei integriere ich die Perspektiven von drei Forschungsrichtungen, die sich dem Konzept Atmosphäre bislang gewidmet haben: die Umweltpsychologie, die Ästhetiktheorie sowie die marketingorientierte Konsumentenverhaltensforschung. Im Kern der Arbeit steht die grundlagenwissenschaftliche Aufgabe ein Messmodell für das Konstrukt der Stadionatmosphäre zu entwickeln. Mit der Bearbeitung dieser Aufgabenstellung schafft die Arbeit den Ausgangspunkt für künftige empirische Untersuchungen im Bereich der sportorientierten Marketingforschung, in denen die Ursachen und Konsequenzen von Stadionatmosphäre näher beleuchtet werden können.

Die vorliegende Arbeit wurde im Dezember 2007 an der Wirtschafts- und Sozialwissenschaftlichen Fakultät der Universität Rostock als Dissertationsschrift angenommen und im Januar 2008 erfolgreich verteidigt. Zum Gelingen der Arbeit hat eine Reihe von Personen und Institutionen beigetragen, bei denen ich mich an dieser Stelle herzlich bedanken möchte.

Mein Dank gilt in erster Linie meinem Doktorvater, Herrn Professor Benkenstein, der das Dissertationsprojekt von der Themenfindung bis zum Abschluss mit großem Engagement und persönlichem Interesse begleitet hat. Herrn Prof. Nerdinger möchte ich für die Anfertigung des Zweitgutachtens – insbesondere die sehr schnelle Abwicklung – herzlich danken.

Zu besonderem Dank bin der Quistorp-Stiftung und Frau Alexandra Gräfin Lambsdorff verpflichtet. Die Quistorp-Stiftung hat mir durch ihre finanzielle Unterstützung während der Promotionszeit die Teilnahme an zwei internationalen Konferenzen ermöglicht. Auf diesen Konferenzen hatte ich die Gelegenheit die Arbeitsschritte und Erkenntnisse meiner Dissertation zu präsentieren und mit Fachwissenschaftlern aus aller Welt zu diskutieren. Diese Kongressreisen haben zur Verbesserung der Qualität der Arbeit und zu meiner Motivation maßgeblich beigetragen.

Die groß angelegte empirische Datenerhebung wäre ohne die Unterstützung des Fußballvereins FC Hansa Rostock nicht möglich gewesen. Sämtlichen Interviewern wurde uneingeschränkter Zutritt zum Stadion des FC Hansa Rostock gewährt. Dem gesamten Verein und vor allem Herrn Ralf Gawlack sowie Herrn Stefan Bobzin gilt dafür mein großer Dank.

Bei meinen aktuellen und ehemaligen Kollegen am Institut für Marketing & Dienstleistungsforschung möchte ich für ihre Diskussionsbereitschaft und ihr Engagement für meine Arbeit im Rahmen unserer Forschungskolloquien bedanken. Darüber hinaus danke ich Ihnen sowie unserer früheren Sekretärin, Frau Eva-Marie Schröder, und unserer derzeitigen Sekretärin, Frau Jutta Tesche, für das sehr angenehme Arbeitsumfeld, in dem die Dissertationsschrift entstehen konnte. Unsere gute Arbeitsatmosphäre hat das erfolgreiche Arbeiten nicht nur möglich gemacht, sondern stets befördert.

Schließlich möchte ich allen Personen in meinem privaten Umfeld für ihre große Unterstützung während der gesamten Promotionszeit danken. Meiner Freundin Hanna Milimonka danke ich für die motivierenden Besuche während der langen Nachmittagsstunden. Hervorheben möchte ich meine Eltern, die mir stets den Rücken frei gehalten haben und beim Korrekturlesen der Arbeit eine große Hilfe waren.

Sebastian Uhrich

Inhaltsverzeichnis

Abbildungsverzeichnis..........XVII

Tabellenverzeichnis..........XIX

Abkürzungsverzeichnis..........XXI

Symbolverzeichnis..........XXII

A Das Erleben von Stadionatmosphäre als hedonischer Konsumgegenstand..........1

1 Hedonische Aspekte des Konsums und Nutzenstiftung von Konsumumwelten..........1

2 Atmosphäre bei Sportveranstaltungen..........6

3 Zielsetzungen und Ablauf der Untersuchung..........11

B Entwicklung des Begriffs Stadionatmosphäre als verhaltenswissenschaftliches Konstrukt..........15

1 Umweltpsychologische Grundlagen als theoretischer Rahmen der Untersuchung von Atmosphären..........16

1.1 Gegenstand und Annahmen der Umweltpsychologie..........17

1.2 Umweltpsychologische Theorien zum Zusammenhang zwischen Umweltstimuli und emotionalen Reaktionen..........22

1.2.1 Die experimentelle Ästhetik Berlynes..........23

1.2.2 Das Verhaltensmodell von Mehrabian und Russell..........25

1.2.3 Die Kategorisierung der affektiven Qualität von Umwelten durch Russell und Pratt..........28

1.3 Ansätze zur Umweltbewertung in der umweltpsychologischen Forschung..........30

1.3.1 Grundlagen der Umweltbewertung..........31

1.3.2 Konstrukte der Umweltbewertung..........32

2 Atmosphären als Forschungsgegenstand – Begriffsverständnis unterschiedlicher Perspektiven..........37

2.1 Verständnis des Begriffs Atmosphäre in der Marketingforschung..........38

2.2 Annäherung an den Atmosphärebegriff über Ansätze der Ästhetikforschung..........43

2.2.1 Atmosphäre bei Tellenbach..........43

2.2.2 Atmosphäre bei Böhme..........44

2.2.3 Atmosphäre bei Schmitz..........47

2.2.4 Atmosphäre bei Hauskeller..........48

3 **Kritische Würdigung und Integration bisheriger Ansätze der Atmosphäreforschung sowie Präzision des vertretenen Begriffsverständnis von Atmosphäre ... 49**

3.1 Zweckmäßigkeit und Grenzen der betrachteten Ansätze für die Entwicklung eines Atmosphärekonstrukts ... 50

3.2 Bestimmung des Begriffs Atmosphäre ... 52

4 **Definitorische Abgrenzung und Konzeptionalisierung des Konstrukts Stadionatmosphäre ... 58**

4.1 Definition des Konstrukts Stadionatmosphäre ... 58

4.2 Vorläufige Konzeptionalisierung des Konstrukts Stadionatmosphäre ... 63

4.2.1 Umweltreize im Sportstadion ... 63

4.2.2 Empfindungen der Zuschauer im Sportstadion ... 67

C **Entwicklung eines Messmodells für das Konstrukt Stadionatmosphäre ... 71**

1 **Grundlagen der Messung theoretischer Konstrukte und Ansätze zur Spezifikation eines Messmodells der Stadionatmosphäre ... 71**

1.1 Theoretische Konstrukte und das Grundprinzip ihrer Messung ... 71

1.2 Spezifikationsarten von Messmodellen – Probleme und Konsequenzen für den Skalenentwicklungsprozess ... 74

1.3 Spezifikationsmöglichkeiten eines Messmodells für das Konstrukt Stadionatmosphäre ... 83

2 **Generierung formativer Indikatoren der Stadionatmosphäre mittels einer Delphi-Befragung (Pretest 1) ... 88**

2.1 Vorgehen der Delphi-Befragung ... 89

2.2 Ergebnisse der Delphi-Befragung ... 91

3 **Auswahl und Inhaltsvalidierung der formativen Indikatoren (Pretests 2 und 3) ... 95**

3.1 Verdichtung des Indikatorenpools mittels einer Expertenbefragung (Pretest 2) ... 95

3.1.1 Vorgehen der Expertenbefragung ... 96

3.1.2 Ergebnisse der Expertenbefragung ... 97

3.1.3 Inhaltliche Interpretation der Ergebnisse und Indikatorenauswahl ... 98

3.2 Inhaltsvalidierung der formativen Indikatoren anhand des Indikatorenzuordnungsverfahrens nach Anderson und Gerbing (Pretest 3) ... 103

3.2.1 Vorgehen des Indikatorenzuordnungsverfahrens ... 104

3.2.2 Darstellung und Interpretation der Ergebnisse ... 104

4 **Generierung reflektiver Indikatoren der Stadionatmosphäre ... 108**

4.1 Reflektive Indikatoren aus Studien zu hedonischen Konsumleistungen ... 109

4.2 Identifikation typischer Gefühlsqualitäten von Stadionbesuchern durch Tiefeninterviews ... 113

4.2.1 Vorgehen der Tiefeninterviews ... 113

4.2.2 Ergebnisse der Tiefeninterviews und Herleitung reflektiver Indikatoren ... 114

D Empirische Prüfung des entwickelten Messmodells der Stadionatmosphäre ... 121

1 Kriterien und Verfahren zur Gütebeurteilung von Messmodellen theoretischer Konstrukte ... 122

1.1 Kriterien und Verfahren zur Gütebeurteilung reflektiver Messmodelle ... 123
1.2 Kriterien und Verfahren zur Gütebeurteilung formativer Messmodelle ... 133

2 Erhebung quantitativer Daten mittels einer Zuschauerbefragung ... 142

2.1 Fragebogenentwicklung und Verständlichkeitstest ... 142
2.1.1 Formulierung der Indikatoren der Stadionatmosphäre ... 142
2.1.2 Literaturgestützte Generierung von Indikatoren abhängiger Konstrukte zur Überprüfung der nomologischen Validität ... 146
2.1.3 Erstellung des Fragebogens und Verständlichkeitstest ... 151
2.2 Vorgehen der Zuschauerbefragung und Merkmale der Teilauswahl ... 153

3 Prüfung und Beurteilung der Reliabilität und Validität des Messmodells ... 156

3.1 Vorbereitende Prüfung und Beurteilung des reflektiven Modellteils mittels der exploratorischen und konfirmatorischen Faktorenanalyse ... 157
3.1.1 Überprüfung der Eindimensionalität ... 157
3.1.2 Prüfung und Beurteilung der Indikator- und Konstruktreliabilität sowie der Konvergenzvalidität ... 161
3.2 Prüfung und Beurteilung des Gesamtmodells anhand varianz- und kovarianzbasierter Strukturgleichungsanalysen ... 164
3.2.1 Vergleichende Betrachtung der Varianz- und der Kovarianzstrukturgleichungsanalyse ... 164
3.2.2 Spezifikation und Prüfung des Messmodells mittels der Verfahren PLS und AMOS ... 168
3.2.2.1 Alternative Spezifikation des Messmodells der Stadionatmosphäre in varianz- und kovarianzbasierten Verfahren ... 168
3.2.2.2 Prüfung und Beurteilung des formativen Modellteils ... 171
3.2.2.3 Prüfung und Beurteilung des gesamten Messmodells ... 178
3.3 Zusammenfassung der Ergebnisse und Modifikation des Messmodells ... 184

4 Erneute Prüfung und Beurteilung des Messmodells anhand eines weiteren Datensatzes ... 186

4.1 Anpassung des Fragebogens und Durchführung einer weiteren Zuschauerbefragung ... 186
4.2 Prüfung und Beurteilung des angepassten reflektiven Modellteils ... 188
4.3 Prüfung und Beurteilung des angepassten formativen Modellteils sowie des Gesamtmodells ... 190
4.4 Zusammenfassung und abschließende Beurteilung der Ergebnisse ... 197

E Schlussbetrachtungen und Implikationen ... 199

1 Zusammenfassung der Untersuchung und ihrer zentralen Erkenntnisse ... 199

2 Beschränkungen der Untersuchung ... 203

3 Implikationen für das Sportveranstaltungsmanagement ... 206

4 Implikationen für die weitere Forschung ... 208

Anhang I: Entwicklung des Messmodells der Stadionatmosphäre ... 213

Anhang II: Fragebogen und Befragung ... 225

Anhang III: Gütebeurteilung des Messmodells der Stadionatmosphäre ... 237

Anhang IV: Gütebeurteilung des angepassten Messmodells der Stadionatmosphäre ... 245

Literaturverzeichnis ... 249

Abbildungsverzeichnis

Abb. 1: Untersuchungsrahmen der umweltpsychologischen Forschung............. -22-

Abb. 2: Das umweltpsychologische Verhaltensmodells von Mehrabian und Russell.. -27-

Abb. 3: Kreisförmige Anordnung von acht Kategorien zur Beschreibung affektiver Eigenschaften von Umwelten... -29-

Abb. 4: Allgemeine Konzeption von Atmosphäre.................................... -57-

Abb. 5: Konzeptionalisierung des Konstrukts Stadionatmosphäre.................. -70-

Abb. 6: Korrespondenzregeln zur Spezifikation des Zusammenhangs zwischen Indikatoren und Konstrukt..-75-

Abb. 7: Reflektive und formative Indikatoren des Konstrukts Zufriedenheit im Rahmen eines Stadionbesuchs..-76-

Abb. 8: Reflektive und formative Spezifikation von Messmodellen................... -79-

Abb. 9: Konzeption eines MIMIC-Modells.. -85-

Abb. 10: Fragebogendesign der dritten Befragungsrunde der Delphi-Befragung am Beispiel eines Indikators...-91-

Abb. 11: MIMIC-Modell als Messansatz des Konstrukts Stadionatmosphäre....... -120-

Abb. 12: Grundsätzlicher Aufbau eines Strukturgleichungsmodells..................... -132-

Abb. 13: Redundanz-Modell (Zwei-Faktoren-Modell) zur Überprüfung der konzeptionellen Vollständigkeit eines formativen Messmodells............ -136-

Abb. 14: Reflektives Messmodell der Stadionatmosphäre als konfirmatorisches Faktorenmodell...-158-

Abb. 15: Spezifikation des Messmodells der Stadionatmosphäre in PLS..............-169-

Abb. 16: Spezifikation des Messmodells der Stadionatmosphäre in AMOS..........-170-

Tabellenverzeichnis

Tab. 1: Beispiele für Umweltreize im Sportstadion während einer Sportveranstaltung systematisiert nach Reizquellen und Reizarten -66-

Tab. 2: Merkmale reflektiver und formativer Messmodelle im Vergleich -79-

Tab. 3: Übersicht zum Forschungsprozess der Entwicklung und Validierung des Messmodells der Stadionatmosphäre -87-

Tab. 4: Kategorien der identifizierten formativen Indikatoren der Stadionatmosphäre und Anzahl der zugehörigen Indikatoren -93-

Tab. 5: Rangfolge der formativen Indikatoren auf Basis der Nominierungen unter die 20 wichtigsten Aspekte guter Stadionatmosphäre -98-

Tab. 6: PSA- und CSV-Werte aller formativen Indikatoren aus dem Indikatorenzuordnungsverfahren -106-

Tab. 7: Ergebnisse des Binomialtests der Zuordnungsergebnisse aller formativen Indikatoren der Stadionatmosphäre -107-

Tab. 8: Gefühlsbeschreibungen von Konsumenten bezüglich verschiedener hedonischer Konsumaktivitäten -111-

Tab. 9: Ausgewählte Formulierungen von Indikatoren zur Erfassung von Gefühlszuständen -112-

Tab. 10: Gütebeurteilung formativer und reflektiver Messmodelle im Überblick -141-

Tab. 11: Indikatoren zur Messung der Stadionatmosphäre -145-

Tab. 12: Indikatoren zur Messung des Konstrukts Zuschauerzufriedenheit -149-

Tab. 13: Indikatoren zur Messung des Konstrukts Positive Mundkommunikation -150-

Tab. 14: Ausgewählte Merkmale der befragten Fußballzuschauer -154-

Tab. 15: Bewertung der globalen Anpassung des reflektiven Messmodells der Stadionatmosphäre anhand ausgewählter Fit-Indizes................................-161-

Tab. 16: Ergebnisse der konfirmatorischen Faktorenanalyse für das reflektive Messmodell...-162-

Tab. 17: Vergleichende Übersicht zur Relevanz der formativen Indikatoren auf Basis von PLS- und AMOS-Strukturgleichungsanalysen........................ -172-

Tab. 18: Werte des Variance Inflation Factor für die formativen Indikatoren....... -174-

Tab. 19: Übersicht zu den Ergebnissen der Prüfung des formativen Modellteils...-177-

Tab. 20: Ergebnisse der exploratorischen Faktorenanalyse für die Indikatoren der Konstrukte Zufriedenheit, Positive Mundkommunikation und Stadionatmosphäre (nur reflektive Indikatoren)... -179-

Tab. 21: Ergebnisse der konfirmatorischen Faktorenanalysen der Konstrukte Zuschauerzufriedenheit und Positive Mundkommunikation....................-181-

Tab. 22: Ergebnisse der Überprüfung der Diskriminanzvalidität.......................... -182-

Tab. 23: Merkmale der Teilauswahl der zweiten Zuschauerbefragung.................-187-

Tab. 24: Ergebnisse der konfirmatorischen Faktorenanalyse für den angepassten reflektiven Modellteil...-189-

Tab. 25: Relevanz der formativen Indikatoren im angepassten Messmodell der Stadionatmosphäre gemäß PLS- und AMOS-Schätzungen......................-190-

Tab. 26: Ergebnisse der globalen Anpassungsmaße für das modifizierte MIMIC-Modell.. -192-

Tab. 27: Ergebnisse der exploratorischen Faktorenanalyse für die angepassten Messmodelle der Konstrukte ZU, POSMU und Atmosphäre (reflektiver Teil)...-194-

Tab. 28: Indikator- und Faktorreliabilität sowie Durchschnittlich ErfassteVarianz der modifizierten Messmodelle der Konstrukte Zuschauerzufriedenheit und Positive Mundkomminikation.......................................-195-

Abkürzungsverzeichnis

a.a.O.	am angegebenen Ort
AMOS	Analysis of Moment Structures
AR	Atmosphäre reflektiv
AF	Atmosphäre formativ
Bd.	Band
CFI	Comparative Fit Index
DBW	Die Betriebswirtschaft
DFL	Deutsche Fußball Liga GmbH
Ed.	Editor
et al.	et alteri
EQS	Structural Equation Modeling Software
f.	folgende (Seite)
ff.	fortfolgende (Seiten)
FC	Fußball Club
Hrsg.	Herausgeber
LISREL	Linear Structural Relation System
ML	Maximum-Likelihood
N	Umfang der Teilauswahl
NFI	Normed Fit Index
No.	Number
PLS	Partial Least Squares
POSMU	Konstrukt Positive Mundkommunikation
RMSEA	Root Mean Square Error of Approximation
SOR	Stimulus Object Response
SPSS	Statistical Package for the Social Sciences
TLI	Tucker-Lewis Index
VIF	Variance Inflation Factor
Vol.	Volume
WiSt	Wirtschaftswissenschaftliches Studium
ZfB	Zeitschrift für Betriebswirtschaft
ZfbF	Zeitschrift für betriebswirtschaftliche Forschung
ZU	Konstrukt Zuschauerzufriedenheit

Symbolverzeichnis

α	Alpha
β	Beta
γ	Gamma
δ	Delta
ε	Epsilon
ζ	Zeta
η	Eta
λ	Lambda
ξ	Ksi
χ^2	Chi-Quadrat

A Das Erleben von Stadionatmosphäre als hedonischer Konsumgegenstand

1 Hedonische Aspekte des Konsums und Nutzenstiftung von Konsumumwelten

In vielen Konsumsituationen sind neben den funktionellen Eigenschaften der in Anspruch genommenen Leistungen auch durch den Konsum vermittelte Erlebnisse, Vergnügen und Genuss von hoher Relevanz für die Konsumenten. Die Konsumentenforschung berücksichtigt dies seit Anfang der 1980er Jahre verstärkt und unterscheidet mit Blick auf den Verbrauchernutzen zwischen versorgungsorientierten[1] und so genannten hedonischen Komponenten des Konsums. Im Gegensatz zum eher rationalen versorgungsorientierten oder funktionellen Konsum besteht die Nutzen stiftende Wirkung hedonischer Konsumkomponenten darin, Bedürfnisse nach vergnüglichen Erlebnissen, Spaß, Sinnesreizungen und emotionaler Aktivierung zu befriedigen.[2] Absatzleistungen, die durch solche hedonischen Aspekte geprägt sind, nehmen im gesamten Spektrum vermarktbarer Leistungen inzwischen eine sehr bedeutsame Stellung ein. In vielen Branchen sowie nahezu allen Leistungs- und Preisklassen finden sich Angebote, die nicht primär der Befriedigung grundlegender menschlicher Bedürfnisse dienen, sondern dem Konsumenten vor allem hedonische Werte vermitteln.[3]

Zahlreiche Autoren betonen, dass es sich bei funktionellen und hedonischen Konsumaspekten um zwei unabhängige Dimensionen des Konsumentennutzens handelt[4]. Eine

---

[1] Versorgungsorientierte Komponenten werden auch als *instrumentelle* oder *funktionelle* Aspekte des Konsums bezeichnet.

[2] Vgl. Hirschman, E.C., Holbrook, M.B. (1982): Hedonic Consumption: Emerging Concepts, Methods and Propositions, in: Journal of Marketing, Vol. 46, S. 92-101.; Holbrook, M.B., Hirschman, E.C. (1982): The experiential aspects of consumption: Consumer fantasies, feelings and fun, in: Journal of Consumer Research, Vol. 9, S. 132-140.; Havlena W.J., Holbrook, M.B. (1986): The varieties of consumption experience: Comparing two typologies of emotion in consumer behavior, in: Journal of Consumer Research, Vol. 13, S. 394-404.; Holbrook M.B. (1986): Emotion in the consumption experience: toward a new model of the human consumer, in: Peterson, R.A., Hoyer, W.D., Wilson, W.R. (Hrsg.): The role of affect in consumer behavior: Emerging theories and applications, Toronto, S. 17-52.; Campbell, C. (1987): The romantic ethic and the spirit of modern capitalism, Oxford.; Babin, B.J., Darden, W.R., Griffin, M. (1994): Work and or fun: Measuring hedonic and utilitarian shopping value, in: Journal of Consumer Research, Vol. 20, No. 4, S. 644-656.; Hopkinson, G.C., Pujari, D. (1999): A factor analytic study of the sources of meaning in hedonic consumption, in: European Journal of Marketing, Vol. 33, No. 3/4, S. 273-290.; Kempf, D. S. (1999): Attitude formation from product trial: Distinct roles of cognition and affect for hedonic and functional products, in: Psychology & Marketing, Vol. 16, No. 1, S. 35-50.

[3] Vgl. Weinberg, P. (1992): Erlebnismarketing, München, S. 20.

[4] Vgl. Hirschman, E.C., Holbrook, M.B. (1982): Hedonic consumption: Emerging concepts, methods and propositions, a.a.O., S. 92-101.; Campbell, C. (1987): The romantic ethic and the spirit of modern capitalism, a.a.O., S. 60.; Mano, H., Oliver, R.L. (1993): Assessing the dimensionality and struc-

dichotome Unterscheidung von Leistungen in funktionelle und hedonische Angebote erscheint jedoch mit Blick auf viele Grauzonen nicht geeignet.[5] Absatzleistungen weisen zumeist sowohl funktionelle als auch hedonische Nutzenkomponenten auf, wobei in einigen Fällen die hedonischen und in anderen Fällen die funktionellen Aspekte überwiegen.[6] Darüber hinaus spielt die Motiv-Struktur der Konsumenten eine Rolle und auch situative Aspekte sind zu berücksichtigen. Daher gilt die mitunter vorgenommene Kategorisierung von Konsumenten in *funktionell vs. hedonisch*, *traditional vs. new-type*[7] oder *indolent vs. sensualistisch*[8] nur mit Einschränkungen und sie darf lediglich für bestimmte Konsumsituationen vorgenommen werden. Ein und derselbe Einkaufsbummel kann von den Konsumenten je nach Person und Situation beispielsweise als eher funktionsorientierte Tätigkeit zur Erreichung eines Ziels (z.B. Geschenk kaufen) oder aber als vergnügliche Aktivität angesehen werden.[9] Gleiches gilt für den Besuch eines Fitnessstudios, der in Abhängigkeit vom Besuchsmotiv eine vom Arzt verordnete instrumentelle Gesundheitsmaßnahme ohne jedwedes Vergnügen sein kann oder eine spaß-orientierte Freizeitaktivität. Von *hedonischem Konsum* kann allgemeingültig nur dann gesprochen werden, wenn für die Inanspruchnahme einer Leistung personen- und situationsübergreifend primär Bedürfnisse nach vergnüglichen und stimulierenden Erlebnissen, Genuss und Emotionalisierung ausschlaggebend sind.[10] Hedonische Konsummotive sind weitgehend personenübergreifend, beispielsweise die zentralen Be-

ture of the consumption experience: Evaluation, feeling and satisfaction, in: Journal of Consumer Research, Vol. 20, No. 3, S. 464.; Babin, B.J., Darden, W.R., Griffin, M. (1994): Work and or fun: Measuring hedonic and utilitarian shopping value, in: Journal of Consumer Research, Vol. 20, No. 4, S. 644.; Dhar, R., Wertenbroch, K. (2000): Consumer choice between hedonic and utilitarian goods, in: Journal of Marketing Research, Vol. 37, S. 60.; Chandon, P., Wansink, B., Laurent, G. (2000): A benefit congruency framework of sales promotion effectiveness, in: Journal of Marketing, Vol. 64, No. 4, S. 67.

[5] Vgl. Holbrook, M.B. (1994): The nature of costumer value. An axiology of services in the consumption experience, in: Rust, R.T., Oliver, R.L. (Hrsg.): Service quality: New directions in theory and practice, Thousand Oaks et al., S. 56f.

[6] Vgl. Holbrook, M.B., Lehmann, D.R., O'Shaughnessy, J. (1986): Using versus choosing: The relationship of the consumption experience to reasons for purchasing, European Journal of Marketing, Vol. 20, No. 8, S. 49-62.

[7] Vgl. Boedeker, M. (1995): New-type and traditional shoppers: A comparison of two major consumer groups, in: International Journal of Retail & Distribution Management, Vol. 23, March, S. 17-26.

[8] Vgl. Gröppel A. (1990): Erlebnisbetontes Handelsmarketing, in: Trommsdorff, V. (Hrsg.): Handelsforschung 1990. Internationalisierung im Handel, Wiesbaden, S. 121-137.

[9] Vgl. Babin, B.J., Darden, W.R., Griffin, M. (1994): Work and or fun: Measuring hedonic and utilitarian shopping value, a.a.O., S. 645.

[10] Vgl. Dhar, R., Wertenbroch, K. (2000): Consumer choice between hedonic and utilitarian goods, a.a.O., S. 60.

weggründe für Besuche von Musicals, Kinofilmen, Konzerten[11] und Sportveranstaltungen[12].

Die Vermittlung vergnüglicher Erlebnisse ist ein typischer und zugleich sehr wichtiger Bestandteil des Spektrums hedonischer Absatzleistungen. Unter einem positiven Erlebnis kann ein längerfristig erinnerbares und erstrebenswertes Empfindungsmuster verstanden werden, das einen Beitrag zur Lebensqualität leistet.[13] Die Vermarktung solcher Erlebnisse steht im Mittelpunkt der inzwischen innerhalb des Marketing etablierten Perspektive des *Erlebnismarketing* beziehungsweise des *Experiential Marketing*[14]. Diese Perspektive betrachtet vor allem die psychologischen Erfahrungen des Konsumenten während der Leistungsinanspruchnahme. Erlebnisse können durch verschiedenartige Absatzleistungen vermittelt werden oder auch eigenständig vermarktbare Leistungen sein. Ihnen wird ein Wert im ökonomischen Sinne zugeschrieben.[15] Obwohl Erlebniswerte vom gegenständlichen Wert materieller Produkte abzugrenzen sind, können sie durchaus auch durch den Besitz materieller Konsumgüter vermittelt werden.[16] Einige Soziologen sehen in der zunehmenden Erlebnisorientierung von Konsumenten ein gesamtgesellschaftliches Phänomen, das eine Folge des Übergangs von der Knappheits- zur Überflussgesellschaft ist.[17]

Mitunter kann bereits der Aufenthalt in einer bestimmten Konsumumwelt, in der Leistungen beschafft oder gegebenenfalls auch direkt konsumiert werden, hedonische Nutzenwerte vermitteln und ein positives Erlebnis darstellen.[18] Bloch, Ridgway und Daw-

---

[11] Vgl. Clement, M., Proppe, D., Sambeth, F. (2006): Der Einfluss von Meinungsführern auf den Erfolg von hedonischen Produkten, in: ZfbF, Vol. 76, No. 7/8, S. 798.

[12] Vgl. Hirschman, E.C., Holbrook, M.B. (1982): Hedonic consumption: Emerging concepts, methods and propositions, a.a.O., S. 93.; Hopkinson, G.C., Pujari, D. (1999): A factor analytic study of the sources of meaning in hedonic consumption, a.a.O., S. 274.

[13] Vgl. Campbell, C. (1987): The romantic ethic and the spirit of modern capitalism, a.a.O., S. 60.; Kroeber-Riel, W., Weinberg, P. (2003): Konsumentenverhalten, 8. Auflage, München, S. 116.

[14] Vgl. Holbrook, M.B., Hirschman, E.C. (1982): The experiential aspects of consumption: Consumer fantasies, feelings and fun, a.a.O., S. 132-140.; Schmitt, B. (1999): Experiential marketing, in: Journal of Marketing Management, Vol. 15, S. 53-68.; Weinberg, P. (1992): Erlebnismarketing, a.a.O.

[15] Vgl. Pine, B.J., Gilmore, J.H. (2000): Erlebniskauf: Konsum als Erlebnis, Business als Bühne, Arbeit als Theater, München, S. 30 und 43.

[16] Vgl. Holbrook, M.B. (1994): The nature of costumer value. An axiology of services in the consumption experience, in: Rust, R.T., Oliver, R.L. (Hrsg.): Service quality: New directions in theory and practice, Thousand Oaks et al., S. 38.

[17] Vgl. Schulze, G. (2005): Die Erlebnisgesellschaft, Kultursoziologie der Gegenwart, 8. Auflage, Frankfurt am Main.

[18] Vgl. Campbell, C. (1987): The romantic ethic and the spirit of modern capitalism, a.a.O., S. 60.; Wakefield, K.L., Baker, J. (1998): Excitement at the mall: Determinants and effects on shopping response, in: Journal of Retailing, Vol. 74, S. 527.

son weisen beispielsweise nach, dass Shoppingcenter nicht nur wegen ihres reichhaltigen Angebots an Produkten aufgesucht werden, sondern allein der Aufenthalt in der „Umwelt“ Shoppingcenter für sich konsumierbare Erlebnisse bietet.[19] Als Umwelt kann in diesem Zusammenhang allgemein jeder klar definierte Ort (z.B. Einkaufsladen oder Restaurant) mit all seinen sinnlich wahrnehmbaren Eigenschaften und Bestandteilen angesehen werden.[20] Zur Verrichtung ihrer Konsumaktivitäten bieten sich den Konsumenten zumeist mehrere Möglichkeiten und sie werden sich tendenziell in solche Konsumumwelten begeben, in denen sie sich wohl fühlen und möglicherweise allein den Aufenthalt an sich wertschätzen. Bereits 1972 mutmaßte Tauber: “..., the gestalt of the shopping environment may influence a consumer´s decision to shop in a specific store or mall.”.[21] Anbietern eröffnet sich daher die Gelegenheit, den Konsumenten durch eine gezielte Ausgestaltung des Konsumortes einen zusätzlichen, auf den Umweltaufenthalt bezogenen Nutzen zu bieten.[22]

Die Wirkung von Konsumumwelten auf verschiedene intrapsychische und verhaltensbezogene Variablen des Konsumenten wurde bereits in einer Reihe von Studien untersucht. Die untersuchten Umwelteigenschaften werden dabei oft zusammenfassend als die *Atmosphäre* des Konsumortes interpretiert.[23] Die Einführung des Konzepts Atmosphäre in die Marketingliteratur erfolgte durch Kotler im Jahre 1973.[24] Kotler erkannte, dass durch die systematische Ge-staltung der Konsumumwelt das Verhalten der Konsumenten gezielt beeinflusst werden kann und die Atmosphäre oft ein bedeutender Bestandteil der gesamten konsumierten Leistung ist. Unter dem Begriff *atmospherics* fasst er sämtliche Gestaltungsmaßnahmen der Kaufumwelt zusammen, die der Auslö-

---

[19] Vgl. Bloch, P. H., Ridgway, N. M., Dawson, S. A. (1994): The shopping mall as consumer habitat, in: Journal of Retailing, Vol. 70, No. 1, S. 23-42.

[20] Vgl. Mehrabian, A. (1978): Räume des Alltags oder wie die Umwelt unser Verhalten bestimmt, Frankfurt, New York, S. 9f.; Ward, L.M., Russell, J.A. (1981): The psychological representation of molar physical environments, in: Journal of Experimental Psychology: General, Vol. 110, S. 123. Vgl. dazu auch die ausführlichere Bestimmung des Begriffs Umwelt in Abschnitt B 1.1.

[21] Tauber, E.M. (1972): Why do people shop?, in: Journal of Marketing, Vol. 36, October, S. 47.

[22] Vgl. Pine, B.J., Gilmore, J.H. (2000): Erlebniskauf: Konsum als Erlebnis, Business als Bühne, Arbeit als Theater, a.a.O., S. 32.

[23] Vgl. Tai, S., Fung, A. (1997): Application of an environmental psychology model to in-store buying behaviour, in: The International Review of Retail, Distribution and Consumer Research, Vol. 7, No. 4, S. 311-338.; Grewal, D., Baker, J., Levy, M., Voss, G.B. (2003): The effects of wait expectations and store atmosphere evaluations on patronage intentions in service-intensive retail stores, in: Journal of Retailing, Vol. 79, S. 259-268.; Oppewal, H., Timmermans, H. (1999): Modeling consumer perception of public space in shopping centers, in: Environment and Behavior, Vol. 31, No. 1, S. 45-65.; North, A.C., Shilcock, A., Hargreaves, D.J. (2003): The effect of musical style on restaurant customers' spending, in: Environment and Behavior, Vol. 35, No. 5, S. 712-718.

[24] Vgl. Kotler, P. (1973): Atmospherics as a marketing tool, in: Journal of Retailing, Vol. 49, No. 4, S. 48-64.

sung emotionaler Reaktionen bei den Konsumenten dienen und letztlich die Kaufwahrscheinlichkeit erhöhen sollen.[25] Seit etwa Ende der 1970er Jahre wird das Konzept Atmosphäre vor allem in der Konsumentenverhaltensforschung regelmäßig als Untersuchungsgegenstand aufgegriffen. Im Blickpunkt von Atmosphärestudien stehen stets bestimmte Umwelten, in die sich Personen hineinbegeben und durch die dort herrschende „Atmosphäre" beeinflusst werden. Die Untersuchung der Atmosphäre von Konsumumwelten ist für das Marketing vor allem deshalb von Belang, weil sich dieses Phänomen als wichtige Einflussgröße marketingrelevanter Variablen herausgestellt hat. So belegen verschiedene empirische Studien einen positiven Einfluss der *Ladenatmosphäre* auf die Ausgabebereitschaft und die Verweildauer[26], die Wiederkehrabsichten[27], das empfundene Vergnügen[28] und die Produktbeurteilungen[29] von Konsumenten.[30] Im Blickpunkt der marketingorientierten Atmo-sphäreforschung stehen mehrheitlich klassische Einkaufsstätten wie Geschäfte oder Shoppingcenter. Atmosphäreuntersuchungen finden sich jedoch auch für andere Konsumorte wie zum Beispiel Wochen- und Weihnachtsmärkte[31], Cafeterias[32] sowie für nichtkommerzielle Umwelten wie Wohnhäuser[33]. Jüngere Studien sehen sogar im Rahmen der Nutzung von Online-Shops eine hohe Bedeutung des Konzepts Atmosphäre.[34]

---

[25] Vgl. ebenda, S. 50.

[26] Vgl. Donovan, R.J., Rossiter, J.R. (1982): Store atmosphere: An environmental psychology approach, in: Journal of Retailing, Vol. 58, No. 1, S. 34-57.; Donovan, R.J. et al. (1994): Store atmosphere and purchasing behavior, in: Journal of Retailing, Vol. 70, No. 3, S. 283-294.

[27] Vgl. Babin, B., Attaway, J. (2000): Atmospheric affect as a tool for creating value and gaining share of costumer, in: Journal of Business Research, Vol. 49, No. 2, S. 91-99.

[28] Vgl. Bost, E. (1987): Ladenatmosphäre und Konsumentenverhalten, Heidelberg.; Spies, K., Hesse, F., Loesch, K. (1997): Store atmosphere, mood and purchasing behavior, in: International Journal of Research in Marketing, Vol. 14, S. 1-17.; Tai, S., Fung, A. (1997): Application of an environmental psychology model to in-store buying behaviour, a.a.O., S. 311-338.; Gröppel, A. (1990): Erlebnisbetontes Handelsmarketing, a.a.O., S. 121-137.; Gröppel, A. (1988): Erlebnisorientierte Kunden im Einzelhandel, Arbeitspapier Nr. 3 der Forschungsgruppe Konsum und Verhalten, Paderborn.; Baker, J., Levy, M., Grewal, D. (1992): An experimental approach to making retail store environment decisions, in: Journal of Retailing, Vol. 68, No. 4, S. 445-460.

[29] Vgl. Gröppel, A. (1988): Erlebnisorientierte Kunden im Einzelhandel, a.a.O.

[30] Vgl. die Kritik an der Gültigkeit dieser Aussagen in Bezug auf das Konstrukt Atmosphäre in Abschnitt B 2.1.

[31] Vgl. Sherry, J.F. (1990): A sociocultural analysis of a midwestern American flea market, in: Journal of Consumer Research, Vol. 17, S. 13-30.; Meixner, O. (1999): Konsumentenverhalten auf Bauernmärkten in Wien, in: Die Bodenkultur, Vol. 50, No. 4, S. 263-277.; Nötzel, R. (1990): Märkte und marktähnliche Veranstaltungen als Magneten für Städte, in: Planung und Analyse, Vol. 17, No. 1, S. 5-10.

[32] Vgl. North, A.C, Hargreaves, D.J. (1998): The effect of music on atmosphere and purchase intentions in a cafeteria, in: Journal of Applied Psychology, Vol. 28, No. 24, S. 2254-2273.

[33] Vgl. Pennartz, P.J.J. (1986): Atmosphere at home: A qualitative approach, in: Journal of Environmental Psycholoy, Vol. 6, S. 135-153.

[34] Vgl. Eroglu, S.A., Machleit, K.A., Davis, L.M. (2003): Empirical testing of a model of online store atmospherics and shopper responses, Psychology & Marketing, Vol. 20, No. 2, S. 139-150.

Atmosphären lassen sich offenbar bewusst erzeugen und werden in Läden, Banken, Restaurants und anderen Konsumorten dazu genutzt, das Konsumentenverhalten gezielt zu beeinflussen und den Nutzen des Aufenthalts für die Konsumenten zu steigern.[35] Die gezielte Erzeugung von Atmosphären dient jedoch nicht einzig der Steuerung des Konsumentenverhaltens und der Aufwertung von Absatzleistungen mit einem zusätzlichen Nutzen. In einigen hedonischen Konsumsituationen kommt der Atmosphäre des aufgesuchten Konsumortes vielmehr die Stellung eines Hauptprodukts zu und ihr Erleben wird zum wesentlichen Nutzen stiftenden Faktor. Auf die zentrale Bedeutung von Atmosphäre bei einigen Absatzleistungen wies Kotler bereits 1973 hin: „In some cases, the atmosphere is the primary product".[36] Turley und Fugate identifizieren zum Beispiel Live-Konzerte, Zeltplätze, Naturparks und hochklassige Restaurants als „atmospheric dominant".[37] Sherry findet in einer Studie heraus, dass viele Besucher von Flohmärkten diese hauptsächlich deswegen besuchen, um die „besondere Atmosphäre" zu genießen.[38] Eine Untersuchung von Marktbesuchern durch Nötzel bestätigt dies für Weihnachts-, Floh- und Wochenmärkte. Als positivste Eigenschaft dieser Märkte gaben die Konsumenten in der Studie jeweils das Erleben der Atmosphäre an.[39]

Zusammenfassend lässt sich das Erleben bestimmter Atmosphären zunächst als ein hedonischer Konsumgegenstand kennzeichnen, der im Rahmen des Aufenthalts in speziellen Umgebungen konsumiert wird und häufig als Nebenprodukt den Wert anderer Absatzleistungen steigert. Es gibt jedoch auch Konsumsituationen, in denen offenbar die Erfahrung der Atmos-phäre selbst den wesentlichen Konsumgegenstand darstellt.

2 Atmosphäre bei Sportveranstaltungen

Eine Reihe von Anhaltspunkten deutet darauf hin, dass Besuche von Teamsportveranstal-tungen ein besonders markantes Beispiel für solche Absatzleistungen sind, in denen das Erleben einer charakteristischen Atmosphäre eine vordergründige Bedeutung hat. Insbesondere im Bereich des in Europa populärsten Zuschauersports Fußball

[35] Vgl. Böhme, G. (2006): Architektur und Atmosphäre, München, S. 26.
[36] Kotler, P. (1973): Atmospherics as a marketing tool, in: Journal of Retailing, Vol. 49, No. 4, S. 48.
[37] Vgl. Turley, L.W., Fugate, D.L. (1992): The multidimensional nature of service facilities: Viewpoints and recommendations, in: Journal of Services Marketing, Vol. 6, No. 3, S. 41.
[38] Vgl. Sherry, J.F. (1990): A sociocultural analysis of a midwestern American flea market, in: Journal of Consumer Research, Vol. 17, No. 1, S. 23.
[39] Vgl. Nötzel, R. (1990): Märkte und marktähnliche Veranstaltungen als Magneten für Städte, a.a.O., S. 8ff.

ist in den Medien, unter Vertretern des professionellen Sportmanagements[40] und unter Vor-Ort-Sportzuschauern regelmäßig von der einzigartigen Atmosphäre die Rede, die in einem Stadion erfahren werden kann. Die Atmosphäre ist offenbar ein wichtiges Kriterium zur Beurteilung der Qualität von Sportveranstaltungsbesuchen und bestimmt maßgeblich die Zufriedenheit der Zuschauer mit ihrem Aufenthalt im Stadion.[41] So wird häufig von der „tollen" Atmosphäre gesprochen, die während eines Stadionbesuchs zu erleben war oder aber von der weniger guten Atmosphäre an anderen Tagen oder in anderen Stadien.

Das Konzept Atmosphäre im Kontext von Sportveranstaltungen ist jedoch nicht ausschließlich ein Phänomen der Alltagssprache, sondern es wurde bereits von der sportorientierten Marketingforschung aufgegriffen. In der Literatur des Sportmarketing wird postuliert, dass die besondere Atmosphäre in einem Sportstadion eigenständigen Unterhaltungsnutzen stiftet und ihr Erleben wird oftmals als eines der wichtigsten Motive für den Besuch von Sportveranstaltungen angeführt.[42] Die Nutzen stiftende Wirkung des Erlebens von *Stadionatmosphäre* besteht nach gängiger Meinung darin, den Stadionaufenthalt für die Zuschauer zu einem emotional anregenden Erlebnis zu machen.[43] Wochnowski definiert Atmosphäre im Zusammenhang mit Sportveranstaltun-

---

[40] Auf der offiziellen Webseite der Deutschen Fußball Liga (DFL) ist beispielsweise eine eigene Rubrik „Atmosphäre" zu finden. Vgl. o.V. (2007): Bundesliga elektrisiert die Massen, URL: http://www.bundesliga.de/ de/fankurve/atmosphaere/index.php, (Stand 01.10.2007), 1 Seite.

[41] Vgl. Riedmüller, F. (2003): Dienstleistungsqualität bei professionellen Sportveranstaltungen. Entwicklung und Überprüfung eines Erklärungsmodells, Dissertation, Universität der Bundeswehr München.

[42] Vgl. Wochnowski, H. (1996): Veranstaltungsmarketing – Grundlagen und Gestaltungsempfehlungen zur Vermarktung von Veranstaltungen, Frankfurt Main, S. 181.; Friederici, M.R. (1998): Sportbegeisterung und Zuschauergewalt. Eine empirische Studie über Alltagstheorien von Sportlerinnen und Sportlern, Münster, S. 85.; Thörner, C. (2001): Qualität professioneller Sportleistungen. Eine Analyse unter besonderer Betrachtung von Teamsportligen, München, S. 45.; Pfaff, S. (2002): Erlebnismarketing für die Besucher von Sportveranstaltungen – Erlebnisstrategien und -instrumente am Beispiel der Fußballbundesliga, Dissertation, Universität Göttingen, S. 24.; Beyer, T. (2006): Determinanten der Sportrezeption. Erklärungsmodell und kausalanalytische Validierung am Beispiel der Fußballbundesliga, Wiesbaden, S. 93.; Bauer, H.H., Sauer, N.E., Exler, S. (2005): The loyalty of German soccer fans: Does a team's brand image matter?, in: International Journal of Sports Marketing & Sponsorship, Vol. 7, No. 1, S. 15.; Westerbeek, H.M., Shilbury, D. (1999): Increasing the focus on „place" in the marketing mix for facility dependent sport services, in: Sport Management Review, Vol. 2, S. 7ff.

[43] Vgl. Wakefield, K.L., Blodgett, J.G. (1999): Customer response to intangible and tangible service factors, in: Psychology & Marketing, Vol. 16, No. 1, S. 51-68.; Wochnowski, H. (1996): Veranstaltungsmarketing – Grundlagen und Gestaltungsempfehlungen zur Vermarktung von Veranstaltungen, a.a.O.; Kao, Y.-F., Huang, L.-S., Yang, M.-H. (2007): Effects of experiential elements on experiential satisfaction and loyalty intentions: A case study of the super basketball league in Taiwan, in: International Journal of Revenue Management, Vol. 1, No. 1, S. 79-96.; Pons, F., Mourali, M., Nyeck, S. (2006): Consumer orientation toward sporting events, in: Journal of Service Research, Vol. 8, No. 3, S. 276-287.

gen beispielsweise allgemein als „...das Zusammenwirken von emotional ansprechenden Umweltreizen in einem begrenzten Raum...".[44]

Darüber hinaus gibt es Vermutungen, dass die besondere Stadionatmosphäre auch ein maßgebliches Bewertungskriterium für die Qualität der Fernsehübertragungen von Teamsportveranstaltungen ist.[45] Die Ergebnisse erster Untersuchungen stützen diese Annahme und deuten darauf hin, dass eine ansprechende Stadionatmosphäre ein Erfolgsfaktor für die mediale Vermarktung von Teamsportligen ist.[46]

Die Berücksichtigung und gezielte Steuerung der Stadionatmosphäre durch das Veranstaltungsmanagement sind aus mehreren Gründen von Belang. Allgemein sind darin wesentliche Voraussetzungen dafür zu sehen, insbesondere den Vor-Ort- und möglicherweise auch den TV-Sportzuschauern eine präferenzgerechte Unterhaltungsdienstleistung anbieten zu können. Mit Blick auf die im Rahmen der Ladenatmosphäreforschung festgestellten Zusammenhänge zwischen der Verkaufsraumatmosphäre und dem Konsumentenverhalten dürfen beträchtliche Konsequenzen der Stadionatmosphäre für das Sportzuschauerverhalten erwartet werden. So kann von einem bedeutenden Einfluss der Stadionatmosphäre auf intrapsychische und verhaltensbezogene Variablen wie beispielsweise Teamidentifikation, Zuschauerzufriedenheit, Dauerkartenkäufe oder positive Mundkommunikation ausgegangen werden, zumal die Atmosphäre im Falle von Sportveranstaltungen nicht lediglich ein Zusatznutzen stiftendes Nebenprodukt ist. Zur Verdeutlichung der hohen *ökonomischen Relevanz* der Thematik genügt allein ein Blick auf die Sportart Fußball. Jedes Jahr werden im professionellen europäischen Fußball mehr als eine Milliarde Euro Zuschauereinnahmen generiert.[47] Hinzu kommen allein für die fünf größten europäischen Klubs 2,3 Milliarden Euro aus dem Verkauf ihrer TV-Rechte in der Saison 2006/07.[48] Die Erstligaklubs der deutschen

---

[44] Wochnowski, H. (1996): Veranstaltungsmarketing - Grundlagen und Gestaltungsempfehlungen zur Vermarktung von Veranstaltungen, a.a.O., S. 181.

[45] Vgl. Voss-Uhlenbrock, H. (1998): Das Bundesligastadion: Von der Kampfbahn zur Erlebniswelt, in: Hennings, G., Müller, S. (Hrsg.): Kunstwelten. Künstliche Erlebniswelten und Planung, Dortmund, S. 59.

[46] Vgl. Woratschek, H., Schafmeister, G., Hoeneß, B. (2006): How can revenues be increased by selling sport broadcasting rights abroad? New insights from the managerial perspective, in: Proceedings of the 14th EASM European Sport Management Congress, September 2006, Nikosia, 224-226.

[47] Vgl. o.V. (2004): Bundesliga behauptet sich im europäischen 10 Milliarden Euro Fußballmarkt, Pressemitteilung Deloitte & Touche GmbH: Manchester, Düsseldorf.

[48] Vgl. o.V. (2006): Bälle, Tore und Finanzen III. Fußballstudie 2006, Ernst & Young, Stuttgart.

Fußball-Bundesliga nehmen inzwischen durchschnittlich mehr als 700.000 Euro pro Spiel aus Kartenverkäufen an Vor-Ort-Zuschauer ein.[49]

Kenntnisse über das Wesen und die genaue Wirkungsweise von Stadionatmosphäre sind darüber hinaus auch für Sponsoren von Sportveranstaltungen und -teams von Belang. Sponsoren nutzen unter anderem die atmosphärischen Bedingungen von Sportstadien, um die Wirkung ihrer Werbebotschaften zu erhöhen und eine emotionale Positionierung ihrer Marken zu erreichen.[50]

Trotz seiner hohen Relevanz im Rahmen des passiven Sportkonsums hat eine ausführliche Untersuchung des Konzepts Atmosphäre im Kontext von Sportveranstaltungen bisher praktisch nicht stattgefunden. Die in der Literatur nicht selten anzutreffenden Aussagen zu den Konsequenzen der „besonderen", „guten" oder „einzigartigen" Atmosphäre in Sportstadien haben bislang lediglich einen spekulativen Charakter. An keiner Stelle wird auf das Wesen von Stadionatmosphäre näher eingegangen und bisher ist nicht hinreichend geklärt, was unter diesem Begriff genau zu verstehen ist.

An dieser Stelle tritt ein generelles Problem der Atmosphäreforschung zu Tage, denn auch hinsichtlich des bereits vielfach untersuchten Konstrukts der Ladenatmosphäre liefert die Literatur *widersprüchliche* und *unzulängliche Konzeptionen*, wie in Kapitel B ausführlich dargelegt wird. Der weitläufig anerkannten Bedeutung von Atmosphäre für das Konsumentenverhalten steht ein äußerst *nebulöses Begriffsverständnis* gegenüber. Da keine präzise Begriffsbestimmung von Stadionatmosphäre vorliegt, bestehen Unklarheiten vor allem hinsichtlich folgender grundsätzlicher Fragen:

- Wodurch wird das als Atmosphäre bezeichnete Phänomen in einem Sportstadion hervorgerufen und worin besteht dessen Besonderheit?
- Wodurch sind unterschiedliche Ausprägungen von Stadionatmosphäre gekennzeichnet und wie lassen sich diese bestimmen?
- Welche Auswirkungen haben verschiedene Ausprägungen von Stadionatmosphäre auf das Erleben und die Bewertung von Sportveranstaltungen?

---

49 Vgl. o.V. (2007): Bundesli,URL: http://www.bundesliga.de/de/liga/news/2006/index.php?f=63555.php (Stand 01.10.2007), 1 Seite.

50 Vgl. Kroeber-Riel, W., Weinberg, P. (2003): Konsumentenverhalten, a.a.O., S. 116ff.; Bennett, R. (1999): Sports sponsorship, spectator recall and false consensus, in: European Journal of Marketing, Vol. 33, No. 3/4, S. 291-313.; Hermanns, A. (2001): Entwicklung und Perspektive des Sportsponsoring, in: Hermanns, A., Riedmüller, F. (Hrsg.): Management-Handbuch Sportmarketing, München, S. 393.

- Welche Konsequenzen haben unterschiedliche Ausprägungen der Stadionatmosphäre für das Verhalten der Sportzuschauer?

Die Klärung dieser Fragen wird durch die Tatsache erschwert, dass es sich bei dem Konzept Stadionatmosphäre um ein so genanntes hypothetisches *Konstrukt* handelt. Unter einem Konstrukt wird nach Edwards und Bagozzi allgemein „...a conceptual term used to describe a phenomenon of theoretical interest“ verstanden.[51] Für eine eingehende Untersuchung des Phänomens Stadionatmosphäre ist daher eine Reihe grundlegender Untersuchungsschritte zwingend erforderlich. Zunächst muss das Konzept Stadionatmosphäre begrifflich näher bestimmt und als theoretisches Konstrukt überhaupt erst entwickelt werden. Da es sich bei Konstrukten um nicht direkt beobachtbare Größen handelt, bedarf es einer genauen und theoretisch fundierten Festlegung, welcher Sachverhalt damit konzeptionell erschlossen werden soll. Sobald dies geschehen ist, lassen sich theoriegestützte Hypothesen über die Beziehungen des Konstrukts zu anderen Größen formulieren. Des Weiteren muss das Konstrukt messbar gemacht werden, um es der Untersuchung in empirischen Studien zugänglich zu machen und Zusammenhänge zu anderen Variablen nachweisen zu können. Wissenschaftlich abgesicherte Aussagen zu Bedingungen und Konsequenzen der Stadionatmosphäre lassen sich folglich erst dann treffen, wenn aus dem Begriff ein theoretisch begründetes, definitorisch präzise abgegrenztes und durch eine valide Skala messbares Konstrukt geworden ist.

In bisherigen Studien erarbeitete Konzeptionalisierungs- und Operationalisierungsansätze des Konstrukts Atmosphäre wurden für andere Umwelten als Sportstadien erarbeitet und sind daher nicht geeignet, um die Spezifika der Stadionatmosphäre zu erfassen. Als Konsequenz der fehlenden Präzision und Uneinheitlichkeit in der Begriffsbestimmung wird das Konstrukt Atmosphäre allgemein sehr unterschiedlich und häufig auch mangelhaft konzeptionalisiert. In der Literatur finden sich zum Beispiel umfassende Rahmenkonzepte zur Untersuchung des Einflusses von Umweltmerkmalen der Geschäftsräume von Dienstleistungsanbietern[52], die sich jedoch konzeptionell nicht zur gezielten Untersuchung der Stadionatmosphäre anbieten. In empirischen Studien,

---

[51] Edwards, J.R., Bagozzi, R.P. (2000): On the nature and direction of relationships between constructs and measures, in: Psychological Methods, Vol. 5, No. 2, S. 156f.

[52] Vgl. Baker, J. (1987): The role of the environment in marketing services: The consumer perspective, in: Czepiel, J.A., Congram, C.A., Shanahan, J. (Hrsg.): The service challenge: Integrating for competitive advantage, Proceedings Series of the American Marketing Association, Chicago, S. 79-84.; Bitner, M.J. (1992): Servicescapes: The impact of physical surroundings on customers and employees, in: Journal of Marketing, Vol. 56, April, S. 57-71.

die sich explizit mit den Auswirkungen von Atmosphäre beschäftigen, wird das Konstrukt zumeist über einzelne oder mehrere Umweltfaktoren oder mittels globaler Umweltbewertungsskalen gemessen.[53] Lediglich vereinzelte Studien beschäftigen sich mit emotional wirksamen Umweltfaktoren von Sportstadien[54], jedoch bestehen erhebliche Zweifel an der prinzipiellen Eignung und konzeptionellen Vollständigkeit der dort betrachteten Faktoren zur Messung des Konstrukts Stadionatmosphäre. Beispielsweise wird die aktive Zuschauerbeteiligung nicht berücksichtigt, die ein wesentliches Merkmal einer Sportveranstaltung darstellt.[55]

3 Zielsetzungen und Ablauf der Untersuchung

Mit der Erklärung des Verhaltens von Vor-Ort-Sportzuschauern beschäftigt sich eine zunehmende Zahl sportökonomischer und sportmarketingorientierter Forschungsarbeiten. In Abhängigkeit von der jeweiligen Perspektive werden traditionell unterschiedliche Faktoren wie der Spannungsgrad der Liga[56], die Teamidentifikation[57], die Motivstruktur[58], der sportliche Erfolg des favorisierten Teams[59] und jüngst auch die sozialen

---

[53] Vgl. dazu die Ausführungen zum Konstrukt Ladenatmosphäre in Abschnitt B 2.1.

[54] Vgl. Wakefield, K.L., Blodgett, J.G. (1994): The importance of servicescapes in leisure service settings, in: Journal of Services Marketing, Vol. 8, No. 3, S. 66-76.; Wakefield, K.L., Blodgett, J.G. (1999): Customer response to intangible and tangible service factors, a.a.O., S. 51-68.; Hightower R., Brady, M.K., Baker, T.L. (2002): Investigating the role of the physical environment in hedonic service consumption: An exploratory study of sporting events, in: Journal of Business Research, Vol. 55, No. 9, S. 697-708.

[55] Vgl. Wochnowski, H. (1996): Veranstaltungsmarketing – Grundlagen und Gestaltungsempfehlungen zur Vermarktung von Veranstaltungen, a.a.O.; Baker, J. (1987): The role of the environment in marketing services: The consumer perspective, a.a.O., S. 79-84.; Reckenfelderbäumer, M. (2003): Auswirkungen der Integrativität auf die Qualitätspolitik von Fußballclubs, in: Reckenfelderbäumer, M., Welling, M. (Hrsg.): Fußball als Gegenstand der Betriebswirtschaftslehre. Leistungstheoretische und qualitätspolitische Grundlagen, Schriften der wissenschaftlichen Hochschule Lahr, Lahr, S. 47-87.; Meyer, A., Blümelhuber, C., Pfeifer, M. (2000): Der Kunde als Co-Produzent und Co-Designer – oder: Die Bedeutung der Kundenintegration für die Qualitätspolitik von Dienstleistungsanbietern, in: Bruhn, M., Stauss, B. (Hrsg.): Dienstleistungsqualität, 3. Auflage, Wiesbaden, 49-70.; Hopkinson, G.C., Pujari, D. (1999): A factor analytic study of the sources of meaning in hedonic consumption, a.a.O., S. 273-290.

[56] Vgl. Whitney, J. D. (1988): Winning games versus winning championships. The economics of fan interest and team performance, in: Economic Inquiry, Vol. 26, S. 703–724.; Peel, D. A., Thomas, D. A. (1992): The demand for football: Some evidence on outcome uncertainty, in: Empirical Economics, Vol. 17, S. 323–331.

[57] Vgl. Wann, D.L., Branscombe, N.R. (1993): Sport fans: Measuring the degree of identification with their team, in: International Journal of Sport Psychology, Vol. 24, S. 1-17.; Wann, D.L., Melnick, M.J., Russell, G.W., Pease, D.G. (2001): Sport Fans. The psychology and social impact of spectators, New York, London.

[58] Vgl. z.B. Sloan, L.R. (1989): The motives of sport fans, in: Goldstein F.H. (Hrsg.): Sports, games, and play: Social and psychological viewpoints, 2. Auflage, Hillsdale, S. 175-240.; Trail, G.T., James, J.D. (2001): The motivation scale for sport consumption: Assessment of the scale´s psychometric properties, in: Journal of Sport Behavior, Vol. 24, No. 1, 108-127.

Beziehungen zwischen den Zuschauern[60] als Bestimmungsgrößen des Zuschauerverhaltens hervorgehoben. Vor dem Hintergrund der teils uneinheitlichen Erkenntnisse und des oft von anderen Konsumsituationen abweichenden Verhaltens der Zuschauer gilt dieser Themenbereich indessen als noch nicht ausreichend erforscht.

Der vorliegenden Arbeit liegt die Annahme zugrunde, dass die wissenschaftliche Untersuchung des Konzepts Atmosphäre einen beachtlichen Beitrag zum Verständnis und zur Erklärung des Verhaltens von Sportzuschauern leisten kann. Das übergeordnete Forschungsziel besteht darin, das Phänomen Stadionatmosphäre als theoretisches Konstrukt in die sportorientierte Marketingforschung einzuführen und damit den Erkenntnisstand dieser Forschungsrichtung zu erweitern. Grundlegende Erkenntnisse aus der allgemeinen Konsumentenverhaltensforschung zum Konstrukt der Ladenatmosphäre sowie Überlegungen der sportorientierten Marketingliteratur sprechen dafür, dass die Erforschung von Stadionatmosphäre zum Verständnis der Zusammenhänge zwischen dem Erleben der Umwelt Sportstadion und dem kurz- und langfristigen Verhalten der Sportzuschauer wesentlich beiträgt.

Die *Hauptzielstellung* dieser Arbeit besteht darin, *ein Messmodell für das Konstrukt Stadionatmosphäre zu entwickeln und zu validieren*. Mit diesem Messmodell lassen sich verschiedene Ausprägungen des Konstrukts und damit auch Zusammenhänge zu vor- und nachgelagerten Größen bestimmen. Somit werden die notwendigen Voraussetzungen dafür geschaffen, das Konstrukt Stadionatmosphäre in weiteren Forschungsarbeiten untersuchen zu können. Zur Erfüllung der Hauptzielstellung ist die Bearbeitung mehrerer Untersuchungsschritte notwendig, die durch folgende drei *Teilziele* dokumentiert werden:

Teilziel 1: Entwicklung des Konzepts Stadionatmosphäre zu einem theoretischen Konstrukt

Mit der ausführlichen Betrachtung des Konzepts Stadionatmosphäre aus wissenschaftlicher Perspektive wird Neuland betreten. Daher sollen zunächst die theoretischen

---

[59] Vgl. Dobson, S.M., Goddard, J.A. (1992): The demand for standing and seated viewing accommodation in the English Football League, in: Applied Economics of Education Review, Vol. 24., No. 10, S. 1155-1163.

[60] Vgl. Woratschek, H. et al. (2007): Der Einsatz der Videographie im Dienstleistungsmanagement – Eine Analyse von "verrückten Typen", in: Benkenstein, M. (Hrsg.): Neue Herausforderungen an das Dienstleistungsmarketing, Tagungsband des 12. Workshops Dienstleistungsmarketing, Wiesbaden.

Grundlagen gelegt und ein theoretisches Konstrukts sorgfältig hergeleitet und präzise definiert werden.

Teilziel 2: Konzeptionalisierung und Operationalisierung des Konstrukts Stadionatmosphäre und Spezifikation eines Messansatzes

Das entwickelte Konstrukt der Stadionatmosphäre soll zunächst auf theoretischem Wege und dann auf Basis umfassender empirischer Untersuchungen konzeptionalisiert und operationalisiert werden. Von dieser Grundlage ausgehend, soll ein geeigneter Messansatz für das Konstrukt spezifiziert werden.

Teilziel 3: Empirische Validierung des entwickelten Messansatzes

Auf Basis quantitativer Daten soll der entwickelte Messansatz hinsichtlich seiner Reliabilität und Validität umfassend empirisch überprüft werden. Gegebenenfalls wird der Messansatz angepasst und anhand neuer Daten nochmals überprüft.

Für die Bearbeitung der Zielsetzungen wird das folgende *Vorgehen* gewählt:

In *Kapitel B* wird dem Konzept Atmosphäre zunächst durch die Forschungsdisziplin der Umweltpsychologie ein theoretisches Fundament verliehen. Aus dem Spektrum der zahlreichen umweltpsychologischen Theorien werden geeignete Ansätze zur theoretischen Untermauerung von Atmosphäre ausgewählt und erklärt. Daraufhin erfolgt eine Aufarbeitung der bislang vorliegenden wissenschaftlichen Literatur, die das Konzept Atmosphäre als Forschungsgegenstand aufgegriffen hat, um zu einem grundlegenden Begriffsverständnis zu gelangen. Dazu werden einerseits die Interpretationen des Atmosphärebegriffs in den Studien zur Ladenatmosphäre innerhalb der Konsumentenverhaltensforschung beleuchtet und andererseits verschiedene Erklärungsansätze der Ästhetikforschung zum Konzept der Atmosphäre vorgestellt. Auf Basis einer kritischen Würdigung und Integration der vorgestellten Ansätze der Atmosphäreforschung wird daraufhin der Atmosphärebegriff allgemein bestimmt. Unter Berücksichtigung des Untersuchungskontexts Sportstadion erfolgt im Weiteren die Definition des Zielkonstrukts Stadionatmosphäre, welches schließlich theoretisch konzeptionalisiert wird.

Kapitel C befasst sich mit der Entwicklung eines Messmodells für das Konstrukt Stadionatmosphäre. Zunächst erfolgt ein allgemeiner Überblick zum Themenbereich der Messung theoretischer Konstrukte. Insbesondere werden dabei der reflektive und der formative Messansatz als prinzipielle Spezifikationsmöglichkeiten von Messmodellen vorgestellt. Daraufhin findet eine Diskussion bezüglich der Frage statt, welcher Messansatz für das Konstrukt Stadionatmosphäre grundsätzlich in Frage kommt und welche Spezifikationsart sich mit Blick auf die Konstruktdefinition im vorliegenden Fall anbietet. Aufgrund des sehr geringen Kenntnisstands zum Konstrukt Stadionatmosphäre und des explorativen Charakters der Untersuchung wurden zur Generierung der für den Messansatz benötigten Indikatoren insgesamt vier empirische Studien durchgeführt. Auf Grundlage der Ergebnisse dieser Studien wird schließlich ein Messmodell für das Konstrukt Stadionatmosphäre aufgestellt.

In *Kapitel D* wird das entwickelte Messmodell der Stadionatmosphäre einer umfassenden Güteprüfung unterzogen. Zuerst werden dazu die zur Gütebeurteilung von Messmodellen geeigneten Prüfkriterien vorgestellt. Daraufhin wird das Vorgehen einer Zuschauerbefragung beim Fußball-Bundesligaklub Hansa Rostock beschrieben, in der die zur Güteprüfung des Messmodells erforderlichen quantitativen Daten erhoben wurden. In einer Reihe von Analyseschritten wird der entwickelte Messansatz schließlich hinsichtlich der vorgestellten Gütekriterien überprüft. Dabei kommen insbesondere varianz- und kovarianzbasierte Strukturgleichungsanalysen zum Einsatz. Auf Grundlage der Ergebnisse der Güteprüfung wird der Messansatz modifiziert und anhand eines neuen Datensatzes nochmals geprüft. Abschließend werden die Ergebnisse zusammengefasst und das Messmodell insgesamt bewertet.

Das abschließende *Kapitel E* fasst zuerst die Arbeit und ihre zentralen Erkenntnisse noch einmal zusammen. Darüber hinaus werden die Beschränkungen der Untersuchung aufgezeigt. Schließlich widmet sich das Kapitel der Frage, welche Implikationen für die Managementpraxis einerseits und für die weitere Forschung andererseits aus der Arbeit abgeleitet werden können.

B Entwicklung des Begriffs Stadionatmosphäre als verhaltenswissenschaftliches Konstrukt

Der Begriff Atmosphäre ist ein gängiger Ausdruck der Alltagssprache. Sein Gebrauch im nichtmeteorologischen Sinne ist bereits seit mindestens dem 18. Jahrhundert belegbar.[61] In der Alltagssprache wird der Begriff Atmosphäre vornehmlich dann gebraucht, wenn Menschen versuchen, den stimmungsmäßigen Charakter von Orten zu beschreiben. So wird die Beschreibung *Es herrschte eine tolle Atmosphäre* zum Beispiel oft zur Bewertung von Restaurant-, Konzert- oder auch Sportveranstaltungsbesuchen verwendet. Häufig wird auch von Atmosphären gesprochen, ohne sie durch Eigenschaftsworte näher zu kennzeichnen. Mit der Formulierung *Atmosphäre haben* impliziert man zumeist, dass sich ein Ort durch spezielle Eigenschaften auszeichnet, die beim Menschen eine gewisse emotionale[62] Ergriffenheit hinterlassen. Offenbar verstehen die meisten Menschen auch ohne nähere Bestimmung, wovon die Rede ist, wenn von der Atmosphäre einer bestimmten Umgebung gesprochen wird. Beim Versuch, Atmosphären näher zu bestimmen, treten allerdings Schwierigkeiten auf. Meist erfolgt ihre Beschreibung anhand von solchen Adjektiven, mit denen sich auch Stimmungslagen von Personen bezeichnen lassen. So wird von der *beschwingten* oder *gelösten* Atmosphäre einer Party gesprochen, von der *gespannten* Atmosphäre eines politischen Gesprächs oder der *bedrückten* Atmosphäre eines Novembertages. Mit diesen Ausdrucksweisen werden genau genommen Stimmungslagen oder Gefühle anderer Personen beziehungsweise bestimmte Merkmale der Umgebung beschrieben, die uns dazu veranlassen, den Atmosphären diese Eigenschaften zuzuschreiben. Ist stattdessen von der *beschwingenden* Atmosphäre einer Party oder der *bedrückenden* Atmosphäre eines Novembertages die Rede, sind offenbar eigene Stimmungen oder Gefühle gemeint, die durch die Umgebung erzeugt werden.[63] Dem Begriff der Atmosphäre werden im all-

---

[61] Vgl. Böhme, G. (2001): Aisthetik: Vorlesungen über Ästhetik als allgemeine Wahrnehmungslehre, München, S. 51.

[62] Im Verlauf dieses Kapitels werden wiederholt die Begriffe Affekt, Gefühl, Stimmung und Emotion verwendet. Obwohl es sich bei diesen Begriffen um unterschiedliche Konzepte handelt, werden sie auch in der wissenschaftlichen Literatur häufig synonym beziehungsweise ohne nähere Erklärung gebraucht. Da hier die Perspektiven verschiedener Autoren nicht verzerrt wiedergegeben werden sollen, werden die Begriffe zunächst so verwendet, wie in der Literatur vorgefunden. Eine nähere Erläuterung und Abgrenzung der Konzepte erfolgt in Abschnitt B 3.2. Für das Verständnis der Ausführungen bis dahin dürfte es genügen die Begriffe Affekt, Gefühl, Stimmung und Emotion vorläufig als auf die menschliche Gefühlswelt bezogene, nicht primär kognitive Erlebensqualitäten zu kennzeichnen.

[63] Vgl. Hauskeller, M. (1995): Atmosphären erleben. Philosophische Untersuchungen zur Sinneswahrnehmung, Berlin.

täglichen Sprachgebrauch also unterschiedliche Bedeutungen zugeschrieben. Eine genaue Bestimmung des Phänomens kann nicht ohne weiteres vorgenommen werden. Der erste erforderliche Schritt im Prozess der Entwicklung eines Messmodells für ein theoretisches Konstrukt ist die Erarbeitung einer genauen und detaillierten Konzeption des Zielkonstrukts und seines theoretischen Kontexts.[64] Da das Konzept der Stadionatmosphäre bisher in keiner Forschungsarbeit als verhaltenswissenschaftliches Konstrukt aufgegriffen und näher bestimmt worden ist, muss aus dem Phänomen der Stadionatmosphäre zunächst ein theoretisches Konstrukt entwickelt werden. Zuerst wird dazu mit der Forschungsdisziplin der Umweltpsychologie ein theoretisches Fundament für die Definition, Konzeptionalisierung und weitere Untersuchung von Atmosphäre geschaffen. Daraufhin erfolgt eine Darstellung wissenschaftlicher Arbeiten, die Atmosphären als Untersuchungsgegenstand aufgegriffen haben, um ein detailliertes Verständnis von der Interpretation dieses Konzepts in bisherigen Forschungsarbeiten zu erhalten. Dies geschieht zum einen auf Basis der Konsumentenverhaltensforschung, die zahlreiche Studien zur Atmosphäre von Verkaufsräumen hervorgebracht hat. Zum anderen werden verschiedene Ansätze der Ästhetikforschung vorgestellt, in denen die Betrachtung von Atmosphären ein zentrales Thema ist. Nachdem das Konzept der Atmosphäre theoretisch fundiert und aus verschiedenen Perspektiven umrissen worden ist, wird auf Grundlage der verschiedenen betrachteten Erklärungsperspektiven eine allgemeine Begriffsbestimmung von Atmosphäre vorgenommen. Daraufhin wird unter Berücksichtigung der Spezifika des Untersuchungskontexts Sportstadion das Konstrukt Stadionatmosphäre definiert und auf theoretischem Wege konzeptionalisiert.

1 Umweltpsychologische Grundlagen als theoretischer Rahmen der Untersuchung von Atmosphären

Auch ohne eine genaue Bestimmung des Begriffs Atmosphäre bereits vorgenommen zu haben, lassen die einleitenden Ausführungen erkennen, dass die Untersuchung dieses Phänomens ganz offensichtlich eine genauere Betrachtung der *Umwelt-Person-Beziehungen* erfordert. An diesem Punkt erhebt sich die Frage, wie der Zusammenhang zwischen Umweltmerkmalen und personenseitigen Reaktionen erklärt und theoretisch fundiert werden kann, um dem Konstrukt Atmosphäre eine begründete Konzeption zu verleihen. Dazu bietet sich mit der *Umweltpsychologie* eine Disziplin an,

[64] Vgl. Clark, L.A., Watson, D. (1995): Constructing validity: Basic issues in objective scale development, in: Psychological Assessment, Vol. 7, No. 3, S. 310.

die sich mit der Erforschung von Wechselwirkungen zwischen der Umwelt und dem menschlichen Verhalten beschäftigt.

Der Begriff Atmosphäre wird in der Umweltpsychologie nur in Einzelfällen verwendet. Sie liefert jedoch nützliche Erkenntnisse über die Zusammenhänge zwischen den Merkmalen der Umwelt und personenseitigen Wahrnehmungen, Bewertungen sowie emotionalen und verhaltensbezogenen Reaktionen. Darüber hinaus finden sich in dem umweltpsychologischen Forschungsgebiet der Umweltbewertung einige Konstrukte, deren Konzeption das Aufeinanderbezogensein von Umwelt und Person in ähnlicher Weise widerspiegelt wie der Atmosphärebegriff. Eine gesonderte Betrachtung der Umweltbewertungsforschung und ihrer Konstrukte liefert daher Anhaltspunkte für die nähere Bestimmung des Konzepts Atmosphäre. Zunächst werden jedoch die Grundlagen der Umweltpsychologie sowie einige für die Untersuchung von Atmosphären zweckdienliche theoretische Konzepte dargestellt.

1.1 Gegenstand und Annahmen der Umweltpsychologie

Die grundlegende Annahme der Umweltpsychologie besteht darin, dass Zusammenhänge zwischen der Umwelt und dem menschlichen Verhalten existieren. Die Umwelt ist dazu in der Lage, Empfindungen, Wahrnehmungen und Kognitionen einer Person zu beeinflussen. Sie kann darüber hinaus Emotionen hervorrufen und das Verhalten von Personen verändern.[65] Gegenstand umweltpsychologischer Forschung ist die Untersuchung der Wechselwirkungen zwischen der physischen Umwelt und dem menschlichen Verhalten und Erleben.[66] Die Umweltpsychologie ist eine vornehmlich anwendungsorientierte Disziplin, der es letztlich vor allem darum geht, die künstlich geschaffene Umwelt den menschlichen Präferenzen entsprechend zu verbessern.[67]

---

[65] Vgl. Darley, J.M., Gilbert, D.T. (1985): Social psychological aspects of environmental psychology, in: Lindzey, G., Aronson, E. (Hrsg.): Handbook of Social Psychology, 3. Auflage, S. 950.; Mehrabian, A., Russell, J.A. (1974): An approach to environmental psychology, Cambridge, S. 1 ff.; Mehrabian, A. (1978): Räume des Alltags oder wie die Umwelt unser Verhalten bestimmt, a.a.O., S. 15.; Miller, R. (1998): Umweltpsychologie. Eine Einführung, Stuttgart et al., S. 86.

[66] Vgl. Holahan, C.J. (1986): Environmental psycholoy, in: Annual Review of Psychology, Vol. 37, S. 381.; Russell, J.A., Ward, L.M. (1982): Environmental psychology, in: Annual Review of Psychology, Vol. 33, S. 655.; Gifford, R. (1997): Environmental psychology. Principles and practice, 2. Auflage, Needham Heights, S. 1.; Mehrabian, A. (1978): Räume des Alltags oder wie die Umwelt unser Verhalten bestimmt, a.a.O., S. 10.; Mehrabian, A., Russell, J.A. (1974): An approach to environmental psychology, a.a.O, S. 5.; Hellbrück, J., Fischer, M. (1999): Umweltpsychologie. Ein Lehrbuch, Göttingen et al., S. 31.

[67] Vgl. Gifford, R. (1997): Environmental psychology. Principles and practice, a.a.O., S. 4.; Hellbrück, J., Fischer, M. (1999): Umweltpsychologie. Ein Lehrbuch, a.a.O., S. 31ff.

Der Versuch, die Umweltpsychologie als Forschungsdisziplin näher zu kennzeichnen, ist mit einigen Kontroversen verbunden. Uneinigkeit besteht unter anderem bezüglich der Frage, ob die Umweltpsychologie eine eigenständige Wissenschaftsdisziplin ist. Mehrheitlich wird sie als Subdisziplin der Mutterwissenschaft Psychologie betrachtet.[68] An anderer Stelle gilt die Umweltpsychologie dagegen als ein interdisziplinärer Rahmenbegriff für eine Reihe sich thematisch überschneidender Forschungsfelder und sie wird als „often mismatched consortium of research questions, interests..., and investigative techniques..." kritisiert.[69] Eine weitere Perspektive kennzeichnet die Umweltpsychologie als „spezifische Sichtweise", die von verschiedenen Forschungsdisziplinen eingenommen werden kann.[70] Eine strittige Fragestellung besteht auch darin, worin sich die Umweltpsychologie von der allgemeinen Psychologie unterscheidet, denn die Untersuchung der Zusammenhänge zwischen Umweltstimuli und personenbezogenen Variablen zählt zweifelsohne zum Forschungsspektrum der herkömmlichen Psychologie. Daher wird zur Abgrenzung der Disziplin Umweltpsychologie zumeist darauf abgestellt, dass sie im Gegensatz zur allgemeinen Psychologie die Umwelt und ihre Wirkungen auf den Menschen als Ganzes erfasst, anstatt den Einfluss einzelner Stimuli zu untersuchen.[71] Der zentrale Untersuchungsgegenstand sind dabei physische Umwelten des Alltags, die von der herkömmlichen psychologischen Forschung häufig vernachlässigt werden.[72]

Umwelten beziehungsweise *Orte* (englisch = places) können als wahrgenommene Einheiten der geographischen Umgebung interpretiert werden.[73] Die in der Umweltpsy-

[68] Vgl. Bell, P. et al. (2001): Environmental psychology, 5. Auflage, Fort Worth.; Russell, J.A., Snodgrass, J. (1987): Emotion and the environment, in: Stokols, D., Altman, I. (Hrsg.): Handbook of environmental psychology, New York, S. 245-81.; Russell, J.A., Ward, L.M. (1982): Environmental psychology, a.a.O., S. 655.; Mehrabian, A. (1978): Räume des Alltags oder wie die Umwelt unser Verhalten bestimmt, a.a.O., S. 10.; Hellbrück, J., Fischer, M. (1999): Umweltpsychologie. Ein Lehrbuch, a.a.O., S. 29.

[69] Darley, J.M., Gilbert, D.T. (1985): Social psychological aspects of environmental psychology, a.a.O., S. 982.

[70] Vgl. Miller, R. (1998): Umweltpsychologie. Eine Einführung, a.a.O., S. 64.

[71] Vgl. Bell, P. et al. (2001): Environmental psychology, a.a.O., S. 6.; Mehrabian, A. (1978): Räume des Alltags oder wie die Umwelt unser Verhalten bestimmt, a.a.O., S. 10.; Russell, J.A., Ward, L.M. (1982): Environmental psychology, a.a.O., S. 652.; Gifford, R. (1997): Environmental psychology. Principles and practice, a.a.O., S. 4.; Mehrabian, A., Russel, J.A. (1974): An approach to environmental psychology, a.a.O., S. 77ff.; Ward, L.M., Russell, J.A. (1981): The psychological representation of molar physical environments, a.a.O., S. 122.

[72] Vgl. Gifford, R. (1997): Environmental psychology. Principles and practice, a.a.O., S. 4.

[73] Vgl. Russell, J.A., Ward, L.M. (1982): Environmental psychology, a.a.O., S. 654.

chologie betrachteten Umwelten variieren hinsichtlich ihrer Gattung und Größe[74] und stehen in einer hierarchischen Ordnung, dass heißt jede Umwelt ist Bestandteil einer größeren Umwelt.[75] Umweltpsychologische Untersuchungen können folglich auf unterschiedlichsten Betrachtungsebenen erfolgen. Die analysierte Umwelt kann zum Beispiel ein Restaurant sein oder ein größerer gastronomischer Bereich, in dem das Restaurant nur eine von mehreren Einrichtungen ist. Der gastronomische Bereich ist wiederum nur ein Teil einer größeren Umwelt, beispielsweise eines Sportstadions. Dieses befindet sich seinerseits in einer ganzen Stadt, mithin einer noch größeren Umwelteinheit. Jeder dieser genannten Orte stellt eine analysierbare Umgebung dar, in der sich jeweils bestimmte Personengruppen aufhalten, die auf die Umgebung emotional und verhaltensmäßig reagieren.

Ein wesentliches Merkmal umweltpsychologischer Forschung ist die Betrachtung von *Person* und *Umwelt* als ein *ganzheitliches System*.[76] Im Mittelpunkt steht die „Ort-Spezifität", also der Umweltbezug des menschlichen Verhaltens und Erlebens.[77] Dem liegt die Annahme zugrunde, dass weder die Umwelt noch das Verhalten des Menschen voneinander losgelöst untersucht werden können, ohne dabei wertvolle Informationen über die Zusammenhänge zwischen diesen beiden Variablenkomplexen zu verlieren.[78] Als Ausgangspunkt dieser subjektbezogenen Umweltbetrachtung gilt die Gestaltpsychologie[79], obwohl deren Annahmen aus der Perspektive der neueren Umweltpsychologie noch immer zu objektzentriert sind.[80] Die Vertreter der Gestaltpsychologie wendeten sich als erste von der umweltdeterministischen Sichtweise ab, die ausschließlich physische Umwelteigenschaften für menschliche Wahrnehmungen, Empfindungen und Verhaltensweisen verantwortlich macht.[81]

---

[74] Vgl. Mehrabian, A. (1978): Räume des Alltags oder wie die Umwelt unser Verhalten bestimmt, a.a.O., S. 16ff.; Craik, K.H., Feimer, N. (1987): Environmental assessment, a.a.O., S. 893f.; Miller, R. (1998): Umweltpsychologie. Eine Einführung, a.a.O., S. 71ff.

[75] Vgl. Russell, J.A., Ward, L.M. (1982): Environmental psychology, a.a.O., S. 654.

[76] Vgl. Gifford, R. (1997): Environmental psychology. Principles and practice, a.a.O., S. 4.; Bell, P. et al. (2001): Environmental psychology, a.a.O., S. 6.; Ittelson, W.H. et al. (1977): Einführung in die Umweltpsychologie, Stuttgart, S. 26ff.

[77] Vgl. Russell, J.A., Ward, L.M. (1982): Environmental psychology, a.a.O., S. 652.

[78] Vgl. Bell, P., et al. (2001): Environmental psychology, a.a.O., S. 6.

[79] Die bedeutendsten Vertreter der Gestaltpsychologie waren Max Wertheimer, Kurt Koffka, Wolfgang Köhler und mit Einschränkungen Kurt Lewin. Vgl. dazu Hellbrück, J., Fischer, M. (1999): Umweltpsychologie. Ein Lehrbuch, a.a.O., S. 77.

[80] Vgl. Miller, R. (1998): Umweltpsychologie. Eine Einführung, a.a.O., S. 61ff.

[81] Vgl. Hellbrück, J., Fischer, M. (1999): Umweltpsychologie. Ein Lehrbuch, a.a.O., S. 77.

Auch in der umweltpsychologischen Forschung ist es zum Teil unerlässlich, Umweltmerkmale und personenbezogene Variablen getrennt voneinander zu untersuchen. Dies geschieht jedoch mit dem Bewusstsein, dass die Umwelt-Person-Beziehung im Falle einer solchen Einschränkung nur ausschnittsweise erklärt werden kann.[82] Ein umfassendes Verständnis der Untersuchungseinheit Umwelt-Person kann nur durch die Betrachtung sämtlicher Aspekte der Person und der Umwelt sowie deren Interaktionen innerhalb der Umwelt-Person-Beziehung erreicht werden.[83] Die Variablenkomplexe Umwelt und Person stellen demzufolge die Ansatzpunkte umweltpsychologischer Forschung dar.

Die Umwelt kann als objektseitige und das Individuum als subjektseitige Analyseeinheit des Umwelt-Person-Systems charakterisiert werden. Deren Interdependenz betrachtet die Umweltpsychologie nicht als simples behavioristisches Reiz-Reaktions-Schema, sondern berücksichtigt intrapsychische Variablen wie beispielsweise Emotionen als mediierende Größen des Verhaltens. Eine elementare umweltpsychologische Forschungsfrage stellt darauf ab, welche Konstellationen und Interaktionen verschiedener Umweltstimuli die Ausprägungen intrapsychischer Mediatoren des Verhaltens bestimmen.[84] Personen, Umwelten und psychologische Prozesse sind damit die drei *grundlegenden Dimensionen* der Umweltpsychologie.[85]

Inwiefern eine bestimmte Konstellation physischer Umweltstimuli auf intrapsychische und verhaltensbezogene Variablen Einfluss nimmt, hängt von einer Vielzahl personen- und kontextbezogener Größen ab. Allein die personen- und situationsspezifische Art und Weise der Umweltwahrnehmung bestimmt maßgeblich die Umweltwirkung. Zu den wesentlichen Merkmalen des umweltpsychologischen Wahrnehmungsbegriffs zählen die Berücksichtigung subjektiver Deutungsprozesse des objektiv Wahrgenommenen[86], die Komplexität der Umwelt als Wahrnehmungsgegenstand und die Annahme, dass der Wahrnehmende häufig ein Teil der Umwelt ist und zu dieser zumeist eine ziel- oder zweckbezogene Beziehung hat.[87] Damit steht die Umweltpsychologie im Kontrast zu zahlreichen traditionellen Wahrnehmungstheorien. In diesen erfolgt teil-

---

[82] Vgl. Bell, P., et al. (2001): Environmental psychology, a.a.O., S. 6.
[83] Vgl. Wapner, S., Demick, J. (2002): The increasing contexts of context in the study of environment behavior relations, in: Bechtel, R. B., Churchman, A. (Hrsg.): Handbook of environmental psychology, New York, S. 5.
[84] Vgl. Russell, J.A., Ward, L.M. (1982): Environmental psychology, a.a.O., S. 671.
[85] Vgl. Gifford, R. (1997): Environmental psychology. Principles and practice, a.a.O., S. 13.
[86] Vgl. Miller, R. (1998): Umweltpsychologie. Eine Einführung, a.a.O., S. 62.
[87] Vgl. Gifford, R. (1997): Environmental psychology. Principles and practice, a.a.O., S. 18.

weise lediglich eine Betrachtung von Einzelreizen und ihre Erkenntnisse über die Umweltwirkungen sind wenig differenziert[88], da personelle und situative Faktoren nicht hinreichend berücksichtigt werden. Die Wirkung der physischen Umwelt lässt sich dem umweltpsychologischen Postulat zufolge jedoch nicht genau vorhersagen, ohne Faktoren wie das Ziel des Umweltaufenthalts, vergangene Erfahrungen des Individuums, soziale Normen und andere Aspekte zu berücksichtigen.[89]

Die Umwelt kann sowohl unmittelbare Reaktionen innerhalb der untersuchten Umwelt auslösen als auch einen kumulierten, erst verzögert feststellbaren Einfluss nach Verlassen der Umwelt ausüben.[90] Neben wahrnehmbaren Umweltreizen haben auch unterhalb der Wahrnehmungsschwelle liegende Stimuli langfristig feststellbare Effekte.[91]

Kritiker der Umweltpsychologie schreiben der physischen Umwelt eine nur zweitrangige Bedeutung für das menschliche Verhalten zu und betonen den vordergründigen Einfluss interpersonaler, motivationaler und kognitiver Verhaltensdeterminanten.[92] Teilweise wird auch die spezifische Funktion einer Umwelt als die wesentliche Determinante des Verhaltens betrachtet. So konstatieren Darley und Gilbert beispielsweise, dass das Schweigen in einer Bibliothek keine Folge der physischen Umweltmerkmale ist, sondern sich aus einer sozialen Norm ergibt.[93] Eine verallgemeinernde Aussage zum Einfluss der physischen Umwelt erscheint jedoch nicht angebracht. Für vollständig kognitiv gesteuertes Verhalten in sozial kontrollierten Situationen ist die funktionsorientierte Sichtweise zwar durchaus plausibel. Fraglich ist jedoch, ob dies auch in Bezug auf die emotionale Befindlichkeit von Personen gilt. Diese unterliegt keiner

---

[88] Oft basieren die Angaben auf Mittelwerten, sodass personenspezifische Aussagen kaum möglich sind. Vgl. Miller, R. (1998): Umweltpsychologie. Eine Einführung, a.a.O., S. 61.

[89] Vgl. Bell, P. et al. (2001): Environmental psychology, a.a.O., S. 6.; Darley, J.M., Gilbert, D.T. (1985): Social psychological aspects of environmental psychology, a.a.O., S. 950.; Gifford, R. (1997): Environmental psychology. Principles and practice, a.a.O., S. 58.; Pennartz, P.J.J. (1986): Atmosphere at home: A qualitative approach, a.a.O., S. 137.; Brush, R.O. (1976): Perceived quality of scenic and recreational environments. Some methodological issues, in: Craik, K.H., Zube, E.H. (Hrsg.): Perceiving environmental quality. Research and applications, New York, London, S. 58.; Miller, R. (1998): Umweltpsychologie. Eine Einführung, a.a.O., S. 62.

[90] Vgl. Gifford, R. (1997): Environmental psychology. Principles and practice, a.a.O., S. 10.; Mehrabian, A., Russel, J.A. (1974): An approach to environmental psychology, a.a.O., S. 1.

[91] Vgl. Miller, R. (1998): Umweltpsychologie. Eine Einführung, a.a.O., S. 65.; Ittelson, W.H. (1978): Environmental perception and urban experience, in: Environment and Behavior, Vol. 10, No. 2, S. 193-213.

[92] Vgl. Darley, J.M., Gilbert, D.T., (1985): Social psychological aspects of environmental psychology, a.a.O., S. 951.

[93] Vgl. ebenda, S. 969.

vollständigen kognitiven Kontrolle und kann zumindest nicht in dem Maße selbst gesteuert werden wie das Verhalten.
Festzuhalten bleibt, dass die Wechselwirkungen zwischen Person und Umwelt außerordentlich komplex sind und nur durch die Berücksichtigung vielfältiger Perspektiven erklärt werden können. Dementsprechend facettenreich sind auch die Fragestellungen der umweltpsychologischen Forschung, die an dieser Stelle nicht vollständig dargestellt werden können. Abbildung 1 liefert einen Überblick über die wesentlichen von der Umweltpsychologie postulierten Zusammenhänge in der Umwelt-Person-Beziehung. Aus diesen Zusammenhängen ergeben sich die zentralen Untersuchungsfelder der Disziplin.

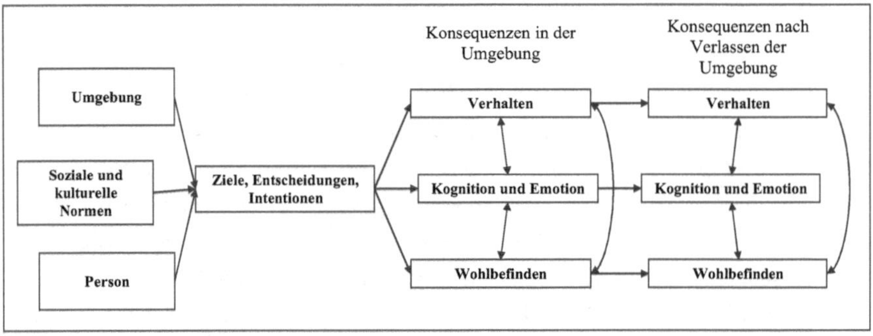

Abb. 1: Untersuchungsrahmen der umweltpsychologischen Forschung

Quelle: in Anlehnung an Gifford, R. (1997): Environmental psychology. Principles and practice, a.a.O., S. 10.

1.2 Umweltpsychologische Theorien zum Zusammenhang zwischen Umweltstimuli und emotionalen Reaktionen

Die Entstehung der Umweltpsychologie ist auf eine Reihe praktischer Fragestellungen aus Anwendungsbereichen wie zum Beispiel der Architektur zurückzuführen. Erst ab etwa Mitte der 1970er Jahre gab es in dem Untersuchungsfeld erste Schritte zu einer Theorieentwicklung.[94] Aufgrund ihrer vielfältigen Anwendungsfelder und der Komplexität der Wechselwirkungen zwischen Umwelt und Individuum liegen der umweltpsychologischen Forschung *zahlreiche theoretische Ansätze* zugrunde.[95] Die Gemeinsamkeit dieser Theorien besteht in der Annahme, dass die Umwelt einen Einfluss auf den Menschen ausübt, der darauf in einer bestimmten Art und Weise reagiert. In Be-

[94] Vgl. Holahan, C.J. (1986): Environmental psychology, a.a.O., S. 381.
[95] Vgl. Gifford, R. (1997): Environmental psychology. Principles and practice, a.a.O., S. 6.

zug auf die Erklärung und genaue Wirkungsweise der Umwelt-Person-Beziehung unterscheiden sich die theoretischen Konzepte allerdings.[96] Insgesamt befindet sich die umweltpsychologische Theoriebildung in einem noch recht frühen Stadium ihrer Entwicklung und die Begründung einer zentralen Erklärungsperspektive steht noch aus.[97] Wegen dieses heterogenen und noch wenig gefestigten theoretischen Fundaments sehen kritische Betrachter in der Disziplin der Umweltpsychologie eher eine Sammlung von Themen als eine integrierte theoretische Struktur.[98]

Das Umwelt-Person-System beinhaltet zahlreiche Zusammenhänge zwischen Umweltmerkmalen und personenseitigen Reaktionen. Die Betrachtung personenseitiger Reaktionen kann sich sowohl auf Aspekte des Verhaltens als auch auf intrapsychische Größen beziehen, die das Verhalten als vorgelagerte Größen bedingen oder es begleiten. Mit Blick auf die einführenden Darstellungen zum Konzept Atmosphäre sind für die vorliegende Arbeit vordergründig diejenigen Theorien von Interesse, die der Beziehung zwischen Umweltmerkmalen und intrapsychischen Größen zugrunde gelegt werden können. Von Relevanz sind dabei vor allem auf die Gefühlswelt von Personen bezogene Größen, denn diese stehen offenbar in einem engen Zusammenhang mit Atmosphären. Daher werden im Folgenden nur solche Konzepte des umweltpsychologischen Theoriespektrums Beachtung finden, die Variablen der Umwelt mit Gefühlswelt bezogenen beziehungsweise dem emotionalen Erleben zugehörigen intrapsychischen Größen in Verbindung bringen.

1.2.1 Die experimentelle Ästhetik Berlynes

Einen Ausgangspunkt für die umweltpsychologische Untersuchung von Zusammenhängen zwischen der physischen Umgebung und emotionalen Reaktionen des Menschen liefert Berlynes viel beachtete Theorie der *Umweltästhetik* (environmental aesthetics).[99] Diese neue experimentelle Ästhetik verleiht zentralen Fragestellungen der spekulativen traditionellen Ästhetik ein theoretisches und empirisches Fundament. Ferner erweitert die experimentelle Ästhetik ihr Untersuchungsfeld auf physische

---

[96] Vgl. Bell, P. et al. (2001): Environmental psychology, a.a.O., S. 103.

[97] Vgl. Gifford, R. (1997): Environmental psychology. Principles and practice, a.a.O., S. 15.; Sundstrom, E. et al. (1996): Environmental psychology 1989-1994, in: Annual Review of Psychology, Vol. 47, S. 503.

[98] Vgl. Darley, J.M., Gilbert, D.T. (1985): Social psychological aspects of environmental psychology, a.a.O., S. 984.

[99] Vgl. Berlyne, D.E. (1960): Conflict, arousal and curiosity, New York.; Berlyne, D.E. (1971): Aesthetics and psychobiology, New York.; Berlyne, D.E. (1974): Studies in the new experimental aesthetics. Steps toward an objective psychology of aesthetic appreciation, New York et al.

Umwelten und Objekte im Allgemeinen und nimmt Abstand von der ausschließlichen Betrachtung künstlerischer Arbeit. Zu den wesentlichen Diskussionspunkten der traditionellen Ästhetik gehören die Fragen, wie sich menschliche Urteile über Kunst ergeben und welche emotionalen Reaktionen Kunstwerke beim Menschen auslösen.[100]

Die Kernaussage der Theorie Berlynes besteht darin, dass bestimmte Eigenschaften der Stimuli einer Umwelt entscheidende Determinanten der ästhetischen Beurteilung dieser Umwelt sind. Berlyne versuchte die Eigenschaften von Umweltreizen zu bestimmen und identifizierte unter anderem die so genannten *kollativen* beziehungsweise strukturellen *Stimuli*.[101] Darunter sind im Wesentlichen Vergleichsvariablen wie beispielsweise Neuartigkeit, Komplexität oder Überraschungsreichtum zu verstehen, die umweltbezogene Präferenzurteile des Menschen beeinflussen. Solche ästhetischen Präferenzurteile lassen sich anhand der zwei Dimensionen *Unsicherheit/Aktivierung* (uncertainty-arousal) und *Annehmlichkeit* (hedonic tone) abbilden.[102] Die positivste Bewertung erhalten nach Berlynes Theorie Umwelten mit mittleren Ausprägungen der kollativen Stimuli. Umwelten mit einem zu hohen Ausmaß an Komplexität, Neuartigkeit usw. werden ebenso als weniger vorziehenswürdig beurteilt wie Umwelten zu geringer Komplexität und Neuartigkeit. Insofern steht Berlynes Konzept in Übereinstimmung mit der Overstimulation-Theorie[103] sowie der Understimulation-Theorie [104], denen zufolge ein Zuviel beziehungsweise ein Zuwenig an sensorischer Stimulation mit verschiedenen unerwünschten emotionalen und verhaltensbezogenen Konsequenzen einhergehen kann.[105] Die von Berlyne postulierten Zusammenhänge zwischen kollativen Umweltstimuli und menschlichen Präferenzurteilen konnten in zahlreichen empirischen Untersuchungen bestätigt werden.[106]

---

[100] Zu Kunstwerken zählen dabei Gemälde, Musikstücke, Tänze usw. Vgl. Irvin, L.C. (1969): Esthetics, in: Gardner, L., Elliot, A. (Hrsg.): Handbook of social psychology, Menlo Park et al., S. 853-916.

[101] Vgl. Berlyne, D.E. (1971): Aesthetics and psychobiology, a.a.O., S. 69.

[102] Vgl. Berlyne, D.E. (1974b): Hedonic tone and reward value of exposure to paintings, in: Berlyne, D.E. (Hrsg.): Studies in the new experimental aesthetics. Steps toward an objective psychology of aesthetic appreciation, New York, S. 232.

[103] Vgl. Cohen, S. (1978): Environmental load and the allocation of attention, in: Baum, A., Singer, J.E., Valins, S. (Hrsg.): Advances in environmental psychology, Hillsdale, S. 1-29.

[104] Vgl. Zubek, J.P. (1969): Sensory deprivation: Fifteen years of research, New York.

[105] Vgl. Bell, P. et al. (2001): Environmental psychology, a.a.O., S. 105ff.

[106] Einen guten Überblick über verschiedene Studien zur Wirkung kollativer Stimuli liefert Wohlwill. Vgl. Wohlwill, J.F. (1976): Environmental aesthetics: The environment as a source of affect, in: Altman, I., Wohlwill, J.F. (Hrsg.): Human behavior and environment, Vol. 1, S. 45ff. und ergänzend Gifford, R. (1997): Environmental psychology. Principles and practice, a.a.O., S. 59.

Berlynes Theorie beruht darauf, die kollativen Reize einer Umwelt zu quantifizieren. Die Einschätzung einer Umwelt als zum Beispiel neuartig oder komplex unterliegt jedoch der subjektiven Interpretation eines Individuums und ist somit kein objektiv bestimmbarer Prädiktor für ein bestimmtes Präferenzurteil. Die Adaptions-Level-Theorie postuliert, dass jedes menschliche Urteil über einen Umweltstimulus vom Kontext der Bewertung, insbesondere vergangener Erfahrungen der Person in der Umwelt abhängt.[107] Das individuelle „optimale" Stimuluslevel ist folglich von personellen und auch situativen Faktoren abhängig. Auch Berlyne erkennt diesen Sachverhalt und konstatiert, dass die Reizeigenschaften auch als Beziehungen zwischen den Eigenschaften des Reizumfeldes und den Eigenschaften des Individuums aufgefasst werden können.[108] Trotz des Hinweises auf die Bedeutung individueller Interpretationen wird das Subjekt in Berlynes reizdeterministischer Theorie nicht hinreichend berücksichtigt.[109] Zudem bleibt einschränkend festzuhalten, dass sich Berlynes Ansatz nicht explizit auf die Emotionen auslösende Qualität von Umwelten bezieht, sondern vielmehr umweltbezogene Evaluationen in den Vordergrund stellt.

1.2.2 Das Verhaltensmodell von Mehrabian und Russell

Das umweltpsychologische Verhaltensmodell von Mehrabian und Russell postuliert eine Ursache-Wirkungsbeziehung zwischen dem gesamten Reizvolumen einer Umwelt und dem menschlichen Verhalten.[110] Mehrabians und Russells Modell ist nach dem SOR-Schema (Stimulus-Organism-Response) aufgebaut und zielt darauf ab, die Wirkungen der Umweltstimuli auf den Menschen in ihrer Gesamtheit zu untersuchen, anstatt sich auf den Einfluss einzelner Variablen zu beschränken. In dem Modell wird demgemäß das gesamte Reizvolumen einer Umwelt als Stimulusvariable betrachtet und durch das komplexitätsreduzierende Konzept der *Informationsrate* abgebildet. Dabei ist die Informationsrate umso höher und damit aktivierender, je stärker die Umweltreize ausgeprägt sind. Drei intervenierende Variablen beschreiben die durch die

[107] Vgl. Wohlwill, J.F. (1974): Human response to levels of environmental stimulation, in: Human Ecology, Vol. 2, S. 127-147.; Helson, H. (1964): Adaptation-level theory. An experimental and systematic approach to behaviour, New York.

[108] Vgl. Berlyne, D.E. (1963): Motivational problems raised by exploratory and epistemic behavior, in: Koch, S. (Hrsg.): Psychology: A study of a science, Vol. 5, New York et al., zitiert nach: Höge, H. (1984): Emotionale Grundlagen des ästhetischen Urteilens: Ein experimenteller Beitrag zur Psychologie der Ästhetik, Europäische Hochschulschriften, Reihe VI, Vol. 137, Frankfurt am Main et al., S. 79.

[109] Vgl. Höge, H. (1984): Emotionale Grundlagen des ästhetischen Urteilens: Ein experimenteller Beitrag zur Psychologie der Ästhetik, a.a.O., S. 98.

[110] Vgl. Mehrabian, A., Russell, J.A. (1974): An approach to environmental psychology, a.a.O.

Informationsrate einer Umwelt im Individuum ausgelösten emotionalen Reaktionen und mediieren den Zusammenhang zwischen den Umweltreizen und so bezeichnetem *Annäherungs-* oder *Vermeidungsverhalten* gegenüber der Umwelt (Reaktionsvariablen). Bei den drei intervenierenden Variablen handelt es sich um die emotionalen Dimensionen *Vergnügen*, *Aktivierung* und *Dominanz*.[111] Laut Mehrabian und Russell lassen sich sämtliche durch die Umwelt im Individuum ausgelösten Emotionszustände anhand dieser drei orthogonalen Dimensionen abbilden. Mehrabian und Russell treffen die Annahme, dass nicht bei allen Menschen eine bestimmte Umwelt dieselben emotionalen Reaktionen hervorruft und integrieren deshalb persönliche Prädispositionen als eine weitere Variable in ihr Modell. Sie nehmen dabei an, die grundlegenden Emotionsdimensionen Vergnügen, Aktivierung und Dominanz auch zur Festlegung genereller Persönlichkeitsmerkmale einer Person verwenden zu können. Menschen können demnach grundsätzlich lust- oder unlustbetont sein und sich in einer eher dominanten oder unterlegenen Position wähnen. Der Dimension Aktivierung wird eine besondere Bedeutung zugeschrieben. Hinsichtlich dieser Dimension lassen sich Personen als Reizabschirmer charakterisieren, wenn sie sich prinzipiell eher vom Reizvolumen einer Umwelt isolieren und als Nichtreizabschirmer, wenn sie sich weniger vom Reizvolumen einer Umwelt schützen und diese daher reizstärker erleben (vgl. Abbildung 2).[112]

[111] Vgl. ebenda, S. 7.

[112] Vgl. Mehrabian, A. (1978): Räume des Alltags oder wie die Umwelt unser Verhalten bestimmt, a.a.O., S. 29f.

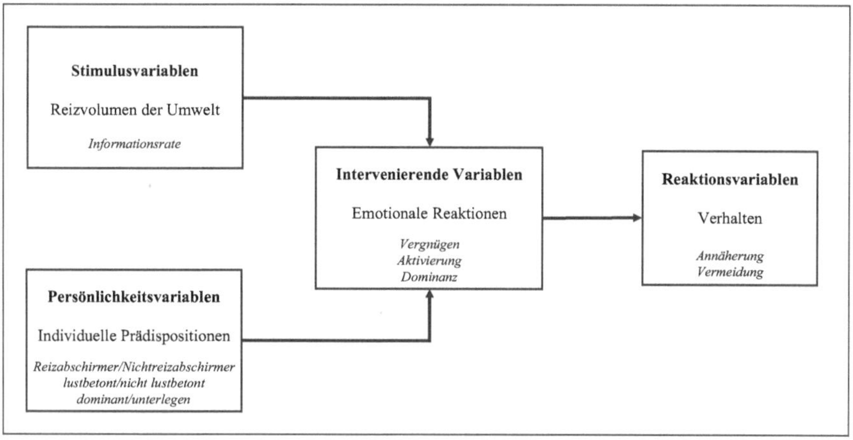

Abb. 2: Das umweltpsychologische Verhaltensmodells von Mehrabian und Russell

Quelle: in Anlehnung an Mehrabian, A., Russell, J.A. (1974): An approach to environmental psychology, Cambridge.

Die wesentlichen Zusammenhänge des Modells von Mehrabian und Russell wurden in zahlreichen empirischen Studien vor allem im Bereich der Konsumentenverhaltensforschung nachgewiesen. Von Bedeutung für die vorliegende Arbeit ist dabei in erster Linie der häufig empirisch belegte direkte Zusammenhang zwischen Umweltreizen und emotionalen Reaktionen.[113]

Seit seiner ursprünglichen Entwicklung ist das Modell von Mehrabian und Russell vielfältig modifiziert und verbessert worden. So lieferte beispielsweise die emotionale Reaktion der Dominanz empirisch einen nur schwachen Erklärungsgehalt für das menschliche Verhalten[114] und erwies sich zudem aus theoretischen Überlegungen als unpassende Emotionsdimen-sion.[115] Weiterhin wurden Rückkopplungseffekte zwi-

[113] Vgl. Bost, E. (1987): Ladenatmosphäre und Konsumentenverhalten, a.a.O.; Spies, K., Hesse, F., Loesch, K. (1997): Store atmosphere, mood and purchasing behavior, a.a.O., S. 1-17.; Tai, S., Fung, A. (1997): Application of an environmental psychology model to in-store buying behaviour, a.a.O., S. 311-338.; Gröppel, A. (1988): Erlebnisorientierte Kunden im Einzelhandel, a.a.O.; Gröppel, A. (1990): Erlebnisbetontes Handelsmarketing, a.a.O., S. 121-137.; Baker, J., Levy, M., Grewal, D. (1992): An experimental approach to making retail store environment decisions, a.a.O., S. 445-460.

[114] Vgl. Donovan, R.J., Rossiter, J.R. (1982): Store atmosphere: An environmental psychology approach, a.a.O., S. 34-57.

[115] Vgl. Russell, J., Pratt, G. (1980): A description of the affective quality attributed to environments, in: Journal of Personality and Social Psychology, Vol. 38, No. 3, 311-322.; Russell, J.A., Ward,

schen den Variablen des Modells identifiziert[116], eine Systematisierung der abhängigen Verhaltensgrößen in kurz- und langfristige Variablen vorgeschlagen[117] und die Wirkungszusammenhänge des Modells speziell für verschiedene theoretisch klassifizierte Konsumumwelten untersucht.[118]

1.2.3 Die Kategorisierung der affektiven Qualität von Umwelten durch Russell und Pratt

Hinsichtlich ihrer affektiven Eigenschaften lassen sich Umwelten prinzipiell durch eine Vielzahl von Adjektiven wie zum Beispiel *aufgeregt*, *friedlich* oder *monoton* charakterisieren. Russell und Pratt entwickelten ein Modell zur systematischen Beurteilung der so genannten *affektiven Qualität* von Umwelten.[119] Diese Form der Beurteilung bezieht sich auf die einer Umwelt zugeschriebene Fähigkeit, die emotionale Befindlichkeit von Personen in einer bestimmten Art und Weise zu verändern.[120]

In dem Modell wird durch die orthogonale Anordnung der zwei bipolaren Dimensionen *Vergnügen* und *Aktivierung* ein Raum aufgespannt, in den sich verschiedene Adjektive zur Beschreibung der affektiven Qualität einer Umwelt einordnen lassen. Eine detailliertere Definition dieses zweidimensionalen Raumes erlauben acht Affekt beschreibende Kategorien, wobei es sich um die jeweils zwei Extrempole der Dimensionen Vergnügen und Aktivierung (vergnügt-unvergnügt, aktiviert-schläfrig) sowie vier weitere Affektklassen handelt. Diese vier weiteren Affekt beschreibenden Kategorien ergeben sich aus Kombinationen von jeweils zwei Extrempolen der Dimensionen Vergnügen und Aktivierung. Beispielsweise lässt sich die Kombination aus *großem Vergnügen* und *hoher Aktivierung* als *Begeisterung* beschreiben (vgl. Abbildung 3).

L.M., Pratt, G. (1981): Affective quality attributed to environments: A factor analytic study, in: Environment and Behavior, Vol. 13, S. 259-288.

[116] Vgl. Tai, S., Fung, A. (1997): Application of an environmental psychology model to in-store buying behaviour, a.a.O., S. 311-338.

[117] Vgl. Uhrich, S., Königstorfer, J. (im Druck): Atmosphäre bei Sportveranstaltungen - Ein umweltpsychologisches Rahmenkonzept, in: Klein, M.-L., Kurscheidt, M. (Hrsg.): Neue Perspektiven ökonomischer Sportforschung, Sportökonomie – Schriftenreihe des AK Sportökonomie, Band 9, Schorndorf.

[118] Vgl. Foxall, G.R., Greenley, G.E. (1999): Consumers' emotional responses to service environments, in: Journal of Business Research, Vol. 46, S. 149-158.

[119] Vgl. Russell, J., Pratt, G. (1980): A description of the affective quality attributed to environments, a.a.O., S. 311-322.

[120] Vgl. Russell, J.A., Snodgrass, J. (1987): Emotion and the environment, a.a.O., S. 249.; Russell, J.A., Lanius, U.F. (1984): Adaptation level and the affective appraisal of environments, in: Journal of Environmental Psychology, Vol. 4, No. 4, S. 119-135.

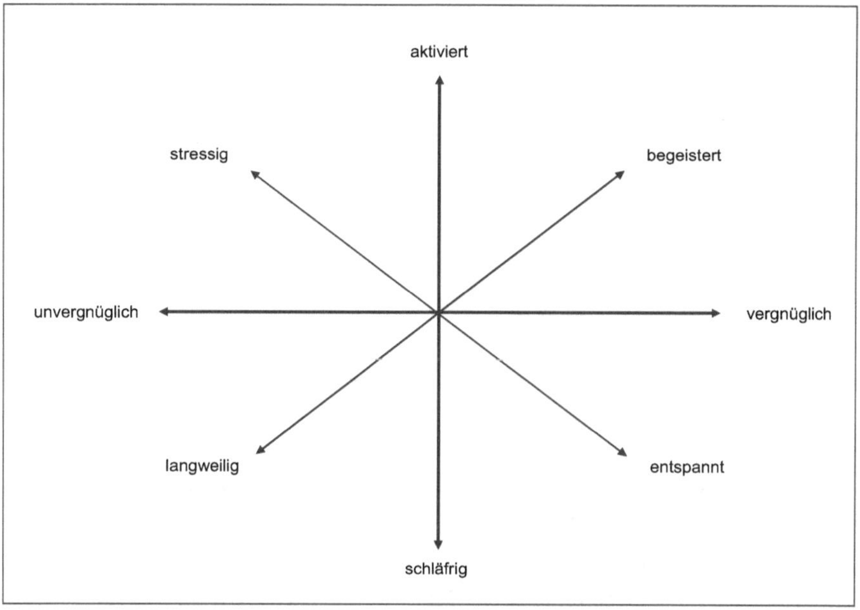

Abb. 3: Kreisförmige Anordnung von acht Kategorien zur Beschreibung affektiver Eigenschaften von Umwelten

Quelle: in Anlehnung an Russell, J., Pratt, G. (1980): A description of the affective quality attributed to environments, a.a.O., S. 313.

Die acht affektiven Kategorien identifizierten Russell und Pratt auf faktorenanalytischem Wege und ordneten ihnen insgesamt vierzig Adjektive zu, mittels derer sich die affektive Qualität einer Umwelt beschreiben lässt.[121] Sämtliche vierzig Adjektive haben in dem durch die acht Kategorien abgegrenzten Raum eine spezifische Position.

Das von Russell und Pratt entwickelte Modell liefert standardisierte Dimensionen zur Beurteilung der affektiven Qualität einer Umwelt. Bei Berücksichtigung der Beurteilung mehrerer Personen können mittelwertbasierte Aussagen über die Affekt auslösenden Eigenschaften einer bestimmten Umwelt getroffen werden. Allerdings liefert das Modell keine Erklärung dafür, wie solche Urteile zustande kommen. Ein Zusammenhang der Bewertungen mit konkreten physischen Eigenschaften der Umwelt wird nicht modelliert, sodass sich keine Gestaltungsempfehlungen ableiten lassen. Zudem erfasst das Modell lediglich Beurteilungen der Affekt auslösenden Eigenschaften von

[121] Vgl. Russell, J., Pratt, G. (1980): A description of the affective quality attributed to environments, a.a.O., S. 319.

Umwelten und keine tatsächlichen affektiven Reaktionen von Personen. Russell, Weiss und Mendelson unterscheiden in diesem Zusammenhang zwischen „affect of either descriptive or of subjective kind".[122] Des Weiteren erfolgt keine Berücksichtigung personeller oder situativer Bedingungen, die für unterschiedliche Bewertungen identischer Umwelten verantwortlich sind. Vor diesem Hintergrund verbinden Russell und Lanius[123] das Modell mit der Adaptions-Level-Theorie.[124] In einer empirischen Studie konnten sie nachweisen, dass das Vorführen von Referenzumwelten zu statistisch signifikanten Veränderungen der Beurteilungen einer nachfolgend vorgezeigten Umwelt in vorhersagbarer Weise führte.[125]

1.3 Ansätze zur Umweltbewertung in der umweltpsychologischen Forschung

Mit dem Themenkomplex der Umweltbewertung findet sich in der Umweltpsychologie ein Forschungsgebiet, das aus mehreren Gründen für die vorliegende Arbeit von Interesse ist. *Zum Ersten* zielt die Erforschung von Möglichkeiten zur Umweltbewertung auf die Klärung der Frage ab, welche Umwelteigenschaften die Menschen in unterschiedlichen Situationen präferieren. Damit wird versucht, Aufschluss über anwendungsorientierte Fragestellungen, zum Beispiel hinsichtlich der Planung, des Designs und des Managements von Umwelten zu erlangen.[126] *Zum Zweiten* besteht im Rahmen der Umweltbewertungsforschung eine dahingehende Kontroverse, ob im Bewertungsprozess der Fokus eher auf Umwelt- oder auf Personenvariablen gelegt werden sollte. Diese Kontroverse eröffnet unterschiedliche Blickwinkel, die bei der Bestimmung der Stellung von Atmosphären zwischen Objekt und Subjekt hilfreich sind. *Zum Dritten* haben theoretische Konstrukte und ihre Messung eine zentrale Bedeutung innerhalb der Umweltbewertungsforschung, obgleich deren theoretische und konzeptionelle Fundierung häufig mit Mängeln behaftet ist.[127]

---

[122] Vgl. Russell, J.A., Weiss, A., Mendelsohn, G.A. (1989): Affect grid: A single-item scale of pleasure and arousal, in: Journal of Personality and Social Psychology, Vol. 57, S. 493.

[123] Vgl. Russell, J.A., Lanius, U.F. (1984): Adaptation level and the affective appraisal of environments, a.a.O., S. 119-135.

[124] Vgl. dazu Abschnitt B 1.2.1.

[125] Vgl. Russell, J.A., Lanius, U.F. (1984): Adaptation level and the affective appraisal of environments, a.a.O., S. 119-135.

[126] Vgl. Craik, K.H., Feimer, N. (1987): Environmental assessment, a.a.O., S. 891.

[127] Vgl. ebenda, S. 912.

1.3.1 Grundlagen der Umweltbewertung

Das Untersuchungsfeld der Umweltbewertung hat sich in der Umweltpsychologie kontinuierlich entwickelt. Zu dieser Rahmenthematik zählen allgemein sämtliche Ansätze, die Methoden zur Beschreibung und Vorhersage einer Reihe von kognitiven, emotionalen und verhaltensbezogenen Reaktionen durch Umweltmerkmale bereitstellen.[128] Die grundlegende Zielstellung besteht dabei darin, Verfahren zur systematischen Beurteilung von Umwelten zu entwickeln. Die Messtechniken für diesen Zweck werden allgemein als „*Umweltqualitätsindizes*" (Environmental Quality Index) bezeichnet.[129] Unter diesen Indizes sind hochaggregierte Größen zu verstehen, die sich aus mehreren einzelnen Indikatoren der Umweltqualität zusammensetzen.[130] Die Erfassung der Umweltqualität basiert folglich darauf, die Qualität von unabhängigen individuellen Komponenten zu messen, die schließlich zu einem globalen Index verknüpft werden. Als wesentliche Schwierigkeiten gelten in diesem Zusammenhang die Auswahl und Gewichtung der einzelnen zu bewertenden Komponenten.[131]

Die einfachste Form eines solchen Index ist der *Umweltqualitätsindex*, der aus objektiv messbaren physikalischen Größen, wie beispielsweise bestimmten Maßen der Luft- oder Wasserqualität besteht.[132] Der umweltpsychologischen Qualitätsbeurteilung von Umgebungen kommt es jedoch vornehmlich darauf an, auch die personenseitige Bewertung der Umwelt zu erfassen. Dazu sind die *Indizes der wahrgenommenen Umweltqualität* (Perceived Environmental Quality Index) besser in der Lage, die sich aus

---

[128] Vgl. ebenda, S. 891.

[129] Vgl. Bell, P. et al. (2001): Environmental psychology, a.a.O., S. 34.; Holahan, C.J. (1986): Environmental psychology, a.a.O., S. 385.; Hellbrück, J., Fischer, M. (1999): Umweltpsychologie. Ein Lehrbuch, a.a.O., S. 112.; Craik, K.H., Zube, E.H. (1976a): The development of perceived environmental quality indices, in: Craik K.H., Zube, E.H. (Hrsg.): Perceiving environmental quality. Research and applications, New York, London, S. 3ff.

[130] Vgl. Craik, K.H., Zube, E.H. (1976a): The development of perceived environmental quality indices, a.a.O., S. 3.

[131] Vgl. Daniel, T.C. (1976): Criteria for development and application of perceived environmental quality indices, in: Craik, K.H., Zube, E.H. (Hrsg.): Perceiving environmental quality. Research and applications, New York, London, S. 28.; Christensen, D.L., Carp, F.M. (1987): PEQI-based environmental predictors of the residential satisfaction of older women, in: Journal of Environmental psychology, Vol. 7, No. 1, S. 47.

[132] Es sei betont, dass diese Form der Umweltqualitätsindizes trotz der Verwendung weitgehend objektiv messbarer Indikatoren insgesamt nicht als objektive Messung bezeichnet werden kann, da vor allem die Auswahl der Indikatoren sowie weitere Aspekte, beispielsweise der Messzeitpunkt, subjektiven Einflüssen unterliegen. Vgl. dazu Gifford, R. (1997): Environmental psychology. Principles and practice, a.a.O., S. 71. Carp und Carp unterscheiden hingegen objektive von subjektiven Umweltbewertungsindizes. Vgl. Carp, F.M., Carp, A. (1982): A role for technical environmental assessment in perceptions of environmental quality and well-being, in: Journal of Environmental Psychology, Vol. 2, S. 171-191.

subjektiven Wahrnehmungen der Umwelteigenschaften zusammensetzen.[133] Solche Indizes der wahrgenommenen Umweltqualität existieren für viele Umwelten, wobei sich die Mehrzahl auf die Qualität von Wohngegenden und natürlichen Umwelten bezieht.[134] Diese Indizes geben Aufschluss darüber, wie Personen verschiedene Umweltmerkmale wahrnehmen, sie enthalten allerdings keine Wertungen des Wahrgenommenen. Die Umweltpsychologie geht jedoch davon aus, dass der Mensch von seiner Umgebung in der Regel auch emotional betroffen ist und überdies eine Bewertung dieser Betroffenheit vornehmen kann. Wenn die Qualität einer Umwelt als deren Eigenschaft Emotionen hervorzurufen interpretiert wird, kommen so genannte *Indizes umweltbezogener emotionaler Reaktionen* (Environmental Emotional Reaction Index) zum Einsatz.[135] Diese Indizes zielen darauf ab, die affektive Qualität einer Umwelt zu erfassen. Sie setzen sich in der Regel aus Bewertungen zusammen, die sich auf die Affekt auslösenden Fähigkeiten einer Umwelt im Sinne des oben dargestellten Modells von Russell und Pratt beziehen. Eine andere Vorgehensweise besteht darin, in einen solchen Index Messungen der tatsächlich im Individuum ausgelösten Emotionen aufzunehmen. In Emotionszuständen sieht diese eher subjektzentrierte Perspektive valide Indikatoren der Umweltqualität.[136]

1.3.2 Konstrukte der Umweltbewertung

Die vorgestellten Umweltqualitätsindizes werden als Messmodelle des theoretischen Konstrukts der *Umweltqualität* angesehen.[137] Problematisch ist allerdings, dass es kein einheit-liches Verständnis darüber gibt, welchen Sachverhalt das Konstrukt Umweltqualität eigentlich beinhaltet. Damit stellt dieses Konzept lediglich ein allgemeines Rahmenkonstrukt dar, das in Abhängigkeit der eingenommenen Perspektive verschiedenartig spezifiziert wird und damit der Messung ganz unterschiedlicher Sachverhalte dient.[138]

---

[133] Vgl. Craik, K., Zube, E. (1976): Perceiving environmental quality. Research and applications, New York, London.

[134] Bell, P. et al. (2001): Environmental psychology, a.a.O., S. 34ff.; Holahan, C.J. (1986): Environmental psychology, a.a.O., S. 386.; Craik, K.H., Feimer, N. (1987): Environmental assessment, a.a.O., S. 893.

[135] Vgl. Bell, P. et al. (2001): Environmental psychology, a.a.O., S. 35.; Hellbrück, J., Fischer, M. (1999): Umweltpsychologie. Ein Lehrbuch, a.a.O., S. 113.

[136] Vgl. Craik, K., Zube, E. (1976b): Summary and research strategies, in: Craik, K., Zube, E. (Hrsg.): Perceiving environmental quality. Research and applications, New York, London, S. 271.

[137] Vgl. Craik, K., Zube, E. (1976c): Discussion summary, in: Craik, K., Zube, E. (Hrsg.): Perceiving environmental quality. Research and applications, New York, London, S. 91.

[138] Vgl. Craik, K.H., Feimer, N. (1987): Environmental assessment, a.a.O., S. 894.

Die verschiedenen Formen von Indizes zur Bestimmung der Umweltqualität spiegeln die prinzipiellen Möglichkeiten zur Interpretation des Konzepts der Umweltqualität wider. Umweltqualität kann als eine Eigenschaft der Umwelt, als eine Variable der auf die Umwelt reagierenden Person oder als ein Interaktionsphänomen zwischen Umwelt und Person angesehen werden.[139] Je nach Sichtweise werden entsprechend auch verschiedene Indikatoren zur Bestimmung der Umweltqualität herangezogen.

Die Problematik, bestimmte Sachverhalte nicht eindeutig entweder der Umwelt oder der Person zuordnen zu können, ist im Rahmen mehrerer Forschungsrichtungen und Untersuchungsfragen zu beobachten und hat eine lange Tradition. Sie offenbart sich zum Beispiel bereits in der Arbeit des Gestaltpsychologen Lewin[140], der zwischen dem physischen Lebensraum einer Person und der psychologischen Umwelt[141] als dessen intrapsychischer Widerspiegelung unterscheidet. Ferner findet sich dieses Problem in der Erforschung so genannter kognitiver Karten (Cognitive Mapping): „One continuing issue of great philosophical complexity concerns which aspects of space are attributes of the physical universe and which are constructs of the mind."[142] und in der Diskussion um den Wertbegriff bei Konsumleistungen: „..., value is neither wholly subjective nor entirely objective but rather entails a subject-object interaction".[143]

Mit Blick auf das umweltpsychologische Paradigma einer integrierten Betrachtung von Umwelt und Person wird die Umweltqualität selten entweder ausschließlich auf der Objekt- (Umwelt) oder der Subjektseite (Person) verortet. Die Meinungen sind vielmehr auf einem Kontinuum zwischen den Extrempolen Umwelt und Person angesiedelt. Beurteilungen der Umwelt können vor allem auf Basis von Beschreibungen, Evaluationen und Präferenzangaben sowie anhand emotionaler Reaktionen auf die

[139] Vgl. Peterson, G.L. (1976): Perceived quality of scenic and recreational environments. Research needs and priorities, in: Craik, K.H., Zube, E.H. (Hrsg.): Perceiving environmental quality. Research and applications, New York, London, S. 63.

[140] Vgl. Lewin, K. (1935): A dynamic theory of personality, New York.

[141] Das Konzept der psychologischen Umwelt findet sich mit verschiedenen Bezeichnungen bei anderen Autoren: „Behavioral Environment" vgl. Koffka, K. (1935): Principles of gestalt psychology, New York. „Phenomenal" oder „Self-World" vgl. von Uexküll, J. (1957): A stroll through the world of animals and men, in: Schiller, C.H., Lashley, K.S. (Hrsg.): Instinctive behavior: The development of a modern concept, New York, S. 5-80 und „Experienced Environment" vgl. Wapner, S., Demick, J. (2002): The increasing contexts of context in the study of environment behavior relations, a.a.O.

[142] Russell, J.A., Ward, L.M. (1982): Environmental psychology, a.a.O., S. 659.

[143] Holbrook, M.B. (1994): The nature of costumer value. An axiology of services in the consumption experience, a.a.O., S. 27 f.

Umwelt vorgenommen werden.[144] Während reine Beschreibungen der Umwelt eher objektbezogen sind, weisen evaluative oder auf emotionalen Reaktionen basierende Ansätze einen stärkeren Bezug zur Person auf. Es können folglich stärker auf die objektiven Umweltmerkmale bezogene Ansätze von den eher an subjektiven Beurteilungen des Individuums orientierten Ansätzen unterschieden werden. Diese Unterscheidung ist in zahlreichen Arbeiten vorzufinden und wird mit verschiedenen Begrifflichkeiten belegt: *objektivistisch vs. subjektivistisch*[145], *technical measurement vs. observational assessment*[146], *assessment vs. appraisal*[147], *comparative appraisal vs. preferential judgement*[148], *direkte Messung vs. indirekte Messung*[149] und *physical environment vs. experienced environment*[150] Den Gegensatz von objekt- und subjektzentrierten Interpretationen der Umweltqualität fassen die Aussprüche *Die Umwelt befindet sich nicht im Kopf* und *Schönheit liegt im Auge des Betrachters* jeweils treffend zusammen.[151]

Den subjektorientierten Ansätzen zur Beurteilung der Umweltqualität wird vor allem vorgeworfen, dass wegen der meist starken Varianz der individuellen Beurteilungen letztlich kaum interpretierbare Aussagen zu den Eigenschaften einer guten oder schlechten Umweltqualität zu treffen sind.[152] Zudem fehlt den personenbezogenen Messansätzen häufig der direkte Bezug zu Merkmalen der Umwelt und es handelt sich letztlich teilweise um von der Umgebung losgelöste subjektive Befindlichkeiten.[153]

---

[144] Vgl. Bell, P. et al. (2001): Environmental psychology, a.a.O., S. 34ff.; Gifford, R. (1997): Environmental psychology. Principles and practice, a.a.O., S. 55.; Craik, K.H., Zube, E.H. (1976a): The development of perceived environmental quality indices, a.a.O, S. 3f.

[145] Vgl. Miller, R. (1998): Umweltpsychologie. Eine Einführung, a.a.O., S.180.

[146] Vgl. Craik, K.H., Feimer, N. (1987): Environmental assessment, a.a.O., S. 902f.

[147] Vgl. Gifford, R. (1997): Environmental psychology. Principles and practice, a.a.O., S. 69.

[148] Vgl. Craik, K.H., McKechnie, G.E. (1974): Perception of environmental quality: Preferential judgments versus comparative appraisal, unveröffentlichtes Arbeitspapier der University of California, Berkley zitiert nach Craik, K.H., Zube, E.H. (1976a): The development of perceived environmental quality indices, a.a.O., S. 9.

[149] Vgl. Craik, K., Zube, E. (1976b): Summary and Research Strategies, a.a.O., S. 271.

[150] Vgl. Wapner, S., Demick, J. (2002): The increasing contexts of context in the study of environment behavior relations, a.a.O., S. 5.; Peterson, G.L. (1976): Perceived quality of scenic and recreational environments. Research needs and priorities, a.a.O., S. 66.

[151] Vgl. Gifford, R. (1997): Environmental psychology. Principles and practice, a.a.O., S. 23.; Brush, R.O. (1976): Perceived quality of scenic and recreational environments. Some methodological issues, a.a.O., S. 48.

[152] Vgl. Craik, K.H., Feimer, N. (1987): Environmental assessment, a.a.O., S. 903.; Brush, R.O. (1976): Perceived quality of scenic and recreational environments. Some methodological issues, a.a.O., S. 49.

[153] Vgl. Wohlwill, J.F. (1976): Environmental aesthetics: The environment as a source of affect, a.a.O., S. 63.; Daniel, T.C., Ittelson, W.H. (1981): Conditions for environmental perception research: Reactions to Ward and Russell, in: Journal of Experimental Psychology: General, Vol. 110, S. 153-157.

Gerade darin sehen jedoch einige Befürworter der subjektbezogenen Ansätze den konzeptionellen Inhalt des Konstrukts Umweltqualität: „if such value is defined in terms of emotional sensations, it is an individual phenomenon and must be dealt with on an individual basis".[154] Generell sprechen sich Anhänger der personenbezogenen Perspektive dafür aus, jede Bewertung der Umweltqualität an subjektiven Urteilen zu orientieren. Nur auf dieser Basis sollte der personenzentrierten Auffassung zufolge die Einstufung der Umweltqualität vorgenommen werden, egal welche objektiven Größen auf das Gegenteil hindeuten.[155] Ohnehin ist jeder Umweltqualitätsindex von menschlichen Wahrnehmungen und Beurteilungen abhängig, wie konkret und fassbar die Komponenten auch sein mögen. Sowohl die Identifikation von Bewertungskriterien als auch die Festlegung von Vergleichsstandards basieren auf subjektiven Beurteilungen.[156]

Einen Ausweg aus dem *Objekt-Subjekt-Dualismus* versprechen integrative Konzepte zur Bestimmung der Umweltqualität. Diese versuchen Zusammenhänge zwischen den Umweltmerkmalen und dem subjektiven Erleben herzustellen.[157] Russell und Ward verweisen in diesem Zusammenhang darauf, dass eine konzeptionell vollständige Umweltbewertung die Entwicklung einer multidimensionalen Taxonomie von Umwelteigenschaften als Prädiktorvariablen und die Identifikation von psychologisch repräsentierten Eigenheiten der Umwelt als abhängigen Variablen umfasst.[158] Zusätzlich sind geeignete Techniken zur Beurteilung der Reliabilität, Validität und des Nutzens der Umweltbewertung vonnöten. Die Trennung von Umweltmerkmalen und intrapsychischen Variablen scheint aus theoretischer Sicht keine inhaltlich sinnvolle Konzeption des Konstrukts Umweltqualität zu sein. Nach Auffassung Millers kann eine „analytisch unterstellte Unabhängigkeit" beider Variablenkomplexe die Untersuchung des Umwelt-Person-Systems jedoch erleichtern.[159] Es müssen einerseits Variablen der

---

[154] Peterson, G.L. (1976): Perceived quality of scenic and recreational environments. Research needs and priorities, a.a.O., S. 64.

[155] Vgl. Brush, R.O. (1976): Perceived quality of scenic and recreational environments. Some methodological issues, a.a.O., S. 48.; Milbrath, L.W., Sahr, R.C. (1975): Perception of environmental quality, in: Social Indicators Research, Vol. 1, S. 397-438.; Kaplan, R. (1975): Some methods and strategies in the prediction of preference, in: Zube, E.H., Brush, R.O., Fabos, G.G. (Hrsg.): Landscape assessment: Values, perceptions and resources, New York, S. 118–129.

[156] Vgl. Daniel, T.C. (1976): Criteria for development and application of perceived environmental quality indices, a.a.O., S. 29.

[157] Vgl. Peterson, G.L. (1976): Perceived quality of scenic and recreational environments. Research needs and priorities, a.a.O., S. 64.; Miller, R. (1998): Umweltpsychologie. Eine Einführung, a.a.O., S. 181.

[158] Russell, J.A., Ward, L.M. (1982): Environmental psychology, a.a.O., S. 679.

[159] Vgl. Miller, R. (1998): Umweltpsychologie. Eine Einführung, a.a.O., S. 182.

Umwelt und andererseits Variablen der Person berücksichtigt werden. Allerdings stellt sich hier die Frage, ob durch eine getrennte empirische Messung der Umwelt- und der Personenvariablen deren Aufeinanderbezogensein erfasst werden kann.[160] Bei zu starker *Objektzentriertheit* besteht die Gefahr, lediglich die „perceived condition of the environment"[161] zu erfassen, während eine reine *Personenfokussierung* „purely subjective experience" abbildet.[162] In einigen ersten Arbeiten finden sich Konstrukte, welche versuchen, die Umwelt und das Subjekt zu integrieren.[163]
Vor dem Hintergrund dieser Kontroverse fordern Craik und Feimer die Entwicklung theoretisch begründeter und klar konzeptionalisierter Konstrukte.[164] Dem Konstrukt der Umweltqualität sollte beispielsweise eine klare Konzeption verliehen werden und es ist für spezifische Umwelten jeweils definitorisch festzulegen.[165] Nur auf diesem Wege kann das Forschungsgebiet der Umweltbewertung voran gebracht werden. Die umweltpsychologische Erforschung der Umweltqualität verfolgt unterschiedliche Zielstellungen. Insofern sind objekt- und subjektzentrierte Interpretationen von Umweltqualität nicht falsch oder richtig, sondern ihnen liegt jeweils ein spezifischer Betrachtungsschwerpunkt zugrunde. Das Ziel der Umweltqualitätsmessung sollte daher stets ein Gesichtspunkt in der Eignungsprüfung von Messansätzen sein. Nach Peterson kann sich die Messung von Umweltqualität prinzipiell entweder auf das von der Umwelt hervorgerufene Vergnügen oder aber auf die Nützlichkeit der Umwelt beziehen.[166] Die Qualität einer hedonischen Konsumumwelt bestimmt sich vermutlich anhand anderer Kriterien als die Qualität von Umwelten mit einer eher rationalen Nutzenfunktion.

Neben dem viel beachteten Konstrukt der Umweltqualität sind in der umweltpsychologischen Forschung vereinzelt weitere dem Atmosphärekonzept ähnliche Begriffe anzutreffen. Miller verwendet beispielsweise den Ausdruck *Ambiente*.[167] Das Ambiente einer Umwelt ergibt sich nach Auffassung Millers aus den von der Umwelt im Indi-

---

[160] Vgl. ebenda, S. 183.

[161] Peterson, G.L. (1976): Perceived quality of scenic and recreational environments. Research needs and priorities, a.a.O., S. 64.

[162] Vgl. Wohlwill, J.F. (1976): Environmental aesthetics: The environment as a source of affect, a.a.O., S. 62.

[163] Ruddell et al. untersuchen zum Beispiel das Konstrukt „Visual Penetration". Vgl. Ruddell, E.J. et al. (1989): The psychological utility of visual penetration in near-view forest scenic-beauty models, in: Environment and Behavior, Vol. 21, S. 393-412 zitiert nach Gifford, R. (1997): Environmental psychology. Principles and practice, a.a.O., S. 62.

[164] Vgl. Craik, K.H., Feimer, N. (1987): Environmental assessment, a.a.O., S. 901.

[165] Vgl. ebenda, S. 894.

[166] Vgl. Peterson, G.L. (1976): Perceived quality of scenic and recreational environments. Research needs and priorities, a.a.O., S. 66.

[167] Vgl. Miller, R. (1998): Umweltpsychologie. Eine Einführung, a.a.O., S. 69.

viduum ausgelösten Gefühlen, Assoziationen und Einstellungen. Im Ambiente einer Umgebung sieht er eine Beschreibung des Umwelt-Empfindens ohne dem Konzept allerdings einen näher ausgeführten und schlüssigen Bedeutungsinhalt zu geben.[168]

Norberg-Schulz spricht vom *Charakter* eines Ortes, worunter er das bedeutungsreichste und umfassendste Merkmale einer jeden Umwelt versteht. Der Charakter eines Ortes ergibt sich dabei aus der spezifischen Wirkung seiner Bestandteile.[169]

In einigen wenigen umweltpsychologischen Arbeiten wird auch der Begriff *Atmosphäre* verwendet.[170] Pennartz untersucht die Atmosphäre von Wohnräumen und geht speziell der Frage nach, welche Faktoren eine angenehme gesellige Atmosphäre in Eigenheimen beziehungsweise Wohnungen ausmachen.[171] Allgemein versteht Pennartz unter Atmosphäre ein sehr komplexes, vieldeutiges und einflussreiches Merkmal der Umwelt, das in einem zweiseitigen Kommunikationsprozess zwischen dem Subjekt und seiner Umgebung zum Ausdruck kommt. Die Umwelt beeinflusst das Subjekt, das wiederum seine spezifische Stimmung in die Umwelt hineinprojiziert.[172] In seiner Studie spezifiziert Pennartz das Konstrukt Atmosphäre sowohl räumlich (Wohnung) als auch qualitativ (gesellig). Dennoch wird das Atmosphärekonstrukt in der Studie einzig über den Indikator „Geselligkeit/Wohlbefinden" (holländisch: „gezelligheid") operationalisiert.[173] Ob mit dieser Einzelindikatormessung tatsächlich der vorher festgelegte theoretische Inhalt des Konstrukts erfasst wird, erscheint sehr zweifelhaft, zumal keinerlei Angaben zur Güte der Messung gemacht werden.

2 Atmosphären als Forschungsgegenstand – Begriffsverständnis unterschiedlicher Perspektiven

Die theoretischen Grundlagen für die Definition und Untersuchung von Atmosphären sind nunmehr dargelegt worden. Im Folgenden wird das Begriffsverständnis des Kon-

---

[168] Vgl. ebenda, S. 69f.

[169] Vgl. Norberg-Schulz, C. (1980): Genius loci: Towards a phenomenology of architecture, London. Vergleiche dazu auch Hirschfeld, der mit „Charakteren" die Gefühlsqualität von Umgebungen bezeichnet. Vgl. Hirschfeld, C.C.L. (1779): Theorie der Gartenkunst, Leipzig, URL: http://digi.ub.uni-heidelberg.de/ diglit/hirschfeld 1779/0200 (Stand 25.08.2007), 44 Seiten.

[170] Vgl. Pennartz, P.J.J. (1986): Atmosphere at home: A qualitative approach, a.a.O., S. 135-153.; Hackett, P. M. W., Foxall, G.R. (1995): The structure of consumers' place evaluations, in: Environment and Behavior, Vol. 27, No. 3, S. 354-379.

[171] Vgl. Pennartz, P.J.J. (1986): Atmosphere at home: A qualitative approach, a.a.O., S. 135-153.

[172] Vgl. ebenda, S. 136.

[173] Vgl. ebenda, S. 138.

zepts Atmosphäre in verschiedenen Forschungsdisziplinen aufgezeigt. Zunächst werden unterschiedliche Interpretationen von Atmosphäre im Bereich der Marketingforschung dargeboten und daraufhin verschiedene Ansätze der Ästhetikforschung vorgestellt.

2.1 Verständnis des Begriffs Atmosphäre in der Marketingforschung

Die überwiegende Mehrheit marketingorientierter Forschungsarbeiten zum Konzept Atmosphäre ist im Bereich der Konsumentenverhaltensforschung angesiedelt und bezieht sich auf die Untersuchung der Atmosphäre von Einkaufsstätten. Ein bedeutender Untersuchungsgegenstand der Konsumentenverhaltensforschung besteht in der Frage, wie die Gestaltung von Verkaufsräumen erfolgen sollte, um das Verhalten der Konsumenten im Sinne des Handels zu steuern.[174] Mit dieser Fragestellung hat sich eine Vielzahl vergangener Studien[175] beschäftigt, in denen der Begriff der *Ladenatmosphäre* aufgegriffen worden ist. Die Ladenatmosphäre wird zumeist jedoch nicht als klar definiertes und konzeptionalisiertes theoretisches Konstrukt untersucht. Stattdessen stellt Ladenatmosphäre eine Art Rahmenthema dar, vor dessen Hintergrund der Einfluss bestimmter Eigenschaften der Ladenumwelt auf emotionale Reaktionen der Konsumenten und damit einhergehende Verhaltensreaktionen überprüft wird. Dieses Vorgehen ist auf die umweltpsychologische Annahme zurückzuführen, dass durch eine gezielte Gestaltung der Umwelt deren ganzheitliche Wirkung auf die anwesenden Menschen gesteuert werden kann.[176] Allerdings gibt es bis auf wenige Ausnahmen keine Versuche, das Phänomen Ladenatmosphäre näher zu bestimmen. Daher beziehen sich Aussagen über die Verhaltenswirkungen von „Atmosphäre“ in Abhängigkeit von den jeweilig untersuchten Umweltmerkmalen auf zum Teil vollkommen unterschiedliche Aspekte.

Die Gemeinsamkeit vorliegender Ladenatmosphärestudien besteht darin, dass Atmosphäre einhellig als eine Größe angesehen wird, die in Beziehung zu zwei Variablen beziehungsweise zwei Variablenkomplexen steht. Einerseits sind dies die Merkmale des jeweilig untersuchten Ladens oder allgemein gesprochen die Umweltmerkmale. Darunter kann die *Objektseite von Atmosphäre* verstanden werden. Andererseits steht

---

[174] Vgl. Solomon, M. et al. (2006): Consumer behaviour. A European perspective, 3. Auflage, Harlow et al., S. 320ff.; Kröber-Riel, W., Weinberg, P. (2003): Konsumentenverhalten, a.a.O., S. 434.; Trommsdorff, V. (2002): Konsumentenverhalten, Stuttgart, S. 75.

[175] Vgl. die Quellenangaben in den Fußnoten 179 bis 181, 185, 186 und 191.

[176] Vgl. dazu Abschnitt B 1 und insbesondere Mehrabian, A. (1978): Räume des Alltags oder wie die Umwelt unser Verhalten bestimmt, a.a.O.

Atmosphäre auch in einem Zusammenhang mit emotionalen Reaktionen der anwesenden Ladenbesucher. Dieser Sachverhalt kann als die *Subjektseite von Atmosphäre* angesehen werden. Einigkeit besteht weiterhin darüber, dass die Eigenschaften der Umwelt „Laden" dazu in der Lage sind, emotionale Reaktionen der Ladenbesucher zu verursachen. Die breite Akzeptanz dieser Sichtweise begründet sich dadurch, dass praktisch alle Untersuchungen der Ladenatmosphäre den grundlegenden Annahmen des in Abschnitt B 1.2.2 vorgestellten umweltpsychologischen Verhaltensmodells von Mehrabian und Russell folgen. Mehrabians und Russells Modell liefert die theoretische Grundlage für die Untersuchung der Zusammenhänge zwischen der Gestaltung der Ladenumwelt und dem Konsumentenverhalten.[177]

Das Modell erlaubt es, die in den Studien zur Ladenatmosphäre betrachteten Variablen jeweils einer Modellkomponente zuzuordnen. Die Umwelteigenschaften werden dabei zumeist entweder global über eine von Mehrabian und Russell[178] entwickelte Skala zur Bestimmung der Informationsrate gemessen[179], oder es werden zusätzlich beziehungsweise ausschließlich konkrete Ladenstimuli wie zum Beispiel Musikeinspielungen betrachtet.[180] Emotionale Reaktionen der Konsumenten stellen die intervenierenden Variablen und verschiedene Aspekte des konkreten Konsumentenverhaltens die Verhaltensvariablen im Sinne des Modells dar.

Unklar ist allerdings, an welcher Stelle dieser Ursache-Wirkungsbeziehung das Konzept Atmosphäre genau zu verorten ist. Diese Frage wird in vielen Arbeiten nicht eindeutig beantwortet oder gar nicht erst thematisiert.[181] Kotlers grundlegende Überle-

---

[177] Vgl. dazu Abschnitt B 1.2.2.

[178] Vgl. Mehrabian, A., Russell, J.A. (1974): An approach to environmental psychology, a.a.O.

[179] Vgl. Tai, S., Fung, A. (1997): Application of an environmental psychology model to in-store buying behaviour, a.a.O., S. 311-338.; Gröppel, A. (1990): Erlebnisbetontes Handelsmarketing, a.a.O., S. 121-137.; Donovan, R.J., Rossiter, J.R. (1982): Store atmosphere: An environmental psychology approach, a.a.O.

[180] Vgl. Spies, K., Hesse, F., Loesch, K. (1997): Store atmosphere, mood and purchasing behavior, a.a.O., S. 1-17.; Baker, J., Grewal, D., Parasuraman, A. (1994): The influence of store environment on quality inferences and store image, in: Journal of the Academy of Marketing Science, Vol. 22, No. 4, S. 328-339.; Gardner, M.P., Siomkos, G.J. (1986): Toward a methodology for assessing effects of in-store atmospherics, in: Advances in Consumer Research, Vol. 13, S. 27-31.; Grewal, D. et al. (2003): The effects of wait expectations and store atmosphere evaluations on patronage intentions in service-intensive retail stores, a.a.O., S. 259-268.; Yalch, R., Spangenberg, E. (1990): Effects of store music on shopping behavior, in: Journal of Consumer Marketing, Vol. 7, Spring, S. 55-63.; Milliman, R. E. (1986): The influence of background music on the behaviour of restaurant patrons, a.a.O, S. 286-289.

[181] Vgl. Renko, S., Vignali, G. (2006): The meaning of store image and store atmosphere in the store choice process, in: International Customer Behaviour and Retailing Research: 2nd Circle conference, S. 61-71.; North, A.C., Hargreaves, D.J. (1998): The effect of music on atmosphere and pur-

gungen zum Atmosphärekonzept deuten darauf hin, dass jeder Ort eine bestimmte Atmosphäre aufweist „Atmosphere is always present as a quality of the surrounding space".[182] Die Atmosphäre ist vom Menschen über seine Sinneskanäle erfahrbar und kann mit wertenden Eigenschaftsworten näher beschrieben werden.[183] Eine Reihe von Autoren der Ladenatmosphäreforschung schließt sich der *umweltfokussierten Interpretation von Atmosphäre* an und setzt sie entweder explizit oder implizit mit den physischen Eigenschaften der Verkaufsstätte gleich.[184] Baker, Levy und Grewal[185] sowie Baker, Grewal und Parasuraman[186] interpretieren Atmosphäre ebenfalls als spezifische Konstellation von Umweltstimuli, ergänzen die Betrachtung dinglicher Umweltelemente jedoch um soziale Faktoren wie Anzahl, Erscheinung und Verhalten der Verkaufsmitarbeiter. Auch Wochnowski, dessen Betrachtungen sich auf die Atmosphäre von Sportveranstaltungen beziehen, sieht in der Gesamtheit der „emotional ansprechenden" Umweltstimuli und der Atmosphäre eines Ortes analoge Konzepte.[187]

chase intentions in a cafeteria, a.a.O., S. 2254-2273.; Kotler, P. et al. (1998): Marketing, Sydney.; Scheuch, M. (2001): Verkaufsraumgestaltung und Ladenatmosphäre im Handel, Dissertation, Wirtschaftsuniversität Wien.; Fiore, A.M., Yah, X., Yoh, E. (2000): Effects of a product display and environmental fragrancing on approach responses and pleasurable experiences, in: Psychology & Marketing, Vol. 17, No. 1, S. 27-54.; Donovan, R.J. et al. (1994): Store atmosphere and purchasing behavior, a.a.O., S. 283-294.; Eroglu, S.A., Machleit, K.A. (1993): Atmospheric factors in the retail environment: Sights, sounds and smells, in: Advances in Consumer Research, Vol. 20, No. 4, S. 34.; Bitner, M.J. (1992): Servicescapes: The impact of physical surroundings on customers and employees, a.a.O., S. 57-71.; Kotler, P. (2000): Marketing management, New Jersey.

182 Kotler, P. (1973): Atmospherics as a marketing tool, a.a.O., S. 50.

183 Vgl. ebenda, S. 50.

184 Vgl. Tai, S., Fung, A. (1997): Application of an environmental psychology model to in-store buying behaviour, a.a.O., S. 311-338.; Spies, K., Hesse, F., Loesch, K. (1997): Store atmosphere, mood and purchasing behavior, a.a.O., S. 1-17.; Yalch, R., Spangenberg, E. (1990): Effects of store music on shopping behavior,a.a.O., S. 55-63.; Fiore, A.M., Yah, X., Yoh, E. (2000): Effects of a product display and environmental fragrancing on approach responses and pleasurable experiences, a.a.O., S. 27-54.; Babin, B., Attaway, J. (2000): Atmospheric affect as a tool for creating value and gaining share of costumer, a.a.O., S. 91-99.; Bost, E. (1987): Ladenatmosphäre und Konsumentenverhalten, a.a.O.; Grewal, D. et al. (2003): The effects of wait expectations and store atmosphere evaluations on patronage intentions in service-intensive retail stores, a.a.O., S. 259-268.; Schlosser, A.E. (1998): Applying the functional theory of attitudes to understanding the influence of store atmosphere on store inferences', in: Journal of Consumer Psychology, Vol. 7, No. 4, S. 354-369.; Turley, L.W., Fugate, D.L. (1992): The multidimensional nature of service facilities: Viewpoints and recommendations, a.a.O., S. 37-45.

185 Vgl. Baker, J., Levy, M., Grewal, D. (1992): An experimental approach to making retail store environment decisions, a.a.O., S. 445-460.

186 Vgl. Baker, J., Grewal, D., Parasuraman, A. (1994): The influence of store environment on quality inferences and store image, a.a.O., S. 328-339.

187 Vgl. die angegebene Definition von Wochnowski in Abschnitt A 2. Wochnowski, H. (1996): Veranstaltungsmarketing – Grundlagen und Gestaltungsempfehlungen zur Vermarktung von Veranstaltungen, a.a.O.

Folgt man einer anderen Auffassung, so ist unter *Atmosphäre eine intrapsychische Größe* zu verstehen, die auf der Subjektseite angesiedelt ist. Berekoven versteht unter Atmosphäre beispielsweise die Gesamtheit „von Sinneseindrücken, die sich teils bewusst, teils unbewusst als individuelles (Raum-)erlebnis niederschlagen.“.[188] Ghosh sieht Ladenatmosphäre ebenfalls als „...psychological effect or feeling...“[189], wobei er gleichwohl auf die umweltbezogenen Ursachen dieser intrapsychischen Größen hinweist „...created by a store's design, and its physical surroundings.“.[190]

Donovan und Rossiter nehmen eine ausführlichere und differenziertere Betrachtung des Konzepts Ladenatmosphäre vor.[191] Das Vorgehen ihrer empirischen Untersuchung der Ladenatmosphäre unterscheidet sich zunächst nicht von anderen Studien und folgt dem grundsätzlichen Aufbau des Verhaltensmodells von Mehrabian und Russell. Allerdings lassen die konzeptionellen Ausführungen der Autoren erkennen, dass sie die Ladenatmosphäre offenbar als eine Größe ansehen, die eine Art Mittelposition zwischen den physischen Eigenschaften der Ladenumwelt und den Emotionszuständen der Konsumenten einnimmt. Atmosphäre ist ihrer Darstellung zufolge weder mit den physischen Eigenschaften der Umwelt deckungsgleich „...physical variables are antecedents of store atmosphere...“[192] noch mit Emotionszuständen, denn Ladenatmosphäre ist „represented psychologically by consumers in terms of...emotional states...“[193], jedoch nicht identisch mit diesen. In diesem Punkt ist daher der Auffassung von Kroeber-Riel und Weinberg, Donovan und Rossiter würden die Ladenatmosphäre als intervenierende Variable im Sinne des Mehrabian-Russell-Modells ansehen, sie also mit den emotionalen Reaktionen der Ladenbesucher gleichsetzen, nicht zuzustimmen.[194] Dass diese Deutung Kroeber-Riels und Weinbergs sehr fragwürdig ist, belegt auch folgende Formulierung von Gröppel: „Donovan und Rossiter (1982) konnten...nachweisen, dass sich die empfundene Ladenatmosphäre besonders auf die emotionalen Eindrücke „Vergnügen“ und „Erregung“ auswirkt...“.[195] Diese Aussage Gröppels macht deutlich, dass auch nach ihrer Interpretation Donovan und Rossiter die Ladenatmosphäre als den Emotionszuständen vorgelagerte Größe betrachten.

---

[188] Berekoven, L. (1995): Erfolgreiches Einzelhandelsmarketing, München, S. 278.
[189] Gosh, A. (1990): Retail management, Orlando, S. 465.
[190] Ebenda, S. 465.
[191] Donovan, R.J., Rossiter, J.R. (1982): Store atmosphere: An environmental psychology approach, a.a.O., S. 34-57.
[192] Ebenda, S. 35.
[193] Ebenda, S. 34.
[194] Kröber-Riel, W., Weinberg, P. (2003): Konsumentenverhalten, a.a.O., S. 435.
[195] Gröppel, A. (1990): Erlebnisbetontes Handelsmarketing, a.a.O., S. 123.

Ähnlich ist die Interpretation von Buckley, der unter Ladenatmosphäre ein mit einer bestimmten Umwelt verknüpftes intrapsychisches Phänomen versteht. Sie setzt sich sowohl aus affektiven als auch aus kognitiven Komponenten zusammen.[196] Zu den affektiven Komponenten zählt Buckley das im Laden erlebte Vergnügen, die Aktivierung und die Dominanz, mithin die emotionalen Dimensionen des Mehrabian-Russell-Modells. Die kognitive Komponente der Ladenatmosphäre wird dagegen durch die Informationsrate, also die Stimulusvariable des Modells abgebildet, deren Ausprägungen sich zum Beispiel aus der Neuartigkeit, der Größe und der Komplexität der Umwelt ergeben. Letztgenannte Größen sind zwar konkrete Umwelteigenschaften, die jedoch erst durch eine subjektive Bewertung eine bestimmte intrapsychische Wirkung entfalten.

Diese Sichtweise teilen auch Darden und Babin, die sich mit dem Konzept „Affective Quality“ auseinandersetzen.[197] In der „Affective Quality“ einer Ladenumwelt sehen sie einen im Wesentlichen mit der Ladenatmosphäre übereinstimmenden Begriff und definieren ihn mit Russell und Pratt als die Emotionen auslösende Qualität, die eine Person einer Verkaufsstätte zuschreibt.[198]

Insgesamt weisen die Interpretationen von Atmosphäre in der Konsumentenverhaltensforschung deutliche Parallelen zu den widerstrebenden Betrachtungen des Konzepts Umweltqualität im Rahmen der umweltpsychologischen Forschung auf. Die Probleme bezüglich der Konzeption, die unklare Definition sowie die wechselnde Bedeutung und Verwendung des Konstrukts der Ladenatmosphäre ähneln dem in der Umweltpsychologie aufgegriffenen Konstrukt der Umweltqualität.

Vor diesem Hintergrund lässt sich Atmosphäre vorläufig als ein Phänomen charakterisieren, das sich auf eine ganz bestimmte Umwelt und ihre Merkmale bezieht und dennoch offenbar nicht ohne die Berücksichtigung intrapsychischer Variablen erklärbar ist. Die hinsichtlich ihrer Atmosphäre untersuchten Umwelten zeichnen sich stets durch die Anwesenheit von Personen aus.

---

[196] Vgl. Buckley, P.G. (1987): The internal atmosphere of a retail store, in: Advances in Consumer Research, Vol. 14, S. 568.

[197] Vgl. Darden, W.R., Babin, B.J. (1994): Exploring the concept of affective quality: Expanding the concept of retail personality, in: Journal of Business Research, Vol. 29, S. 101-109.

[198] Vgl. Russell, J., Pratt, G. (1980): A description of the affective quality Attributed to environments, a.a.O., S. 312.

2.2 Annäherung an den Atmosphärebegriff über Ansätze der Ästhetikforschung[199]

Außerhalb der wirtschaftswissenschaftlichen Forschung wird das Konzept Atmosphäre vor allem in der philosophischen Disziplin der *Ästhetik* und angrenzenden geisteswissenschaftlichen Strömungen intensiv diskutiert. Während sich die Konsumentenverhaltensforschung primär mit den ökonomisch relevanten Verhaltenskonsequenzen der Atmosphären von Konsumorten beschäftigt, stellen die Ansätze der Ästhetikforschung das Wesen des Begriffs Atmosphäre an sich in den Mittelpunkt ihrer Überlegungen. Die Untersuchungen sind im Vergleich zur Atmosphäreforschung im Marketingkontext insgesamt weniger anwendungsorientiert und konzentrieren sich auf die grundlegende Problematik, was unter Atmosphären genau zu verstehen ist. Es sei bereits an dieser Stelle darauf hingewiesen, dass die im Folgenden vorgestellten Ansätze einen vornehmlich spekulativen Charakter haben und ihre zumeist normativen Aussagen weder theoretisch noch empirisch belegen können. Dennoch liefern sie wertvolle Anhaltspunkte dafür, wie das Atmosphärekonstrukt sinnvoll spezifiziert und definiert werden kann.

2.2.1 Atmosphäre bei Tellenbach

Als Ausgangspunkt einer wissenschaftlichen Betrachtung von Atmosphären gilt Tellenbachs Werk „Geschmack und Atmosphäre".[200] Tellenbach vertritt darin die Auffassung, dass sich in fast jeder Sinneserfahrung eines Menschen etwas über das faktisch Vernommene hinaus gehendes findet. In diesem zusätzlich Gespürten sieht Tellenbach das Atmosphärische, das die Tönung oder das Wesen des faktisch Vernommenen abbildet.[201] Die Aufnahme einer Atmosphäre erfolgt über atmosphärisches Spüren, worunter nach Tellenbach eine Art Fähigkeit zu verstehen ist, die nicht jeder Person in jeder Situation gleichermaßen gegeben ist. So beschreibt er als Beispiel die atmosphärische Diagnostik der Psychiatrie, der zufolge Diagnosen von Schizophrenie teilweise nicht auf objektiv wahrnehmbaren Symptomen basieren, sondern auf einem kaum mitteilbaren „atmosphärisch" geprägten Kriterium, das nur durch eine Art atmosphärische Kompetenz des Arztes erfasst werden kann. Das Spüren von Atmosphären ist gemäß

---

[199] Die Ästhetik ist nicht der thematische Hintergrund aller im Folgenden dargestellten Ansätze, weshalb die Bezeichnung „Ästhetikforschung" genau genommen nicht gänzlich zutreffend ist. Sämtliche Ansätze verfolgen jedoch eine ähnliche Herangehensweise an die Bestimmung des Atmosphärebegriffs und entstammen mit Einschränkungen dem gleichen Literaturkreis.

[200] Vgl. Tellenbach, H. (1968): Geschmack und Atmosphäre, Salzburg.; Böhme, G. (2006): Architektur und Atmosphäre, München, S. 37.

[201] Vgl. Tellenbach, H. (1968): Geschmack und Atmosphäre, a.a.O.

Tellenbach ursächlich für Stimmungen, die sich positiv in „Zustimmungen" oder negativ in „ablehnender Animosität" äußern können.[202]

Atmosphären gehen nach Tellenbach aus organischen Quellen wie zum Beispiel Individuen, Personengruppen oder Landschaften hervor. Sie sind nicht objektivierbar, dennoch qualifizierbar, und sie zeichnen sich stets durch einen ganz spezifischen Charakter aus. Zur Qualifizierung von Atmosphären bieten sich semantische Differenziale an, die vor allem die Kriterien Temperatur, Spannung und Konsistenz abbilden (z.B. frostig – hitzig, gespannt – gelöst, feindselig – freundlich). Die empirisch wissenschaftliche Untersuchbarkeit von Atmosphären hält Tellenbach wegen ihrer Unteilbarkeit und Nichttrennbarkeit von dem sie auslösenden Gegenstand für unmöglich. Wissenschaftliche Untersuchungen erfordern laut Tellenbach jedoch prinzipiell die Loslösung des Untersuchungsgegenstandes aus seinem Gesamtzusammenhang. Atmosphärisches wird indessen unmittelbar und ganzheitlich gespürt und besteht gerade in einem Mehr, das über die Summe von objektiv wahrnehmbaren Einzelteilen hinausgeht, weshalb sich eine isolierte Betrachtung einzelner Komponenten verbietet.[203]

2.2.2 Atmosphäre bei Böhme

Böhme sieht in Benjamins Begriff der *Aura* den Vorreiter des Konzepts Atmosphäre in der Ästhetiktheorie.[204] Mit dem Begriff der Aura versucht Benjamin ein Phänomen zu beschreiben, das sich auf eine sonderbare Eigenschaft originaler Kunstwerke bezieht. Diese strahlen offensichtlich eine eigentümliche Wirkung aus, die jenseits ihrer objektiv feststellbaren physischen Eigenschaften liegt und als Aura bezeichnet wird. Die ausgestrahlte Aura ist dabei als ein nicht genauer bestimmtes Mehr leiblich aufnehmbar und im menschlichen Befinden spürbar.[205]

Böhmes Arbeiten gelten im deutschsprachigen Raum als wesentliches Fundament eines grundlegenden Wandels der philosophischen Disziplin der Ästhetik. Die Ästhetik hat sich in den vergangenen Jahrzehnten thematisch geöffnet und ihre ursprünglich einzig auf die Kunst bezogenen Überlegungen um eine Reihe alltäglicher Fragestellungen ästhetischer Arbeit erweitert. So werden ihre Erkenntnisse inzwischen in ver-

---

[202] Vgl. ebenda, S. 49.
[203] Vgl. ebenda, S. 60.
[204] Vgl. Böhme, G. (1995): Atmosphäre. Essays zur neuen Ästhetik, Frankfurt am Main, S. 25f.
[205] Vgl. Benjamin, W. (1974): Das Kunstwerk im Zeitalter seiner technischen Reproduzierbarkeit: Drei Studien zur Kunstsoziologie, 7. Auflage, Frankfurt am Main.; Böhme, G. (1995): Atmosphäre. Essays zur neuen Ästhetik, a.a.O., S. 25ff.

schiedenen Kontexten wie beispielsweise der Architektur, politischen oder ökonomischen Inszenierungen und Landschaftsgestaltungen genutzt.[206] Dieser Wandel der Ästhetik hin zu einer allgemeinen Wahrnehmungslehre wird vor allem in den Abhandlungen von Böhme aufgegriffen und weitergeführt.[207]

Der Inhalt dieser allgemeinen Wahrnehmungslehre oder *neuen Ästhetik* ist die Untersuchung des Zusammenhangs zwischen Umgebungsqualitäten und dem Befinden von Menschen, wenn sie in diese Umgebungen hineingeraten.[208] Den Begriff der Wahrnehmung interpretiert Böhme nicht als reine Aufnahme und kognitive Verarbeitung von Informationen, sondern er erweitert ihn um die affektive Betroffenheit der wahrnehmenden Person durch das Wahrgenommene. Gegenstand der Wahrnehmung sind nicht notwendigerweise physische Dinge, deren Eigenschaften oder Zustände, Räume oder Personen, sondern damit in Zusammenhang stehende Befindlichkeiten des Menschen.[209] Böhmes Wahrnehmungsbegriff umfasst somit auch die Introspektion, da die notwendigerweise innerhalb des Individuums verortete Befindlichkeit seiner Meinung nach selbst zum Wahrnehmungsgegenstand werden kann.[210] Aus diesem Grund werden Atmosphären nach Auffassung von Böhme zum wesentlichen Gegenstand des Wahrnehmungsbegriffs der Ästhetik, denn Atmosphären sind das, wodurch Umwelteigenschaften und menschliches Befinden aufeinander bezogen sind.[211] Wegen ihrer zwischen der Umwelt und dem Befinden vermittelnden Stellung sieht Böhme in Atmosphären den Grundbegriff und zugleich den zentralen Erkenntnisgegenstand der neuen Ästhetik. Ästhetische Arbeit bedeutet dementsprechend, „..., Dingen, Umgebungen oder auch dem Menschen selbst solche Eigenschaften zu geben, die von ihnen etwas ausgehen lassen. D.h. es geht darum, Atmosphären zu *machen*“.[212]

---

[206] Vgl. Liessmann, K.P. (2004): Reiz und Rührung. Über ästhetische Empfindungen, Wien.; Böhme, G. (2001): Aisthetik: Vorlesungen über Ästhetik als allgemeine Wahrnehmungslehre, a.a.O.; Vgl. Benjamin, W. (1974): Das Kunstwerk im Zeitalter seiner technischen Reproduzierbarkeit: Drei Studien zur Kunstsoziologie, a.a.O.; Böhme, G. (1995): Atmosphäre. Essays zur neuen Ästhetik, a.a.O., S. 25ff.; Berlyne, D.E. (1974a): The new experimental aesthetics. Steps toward an objective psychology of aesthetic appreciation, in: Berlyne, D.E. (Hrsg.): Studies in the new experimental aesthetics, New York et al., S. 1-26.

[207] Vgl. Böhme, G. (1995): Atmosphäre. Essays zur neuen Ästhetik, a.a.O.; Böhme, G. (1998): Anmutungen. Über das Atmosphärische, Stuttgart.; Böhme, G. (2001): Aisthetik: Vorlesungen über Ästhetik als allgemeine Wahrnehmungslehre, a.a.O.; Böhme, G. (2006): Architektur und Atmosphäre, a.a.O.

[208] Vgl. Böhme, G. (1995): Atmosphäre. Essays zur neuen Ästhetik, a.a.O., S. 16.

[209] Vgl. Böhme, G. (2001): Aisthetik: Vorlesungen über Ästhetik als allgemeine Wahrnehmungslehre, a.a.O., S. 39.

[210] Darley und Gilbert sind Vertreter einer gegensätzlichen Auffassung und konstatieren jede Wahrnehmung ist „environmental perception“. Vgl. Darley, J.M., Gilbert, D.T. (1985): Social psychological aspects of environmental psychology, a.a.O., S. 967.

[211] Vgl. Böhme, G. (1995): Atmosphäre. Essays zur neuen Ästhetik, a.a.O., S. 23.

[212] Ebenda, S. 35.

Böhmes Ansatz zeichnet sich durch eine vergleichsweise hohe Anwendungsorientierung aus, da er die Ergründung von Atmosphären nicht nur als philosophische Erkenntnis um ihrer selbst Willen betreibt. Vielmehr liefert er das gedanklich-theoretische Fundament für eine Reihe umgebungsgestalterischer Tätigkeiten in künstlerischen, kommerziellen, politischen oder anderen Kontexten. An dieser Stelle zeigt sich die gedankliche Nähe zu den Studien der Ladenatmosphäre. Deren grundlegendes Untersuchungsziel besteht in der Erforschung von Zusammenhängen zwischen der Ladenumwelt und dem Konsumentenverhalten, wodurch Erkenntnisse für eine gezielte Gestaltung der Verkaufsraumumwelt erzielt werden sollen.

Kaum ein Ansatz der Geisteswissenschaft wird bei der Bestimmung von Atmosphären so konkret wie der Böhmes. Obwohl er die Atmosphären weder den Objekten noch den Subjekten zuschreibt, gelingt es ihm weitgehend, ihre Stellung zwischen Objekt und Subjekt zu spezifizieren. Die Verortung von Atmosphäre nach Böhme soll am Beispiel der Atmosphäre eines beliebigen Raumes verdeutlicht werden. Die gesamten Eigenschaften eines Raumes sind die Quellen der Atmosphäre, welche jedoch erst dann tatsächlich entsteht, wenn sich jemand in dem Raum befindet, in ihm also mindestens eine Person leiblich anwesend ist. Erst dann können die Eigenschaften des Raumes auf das menschliche Befinden eben dieser Person wirken. Durch die leibliche Anwesenheit von Personen wird der Raum zu einem „gestimmten Raum", denn er erzeugt mit seinen gesamten Merkmalen ein affektives Betroffensein der Person und zeichnet sich genau aus diesem Grund durch eine Atmosphäre aus. In jedem Raum leiblicher Anwesenheit herrscht eine im menschlichen Empfinden gespürte Atmosphäre. Über dieses Empfinden, also die Frage, wie man sich in einer bestimmten Atmosphäre fühlt, kann man sich mit anderen Menschen durchaus austauschen, denn dieser bewusst erlebte Gefühlszustand ist prinzipiell beschreibbar und kann charakterisiert werden. Dazu schlägt Böhme insgesamt fünf so genannte „*Charaktere*" vor, wobei es sich letztlich um verschiedene Klassen von Adjektiven handelt.[213] Mit diesen Charakteren lassen sich Atmosphären näher bestimmen und sie vermitteln auch einen Eindruck davon, wie man sich in einer bestimmten Atmosphäre fühlt, also wie die Umgebung, um deren Atmosphäre es geht, emotional anmutet.[214]

---

[213] Als Charaktere identifiziert Böhme „Gesellschaftliche Charaktere" (Bsp.: kleinbürgerlich, ärmlich), „Synästhesien" (Bsp.: warm, hell, kalt), „Stimmungen" (Bsp.: heiter, ernst), „Kommunikative Charaktere" (Bsp.: gespannt, ruhig, feindlich) und „Bewegungsanmutungen" (Bsp.: erhebend, weit, drückend). Vgl. Böhme (2001): Aisthetik: Vorlesungen über Ästhetik als allgemeine Wahrnehmungslehre, a.a.O., S. 88f.

[214] Vgl. Böhme, G. (2006): Architektur und Atmosphäre, a.a.O.

2.2.3 Atmosphäre bei Schmitz

Aus der Perspektive von Schmitz weisen Atmosphären eine große Selbstständigkeit gegenüber Dingen, Umweltkonstellationen oder Menschen auf. Schmitz vertritt demnach nicht die Meinung, dass Umgebungen beziehungsweise Objekte generell als Ursprung von Atmosphären zu betrachten sind. Nach Schmitz sind Atmosphären leiblich spürbare, ergreifende Gefühlsmächte, die ohne einen menschlichen oder dinglichen Auslöser plötzlich entstehen können.[215] Da es sich nach Schmitz bei Atmosphären im Wesentlichen um Gefühlszustände handelt, können Menschen von ihnen auch unabhängig von den sie umgebenden Dingen und Umgebungsqualitäten ergriffen werden. Als Beispiel führt Schmitz die Situation eines Gefangenen an, der plötzlich das Gefühl hat, alle Menschen wüssten von seiner Schuld und er deshalb eine Atmosphäre des Zorns verspürt.[216] Allerdings verkennt auch Schmitz nicht, dass Atmosphären durchaus von etwas ausgehen können. Wenn dies der Fall ist, werden Atmosphären von so genannten impressiven Situationen ausgelöst. Darunter versteht Schmitz komplexe, gefühlsträchtige und mit einem Bündel von Bedeutungen verknüpfte Eindrücke. Aus solchen gefühlsträchtigen Situationen können Atmosphären des Gefühls hervorgehen, die den Menschen „affektiv ergreifend in ihren Bann" ziehen.[217] Obwohl Schmitz den Gefühlscharakter von Atmosphären betont, können auch Dingen Atmosphären anhaften, die in Gegenwart von Personen über vermittelnde Brückenqualitäten zu einem affektiven Betroffensein beim Menschen führen.

Diese Annahmen gehen mit einer eigenen Auslegung ästhetischer Arbeit bei Schmitz einher. Im Gegensatz zur Sichtweise Böhmes lassen sich nach Auffassung von Schmitz Atmosphären nicht direkt erzeugen, sondern lediglich auf indirektem Wege über das Herbeiführen von eindrucksvollen, gefühlsträchtigen Situationen, die mit Atmosphären beladen sind.[218] Schmitz nimmt damit Abstand von Böhmes anwendungsorientierter Interpretation ästhetischer Arbeit und sieht in der bewussten Erzeu-

[215] Vgl. Schmitz, H. (2003): Was ist neue Phänomenologie?, Rostock, S. 252.

[216] Die moderne Emotionstheorie würde Zorn eher als Emotion kennzeichnen, nicht wie Schmitz als Gefühlszustand. Vgl. Schmitz, H. (1998): Situationen und Atmosphären. Zur Ästhetik und Ontologie bei Gernot Böhme, in: Hauskeller M., Rehmann-Sutter, C., Schiemann, G. (Hrsg.): Naturerkenntnis und Natursein, Frankfurt am Main, S. 187.

[217] Schmitz, H. (2003): Was ist neue Phänomenologie?, a.a.O., S. 252.

[218] Vgl. Schmitz, H. (1998): Situationen und Atmosphären. Zur Ästhetik und Ontologie bei Gernot Böhme, a.a.O., S. 181.

gung von Atmosphären weniger ein Grundanliegen der Ästhetik als vielmehr lediglich eine „Eindruckstechnik".[219]

2.2.4 Atmosphäre bei Hauskeller

In Einklang mit der Auffassung Böhmes ist nach Hauskeller[220] jeder Raum leiblicher Anwesenheit ein atmosphärischer Raum. Dies leitet sich aus dem Wahrnehmungsbegriff Hauskellers ab. Menschliche Wahrnehmungen sind demnach niemals wertungslos und nur bedeutungshaft möglich. Zur Wahrnehmung gehört nicht nur aktive Ausübung, sondern immer auch ein passives Eingenommenwerden von den wahrgenommenen Dingen.[221] Jeder Raum leiblicher Anwesenheit ist ein Wahrnehmungsraum, der „atmosphärisch durchstimmt" von den anwesenden Personen nicht gleichgültig wahrgenommen wird, sondern diese gefühlsmäßig betroffen macht.[222] Demnach geht Hauskeller davon aus, dass einzelne Objekte oder ganze Umgebungen und die menschliche Gefühlswelt aufeinander bezogen werden. Zur Benennung dieses Aufeinanderbezogenseins von Objekt und Subjekt verwendet er den Begriff des *Erscheinungscharakters*. Erscheinungscharaktere bezeichnen das, was einzelne Objekte oder ganze Räume für den Menschen bedeuten beziehungsweise wie sie ihn gefühlsmäßig betroffen machen. Sie sind von dem eher objektiven so genannten Wesenscharakter der Objekte abzugrenzen.[223]

Hauskeller unterscheidet zwischen einem formalen und einem gegenständlich-inhaltlichen Atmosphärebegriff. Der formale Atmosphärebegriff bezeichnet den grundsätzlichen Sachverhalt, dass Menschen von Objekten oder Räumen gefühlsmäßig betroffen sind. Dagegen bezieht sich der gegenständlich-inhaltliche Atmosphärebegriff auf eigene Gefühlslagen, also auf das tatsächlich persönliche Erleben einer bestimmten Atmosphäre. Dieser Unterschied äußert sich darin, dass beispielsweise eine Trauerfeier als bedrückt oder bedrückend charakterisiert werden kann. Während die Wortwahl *bedrückt* die vom Betrachter „nachgefühlte" Befindlichkeit der Trauergäste zum Ausdruck bringt und eine gewisse Distanz zum eigenen Befinden aufbaut, lässt die Formulierung *bedrückend* darauf schließen, dass der Betrachter „mitfühlend" selbst in die spezifische Atmosphäre der Trauerfeier hineingerät, obwohl das ja nicht zwingend der Fall sein muss. Formal sind Atmosphären demnach nie identisch mit Gefühlen, gegen-

---

[219] Vgl. ebenda, S. 182.
[220] Vgl. Hauskeller, M. (1995): Atmosphären erleben. Philosophische Untersuchungen zur Sinneswahrnehmung, a.a.O.
[221] Vgl. ebenda, S. 48f.
[222] Vgl. ebenda, S. 48.
[223] Vgl. ebenda, S. 35.

ständlich-inhaltlich ist das jedoch möglich und zwar immer dann, wenn man vom wahrgenommenen Gefühl anderer angesteckt wird.[224]

Hauskeller weist ausdrücklich darauf hin, dass die spezifische Qualität umweltbezogener Betroffenheit von Personen- und Situationsmerkmalen abhängig ist. Identische Umwelten zeichnen sich sowohl für verschiedene Personen als auch für dieselbe Person in verschiedenen Situationen durch unterschiedliche Erscheinungscharaktere aus.[225] Trotz ihrer grundsätzlichen Person- und Situationsabhängigkeit betont Hauskeller allerdings die häufige „*Quasi-Objektivität*" der Erscheinungscharaktere.[226] Obwohl die als bedrückend erlebte Atmosphäre einer Trauerfeier prinzipiell ein subjektives Erleben ist, wird diese spezielle Qualität gefühlsmäßigen Betroffenseins unter gewöhnlichen Umständen von der Mehrheit der Menschen geteilt.[227]

Die unterschiedlichen Perspektiven von Atmosphäre innerhalb der ästhetischen Diskussion tragen jeweils ein sehr differenziertes, jedoch der empirischen Verhaltenswissenschaft schwierig zugängliches Begriffsverständnis vor. Über die „Richtigkeit" einzelner Ansätze lässt sich kein Urteil fällen, denn es bleibt letztlich Ansichtssache, was unter dem Begriff Atmosphäre genau zu verstehen ist. Mehrheitlich bestätigen die Denkansätze der Ästhetikforschung den zweiseitigen Bezug von Atmosphären sowohl zu Umgebungen als auch zu Personen. Als *Quintessenz der Überlegungen* kann hier Folgendes festgehalten werden: Mit Atmosphären wird mehrheitlich der Sachverhalt beschrieben, dass die Umwelt dazu in der Lage ist, gefühlsmäßige Befindlichkeiten des Menschen hervorzurufen oder zu beeinflussen.

3 Kritische Würdigung und Integration bisheriger Ansätze der Atmosphäreforschung sowie Präzision des vertretenen Begriffsverständnis von Atmosphäre

Als Ausgangspunkt für die Definition des Zielkonstrukts Stadionatmosphäre wird im Folgenden zunächst ein allgemeines Atmosphäreverständnis dargelegt. Dieses leitet

---

224 Vgl. Hauskeller, M. (1995): Atmosphären erleben. Philosophische Untersuchungen zur Sinneswahrnehmung, a.a.O., S. 50ff. Zur Thematik Gefühls- oder Stimmungsansteckung vgl. auch Neumann, R., Strack, F. (2000): Mood contagion: The automatic transfer of mood between persons, in: Journal of Personality and Social Psychology, Vol. 79, No. 2, S. 211-223.

225 Vgl. Hauskeller, M. (1995): Atmosphären erleben. Philosophische Untersuchungen zur Sinneswahrnehmung, a.a.O., S. 42.

226 Vgl. ebenda, S. 47.

227 Vgl. ebenda, S. 45.

sich aus den Erkenntnissen der Konsumentenverhaltensforschung, den Erklärungsansätzen der Ästhetikforschung und den theoretischen Grundlagen der Umweltpsychologie ab. Die Erkenntnisse der drei betrachteten Forschungsgebiete ergänzen sich gegenseitig und bilden das Fundament für die definitorische Bestimmung und weitere Untersuchung des Konzepts Atmosphäre.

3.1 Zweckmäßigkeit und Grenzen der betrachteten Ansätze für die Entwicklung eines Atmosphärekonstrukts

Die Studien zur Ladenatmosphäre im Bereich der *Konsumentenverhaltensforschung* zeichnen sich vor allem durch ihr größtenteils empirisches Vorgehen aus. Damit weist diese Forschungsrichtung die Existenz von Ursache-Wirkungsbeziehungen zwischen Umwelteigenschaften und verhaltensrelevanten intrapsychischen Größen der Konsumenten nach. Die überwiegende Mehrheit der Ladenatmosphärestudien stützt sich auf das theoretische Fundament des umweltpsychologischen Verhaltensmodells von Mehrabian und Russell. Dessen Annahmen über den Einfluss der Umweltausgestaltung auf die emotionale Befindlichkeit von Menschen werden in ihren Grundzügen empirisch bestätigt. Ein wesentlicher Verdienst der Ladenatmosphärestudien besteht auch darin, dass teilweise der Einfluss konkreter Merkmale der Umwelt „Laden" auf abhängige intrapsychische Größen nachgewiesen werden konnte. Damit wurden die in der Theorie abstrakt formulierten Zusammenhänge im Umwelt-Person-System auf eine anwendungsorientierte Ebene herunter gebrochen und es lassen sich spezifische Empfehlungen ableiten, welche Gestaltungselemente der Umwelt mit Blick auf angestrebte menschliche Erlebensweisen eingesetzt werden können. Das Empirie orientierte Vorgehen dieser Forschungsrichtung wird durch einen sehr pragmatischen und teilweise oberflächlichen Umgang mit dem Begriff der Atmosphäre ermöglicht. Darin ist auch der wesentliche Schwachpunkt der Ladenatmosphärestudien zu sehen. Eine klare Definition des Atmosphärekonstrukts wird nicht geliefert, weshalb letztlich ganz unterschiedliche Aspekte unter dem „Deckmantel" des Begriffs Atmosphäre untersucht werden. Wegen der undefinierten und oft wechselnden Verwendung des Begriffs Ladenatmosphäre in den Studien der Konsumentenverhaltensforschung hat diese Forschungsrichtung letztlich keinen umfassend theoretisch fundierten und konzeptionell vereinheitlichten Atmosphärebegriff hervorgebracht. Es liegt folglich kein systematisch entwickeltes Ladenatmosphärekonstrukt vor, das mit entsprechenden Anpassungen zum Konstrukt Stadionatmosphäre weiterentwickelt werden kann. Als zentrale Erkenntnis ist daher aus dieser Forschungsrichtung vor allem der empirische Beleg dafür festzuhalten, dass zwischen Umwelteigenschaften und dem emotionalen Befinden des Menschen Zusammenhänge bestehen. Durch eine Manipulation der Umwelteigenschaften kann demnach die emotionale Befindlichkeit von Menschen gezielt beeinflusst werden.

Dem mehrheitlich empirisch-induktiven Vorgehen der Ladenatmosphärestudien steht die spekulative Deduktion der *ästhetiktheoretischen Ansätze* gegenüber. Die Stärke dieser Ansätze liegt vor allem in der Begriffsbestimmung von Atmosphäre, denn sie widmen sich vorrangig der inhaltlichen Bestimmung von Atmosphären und diskutieren ihre Stellung im Verhältnis zwischen Objekt und Subjekt sehr ausführlich. Als nachteilig erweist sich indessen die Tatsache, dass es sich bei sämtlichen Erläuterungen der Ästhetikforschung um empirisch nicht nachgewiesene intuitive Überlegungen handelt, deren Überzeugungskraft nicht aus statistischer Signifikanz, sondern allein aus ihrer Logik und Denkschärfe resultiert. Die dabei diskutierten Details des Begriffsinhalts von Atmosphäre lassen sich in der empirisch orientierten Verhaltenswissenschaft nur mit starken Einschränkungen berücksichtigen. Belässt man die Betrachtung von Atmosphäre jedoch wie in der Ästhetikforschung auf der philosophisch-spekulativen Ebene, lassen sich keine abgesicherten Aussagen zu ihren Bedingungen und Konsequenzen treffen.

Die komplexe Disziplin der *Umweltpsychologie* liefert ein grundlegendes theoretisches Gerüst, das einen beachtlichen Beitrag zur Definition und weiteren Untersuchung des Phänomens Atmosphäre leistet. Umweltpsychologische Ansätze tragen in erster Linie dazu bei, die Zusammenhänge innerhalb des Umwelt-Person-Systems umfassend theoretisch zu erklären. Mittels einer Reihe von Theorien versucht die Umweltpsychologie ein breites Verständnis über diejenigen Prozesse zu erlangen, die die Wechselwirkungen zwischen Umwelt und Personen bedingen. Einige der theoretischen Ansätze postulieren Zusammenhänge zwischen Umwelteigenschaften und emotionalen Befindlichkeiten des Menschen. Damit kann dem Konzept der Atmosphäre ein konkretes theoretisches Fundament gegeben werden. Die Umweltpsychologie liefert allgemeine theoretisch-konzeptionelle Grundlagen, ohne dabei den Begriff Atmosphäre direkt zu adressieren. Ein Blick auf das umweltpsychologische Teilgebiet der Umweltbewertung und das dort diskutierte Rahmenkonstrukt der Umweltqualität liefert jedoch wichtige Erkenntnisse zur Entwicklung des Atmosphärekonstrukts, da prinzipielle Schwierigkeiten bei der definitorischen Abgrenzung von Konstrukten der Umwelt-Person-Beziehung zu Tage treten. Wie dem Phänomen Atmosphäre kann dem Konstrukt der

Umweltqualität ein eher umwelt- oder eher personenzentrierter Inhalt zugeschrieben werden. Integrative Ansätze versuchen, beide Inhalte miteinander zu kombinieren und das Aufeinanderbezogensein von Umwelt und Person abzubilden. Allerdings ist diese Herausforderung auch in der umweltpsychologischen Forschung noch nicht zufrieden stellend bewältigt worden.

3.2 Bestimmung des Begriffs Atmosphäre

Für eine eindeutige Begriffsbestimmung und die weitere Untersuchung von Atmosphäre ist vor allem die Problematik ihrer theoretischen Verortung zu lösen. Atmosphäre kann nur dann zu einem empirisch untersuchbaren theoretischen Konstrukt werden, wenn es gelingt, ihre nebulöse Stellung zwischen Umwelt und Person genauer zu kennzeichnen.[228]

Die alleinige *Verortung von Atmosphäre* auf der Objekt- beziehungsweise Umweltseite erscheint ebenso wenig plausibel wie die isolierte Verortung auf der Subjektseite. Setzt man Atmosphären konzeptionell mit den Merkmalen einer räumlich und zeitlich definierten Umwelt gleich, bleiben ihre Wirkungen auf Personen unberücksichtigt. Eine reine Beschreibung von Umwelteigenschaften liefert keine verlässlichen Erkenntnisse über das dadurch ausgelöste menschliche Befinden. Betrachtet man Atmosphären dagegen als eine vom Objekt losgelöste Befindlichkeit auf der Subjektseite, fehlt wiederum der Bezug zur Umgebung. Es bliebe dann offen, ob die als Atmosphäre interpretierte Befindlichkeit des Menschen tatsächlich etwas mit der unmittelbaren Umwelt zu tun hat oder auf andere Ursachen zurückzuführen ist. Mit dem Konzept der Atmosphäre soll jedoch gerade die spezifische *in* einer Umwelt und *durch* diese Umwelt ausgelöste Befindlichkeit eines Menschen zum Ausdruck gebracht werden. Nur dann nimmt dieses Konstrukt eine theoretisch eigenständige Stellung ein und umfasst einen speziellen Inhalt, der zwar sowohl mit Objekteigenschaften als auch mit intrapsychischen Größen in Zusammenhang steht, jedoch mit keinem dieser Parameter identisch ist. Die Atmosphäre eines Ortes ergibt sich vielmehr aus beiden Größen gemeinsam. Wird von einer Atmosphäre gesprochen, kommt damit zum Ausdruck, dass sich die Umwelt durch charakteristische Merkmale auszeichnet, die bestimmte Befindlichkeiten der leiblich anwesenden Personen bewirken. Soll die Atmosphäre eines Ortes genau bestimmt werden, bedarf es somit mindestens einer Information über die

---

[228] Vgl. Böhme, G. (1995): Atmosphäre. Essays zur neuen Ästhetik, a.a.O., S. 22.; Craik, K.H., Feimer, N. (1987): Environmental assessment, a.a.O., S. 901.

Umweltmerkmale und einer Information über die Befindlichkeit des Subjekts. Kann ein Wirkungszusammenhang zwischen den objektseitigen und den subjektseitigen Variablen festgestellt werden, lässt sich dieser Zusammenhang mit dem Konstrukt Atmosphäre bezeichnen.

Hinsichtlich ihrer prinzipiellen Konzeption entsprechen Atmosphären somit den oben vorgestellten Indizes umweltbezogener emotionaler Reaktionen, die Zusammenhänge zwischen Umweltmerkmalen und emotionalen Reaktionen abbilden „The constructs...of environmental emotional reactions embody the notion of systematic links to the physical environment“.[229] In einem nächsten Schritt muss nun klargestellt werden, welche Variablen der Umwelt und der Person durch das Konstrukt Atmosphäre konkret aufeinander bezogen werden.

Als Umwelteigenschaften beziehungsweise *Objektseite einer Atmosphäre* werden sämtliche denkbaren Stimuli[230] einer räumlich und zeitlich definierten Umwelt interpretiert. Dazu können grundsätzlich physische Gegenstände, Raumausmaße aber auch Personen und ihr Verhalten zählen, letztlich alle Faktoren, die den Charakter einer Umgebung ausmachen und einen Einfluss auf die Befindlichkeit der in dieser Umgebung anwesenden Personen haben.

Die Definition der *subjektseitigen Repräsentation von Atmosphäre* erweist sich als besondere Herausforderung. In Einklang mit der Mehrheit bisheriger Interpretationen von Atmosphäre kann ihre Subjektseite zunächst als ein intrapsychisches Phänomen festgehalten werden, bei dem komplexe kognitive Verarbeitungsprozesse eine untergeordnete Bedeutung haben. Im Vordergrund stehen vielmehr körperlich-seelische Befindlichkeiten, die sich auf die Gefühlswelt von Personen beziehen. Diese Befindlichkeiten sind von reinen Beschreibungen oder Beurteilungen der Umwelteigenschaften abzugrenzen. Beispielsweise beziehen sich Beurteilungen der affektiven Qualität von Umwelten oftmals lediglich auf die Fähigkeiten der Umwelt, intrapsychische Zustände auszulösen, und sie haben nichts mit den tatsächlichen emotionalen Zuständen der beurteilenden Person zu tun.[231] Für die nähere Bestimmung der subjektseitigen

---

[229] Craik, K., Zube, E. (1976b): Summary and research strategies, a.a.O., S. 276.

[230] Stimuli (synonym: Reize) werden definiert als „Chemisch-stoffliche und energetische Vorgänge in der Umwelt, welche Empfindungen und Wahrnehmungen auslösen“ Hellbrück, J., Fischer, M. (1999): Umweltpsychologie. Ein Lehrbuch, a.a.O., S. 118.

[231] Vgl. Russell, J.A., Snodgrass, J. (1987): Emotion and the environment, a.a.O., S. 249. Dieser Unterschied wird wie folgt sehr deutlich: Kriege oder Naturunglücke in fernen Ländern werden hierzulande einhellig als zum Beispiel tragisch oder traurig beurteilt. Sehr fraglich ist allerdings, inwie-

Repräsentation von Atmosphäre kommen verschiedene Konzepte wie Gefühle, Affekte, Emotionen oder Stimmungen in Frage. Diese Begriffe werden auch in der wissenschaftlichen Literatur noch immer häufig synonym verwendet, obwohl in differenzierteren Betrachtungen längst folgende Unterschiede herausgearbeitet wurden.

Stimmungen werden als relativ langandauernde Tönungen des Erlebens mit eher geringer Intensität angesehen, die sich nicht vordergründig auf etwas konkret Bestimmbares beziehen.[232] Zur Kennzeichnung von *Emotionen* wird mehrheitlich auf drei konstituierende Komponenten zurückgegriffen. Eine Emotion manifestiert sich demnach in einer physiologischen, einer verhaltensbezogenen und einer mentalen Komponente.[233] Typische physiologische Reaktionen sind beispielsweise Veränderungen der Puls- oder Atemfrequenz, während zur Verhaltenskomponente vor allem nonverbale Ausdrucksweisen der Mimik, Gestik und Stimmlage und teilweise auch instrumentelle Reaktionen wie Fluchtverhalten gezählt werden.[234] Die mentale Komponente bezeichnet hingegen das im Rahmen einer Emotion bewusst erlebte Gefühl. Dieses bezieht sich auf ein konkretes Objekt, ein Ereignis oder eine andere Person und zeichnet sich durch eine bestimmte Erlebensqualität, wie zum Beispiel Bedrohlichkeit, Vergnügen oder Aufregung aus.[235] Unter *Affekten* versteht man zeitlich sehr begrenzte Emotionen mit einer hohen Intensität.[236]

An dieser Stelle erhebt sich die Frage, mit welchem dieser Konzepte die umweltverursachte subjektiv erlebte Befindlichkeit einer Person am besten zum Ausdruck gebracht werden kann. Stimmungen sind per definitionem nicht vordergründig ziel- bezie-

---

fern Menschen, die solche Urteile abgeben, tatsächlich selbst von diesen Ereignissen gefühlsmäßig betroffen sind. Vgl. dazu auch die Ausführungen zur Atmosphäreauffassung von Hauskeller in Abschnitt B 2.2.4.

[232] Vgl. Russell, J.A., Snodgrass, J. (1987): Emotion and the environment, a.a.O., S. 248.; Cohen, J.B., Areni, C.S. (1991): Affect and Consumer Behavior, in: Robertson, R.S., Kassarjian, H.H. (Hrsg.): Handbook of consumer behavior, Englewood Cliffs, S. 191.; Nerdinger, F.W. (2001): Psychologie des persönlichen Verkaufs. Lehr- und Handbücher der Psychologie, München, Wien, S. 34.

[233] Vgl. Russell, J.A., Snodgrass, J. (1987): Emotion and the environment, a.a.O., S. 245-281.; Cohen, J.B., Areni, C.S. (1991): Affect and Consumer Behavior, a.a.O., S. 188-240.; Cacioppo, J.T., Gardner, W.L. (1999): Emotion, in: Annual Review of Psychology, Vol. 50, S. 191-214.; Nerdinger, F.W. (2001): Psychologie des persönlichen Verkaufs. Lehr- und Handbücher der Psychologie, a.a.O., S. 34.; Scherer, K.R. (1996): Emotion, in: Stroebe, W., Hewstone, M., Stephenson, G.M. (Hrsg.): Sozialpsychologie, 3. Auflage, Berlin, S. 293-330.

[234] Vgl. Russell, J.A., Snodgrass, J. (1987): Emotion and the environment, a.a.O., S. 252.

[235] Vgl. Russell, J.A., Snodgrass, J. (1987): Emotion and the environment, a.a.O., S. 252.; Nerdinger, F.W. (2001): Psychologie des persönlichen Verkaufs. Lehr- und Handbücher der Psychologie, a.a.O., S. 34.

[236] Vgl. Nerdinger, F.W. (2001): Psychologie des persönlichen Verkaufs. Lehr- und Handbücher der Psychologie, a.a.O., S. 34.

hungsweise objektgerichtet, weshalb sie sich nicht zur Beschreibung solcher psychologischen Zustände eignen, die ausdrücklich auf eine konkrete Umwelt bezogen sind. Für Affekte sind sehr intensive Gefühlszustände kennzeichnend, die sich unter anderem auf die Umwelt beziehen können. Allerdings lösen Umweltstimuli auch Befindlichkeiten mittlerer oder geringer Intensität aus. Daher sind Affekte zur Bestimmung eines generellen Atmosphärekonstrukts ebenfalls nicht geeignet. Das Konzept der Emotion erscheint wiederum zu komplex, um es in seiner Gesamtheit mit Merkmalen der Umwelt in einem Konstrukt zu vereinen. Zweckmäßiger ist die mentale Emotionskomponente des bewusst erlebten Gefühls. In Gefühlen sieht auch Hauskeller „die Antwort des Wahrnehmungssubjektes auf den Wahrnehmungscharakter seines atmosphärischen Raumes...“.[237] Nerdinger führt dazu aus: „Gefühle werden als „Widerfahrnis“ erlebt,...Fühlen bedeutet Berührtsein, ...Im Gefühl kommt die Stellung des Menschen zu „etwas“ – zur Welt, zu Gegenständen oder Personen – zum Ausdruck“.[238] Gerade dieser spezielle Sachverhalt, also das umweltbezogene, bewusst gefühlte Betroffensein von Personen soll mit dem Konstrukt Atmosphäre bezeichnet werden. Auf den Bewusstseinscharakter eines Gefühls weist auch Dorschel hin und bemerkt, dass ein Gefühl zu haben notwendigerweise bedeutet, sich dieses Gefühls gewahr zu sein.[239] Zweifelsohne wird das als Subjektseite von Atmosphäre definierte umweltbezogene Betroffensein der Gefühlswelt in der Regel auch mit simultanen Veränderungen physiologischer Prozesse und verhaltensbezogenen Reaktionen einhergehen. Dennoch sind diese zwei Emotionskomponenten nicht notwendig, um den Bedeutungsinhalt des Konstrukts Atmosphäre zu erfassen.

Liessmann schlägt in diesem Zusammenhang den Begriff der *ästhetischen Empfindung* vor.[240] Obwohl Liessmann die Begriffe Emotion und Affekt undefiniert verwendet, lassen die Ausführungen erkennen, dass er sich im Wesentlichen auf die Emotionskomponente des bewusst erlebten Gefühls bezieht. Unter einer ästhetischen Empfindung versteht Liessmann den durch einen Wahrnehmungsgegenstand ausgelösten „affektiven oder emotionalen Eindruck, der sich primär auf die angebotene Reizkonstella-

[237] Hauskeller, M. (1995): Atmosphären erleben. Philosophische Untersuchungen zur Sinneswahrnehmung, a.a.O., S. 49.

[238] Nerdinger, F.W. (2001): Psychologie des persönlichen Verkaufs. Lehr- und Handbücher der Psychologie, a.a.O., S. 34.

[239] Vgl. Dorschel, A. (1994): Empfindung, Gefühl und Emotion. Zur Analyse von Bewertungen, in: Apel, K.O., Kettner, M. (Hrsg.): Mythos Wertfreiheit? Neue Beiträge zur Objektivität in den Human- und Kulturwissenschaften, Frankfurt am Main, New York, S. 159.

[240] Vgl. Liessmann, K.P. (2004): Reiz und Rührung. Über ästhetische Empfindungen, a.a.O.

tion...konzentriert".[241] Dabei handelt es sich um eine spezielle Art von Empfindungen, die „weniger daran interessiert ist, die Dinge zu erkennen, sondern vielmehr wahrnimmt, was die Dinge in uns und an uns affektiv auslösen".[242] Über solche Empfindungen lässt sich auch der „Charakter"[243] eines Raumes bei Norberg-Schulz bestimmen, denn „Character is determined not so much by what things are, but how things are".[244] Nach diesem Verständnis gehen Empfindungen über die urteilsfreie Sinneswahrnehmung eines Objekts hinaus und verbinden sie mit einer im Moment der Wahrnehmung gespürten Gefühlsqualität zu einer Einheit. Eine solche Einheit aus Sinneswahrnehmung und Gefühlsqualität kommt beispielsweise in der Formulierung *(un-)angenehm warm* zum Ausdruck. Die wertungslose Sinneswahrnehmung *warm* wird auf das Wollen (Nichtwollen) des Subjekts bezogen und mit der Gefühlsqualität *angenehm* (*unangenehm*) kombiniert.[245] Auch Hellbrück und Fischer verstehen unter einer Empfindung das „durch einen Reiz ausgelöste einfache, durch Qualität und Intensität gekennzeichnete Erleben,...".[246] Dieses Verständnis von Empfindungen wird hier als die subjektseitige Repräsentation von Atmosphäre aufgegriffen. Im Sinne von Hauskellers[247] Unterscheidung zwischen einem formalen und einem inhaltlich-gegenständlichen Atmosphärebegriff müssen die tatsächlichen Empfindungen von Menschen, die eine Atmosphäre erleben von reinen Beschreibungen der Empfindungen anderer durch neutrale Beobachter abgegrenzt werden.

Abbildung 4 fasst das Begriffsverständnis von Atmosphäre graphisch zusammen und verdeutlicht ihre Stellung zwischen Umwelt und Person.

[241] Ebenda, S. 22.
[242] Ebenda, S. 25.
[243] Vgl. dazu Abschnitt B 1.3.2.
[244] Pennartz, P.J.J. (1986): Atmosphere at home: A qualitative approach, a.a.O., S. 136.
[245] Vgl. Dorschel, A. (1994): Empfindung, Gefühl und Emotion. Zur Analyse von Bewertungen, a.a.O., S. 158.
[246] Hellbrück, J., Fischer, M. (1999): Umweltpsychologie. Ein Lehrbuch, a.a.O., S. 118.
[247] Vgl. dazu Abschnitt B 2.2.4.

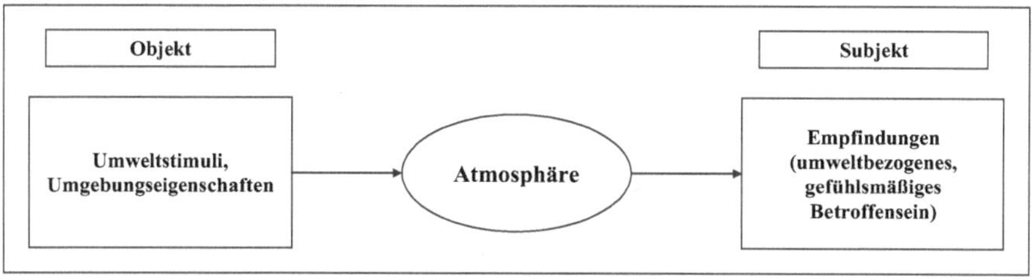

Abb. 4: Allgemeine Konzeption von Atmosphäre

Quelle: eigene Darstellung

Atmosphären können mit unterschiedlichen Gefühlsintensitäten und -qualitäten einhergehen. Aus Sicht des Individuums weisen sie einen positiven, negativen oder neutralen Charakter auf, der durch Eigenschaftsworte verbal zum Ausdruck gebracht werden kann. Die von der Umwelt ausgelöste gefühlsmäßige Befindlichkeit kann demnach ganz unterschiedlich beurteilt werden. Sie kann den Präferenzen des Menschen mehr oder weniger entsprechen. In den meisten Alltagssituationen geraten Menschen vermutlich in eher neutrale Atmosphären, das heißt ihre durch Umweltreize ausgelösten oder beeinflussten Gefühlszustände sind weder besonders positiver noch sonderlich negativer Qualität.

In den grundlegenden Ausführungen zur Umweltpsychologie wurde bereits darauf hingewiesen, dass eine gegebene Umweltkonstellation situations- und personenspezifisch vollkommen unterschiedliche Reaktionen hervorrufen kann.[248] Physisch identische Umwelten machen die darin befindlichen Personen in Abhängigkeit von psychographischen Variablen, vergangenen Erfahrungen, dem Ziel des Aufenthalts und dem sozialen Kontext ganz unterschiedlich gefühlsmäßig betroffen.[249] In Umweltbewertungsstudien konnte beispielsweise über die Hälfte der Varianz in Präferenzurteilen durch personale Faktoren wie Alter, Geschlecht oder Gewöhnung erklärt werden.[250] Die gleiche leiblich gespürte Aufregung auf einem Rummel kann je nach Person und Situation zum Beispiel als angenehm oder eher lästig empfunden werden. Die Atmo-

[248] Vgl. dazu Abschnitt B 1.1.

[249] Vgl. Bell, P. et al. (2001): Environmental psychology, a.a.O., S. 6 und 51.; Darley, J.M., Gilbert, D.T. (1985): Social psychological aspects of environmental psychology, a.a.O., S. 950.; Gifford, R. (1997): Environmental psychology. Principles and practice, a.a.O., S. 58.; Pennartz, P.J.J. (1986): Atmosphere at home: A qualitative approach, a.a.O., S. 137.; Proshansky, H.M., Fabian, A.K., Kaminoff, R. (1983): Place identity: Physical world socialization of the self, in: Journal of Environmental Psychology, Vol. 3, S. 57-84.; Ward, L.M. et al. (1988): The role of plans in cognitive and affective responses to places, in: Journal of Environmental Psychology, Vol. 8, S. 1-8.

[250] Vgl. Brush, R.O. (1976): Perceived quality of scenic and recreational environments. Some methodological issues, a.a.O., S. 58.

sphäre dieses Rummels würde demnach durch Adjektive wie berauschend (bei angenehmer Betroffenheit) oder stressend (bei unangenehmer Betroffenheit) unterschiedlich charakterisiert werden.

Untersuchungen von Atmosphäre können unter anderen folgende Fragestellungen adressieren:

- Welche Atmosphäre kennzeichnet Umwelt X?
  Welche Kombination spezifischer Umweltmerkmale und gefühlsmäßiger Befindlichkeit der Personen liegt in Umwelt X vor?
- Entspricht die Atmosphäre in Umwelt X den Präferenzen der Menschen?
  Wird die auf die Merkmale der Umwelt bezogene gefühlsmäßige Befindlichkeit in Umwelt X positiv oder negativ bewertet?
- Herrscht in Umwelt X eine bestimmte Atmosphäre?
  Ist eine vorher definierte Kombination von Umwelteigenschaften und gefühlsmäßiger Befindlichkeit in Umwelt X festzustellen?

4 Definitorische Abgrenzung und Konzeptionalisierung des Konstrukts Stadionatmosphäre

4.1 Definition des Konstrukts Stadionatmosphäre

Die bisherigen Ausführungen legen die prinzipielle Auslegung des Konzepts Atmosphäre dar. Auf dieser Basis kann das Rahmenkonstrukt Atmosphäre für verschiedene Umwelten jeweils definitorisch genau festgelegt werden, um es näher untersuchen zu können.[251] Stadionatmosphäre lässt sich vorläufig als ein Begriff charakterisieren, der das Aufeinanderbezogensein der spezifischen Eigenschaften der Umwelt Stadion und der gefühlsmäßigen Befindlichkeit der anwesenden Zuschauer zum Ausdruck bringt. Allerdings bedarf es noch einiger Spezifikationen, die das Konzept Stadionatmosphäre genauer abgrenzen.

Zunächst muss die *Umwelt Stadion*, also die *Objektseite der Stadionatmosphäre* sowohl zeitlich als auch in Bezug auf ihre räumlichen Grenzen näher spezifiziert werden. Mit Blick auf den Zeithorizont bezieht sich die Betrachtung von Stadionatmosphäre auf die Dauer einer Sportveranstaltung. Nach dem hier vertretenen Verständnis von Atmosphäre weist ein Stadion auch außerhalb der Veranstaltungszeit eine Atmosphäre

---

[251] Vgl. Craik, K.H., Feimer, N. (1987): Environmental assessment, a.a.O., S. 894.

auf, sofern es sich um einen Raum leiblicher Anwesenheit handelt, also zumindest eine Person anwesend ist. Dies könnte beispielsweise im Rahmen einer Stadionbesichtigung der Fall sein. Auch dann beeinflusst die Umwelt Stadion mit ihren Eigenschaften die Befindlichkeit der anwesenden Personen. Hier soll jedoch die spezifische Stadionatmosphäre während einer Sportveranstaltung erfasst werden, denn diese stellt im Gegensatz zur Atmosphäre eines leer stehenden Stadions eine vermarktbare Leistung dar. Als räumliche Begrenzung der untersuchten Atmosphäre gelten die Grenzen des Stadiongebäudes. Die unmittelbare und weitere Umgebung des Stadions gehören dagegen nicht zur hier untersuchten Umwelt. Des Weiteren bezieht sich die Betrachtung auf denjenigen Bereich innerhalb des Stadions, in dem sich typischerweise die Sportzuschauer während der Veranstaltung aufhalten, mithin die Steh- und Sitzplatztribünen. Andere zum Stadion gehörige Bereiche wie Umkleideräume, Restaurants oder Ausstellungsräume stellen jeweils eigenständige Umwelten dar, deren spezifische Atmosphäre hier nicht von Relevanz ist. Eine solche raum-zeitlich definierte Umweltkonstellation entspricht im Wesentlichen Barkers umweltpsychologischem Konzept des *Behavior-Setting.*[252] Zu den konstituierenden Bestandteilen eines Behavior-Setting zählen neben einer räumlich und zeitlich bestimmten Umwelt auch regelmäßig beobachtbare menschliche Verhaltensweisen innerhalb dieser Umwelt.

Damit ist der Begriff der Stadionatmosphäre allerdings noch immer nicht hinreichend präzise abgegrenzt, um die Stellung eines theoretischen Konstrukts mit allgemeiner Aussagekraft einzunehmen. Die Beziehungen eines theoretischen Konstrukts zu vor- und nachgelagerten Größen erlangen jedoch nur dann eine allgemeingültige Erklärungskraft und können zur Theorieprüfung oder -entwicklung herangezogen werden, wenn genau festgelegt ist, welchen konkreten Inhalt das Konstrukt erfasst.[253] Die genaue Festlegung der Konstruktdefinition ist auch eine zwingende Voraussetzung für die Konzeptionalisierung und Operationalisierung des Konstrukts, mithin die Entwicklung eines Messmodells.[254] Erst damit ist genau vorgegeben, worauf sich das Messmodell konkret beziehen soll, also welchen Sachverhalt die Messung zu erfassen versucht. Daher muss neben der räumlichen und zeitlichen Präzisierung des Konstrukts Stadionatmosphäre auch dessen Charakter spezifiziert werden.

---

[252] Barker erwähnt ein Football-Spiel explizit als Beispiel für ein Behavior-Setting. Vgl. Barker, R.G. (1968): Ecological psychology: Concepts and methods for studying the environment of human behavior, Stanford.

[253] Vgl. Kröber-Riel, W., Weinberg, P. (2003): Konsumentenverhalten, a.a.O., S. 31.

[254] Vgl. Churchill, Jr. G.A. (1979): A paradigm for developing better measures of marketing constructs, in: Journal of Marketing Research, Vol. 16, No. 1, S. 67.

Nach der bisherigen Begriffsfestlegung ist offen, durch welche Kombinationen aus Stadionstimuli und gefühlsmäßigen Befindlichkeiten sich die spezielle Atmosphäre in einem Sportstadion auszeichnet und in wie fern sie den Präferenzen der Zuschauer entspricht. Aus Marketingperspektive ist jedoch von vordergründigem Interesse, ob die Atmosphäre im Stadion den Präferenzen der Besucher entspricht. Denn nur dann ist die Stadionatmosphäre für die Befriedigung hedonischer Konsumbedürfnisse ausschlaggebend und nur dann können darüber vermutlich vom Konstrukt abhängige Variablen wie Zuschauerzufriedenheit oder Wiederbesuchsverhalten erklärt werden. Das in der vorliegenden Arbeit zu entwickelnde Messmodell der Stadionatmosphäre soll daher erfassen, ob eine präferenzgerechte Stadionatmosphäre vorliegt.[255] Es soll folglich messen, ob eine vorher definierte Kombination aus typischen Umweltmerkmalen und gefühlsmäßigen Befindlichkeiten der Zuschauer in dem untersuchten Stadion während der Veranstaltung vorliegt. Bagozzi und Fornell weisen in ihrer Definition eines Konstrukts explizit darauf hin, dass sich dieses nicht nur auf das Wesen, sondern auch auf die Ausprägung eines nicht beobachtbaren Phänomens beziehen kann: „A theoretical concept may be defined as an abstract entity which represents the..., nonobservable state or nature of a phenomenon"[256] (Hervorhebung des Autors). Fraglich ist allerdings, ob mit Blick auf die gesamte Gruppe der Vor-Ort-Sportzuschauer überhaupt verallgemeinernd von einer definierten Atmosphäre als „guter" oder „präferenzgerechter" Stadionatmosphäre gesprochen werden kann. Stadionbesucher sind keine vollkommen homogene Konsumentengruppe und unterscheiden sich hinsichtlich vieler soziodemographischer, psychographischer und verhaltensbezogener Faktoren.[257] Auch die spezifische Konstellation der Umweltstimuli in einem Sportstadion kann bei verschiedenen Personen also prinzipiell völlig unterschiedliche gefühlsmäßige Befindlichkeiten hervorrufen und ganz gegensätzlich als aufregend, hektisch, fröhlich oder feindselig charakterisiert werden. Im einleitenden Kapitel wurde jedoch bereits erwähnt, dass es offenbar eine für Sportstadien typische Atmosphäre gibt, die den Präfe-

---

[255] Auch Pennartz spezifiziert in einer Untersuchung der Atmosphäre von Wohnräumen den zu messenden Sachverhalt qualitativ als „pleasant atmosphere at home". Vgl. Pennartz, P.J.J. (1986): Atmosphere at home: A qualitative approach, a.a.O., S. 150.

[256] Bagozzi, R.P., Fornell, C. (1982): Theoretical concepts, measurements, and meaning, in: Fornell, C. (Hrsg.): A second generation of multivariate analysis: Measurement and evaluation, Band 2, New York, S. 24.

[257] Vgl. Strauß, B. (1996): Selbstdarstellung von Sportzuschauern, in: Conzelmann, A., Gabler, H., Schlicht, W. (Hrsg.): Soziale Interaktionen und Gruppen im Sport: Bericht über die Tagung der Arbeitsgemeinschaft für Sportpsychologie vom 25. bis 27.05.1995 in Tübingen, Köln, S. 123-134.; Stollenwerk, H.J. (1996): Sport – Zuschauer – Medien, Aachen.; Herrmann U.H. (1977): Die Fußballfans: Untersuchungen zum Zuschauersport, Schorndorf.; Friederici, M.R. (1998): Sportbegeisterung und Zuschauergewalt. Eine empirische Studie über Alltagstheorien von Sportlerinnen und Sportlern, Münster.

renzen einer Vielzahl von Menschen entspricht. Trotz der generellen Situations- und Personenspezifität von Umwelt-Person-Beziehungen ist es erforderlich, Aussagen bezüglich bestimmter Zusammenhänge zu einem gewissen Grad zu verallgemeinern.[258] Es kann davon ausgegangen werden, dass sich die Stadionbesucher trotz ihrer prinzipiellen Heterogenität dahingehend gleichen, auf die typischen Eigenschaften der Stadionumwelt in einer positiv bewerteten Art und Weise gefühlsmäßig zu reagieren. Diese Annahme stützt sich auf die umweltpsychologische Erkenntnis, dass beispielsweise bestimmte Landschaften von Menschen fast einstimmig als schön und inspirierend beurteilt werden.[259] Die Theorie des Behavior-Setting besagt, dass innerhalb eines Behavior-Setting eine personenübergreifende Homogenisierung des Verhaltens zu beobachten ist.[260] Obwohl diese behavioristische Theorie keine intrapsychischen Variablen berücksichtigt, kann von ähnlichen Zusammenhängen auch zwischen Umwelteigenschaften und gefühlsmäßigen Befindlichkeiten innerhalb eines Behavior-Settings ausgegangen werden. Brush konstatiert: „there seems to be physical correlates of scenic quality that apply to specific groups of people in specific environments".[261] In Bezug auf die Indizes der wahrgenommenen Umweltqualität[262] führen Craik und Zube aus, dass es grundsätzlich Indizes mit einem hohen und andere mit einem sehr geringen Ausmaß an Konsens gibt.[263] Wenn hoher Konsens hinsichtlich der Umweltbeurteilung besteht, kann ein standardisierter Index als generelles Maß der Umweltqualität verwendet werden.[264] Im Gegensatz zu Landschaften oder ganzen Städten sind Freizeitumwelten, wie beispielsweise Sportstadien viel spezifischere Umgebungen[265], in die sich zudem selbstselektierte Personengruppen freiwillig und gezielt hineinbegeben. Daher ist eine vergleichsweise hohe Übereinstimmung in den gefühlsmäßigen Reaktionen von Vor-Ort-Sportzuschauern zu erwarten. Aus diesen Gründen erscheint es

---

258 Hierin besteht ein grundsätzliches Problem der Verhaltenswissenschaft. Je spezifischer die Elemente sind von denen aus Vorhersagen getroffen werden, desto weniger generalisierbar sind die Aussagen. Andererseits sind die Vorhersagen umso weniger genau, je allgemeiner die Elemente sind aus denen sie hergeleitet wurden. Vgl. Bell, P. et al. (2001): Environmental psychology, a.a.O., S. 112.

259 Vgl. Bell, P. et al. (2001): Environmental psychology, a.a.O., S. 37.; Brush, R.O. (1976): Perceived quality of scenic and recreational environments. Some methodological issues, a.a.O., S. 52.; Craik, K.H., Zube, E.H. (1976a): The development of perceived environmental quality indices, a.a.O., S. 18f.

260 Vgl. Miller, R. (1998): Umweltpsychologie. Eine Einführung, a.a.O., S. 46.

261 Brush, R.O., (1976): Perceived quality of scenic and recreational environments. Some methodological issues, a.a.O., S. 56.

262 Vgl. dazu die Ausführungen in Abschnitt B 1.3.1.

263 Vgl. Craik, K.H., Zube, E.H. (1976a): The development of perceived environmental quality indices, a.a.O., S. 18.

264 Vgl. Craik, K., Zube, E. (1976b): Summary and research strategies, a.a.O., S. 277.

265 Vgl. Craik, K., Zube, E. (1976): Perceiving environmental quality. Research and applications, a.a.O., S. 24.

plausibel, das Konstrukt Stadionatmosphäre verallgemeinernd als eine genau spezifizierte Kombination aus Merkmalen der Stadionumwelt und Zuschauerempfindungen im Sinne einer guten Atmosphäre zu interpretieren.

Stadionatmosphäre wird in der vorliegenden Arbeit demnach als Konstrukt definiert, das **auf ein präferenzgerechtes gefühlsmäßiges Ergriffensein der Stadionbesucher den Einfluss der besonderen Eigenschaften der Umwelt Sportstadion** abbildet.
Ein entsprechendes Messmodell muss folglich erfassen, ob eine vorher definierte Kombina-tion aus typischen Stadionstimuli und eine spezifische Qualität gefühlsmäßiger Betroffenheit der Zuschauer vorliegen und in einen positiven Wirkungszusammenhang gebracht werden können. Die vordefinierten Stadioneigenschaften und Zuschauerbefindlichkeiten sind Indikatoren für eine präferenzgerechte Stadionatmosphäre und gehen folglich mit hohen Ausprägungen des Konstrukts einher. Dabei ist zu beachten, dass weder die Merkmale der Stadionumwelt noch die zuschauerseitigen Befindlichkeiten für sich allein gute Stadionatmosphäre implizieren, sondern erst ihr Ursache-Wirkungszusammenhang.

Gute Stadionatmosphäre konstituiert sich aus den typischen Eigenschaften der Umwelt Sportstadion und der dadurch verursachten präferenzgerechten gefühlsmäßigen Befindlichkeit der Sportzuschauer. Eine Annäherung an das Konstrukt Stadionatmosphäre kann daher konzeptionell von zwei Seiten erfolgen. Zum einen ist der Zugang zum Konstrukt über die spezifischen Umweltstimuli in einem Sportstadion während einer Veranstaltung möglich. Zum anderen lässt sich die Stadionatmosphäre über die umweltbezogenen Gefühlszustände der Sportzuschauer während des Stadionaufenthalts erfassen. Zur Entwicklung eines entsprechenden Messmodells sind Kenntnisse darüber notwendig, welche spezifischen Umweltstimuli und welche zuschauerseitigen Befindlichkeiten eine präferenzgerechte Stadionatmosphäre ausmachen. Diese spezifischen Umweltstimuli und Befindlichkeiten der Zuschauer dienen dann als Ausgangspunkte für die Konstruktoperationalisierung, das heißt, für die Zuordnung empirisch fassbarer Indikatoren über die sich das nicht direkt beobachtbare hypothetische Konstrukt der Stadionatmosphäre messen lässt.[266]

[266] Vgl. dazu die Ausführungen in Abschnitt C 1.1.

4.2 Vorläufige Konzeptionalisierung des Konstrukts Stadionatmosphäre

Nachdem das Konstrukt Stadionatmosphäre definitorisch abgegrenzt wurde, wird im Folgenden eine theoretische *Konzeptionalisierung* des Konstrukts vorgenommen. Ein Konstrukt zu konzeptionalisieren bedeutet, alle Dimensionen aufzudecken, durch die es beeinflusst wird.[267] Von dem Fundament dieser Dimensionen können dann Indikatoren zur Messung des Konstrukts abgeleitet werden. Eine vollständige Erfassung guter Stadionatmosphäre erfordert die Berücksichtigung sowohl der Objekt- als auch der Subjektseite des Konstrukts. Es gilt herauszufinden, welche Konstellation aus typischen Umweltreizen und speziellen Empfindungen in der Gefühlswelt der Zuschauer eine gute Stadionatmosphäre ausmacht.

4.2.1 Umweltreize im Sportstadion

Die Identifikation und Beschreibung von Umweltstimuli ist ein grundsätzliches Problem aller Untersuchungen, die sich mit dem Zusammenhang zwischen Umwelten und personenbezogenen Variablen beschäftigen. Bei der Bestimmung von Umweltreizen bieten sich prinzipiell zwei Möglichkeiten: Die Erfassung konkreter Umwelteigenschaften oder der Rückgriff auf abstrakte Konzepte. Zur abstrakten Beschreibung von Umweltmerkmalen wurden bereits mehrere Ansätze entwickelt, die jeweils vorsehen, eine bestimmte Umwelt hinsichtlich verschiedener global gehaltener Dimensionen zu beurteilen.[268] Kuller schlägt dafür unter anderen die Elemente *Komplexität*, *Einheitlichkeit* und *Originalität* vor.[269] Ähnlich sind die von Berlyne identifizierten Vergleichsvariablen, die Umwelten zum Beispiel hinsichtlich ihrer *Kongruenz*, ihres *Überraschungsreichtums* und ihrer *Neuartigkeit* beschreiben.[270] Nasar erarbeitet hingegen die drei Dimensionen *formelle Qualität* (Komplexität und Ordnung), *symbolische Qualität* (Stil) und *Schemata* (Gewöhnlichkeit).[271] Mehrabians und Russells Konzept der *Informationsrate*, das bereits in zahlreichen Studien eingesetzt wurde, ist ein weiteres Beispiel für die abstrakte Erfassung der Umweltreize.[272] Zur Messung der Informationsrate entwickelten Mehrabian und Russell eine verbale Skala mit insge-

---

[267] Vgl. Homburg, C., Giering, A. (1996): Konzeptualisierung und Operationalisierung komplexer Konstrukte. Ein Leitfaden für die Marketingforschung, in: Marketing ZFP, Vol. 18, No. 1, S. 5.

[268] Vgl. Gifford, R. (1997): Environmental psychology. Principles and practice, a.a.O., S. 58.

[269] Vgl. Kuller, R. (1980): Architecture and emotion, in: Mikellides, B. (Hrsg.): Architecture for people, London, S. 87-100.

[270] Vgl. dazu Abschnitt B 1.2.1.; Berlyne, D.E. (1971): Aesthetics and psychobiology, a.a.O.

[271] Vgl. Nasar, J.L. (1994): Urban design aesthetics: The evaluative qualities of building exteriors, in: Environment and Behavior, Vol. 26, S. 377-401.

[272] Vgl. dazu Abschnitt B 1.2.2.

samt vierzehn Adjektivpaaren, die sich letztlich alle einer der beiden Dimensionen Neuartigkeit und Komplexität zuordnen lassen.[273]
Globale Konzepte zur Messung der Umweltstimuli umgehen zwar die Problematik, alle denkbaren Stimuli einzeln erfassen zu müssen, stoßen aber wegen ihrer Allgemeingültigkeit auf Grenzen, wenn es darum geht, die spezifischen Umweltstimuli in einem Stadion während einer Sportveranstaltung abzubilden. Das entwickelte Konstrukt der Stadionatmosphäre bezieht sich jedoch auf die konkrete Umwelt Sportstadion, dessen spezifische Reize erfasst werden sollen. Zudem besteht das Ziel auch nicht darin, alle Stimuli eines Sportstadions zu erfassen, sondern darin, die wesentlichen Stimuli zu identifizieren, die für eine gute Stadionatmosphäre konstituierend sind und die die Stadionumwelt von anderen Umwelten abgrenzen. Aus diesen Gründen wird von den abstrakten Konzepten zur Erfassung von Umweltstimuli Abstand genommen.

Eine unsystematische Aneinanderreihung einzelner Reize der Stadionumwelt ist ebenso ungeeignet, um die Objektseite der Stadionatmosphäre abzubilden. Daher wird zunächst eine vorläufige Taxonomie der Stadionstimuli erarbeitet. Dazu bieten sich die zwei Dimensionen *Reizquellen* und *Reizarten* an.[274] Unter Reizquellen versteht man den Ursprung beziehungsweise den Ausgangspunkt, aus dem die Reize hervorgehen. Reizarten bezeichnen dagegen die spezifische Wirkungsweise verschiedener Stimuli. Grundsätzlich können zahlreiche Faktoren als einfache oder eher komplexe Stimuli in einem Sportstadion wirken.[275]

Als wesentliche *Reizquellen* eines Sportstadions identifiziert Wochnowski den Veranstalter und die Zuschauer.[276] Vom *Veranstalter* einer Sportveranstaltungen gehen typischerweise vielfältige Reize wie Musikeinspielungen, Lichteffekte oder Sprecherdurchsagen aus. Neben solchen kurzfristig manipulierbaren Aspekten können auch lediglich langfristig veränderbare Umweltelemente wie die architektonischen Besonderheiten oder der Anstrich des Stadions zu den veranstaltererzeugten Stimuli gezählt werden. Eine bedeutende Reizquelle eines Sportstadions während der Veranstaltung stellen die *Zuschauer* dar. Generell gehen neben den physischen Bestandteilen einer

---

[273] Vgl. Mehrabian, A., Russell, J.A. (1974): An approach to environmental psychology, a.a.O., Appendix D.
[274] Vgl. Uhrich, S., Königstorfer, J. (im Druck): Atmosphäre bei Sportveranstaltungen – Ein umweltpsychologisches Rahmenkonzept, a.a.O.
[275] Vgl. Gifford, R. (1997): Environmental psychology. Principles and practice, a.a.O., S. 7.
[276] Vgl. Wochnowski, H. (1996): Veranstaltungsmarketing – Grundlagen und Gestaltungsempfehlungen zur Vermarktung von Veranstaltungen, a.a.O., S. 183.

Umwelt auch von den anwesenden Personen zahlreiche Reize aus.[277] Bereits die bloße physische Präsenz anderer Personen hat eine aktivierungsauslösende Wirkung auf den Menschen.[278] Je dichter Personen beieinander sind, desto stärker ist ihre gegenseitige aktivierende Wirkung.[279] Für Sportstadien ist enges Sitzen oder Stehen der Zuschauer ein typisches Merkmal. Eine besonders kennzeichnende Eigenheit von Sportveranstaltungen ist darüber hinaus die aktive Beteiligung der Zuschauer an vielfältigen Aktivitäten wie Anfeuerungsrufen, Fahnenschwenken oder LaOla-Wellen. Da es sich bei dieser Art von zuschauerbedingten Stimuli um sehr spezifische Aspekte der Umwelt Sportstadion handelt, kann ein besonders bedeutender Einfluss auf die spezielle Stadionatmosphäre vermutet werden. Veranstalter- und zuschauererzeugte Reize können um das *Spiel-* beziehungsweise *Wettkampfgeschehen* als weitere wesentliche Reizquelle der Stadionumwelt erweitert werden.[280] Auch der oft aufregende und spannende Charakter des sportlichen Wettkampfes stellt eine für Sportstadien sehr spezifische und mutmaßlich bedeutende Reizquelle dar, die zu der speziellen Reizkonstellation in einem Sportstadion beiträgt.

Zur Systematisierung der *Reizarten* kann auf eine von Berlyne entwickelte Kategorisierung aktivierungsauslösender Reize zurückgegriffen werden.[281] Danach werden affektive, intensive und kollative Stimuli unterschieden:

- *Affektive Stimuli* lösen infolge angeborener oder erlernter Reiz-Reaktionsmechanis-men oder aufgrund von Konditionierungen angenehme oder unangenehme Gefühlszustände aus. Zu den affektiven Reizen gehören in erster Linie die biologisch vorprogrammierten Schlüsselreize, aber auch solche Reize, die für bestimmte Personen von besonderer Wichtigkeit sind.[282] Affektive Stimuli im Sportstadion können beispielsweise die vertraute Stadionhymne (ver-

---

[277] Vgl. Darley, J.M., Gilbert, D.T. (1985): Social psychological aspects of environmental psychology, a.a.O., S. 973.; Miller, R. (1998): Umweltpsychologie. Eine Einführung, a.a.O., S.182.; Craik, K., Zube, E. (1976): Perceiving environmental quality. Research and applications, a.a.O., S. 23.

[278] Vgl. Russell, J.A., Snodgrass, J. (1987): Emotion and the environment, a.a.O., S. 266.

[279] Vgl. Middlemist, R.D., Knowles, E.S., Matter, C.F. (1976): Personal space invasions in the lavatory: Suggestive evidence for arousal, in: Journal of Personality and Social Psychology, Vol. 33, S. 541-546.

[280] Uhrich, S., Königstorfer, J. (im Druck): Atmosphäre bei Sportveranstaltungen – Ein umweltpsychologisches Rahmenkonzept, a.a.O.; Kao, Y.-F., Huang, L.-S., Yang, M.-H. (2007): Effects of experiential elements on experiential satisfaction and loyalty intentions: A case study of the super basketball league in Taiwan, a.a.O. S. 84.

[281] Vgl. Berlyne, D.E. (1971): Aesthetics and psychobiology, a.a.O., S.68ff.

[282] Vgl. Gröppel-Klein, A. (2004): Aktivierungsforschung und Konsumentenverhalten, in: Gröppel-Klein, A. (Hrsg.): Konsumentenverhaltensforschung im 21. Jahrhundert, Wiesbaden, S. 31.

anstalterbedingt), geläufige Fangesänge (zuschauerbedingt) oder das Erzielen eines Tores (spielbedingt) sein.

- *Intensive Stimuli* wirken dagegen durch ihre physikalischen Eigenschaften aktivierungsauslösend. Zu dieser Kategorie zählen Reize wie laute Töne, helles Licht, starke Gerüche oder auch Signalfarben.[283] Intensive Stimuli sind typischerweise auch während einer Sportveranstaltung im Stadion wahrnehmbar und können von verschiedenen Reizquellen ausgehen. So kann der Veranstalter grelles Flutlicht oder laute Musik einsetzen und die Zuschauer können mit Pfeifkonzerten für einen hohen Lärmpegel sorgen.
- *Kollative Stimuli*[284] oder Vergleichsvariablen sind schließlich Stimuluskonstellationen, die aufgrund ihrer Vielfältigkeit oder ihres Überraschungsgehaltes aktivieren. Auch kollative Stimuli sind in Sportstadien anzutreffen und lassen sich auf die identifizierten Reizquellen zurückführen: Ein neues, überraschendes Rahmenprogramm (veranstalterbedingt), vielseitige und unerwartete Sprechchöre (zuschauerbedingt) und ein überraschender Spielausgang oder eine Schiedsrichterfehlentscheidung (spielbedingt).

Die drei Reizquellen Veranstalter, Zuschauer und Spielgeschehen können jeweils mit den genannten Reizarten kombiniert werden und erlauben eine vorläufige Systematisierung der wesentlichen Reize in einem Sportstadion. In Tabelle 1 sind einige Umweltreize des Stadions beispielhaft in diese Systematik eingeordnet.

Reizquellen / **Reizarten**	**Zuschauerbedingt**	**Veranstalterbedingt**	**Spielbedingt**
Affektiv	Vertraute Fangesänge	Vereinshymne	Tor
Intensiv	Lautstarke Fangesänge	Flutlicht	
Kollativ	Überraschende Fangesänge	Neuartige Eventaktivitäten	Unerwarteter Spielausgang

Tab. 1: Beispiele für Umweltreize im Sportstadion während einer Sportveranstaltung systematisiert nach Reizquellen und Reizarten[285]
Quelle: eigene Darstellung

[283] Vgl. ebenda, S. 31.
[284] Vgl. dazu Abschnitt B 1.2.1.
[285] Für spielbedingte intensive Stimuli liegt kein Beispiel vor.

An dieser Stelle sei darauf hingewiesen, dass dieser Systematisierungsansatz für die Umweltstimuli in einem Sportstadion allein auf theoretischen Überlegungen beruht und daher keinen Anspruch auf Vollständigkeit erhebt. Ungeklärt ist bisher außerdem, wie sich die einzelnen Stimuli zueinander verhalten und wie sie unter verschiedenen Umständen wirken. Viele dieser Systematik zuordenbare Stimuli wirken nur aufgrund subjektiver Interpretationen. Ebenso wie in der Emotionstheorie stellt sich hier folglich die Frage, welche Bedeutung Kognitionen bei der Auslösung von Gefühlszuständen durch diese Umweltstimuli haben.[286] Diese Taxonomie der Reize soll folglich lediglich als Ausgangspunkt für weitere Untersuchungen dienen und bedarf einer empirischen Fundierung.

4.2.2 Empfindungen der Zuschauer im Sportstadion

Gemäß der Konstruktdefinition sind präferenzgerechte gefühlsmäßige Befindlichkeiten der Zuschauer das personenseitige Element guter Stadionatmosphäre. Es muss folglich der Frage nachgegangen werden, welche spezifische Gefühlsqualität die Zuschauer im Stadion während einer Sportveranstaltung empfinden. Das Erleben dieser Gefühlsqualität befriedigt offenbar spezifische Bedürfnisse der Sportzuschauer. Es muss sich also um Gefühlszustände handeln, die bewusst oder unbewusst angestrebt werden. Da für die Kennzeichnung von Gefühlszuständen subjektive verbal-interpretative Angaben notwendig sind, ist eine genaue und trennscharfe Benennung von Gefühlen grundsätzlich mit großen Schwierigkeiten behaftet.[287] Anhaltspunkte für die Qualität und Intensität der von Sportzuschauern im Stadion typischerweise erlebten Gefühlszustände finden sich in den Studien des hedonischen Konsums und in der Literatur des Sportmarketing.

---

[286] Die Bedeutung von Kognitionen bei der Auslösung von Emotionen wird viel diskutiert und ist bis heute nicht hinreichend geklärt. Vertreter der biologisch-orientierten Emotionstheorie erklären Emotionen in erster Linie als biologische Funktion des Zentralnervensystems und betrachten Aktivierungszustände, die sich im menschlichen Ausdrucksverhalten äußern. Die Perspektive der *Appraisal Theories* konzentriert sich dagegen auf subjektive Interpretationen der eigenen Psyche und versucht Emotionen über Selbstauskünfte zu erfassen. Vgl. Gröppel-Klein, A. (2004): Aktivierungsforschung und Konsumentenverhalten, a.a.O., S. 29-66.; Gröppel-Klein, A. (2005): Arousal and consumer in-store behavior, in: Brain Research Bulletin, Vol. 67, S. 428-437.; Nerdinger, F.W. (2001): Psychologie des persönlichen Verkaufs. Lehr- und Handbücher der Psychologie, a.a.O.; Cohen, J.B., Areni, C.S. (1991): Affect and consumer behavior, a.a.O., S. 188-240.

[287] Vgl. Nerdinger, F.W. (2001): Psychologie des persönlichen Verkaufs. Lehr- und Handbücher der Psychologie, a.a.O., S. 34.

Allgemein bestehen hedonische Komponenten des Konsums häufig darin, Bedürfnisse nach stimulierenden Erlebnissen zu befriedigen.[288] Sensorische Stimulation wird beispielsweise als ein inzwischen bedeutendes Einkaufsmotiv für viele hedonisch orientierte Käufer angesehen[289] und konnte als Ursache für Wiederkehrabsichten und verlängerte Aufenthaltsdauer in Einkaufszentren nachgewiesen werden.[290] Arnold und Reynolds identifizieren die Kategorie des „Adventure Shopping“ und beschreiben das in diesem Rahmen typische Erleben als „...entering a different universe of exciting sights, smells, and sounds...“.[291] Die *Theorie des Optimalen Stimulus Levels*[292] begründet solche Shopping-Motive damit, dass Menschen unter anderem in Konsumaktivitäten eine Möglichkeit finden, ihr Aktivierungslevel temporär zu erhöhen, um es auf ein von ihnen angestrebtes Niveau zu bringen.[293] Mit der Adaptions-Level-Theorie[294] lässt sich andererseits begründen, dass für die meisten Menschen der Aufenthalt in der reizstarken Umwelt eines Sportstadions eine im Vergleich zu ihren durchschnittlich reizärmeren Alltagsumwelten stärkere Aktivierung mit sich bringt. Neben der Dimension *Aktivierung* sollte zur Charakterisierung von Konsumerlebnissen nach Mano und Oliver auch das empfundene *Vergnügen* der Konsumenten betrachtet werden.[295]

In Übereinstimmung damit werden Vergnügen und Stimulation in zahlreichen Motivstudien des Sportkonsums als bedeutende Besuchsmotive von Vor-Ort-Sportzuschauern identifiziert.[296] Demnach sind sensorische Stimulation, hohe emotio-

---

[288] Vgl. Campbell, C. (1987): The romantic ethic and the spirit of modern capitalism, a.a.O., S. 61ff.; Holbrook, M.B., Hirschman, E.C. (1982): The experiential aspects of consumption: Consumer fantasies, feelings and fun, a.a.O., S. 135.

[289] Vgl. Tauber, E.M. (1972): Why do people shop?, a.a.O., S. 47.; Westbrook, R.A., Black, W. (1985): A motivation-based shopper typology, in: Journal of Retailing, Vol. 61, S. 92.; Bloch, P. H., Ridgway, N. M., Dawson, S. A. (1994): The shopping mall as consumer habitat, in: Journal of Retailing, Vol. 70, No. 1, S. 34.

[290] Vgl. Wakefield, K.L., Baker, J. (1998): Excitement at the mall: Determinants and effects on shopping response, a.a.O., S. 533.

[291] Arnold, M.J., Reynolds, K.E. (2003): Hedonic shopping motivations, a.a.O., S. 80.

[292] Die Kernaussage dieser Theorie besteht darin, dass jeder Mensch ein individuelles, optimales Aktivierungslevel anstrebt. Dieses ist personen- und situationsabhängig verschiedenen. Längere Abweichungen vom individuell optimalen Stimuluslevel werden durch Maßnahmen der Stimulationserhöhung beziehungsweise -senkung ausgeglichen.

[293] Vgl. Wohlwill, J.F. (1974): Human response to levels of environmental stimulation, a.a.O., S. 127-147.; Zuckerman, M. (1979): Sensation seeking: Beyond the optimal level of arousal, Hillsdale.

[294] Vgl. dazu Abschnitt B 1.2.1.

[295] Vgl. Mano, H., Oliver, R.L. (1993): Assessing the dimensionality and structure of the consumption experience: Evaluation, feeling and satisfaction, a.a.O., S. 463.

[296] Vgl. Beyer, T. (2006): Determinanten der Sportrezeption. Erklärungsmodell und kausalanalytische Validierung am Beispiel der Fußballbundesliga, a.a.O.; Klausen, K. (1992): Management und Marketing in Sportvereinen, in: Zimmer A. (Hrsg.): Verein heute – zwischen Tradition und Innovation,

nale Aktivierung und Vergnügen wesentliche nutzenstiftende Merkmale von Sportveranstaltungsbesuchen.[297] Der Besuch von Sportveranstaltungen befriedigt grundlegende Bedürfnisse nach aktivierenden und vergnüglichen Erlebnissen. Es kann also vermutet werden, dass der Stadionaufenthalt mit subjektiven Gefühlen einhergeht, die durch eine Kombination aus großer Erregung und ausgeprägtem Vergnügen gekennzeichnet sind.[298] Solche Gefühlszustände entsprechen aller Voraussicht nach den Präferenzen von Vor-Ort-Sportzuschauern. Als verbale Umschreibungen kommen dafür Begriffe wie Enthusiasmus, Begeisterung oder Ekstase in Frage. Mit Blick auf die Ausführungen in Abschnitt 1 dieses Kapitels liegt ferner die Vermutung nahe, dass diese Gefühlszustände vor allem durch die Umweltstimuli im Stadion ausgelöst werden.

Trotz der bereits erwähnten Heterogenität von Sportzuschauern erscheint eine verallgemeinernde Aussage zu ihren typischen gefühlsmäßigen Befindlichkeiten im Sportstadion gerechtfertigt. Im Vergleich zu den oftmals hinsichtlich ihrer Atmosphäre untersuchten Einkaufsstätten mit ihren uneinheitlichen Konsumentengruppen stellen die Umwelt Sportstadion und die Konsumentengruppe der Sportzuschauer beispielsweise eine eher homogene Umwelt-Person-Einheit dar. Ein starkes Bedürfnis nach Stimulation und Vergnügen im Kontext einer Sportveranstaltung scheint eine Gemeinsamkeit der überwiegenden Mehrheit der Vor-Ort-Sport-zuschauer zu sein. Diese Konsumentengruppe eint also eine diesbezüglich zumindest ähnliche Motivstruktur. Damit kann die hier geäußerte Annahme begründet werden, dass Vor-Ort-Sportzuschauer auf die

Basel, S. 95-134.; Gleich, U. (1998): Sport, Medien und Publikum – eine wenig erforschte Allianz, in: Media Perspektiven, Vol. 2, No. 3, S. 144-148.; Gray, D. (2001): Sport marketing: Strategies and tactics, in: Parkhouse B. (Hrsg.): The Management of Sport: Its foundation and applications, Boston, S. 300-336.; Messing, M. (1996): Sportsoziologische und systemtheoretische Betrachtung von Zuschauerrollen, in: Messing M., Lames, M. (Hrsg.): Empirische Untersuchungen zur Sozialfigur des Sportzuschauers, Niedernhausen, S. 82-93.; Opaschowski, H. (1996): Die Zukunft des Sports. Zwischen Inszenierung und Vermarktung. Eine Analyse vom Freizeit – Forschungsinstitut der BAT, Hamburg.; Sloan, L.R. (1989): The motives of sport fans, a.a.O., S. 175-240.; Wann, D.L. (1995): Preliminary validation of the sport fan motivation scale, in: Journal of Sport & Social issues, Vol. 19, No. 4, S. 377-396.

[297] Vgl. Kao, Y.-F., Huang, L.-S., Yang, M.-H. (2007): Effects of experiential elements on experiential satisfaction and loyalty intentions: A case study of the super basketball league in Taiwan, a.a.O., S. 79-96.; Holbrook, M.B., Hirschman, E.C. (1982): The experiential aspects of consumption: Consumer fantasies, feelings and fun, a.a.O., S. 132-140.; Zuckerman, M. (1979): Sensation seeking: Beyond the optimal level of arousal, a.a.O.; Pons, F., Mourali, M., Nyeck, S. (2006): Consumer orientation toward sporting events, a.a.O., S. 276-287.; Neale, L., Funk, D. (2006): Investigating motivation, attitudinal loyalty and attendance behaviour with fans of Australian football, a.a.O., S. 307-317.; Hopkinson, G.C., Pujari, D. (1999): A factor analytic study of the sources of meaning in hedonic consumption, a.a.O., S. 273-290.; Russell, G.W. (1993): The social psychology of sport, New York.

[298] Vgl. dazu die Systematik affektiver Qualitäten von Russell und Pratt in Abschnitt B 1.2.3.

typischen Umweltstimuli eines Sportstadions weitestgehend einheitlich gefühlsmäßig reagieren.

Die Identifikation der für Vor-Ort-Sportzuschauer typischen, durch Aufregung und Vergnügen gekennzeichneten Gefühlszustände erhält durch zahlreiche Studien im Bereich des hedonischen Konsums sowie der Sportzuschauerforschung ein substanzielles Fundament. Dennoch bedarf es weiterer und vor allem speziellerer Untersuchungen, um die von der Stadionumwelt ausgelöste gefühlsmäßige Befindlichkeit der Sportzuschauer zu ergründen. Abbildung 5 veranschaulicht zusammenfassend die Konzeption des Konstrukts Stadionatmosphäre.

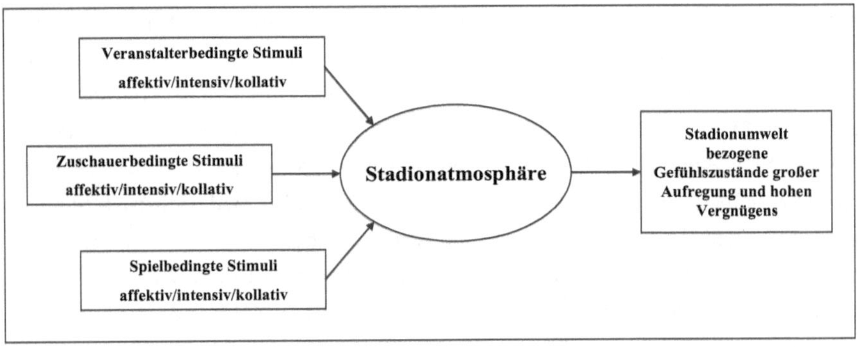

Abb. 5: Konzeptionalisierung des Konstrukts Stadionatmosphäre
Quelle: eigene Darstellung

Eine nicht hinreichend fundierte Konzeptionalisierung wird als eines der grundlegenden Probleme bei der Entwicklung und Handhabung von Messmodellen hypothetischer Konstrukte angesehen.[299] Vor diesem Hintergrund sei nochmals darauf hingewiesen, dass die hier vorgeschlagene Konzeptionalisierung des Konstrukts Stadionatmosphäre allein auf ersten theoretischen Überlegungen beruht und deswegen weiterer Untersuchungen bedarf. Das zu entwickelnde Messmodell wird daher im Folgenden auf Grundlage umfassender empirischer Studien hergeleitet. Mit diesen Studien wird die vorgeschlagene Konzeptionalisierung fundiert und das Messmodell operationalisiert.

[299] Vgl. Diller, H. (2006): Probleme der Handhabung von Strukturgleichungsmodellen in der betriebswirtschaftlichen Forschung, in: DBW, Vol. 66, No. 6, S. 615.

C Entwicklung eines Messmodells für das Konstrukt Stadionatmosphäre

Im vorangegangenen Kapitel wurde das Phänomen Stadionatmosphäre als theoretisches Konstrukt entwickelt und definiert. Damit ist vorgegeben, welchen Sachverhalt das Konstrukt konzeptionell beinhaltet und was mit einem dafür entwickelten Messmodell erfasst werden muss. In diesem Kapitel wird unter Berücksichtigung der erarbeiteten Konstruktdefinition ein Messmodell der Stadionatmosphäre hergeleitet. Dazu wird zuerst das grundsätzliche Prinzip von Konstruktmessungen vorgestellt. Dabei werden die im Rahmen der Entwicklung von Messmodellen relevanten Entscheidungstatbestände beleuchtet, und die Eignung verschiedener Messansätze für das Konstrukt Stadionatmosphäre wird diskutiert. Diese einleitenden Ausführungen dienen dem Verständnis des weiteren Vorgehens in der Arbeit und liefern zugleich eine Begründung für die gewählte Verfahrensweise bei der Entwicklung des Messmodells der Stadionatmosphäre. Der Entwicklungsprozess des Messansatzes wird anschließend umfassend dargestellt. Dazu werden das Vorgehen und die Ergebnisse von insgesamt vier empirischen Vorstudien präsentiert, die als Basis für die Modellherleitung dienen.

1 Grundlagen der Messung theoretischer Konstrukte und Ansätze zur Spezifikation eines Messmodells der Stadionatmosphäre

Die Messung theoretischer Konstrukte wie der Stadionatmosphäre stellt den Forscher vor eine schwierige Herausforderung und erfordert eine Reihe grundlegender Überlegungen. Im Folgenden wird ein Überblick darüber gegeben, wie die Messung solcher Konstrukte erfolgen kann. Dadurch wird auch ein Grundverständnis für die Herangehensweise an die Entwicklung von Messmodellen geschaffen, die zur Konstruktmessung eingesetzt werden

1.1 Theoretische Konstrukte und das Grundprinzip ihrer Messung

Die Erklärung oder Vorhersage interessierender Größen mittels hypothetischer, nicht direkt beobachtbarer Konzepte ist eine gängige Praxis der Marketingforschung sowie auch vieler anderer Forschungsdisziplinen. Um ein solches nicht direkt beobachtbares Konzept handelt es sich auch bei der Stadionatmosphäre. Sie ist eine imaginäre Erscheinung, die theoretischen Überlegungen zufolge maßgeblich dazu beiträgt, das Verhalten von Vor-Ort-Sportzuschauern erklären zu können. Böhme bezeichnet Atmosphären in diesem Zusammenhang als nicht wirklich existierende Entitäten, die „Undinge" für jede wissenschaftliche Untersuchung sind.[300] Die Verhaltenswissenschaft bezeichnet eine derartige Größe allgemein als *hypothetisches* beziehungsweise *theoretisches Konstrukt* oder auch als *latente Variable*. Unter Konstrukten werden abstrakte Größen verstanden, die das Wesen oder eine bestimmte Ausprägung eines existierenden, jedoch nicht unmittelbar beobachtbaren Phänomens repräsentieren.[301] Die Relevanz theoretischer Konstrukte begründet sich durch die grundlegende Annahme, dass die durch die Konstrukte repräsentierten Phänomene verschiedene interessierende Größen beeinflussen können. Dem Forscher geht es in der Regel darum, solche Zusammenhänge nachzuweisen und zu quantifizieren. Dazu werden theoretisch begründete Hypothesen über die vermuteten Zusammenhänge aufgestellt und empirisch überprüft, um diesbezüglich zu generalisierbaren Aussagen zu gelangen.[302] Im Kontext des theoretischen Konstrukts Stadionatmosphäre könnte der Forscher beispielsweise vermuten, dass eine gute Atmosphäre im Stadion zu vermehrten Weiterempfehlungen eines Stadionbesuchs durch die Zuschauer an andere Personen führt. Um vermutete Wirkungsbeziehungen dieser Art empirisch nachzuweisen, müssen verschiedene Ausprägungen der betrachteten Größen genau bestimmbar sein, was im Falle theoretischer Konstrukte allerdings nicht durch direkte Beobachtung möglich ist.[303] In der Verhaltenswissenschaft hat sich jedoch eine Vorgehensweise etabliert, um die nicht greifbaren Konstrukte empirisch messbar zu machen.

Zur Messung theoretischer Konstrukte werden *Messmodelle* oder *Skalen* eingesetzt, die den Konstrukten eine empirische Bedeutung geben.[304] Das Grundprinzip eines solchen Messmodells beziehungsweise einer Skala für ein theoretisches Konstrukt besteht darin, dem Konstrukt direkt beobachtbare, also empirisch fassbare Variablen zuzuordnen, über die das Konstrukt gemessen werden kann.[305] Solche Variablen bezeichnet man als *Indikatoren* oder *manifeste* (= direkt beobachtbare) *Variablen*. Bei solchen Indikatoren handelt es sich in der Regel um verbale Aussagen zu bestimmten Aspekten

---

[300] Vgl. Böhme, G. (2006): Architektur und Atmosphäre, a.a.O., S. 19.

[301] Vgl. Bagozzi, R.P., Fornell, C. (1982): Theoretical concepts, measurements, and meaning, a.a.O., S. 24.; Edwards, J.R., Bagozzi, R.P. (2000): On the nature and direction of relationships between constructs and measures, a.a.O., S. 156f.

[302] Vgl. Bollen, K.A. (2002): Latent variables in psychology and the social sciences, in: Annual Review of Psychology, Vol. 52, S. 606.

[303] Vgl. ebenda, S. 25.

[304] Vgl. Bagozzi, R.P. (1998): A prospectus for theory construction in marketing: revisited and revised, in: Hildebrandt, L., Homburg, C. (Hrsg.): Die Kausalanalyse: Ein Instrument der betriebswirtschaftlichen Forschung, Stuttgart, S. 59.

[305] Vgl. Homburg, C., Giering, A. (1996): Konzeptualisierung und Operationalisierung komplexer Konstrukte. Ein Leitfaden für die Marketingforschung, a.a.O., S. 6.

des Konstruktinhalts, zu denen Versuchspersonen mehr oder weniger stark zustimmen können. Es wird in diesem Zusammenhang zwischen der theoretischen Sprache auf Ebene der Konstrukte und der Beobachtungssprache auf Ebene der empirisch fassbaren Indikatoren unterschieden.[306] Die Zuordnung direkt beobachtbarer Indikatoren zu einem Konstrukt bezeichnet man als Konstruktoperationalisierung. Diesem Vorgehen liegt die Annahme zugrunde, dass über die empirisch bestimmbaren Ausprägungen geeigneter Indikatoren die Ausprägungen des Konstrukts sozusagen stellvertretend ermittelt werden können.[307] Demzufolge müssen die zur Konstruktmessung verwendeten Indikatoren in einer definierten Beziehung zu dem Konstrukt stehen, denn nur dann gibt es eine Begründung dafür, die Indikatorenausprägungen als Anzeichen für die Konstruktausprägungen zu interpretieren. Als besondere Herausforderung erweist es sich nun, solche Indikatoren aufzufinden, die den im Rahmen der Konstruktdefinition vorgegebenen konzeptionellen Inhalt des Konstrukts tatsächlich indizieren. Da es sich bei den zu messenden Konstrukten auch im Falle einer sehr präzisen Konstruktdefinition praktisch immer um sprachlich nicht eindeutig bestimmbare Phänomene handelt, sollte ein Messmodell nach Möglichkeit aus mehreren Indikatoren bestehen.[308] Dadurch werden Interpretationsunterschiede bereinigt, die zwischen verschiedenen Personen in Bezug auf einzelne Indikatoren auftreten, und es ist besser möglich, den zumeist komplexen Konstruktinhalt gänzlich zu erfassen.[309]

Dennoch ist jede tatsächlich durchgeführte Messung mit Messfehlern behaftet, was insbesondere für Messungen theoretischer Konstrukte gilt.[310] Generell werden zwei Arten von Messfehlern unterschieden, die in jedem Messwert eines Konstruktindikators und deshalb auch in der gesamten Konstruktmessung vorzufinden sind: Der *systematische* und der *zufällige Messfehler*.[311] Beide Arten von Messfehlern sind dafür verantwortlich, dass jede durchgeführte Konstruktmessung mehr oder weniger stark von der nicht bekannten „wahren" Ausprägung des Konstrukts abweicht. Der von der

[306] Vgl. Backhaus, K. et al. (2003): Multivariate Analysemethoden. Eine Anwendungsorientierte Einführung, 10. Auflage, Berlin et al., S. 336.

[307] Vgl. Churchill, Jr. G.A. (1979): A paradigm for developing better measures of marketing constructs, a.a.O., S. 66.

[308] Vgl. ebenda, S. 66.

[309] Vgl. Jacoby, J. (1978): Consumer research: A state of the art review, in: Journal of Marketing, Vol. 40, April, S. 93.

[310] Vgl. Kröber-Riel, W., Weinberg, P. (2003): Konsumentenverhalten, a.a.O., S. 32.; Balderjahn, I. (2003): Validität. Konzept und Methoden, in: WiSt, Heft 3, S. 131.; Bagozzi, R.P., Fornell, C. (1982): Theoretical concepts, measurements, and meaning, a.a.O. S. 25.

[311] Vgl. Nunnally, J.C., Bernstein, I.H. (1994): Psychometric theory, 3. Auflage, New York, S. 212ff.; Balderjahn, I. (2003): Validität. Konzept und Methoden, a.a.O., S. 131.; Churchill, Jr. G.A. (1979): A paradigm for developing better measures of marketing constructs, a.a.O., S. 65.

klassischen Testtheorie (Messfehlertheorie) postulierte zufällige Messfehler bezeichnet unvorhersehbare Abweichungen der Messwerte vom wahren Wert in unterschiedliche Richtungen.[312] Diese Abweichungen heben sich bei unendlich vielen Messversuchen gemäß der klassischen Testtheorie im Mittel auf.[313] Systematische Messfehler kommen hingegen dadurch zustande, dass eine Störgröße die Messwerte konstant in eine Richtung verzerrt. Ein systematischer Messfehler würde beispielsweise auftreten, wenn die verwendeten Messindikatoren bestimmte Facetten des Konstruktsinhalts nicht abdecken oder eine ungeeignete verbale Formulierung von Indikatoren fortwährend zu Missverständnissen bei den Versuchspersonen führt.

Der Entwicklungsprozess eines Messmodells für ein definiertes Konstrukt besteht im Wesentlichen darin, geeignete Indikatoren zu identifizieren und auszuwählen. „Geeignet" sind Indikatoren in diesem Zusammenhang, wenn sie Messungen ermöglichen, die weitgehend frei von zufälligen und systematischen Messfehlern sind. Aus den erwählten Indikatoren wird dann das Messmodell zusammengesetzt und dieses kann daraufhin in empirischen Studien zur Untersuchung von Wirkungsbeziehungen des Konstrukts mit anderen Größen eingesetzt werden.

1.2 Spezifikationsarten von Messmodellen – Probleme und Konsequenzen für den Skalenentwicklungsprozess

Die Messung eines Konstrukts mittels Indikatoren beruht wie erwähnt darauf, dass die eingesetzten Indikatoren und das zu messende Konstrukt in einem Beziehungszusammenhang stehen. Dieser Beziehungszusammenhang wird durch so genannte *Korrespondenzregeln* spezifiziert.[314] Eine Korrespondenzregel ist im Wesentlichen eine Hypothese über die Art des Zusammenhangs zwischen einem theoretischen Konstrukt und einem zur Konstruktmessung verwendeten empirisch fassbaren Indikator (vgl. Abbildung 6).[315] Damit vermitteln Korrespondenzregeln zwischen der theoretischen Sprache auf Konstruktebene und der Beobachtungssprache auf Ebene der Indikatoren.

---

[312] Vgl. Balderjahn, I. (2003): Validität. Konzept und Methoden, a.a.O., S. 131.

[313] Vgl. Novick, M.R. (1966): The axioms and principal results of classical test theory, in: Journal of Mathematical Psychology, Vol. 3, S. 1-18.

[314] Vgl. Bagozzi, R.P., Fornell, C. (1982): Theoretical concepts, measurements, and meaning, a.a.O. S. 28.

[315] Vgl. Backhaus, K., et al. (2003): Multivariate Analysemethoden. Eine anwendungsorientierte Einführung, a.a.O., S. 336.

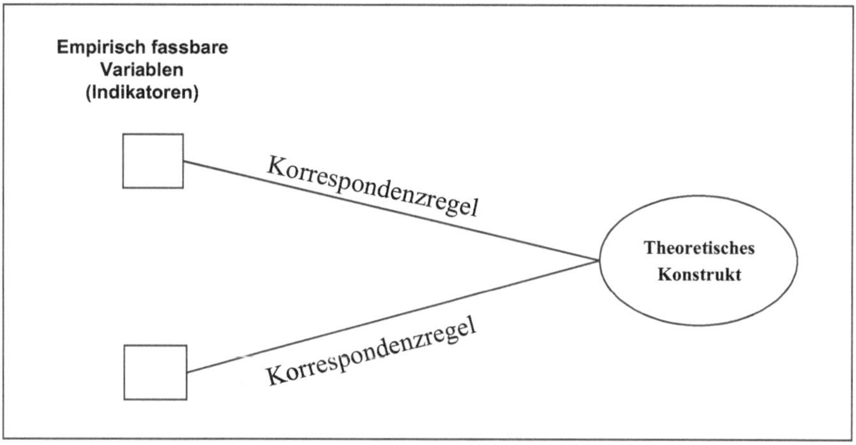

Abb. 6: Korrespondenzregeln zur Spezifikation des Zusammenhangs zwischen Indikatoren und Konstrukt

Quelle: eigene Darstellung in Anlehnung an Bagozzi, R.P., Fornell, C. (1982): Theoretical concepts, measurements, and meaning, a.a.O. S. 29.

Im Rahmen der Zuordnung von Messindikatoren zu einem Konstrukt muss die Art des Konstrukt-Indikator-Zusammenhangs berücksichtigt werden. Nur dann ist ersichtlich und begründbar, in welcher Weise und aus welchem Grund die Werte der Indikatoren als Messungen des Konstruktinhalts verwendet werden können. In Abhängigkeit von der Wirkungsrichtung in der Beziehung zwischen Indikatoren und Konstrukt werden prinzipiell zwei Typen von Indikatoren unterschieden: *reflektive* und *formative* Indikatoren.[316] Im *reflektiven* Fall verläuft die Richtung der Wirkungsbeziehung vom Konstrukt zu den Indikatoren, dass heißt die Werte reflektiver Indikatoren werden durch das Konstrukt determiniert. Daher werden diese Indikatoren auch als „effect"[317] (Wirkungs-) Indikatoren bezeichnet. Demgegenüber verläuft die Wirkungsrichtung zwischen *formativen* Indikatoren und dem zu messenden Konstrukt genau umgekehrt. Hier bewirken die Ausprägungen der Indikatoren die Ausprägungen des Konstrukts.

---

[316] Vgl. Bollen, K.A. (1984): Multiple indicators: Internal consistency or no necessary relationship?, in: Quality and Quantity, Vol. 18, S. 378ff.; Bollen, K., Lennox, R. (1991): Conventional wisdom on measurement: A structural equation perspective, in: Psychological Bulletin, Vol. 110, No. 2, S. 305f.; Namboodiri, N.K., Carter, L.F., Blalock, H.M. (1975): Applied multivariate analysis and experimental design, New York, S. 596ff.; Bagozzi, R.P., Fornell, C. (1982): Theoretical concepts, measurements, and meaning, a.a.O. S. 28.; Edwards, J.R., Bagozzi, R.P. (2000): On the nature and direction of relationships between constructs and measures, a.a.O., S. 161ff.

[317] Vgl. Bollen, K., Lennox, R. (1991): Conventional wisdom on measurement: A structural equation perspective, a.a.O., S. 306.

Für formative Indikatoren findet sich deshalb auch die Bezeichnung „causal“[318] (Ursache-) Indikatoren, obgleich es fraglich ist, ob dabei in jedem Fall von Kausalität im wissenschaftstheoretischen Sinne gesprochen werden kann.[319]

Der konzeptionelle Unterschied zwischen reflektiven und formativen Indikatoren soll am Beispiel des Konstrukts Zufriedenheit im Kontext eines Stadionbesuchs verdeutlicht werden.[320] Die Ausprägungen der reflektiven Indikatoren auf der rechten Seite von Abbildung 7 sind auf die Ausprägungen des Konstrukts, mithin eine hohe oder niedrige Zufriedenheit der Besucher zurückzuführen. Häufiges Weiterempfehlen ist beispielsweise eine Folge beziehungsweise eine Widerspiegelung hoher Zufriedenheit. Demgegenüber sind die Ausprägungen der formativen Indikatoren auf der linken Seite von Abbildung 7 Ursachen für die Ausprägungen der Zufriedenheit. Stets saubere sanitäre Einrichtungen sind zum Beispiel eine für hohe Zufriedenheit ursächliche Größe.

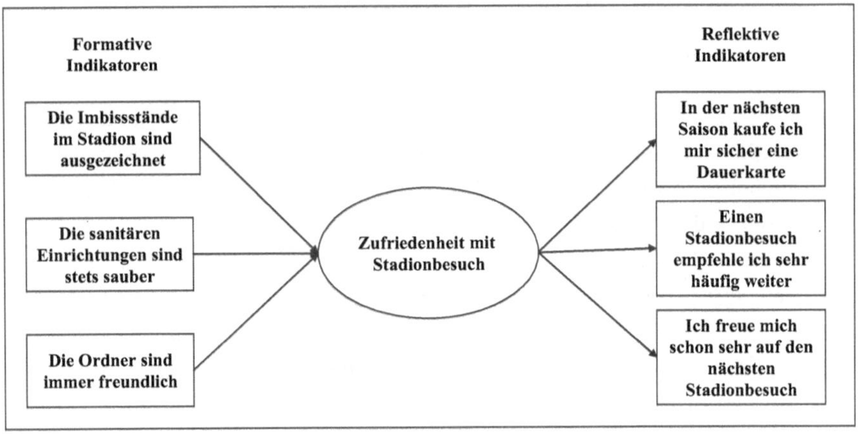

Abb. 7: Reflektive und formative Indikatoren des Konstrukts Zufriedenheit im Rahmen eines Stadionbesuchs

Quelle: eigene Darstellung

In diesem fiktiven Beispiel lässt sich die Zufriedenheit der Zuschauer mit dem Stadionbesuch sowohl über reflektive als auch über formative Indikatoren bestimmen. Da-

318 Vgl. ebenda, S. 306.

319 Vgl. Edwards, J.R., Bagozzi, R.P. (2000): On the nature and direction of relationships between constructs and measures, a.a.O., S. 157f.

320 Dieses Beispiel erhebt keinen Anspruch auf inhaltliche Vollständigkeit und dient ausschließlich der Verdeutlichung des Unterschieds zwischen reflektiven und formativen Indikatoren in Bezug auf ihre Beziehung zum Konstrukt.

mit macht dieses Beispiel deutlich, dass Messmodelle grundsätzlich nicht nur entweder aus reflektiven oder aus formativen Indikatoren bestehen können, sondern sich auch aus beiden Indikatorarten gemischt spezifizieren lassen.[321]

Die Richtung der Wirkungsbeziehung zwischen den Indikatoren und dem Konstrukt hat Konsequenzen für die Beziehungen der Indikatoren untereinander. Von reflektiven Indikatoren wird angenommen, dass sie miteinander stark positiv korrelieren, da das Konstrukt konzeptionell als die gemeinsame Ursache der Ausprägungen sämtlicher reflektiver Indikatoren interpretiert wird.[322] Ein reflektives Messmodell hat also einen faktorenanalytischen Charakter.[323] In dem gewählten Beispiel führt hohe Zufriedenheit demnach gleichzeitig zu häufigen Weiterempfehlungen, großer Freude auf den nächsten Besuch und auch dem Vorhaben, eine Dauerkarte zu kaufen. Diese Aspekte können als austauschbare Messungen der Zufriedenheit interpretiert werden. Anders verhält es sich mit formativen Indikatoren. Diese determinieren gemeinsam die Ausprägungen des Konstrukts und Korrelationen zwischen ihnen sind nicht zwingend zu erwarten beziehungsweise können auch negativ ausfallen.[324] Die Zufriedenheit mit dem Stadionbesuch wird im vorgestellten Beispiel durch gute Imbissstände, saubere sanitäre Einrichtungen und freundliche Ordner verursacht. Hohe positive Korrelationen zwischen diesen Größen sind zwar möglich, jedoch wäre das Konstrukt Zufriedenheit in diesem Fall nicht als Ursache dieser Korrelationen anzusehen. Formative Indikatoren stellen also jeweils eine spezifische Facette des Konstruktinhalts dar und formen gemeinschaftlich das Konstrukt, während reflektive Indikatoren weitgehend austauschbare Widerspiegelungen des Konstrukts sind.[325] Jeder einzelne reflektive Indikator ist

[321] Vgl. Hauser, R.M., Goldberger, A.S. (1971): The treatment of unobservable variables in path analysis, in: Costner, H.L. (Hrsg.): Sociological methodology, London, S. 81-117.; Jöreskog, K.G., Goldberger, A. (1975): Estimation of a model with multiple indicators and multiple causes of a single latent variable, in: Journal of the American Statistical Association, Vol. 70, No. 351, S. 631-639.; Fornell, C., Bookstein, F.L. (1982): A comparative analysis of two structural equation models: LISREL and PLS applied to market data, in: Fornell, C. (Hrsg.): A second generation of multivariate analysis, New York, S. 292-294.

[322] Vgl. Herrmann, A., Huber, F., Kressmann, F. (2006): Varianz- und kovarianzbasierte Strukturgleichungsmodelle: Ein Leitfaden zu deren Spezifikation, Schätzung und Beurteilung, in: ZfbF, Vol. 58, S. 36.

[323] Vgl. Scholderer, J., Balderjahn, I. (2006): Was unterscheidet harte und weiche Strukturgleichungsmodelle nun wirklich?. Ein Klärungsversuch zur LISREL-PLS-Frage, in: Marketing ZFP, Vol. 28, No. 1, S. 61.; Betzin, J., Henseler, J. (2005): Einführung in die Funktionsweise des PLS-Algorithmus, in: Bliemel, F., Eggert, A., Fassot, G., Henseler, J. (Hrsg.): Handbuch PLS-Pfadmodellierung. Methode, Anwendung, Praxisbeispiele, Stuttgart, S. 53f.

[324] Vgl. Bollen, K.A. (1984): Multiple indicators: Internal consistency or no necessary relationship?, a.a.O., S. 383.

[325] Vgl. Bollen, K., Lennox, R. (1991): Conventional wisdom on measurement: A structural equation perspective, a.a.O., S. 308.; Diamantopoulos, A., Winklhofer, H.M. (2001): Index construction

insofern eine globale, jedoch (Mess-)Fehler behaftete Messung des Konstrukts. Aufgrund ihrer faktorenanalytischen Konzeption lassen sich für reflektive Messmodelle mit dem Verfahren der Faktorenanalyse[326] die Messfehler der einzelnen reflektiven Indikatoren berechnen. Die Höhe der Messfehler besteht in der nicht mit dem Konstrukt geteilten spezifischen und zufälligen Varianz der Indikatorwerte.[327] In die Konstruktmessung fließt im Rahmen einer reflektiven Messung nur die von allen Indikatoren des Messmodells geteilte Varianz ein.[328] Für ein formatives Messmodell wird im Gegensatz dazu konzeptionell unterstellt, dass jeder formative Indikator eine fehlerfreie Messung einer bestimmten Konstruktfacette ist und das Konstrukt durch alle zur Messung eingesetzten Indikatoren vollständig erfasst wird.[329] In der Realität ist jedoch auch im Falle einer formativen Konstruktmessung keine völlig fehlerfreie Messung möglich.[330] Messfehler resultieren hier nicht nur aus zufälligen und systematischen Abweichungen auf Ebene der einzelnen Indikatoren, sondern vor allem daraus, dass wichtige Facetten des Konstrukts vergessen werden und deswegen in der Indikatorenauswahl unberücksichtigt bleiben. Ein hinsichtlich der Indikatorenauswahl unvollständiges formatives Messmodell verzerrt folglich die Konstruktmessung systematisch um die nicht einbezogenen inhaltlichen Aspekte. Messfehler können in formativen Modellen allerdings nicht wie im reflektiven Fall auf Ebene der Indikatoren berücksichtigt und aus der Konstruktmessung herausgerechnet werden, sondern fließen in die Konstruktebene ein.[331]

In Abbildung 8 ist der Grundaufbau eines reflektiven und eines formativen Messmodells dargestellt.

---

with formative indicators: An alternative to scale development, in: Journal of Marketing Research, Vol. 38, S. 271.

[326] Vgl. zum Verfahren der Faktorenanalyse die Ausführungen in Abschnitt D 1.1.

[327] Vgl. dazu die Ausführungen zum systematischen und zufälligen Messfehler.

[328] Vgl. Fassott, G., Eggert, A. (2005): Zur Verwendung formativer und reflektiver Indikatoren in Strukturgleichungsmodellen: Bestandsaufnahme und Anwendungsempfehlungen, in: Bliemel, F., Eggert, A., Fassott, G., Henseler, J. (Hrsg.): Handbuch PLS-Pfadmodellierung. Methode, Anwendung, Praxisbeispiele, Stuttgart, S. 37.

[329] Vgl. Scholderer, J., Balderjahn, I. (2006): Was unterscheidet harte und weiche Strukturgleichungsmodelle nun wirklich? Ein Klärungsversuch zur LISREL-PLS-Frage, a.a.O., S. 65.

[330] Vgl. Götz, O., Liehr-Gobbers, K. (2004): Analyse von Strukturgleichungsmodellen mit Hilfe der Partial-Least-Squares(PLS)-Methode, in: DBW, Vol. 64, No. 6, S. 719.

[331] Vgl. Herrmann, A., Huber, F., Kressmann, F. (2006): Varianz- und kovarianzbasierte Strukturgleichungsmodelle: Ein Leitfaden zu deren Spezifikation, Schätzung und Beurteilung, a.a.O., S. 36.; Eberl, M. (2004): Formative und reflektive Indikatoren im Forschungsprozess: Entscheidungsregeln und die Dominanz des reflektiven Modells, Schriften zur empirischen Forschung und quantitativen Unternehmensplanung, Ludwig-Maximilian-Universität München, München, S. 8.

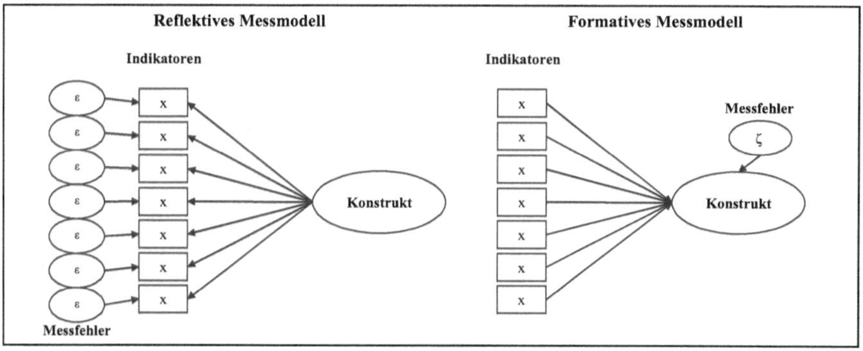

Abb. 8: Reflektive und formative Spezifikation von Messmodellen

Quelle: eigene Darstellung in Anlehnung an Bollen, K.A. (1984): Multiple indicators: Internal consistency or no necessary relationship?, a.a.O., S. 379f.

Tabelle 2 fasst die wesentlichen Merkmale reflektiver und formativer Messmodelle vergleichend zusammen.

Merkmal	Reflektives Messmodell	Formatives Messmodell
Richtung der Wirkungsbeziehung (Korrespondenzregel)	Konstrukt → Indikator	Indikator → Konstrukt
Charakter der Indikatoren	Indikatoren sind austauschbare Widerspiegelungen des Konstrukts	Indikatoren sind definierende Eigenschaften des Konstrukts
Korrelationen zwischen den Indikatoren	Hohe positive Korrelationen	Korrelationen können positiv oder negativ sein oder gar nicht vorliegen
Elimination von Indikatoren aus dem Messmodell	Eliminierung von Indikatoren verändert den konzeptionellen Inhalt des Konstrukts nicht	Eliminierung bzw. Nichtbeachtung von Indikatoren ändert den konzeptionellen Inhalt des Konstrukts
Messfehler	Berücksichtigung von Messfehlern auf Ebene der Indikatoren, Konstruktmessung enthält nur reliable Varianz	Messfehler fließen in die Konstruktmessung ein und werden auf der Ebene des Konstrukts aufgefangen

Tab. 2: Merkmale reflektiver und formativer Messmodelle im Vergleich

Quelle: eigene Darstellung in Anlehnung an Podsakoff, P.M. et al. (2003): The mismeasure of man(agement) and its implications for leadership research, in: The Leadership Quarterly, Vol. 14, S. 619.

Die Unterscheidung zwischen formativen und reflektiven Indikatoren hat weit reichende Konsequenzen für das Vorgehen bei der Entwicklung von Messmodellen. Die überwiegende Mehrheit der in der Literatur vorgeschlagenen und viel beachteten Leitfäden zum Vorgehen bei der Entwicklung und Validierung von Messmodellen[332] ist jedoch nur bei Verwendung reflektiver Indikatoren geeignet, worauf in den Leitfäden allerdings zumeist entweder gar nicht oder nur implizit hingewiesen wird. Obwohl die Existenz formativer Indikatoren bereits seit den 1960er Jahren bekannt ist[333] und seitdem regelmäßige Erwähnung in der Literatur findet[334], wurde die formative Spezifikation von Messmodellen bis vor wenigen Jahren praktisch ignoriert. Lange Zeit wurde in den meisten Forschungsarbeiten – sogar in solchen, die sich explizit der Entwicklung von Messmodellen widmen – die Frage nach der passenden Spezifikationsart des Modells nicht thematisiert und ohne jedwede Diskussion der reflektive Fall angenommen, obwohl in vielen Fällen eine formative Operationalisierung erforderlich gewesen wäre. Als Folge dessen finden sich sowohl in den führenden englischsprachigen[335] als auch deutschsprachigen[336] Marketingzeitschriften zahlreiche fehlspezifizierte Messmodelle, wobei besonders viele Fälle ein konzeptionell formatives Messmodell irrtümlich reflektiv spezifizieren.

Das *inkorrekte Spezifizieren* eines Messmodells hat im Wesentlichen zwei negative *Konsequenzen*. Zum einen unterscheidet sich das Vorgehen des Entwicklungsprozesses reflektiver und formativer Messmodelle grundlegend und eine falsche Vorgehensweise kann dazu führen, dass das entwickelte Modell einen Sachverhalt erfasst, der

[332] Vgl. z.B. Churchill, Jr. G.A. (1979): A paradigm for developing better measures of marketing constructs, a.a.O., S. 64-73.; Anderson, J.C., Gerbing, D.W. (1982): Some methods for respecifying measurement models to obtain unidimensional construct measurement, in: Journal of Marketing Research, Vol. 19, No. 4, S. 453-460.; Clark, L.A., Watson, D. (1995): Constructing validity: Basic issues in objective scale development, a.a.O., S. 309-319.; Homburg, C., Giering, A. (1996): Konzeptualisierung und Operationalisierung komplexer Konstrukte. Ein Leitfaden für die Marketingforschung, a.a.O., S. 5-24.

[333] Vgl. z.B. Blalock, H.M. (1964): Causal inferences in nonexperimental research, Chapel Hill, University of Noth Carolina Press, S. 162-169, in: Bollen, K.A. (1984): Multiple indicators: Internal consistency or no necessary relationship?, a.a.O., S. 380.

[334] Für eine umfassende Quellenübersicht zur Problematik vgl. Fassott, G. (2006): Operationalisierung latenter Variablen in Strukturgleichungsmodellen: Eine Standortbestimmung, a.a.O., S. 68, FN 6.

[335] Vgl. Jarvis, C.B., MacKenzie, S.B., Podsakoff, P.M. (2003): A critical review of construct indicators and measurement model misspecifications in marketing and consumer research, in: Journal of Consumer Research, Vol. 30, No. 2, S. 206f.; Eberl, M. (2004): Formative und reflektive Indikatoren im Forschungsprozess: Entscheidungsregeln und die Dominanz des reflektiven Modells, a.a.O., S. 23.

[336] Vgl. Fassott, G. (2006): Operationalisierung latenter Variablen in Strukturgleichungsmodellen: Eine Standortbestimmung, in: ZfbF, Vol. 58, No. 2, S. 78f.

nicht mit dem Konstruktinhalt übereinstimmt.[337] Zum anderen führt die Fehlspezifikation zu verzerrten Ergebnissen in Strukturgleichungsanalysen[338], in denen die Zusammenhänge zwischen theoretischen Konstrukten untersucht werden.[339]

Die *Problematik fehlspezifizierter Messmodelle* wird mit Blick auf das gängige Vorgehen bei der Entwicklung reflektiver Skalen verdeutlicht: In den Leitfäden zur Entwicklung reflektiver Messmodelle wird als erster Schritt das so genannte Domain Sampling[340] gefordert. Dabei handelt es sich um die Generierung eines umfassenden Indikatorenpools, der unter Berücksichtigung der Konstruktdefinition den Geltungsbereich des Konstrukts mit allen seinen Dimensionen abdecken soll. Den etablierten Skalenentwicklungsprozeduren folgend, wird dieser Indikatorenpool daraufhin mit dem Ziel der Sicherstellung von hoher Reliabilität und Validität des Messinstruments[341] einem umfangreichen Beurteilungs- und Bereinigungsprozess unterworfen. Dieser Prozess orientiert sich überwiegend an statistisch-mathematisch bestimmbaren Kriterien wie zum Beispiel der internen Konsistenz oder der Eindimensionalität, die allein auf Korrelationen oder Kovarianzen zwischen den Indikatoren basieren.[342] Weisen Indikatoren nur geringe Korrelationen mit den übrigen Indikatoren auf, werden sie aus dem Messmodell entfernt, weil die Erreichung der meisten üblicherweise vorgeschlagenen Reliabilitäts- und Validitätsgrenzwerte ausschließlich durch hohe Korrelationen und Kovarianzen gewährleistet wird.[343] Da die reflektive Modellspezifikation das Konstrukt als gemeinsame Ursache der Indikatoren und ihrer Korrelationen vorsieht und die Indikatoren prinzipiell austauschbare Messungen des Konstrukts sind, ist dieses Vorgehen im Falle reflektiver Skalen grundsätzlich geeignet. Allerdings nimmt die Orientierung an statistischen Kennzahlen oftmals eine zu dominante Stellung ein. Als Folge dessen werden Indikatoren häufig ohne hinreichende Berücksichtigung inhaltlicher Überlegungen eliminiert oder von vornherein semantisch so formuliert, dass an

---

[337] Vgl. Albers, S., Hildebrandt, L. (2006): Methodische Probleme bei der Erfolgsfaktorenforschung – Messfehler, formative versus reflektive Indikatoren und die Wahl des Strukturgleichungs-Modells, in: ZfbF, Vol. 58, No. 2, S. 2-33.

[338] Vgl. dazu Abschnitt D 1.1.

[339] Vgl. Jarvis, C.B., MacKenzie, S.B., Podsakoff, P.M. (2003): A critical review of construct indicators and measurement model misspecifications in marketing and consumer research, a.a.O., S. 199-218.

[340] Vgl. Nunnally, J.C., Bernstein, I.H. (1994): Psychometric theory, a.a.O., S. 216ff.

[341] Zu den Konzepten Reliabilität und Validität vgl. Abschnitt D 1.1.

[342] Vgl. z. B. Churchill, Jr. G.A. (1979): A paradigm for developing better measures of marketing constructs, a.a.O., S. 64-73.; Homburg, C., Giering, A. (1996): Konzeptualisierung und Operationalisierung komplexer Konstrukte. Ein Leitfaden für die Marketingforschung, a.a.O., S. 5-24.

[343] Vgl. dazu Abschnitt D 1 und die Ausführungen zu Reliabilitäts- und Validitätskriterien.

hohen Korrelationen kein Weg vorbeiführt.[344] Berechnungen der Zusammenhänge zwischen dem untersuchten Konstrukt und anderen Konstrukten beziehen sich dann unter Umständen inhaltlich auf ganz andere Sachverhalte als die ursprünglich vorgesehenen. Daher wird in jüngerer Vergangenheit vermehrt die stärkere Beachtung theoretisch-inhaltlicher Aspekte im Skalenentwicklungsprozess gefordert[345], wobei einige Autoren statistische Verfahren sogar gänzlich ablehnen.[346]

Die im Falle einer Skalenentwicklung mit reflektiven Indikatoren prinzipiell geeignete Orientierung an empirisch festgestellten Korrelationen zwischen den Indikatoren verbietet sich grundsätzlich, wenn formative Indikatoren vorliegen. Die Auswahl formativer Indikatoren orientiert sich ausschließlich an inhaltlichen Überlegungen, mithin der Frage, ob ein Indikator eine spezifische Facette des definierten Konstruktinhalts repräsentiert oder nicht. Mit der Indikatorenauswahl wird somit der konzeptionelle Inhalt formativer Konstrukte a priori festgelegt. Für den Skalenentwicklungsprozess bedeutet dies, dass der Indikatorenauswahl eine besondere Bedeutung zukommt, da ein Pool von Indikatoren gefunden werden muss, der den Gegenstandsbereich des Konstrukts vollständig abdeckt.[347] Formative Indikatoren sind keine austauschbaren Messungen desselben Sachverhalts, weshalb bereits bei Nichtbeachtung eines einzelnen Indikators eine bestimmte Konstruktfacette außer Acht gelassen wird und sich damit der konzeptionelle Inhalt des Konstrukts verändert.[348] Folglich ist es im Rahmen der Entwicklung eines formativen Messmodells nicht wie im reflektiven Fall möglich, einen generierten Indikatorenpool im Nachhinein anhand statistischer Kennzahlen auszusieben. An dieser Stelle wird auch deutlich, welche gravierenden Konsequenzen sich bei der Anwendung der für reflektive Messmodelle gängigen Skalenbereinigungsprozeduren bei konzeptionell formativen Messmodellen ergeben. Gering korrelierte Indikatoren werden

---

[344] Vgl. Hildebrandt, L., Temme, D. (2006): Probleme der Validierung mit Strukturgleichungsmodellen, in: DBW, Vol. 66, No. 6, S. 623.; Albers, S., Hildebrandt, L. (2006): Methodische Probleme bei der Erfolgsfaktorenforschung – Messfehler, formative versus reflektive Indikatoren und die Wahl des Strukturgleichungs-Modells, a.a.O., S. 7.

[345] Vgl. Diller, H. (2006): Probleme der Handhabung von Strukturgleichungsmodellen in der betriebswirtschaftlichen Forschung, a.a.O., S. 611-617.; Hildebrandt, L., Temme, D. (2006): Probleme der Validierung mit Strukturgleichungsmodellen, a.a.O., S. 618-639.

[346] Vgl. Rossiter, J.R. (2002): The C-OAR-SE procedure for scale development in marketing, in: International Journal of Research in Marketing, Vol. 19, S. 305-335.

[347] Vgl. Bollen, K., Lennox, R. (1991): Conventional wisdom on measurement: A structural equation perspective, a.a.O., S. 308.; Diamantopoulos, A., Winklhofer, H.M. (2001): Index construction with formative indicators: An alternative to scale development, a.a.O., S. 271.; Rossiter, J.R. (2002): The C-OAR-SE procedure for scale development in marketing, a.a.O., S. 314f.

[348] Vgl. Bollen, K., Lennox, R. (1991): Conventional Wisdom on measurement: A structural equation perspective, a.a.O., S. 308.; Podsakoff, P.M. et al. (2003): The mismeasure of man(agement) and its implications for leadership research, a.a.O., S. 619.

mit dem Ziel der internen Konsistenz ausgesondert, wobei sich der theoretisch festgelegte Konstruktinhalt maßgeblich verändern kann.
Die Unterscheidung formativer und reflektiver Messmodelle entspricht den prinzipiellen wissenschaftstheoretischen Vorgehensweisen der Induktion und Deduktion. Während sich bei formativer Spezifikation der exakte Konstruktinhalt trotz vorheriger theoretischer Konstruktdefinition letztlich (meist empirisch) induktiv durch die Auswahl einzelner Indikatoren ergibt, werden reflektive Indikatoren einzig aus dem theoretischen Konstruktinhalt deduziert.[349] Damit verbindet sich eine grundsätzliche Kritik an formativen Messmodellen: Jede auch nur geringfügige Änderung am Pool der eingesetzten Indikatoren impliziert streng genommen eine neue Theorie, denn die unterstellten Wirkungsbeziehungen mit anderen Konstrukten werden bei jeder Veränderung des Konstruktinhalts zwischen inhaltlich anderen Sachverhalten hergestellt.[350]

1.3 Spezifikationsmöglichkeiten eines Messmodells für das Konstrukt Stadionatmosphäre

Die Konzeptionalisierung des Konstrukts Stadionatmosphäre in Abschnitt B 4.2 stellt den Ansatzpunkt für die Bestimmung der geeigneten Spezifikationsart des zu entwickelnden Messmodells dar. Mit dem Konstrukt soll gemäß der Definition die spezifische Kombination aus den besonderen Stimuli der Umwelt Sportstadion und den gefühlsmäßigen Befindlichkeiten der Stadionbesucher abgebildet werden. Diese inhaltlich zuvor genau bestimmte Umwelt-Person-Kombination macht den Bedeutungsinhalt des Konstrukts aus. Ein entsprechendes Messmodell muss folglich erfassen, inwiefern die als präferenzgerecht definierten Ausprägungen von Umweltstimuli und gefühlsmäßiger Befindlichkeit vorliegen. Die Stadionstimuli wurden als Atmosphäre erzeugende Größen definiert und haben damit einen das Konstrukt verursachenden Charakter im Sinne formativer Indikatoren. Demgegenüber indizieren die Gefühlszustände der Stadionbesucher Folgen der Atmosphäre und entsprechen somit dem Wesen reflektiver Indikatoren. Die Messung des Konstrukts Stadionatmosphäre ist folglich sowohl mittels formativer als auch anhand reflektiver Indikatoren möglich.

---

[349] Vgl. Fornell, C. (1989): The blending of theoretical and empirical knowledge in structural equations with unobservables, in: Wold, H. (Hrsg.): Theoretical empiricism: A general rationale for scientific model-building, New York, S. 163.; Albers, S., Hildebrandt, L. (2006): Methodische Probleme bei der Erfolgsfaktorenforschung – Messfehler, formative versus reflektive Indikatoren und die Wahl des Strukturgleichungs-Modells, a.a.O., S. 10.; Fassott, G., Eggert, A. (2005): Zur Verwendung formativer und reflektiver Indikatoren in Strukturgleichungsmodellen: Bestandsaufnahme und Anwendungsempfehlungen, a.a.O., S. 36.

[350] Vgl. Bagozzi, R.P. (1998): A prospectus for theory construction in marketing: revisited and revised, a.a.O., S. 66.

Hier zeigen sich Parallelen zu den Messmöglichkeiten des Konstrukts Umweltqualität, das über zwei verschiedene Indikatorsysteme gemessen werden kann: Entweder die Messung erfolgt über einen aus bewerteten Umweltmerkmalen zusammengesetzten Index oder anhand personenseitig vorgenommener globaler Beurteilungen der Qualität.[351] Als gewichtete Linearkombination verschiedener unabhängiger und vorher ausgewählter Umweltmerkmale[352] entspricht ein Qualitätsindex exakt dem Prinzip eines formativen Messmodells. Für die Ausprägungen von Globalurteilen ist das Umweltqualitätslevel hingegen als Ursache anzusehen, weshalb Globalurteile der Logik eines reflektiven Messmodells folgen.

In den Ausführungen zur Definition des Konstrukts Stadionatmosphäre wurde allerdings herausgestellt, dass mit dem Konstrukt gerade das gemeinsame Auftreten definierter Stadionstimuli und Zuschauerempfindungen bezeichnet werden soll. Der alleinige Einsatz einer formativen Skala sagt jedoch nicht sicher voraus, ob tatsächlich auch die zuvor als präferenzgerecht definierten Gefühlszustände bei den Zuschauern vorliegen, obgleich davon ausgegangen werden kann, dass dies mehrheitlich der Fall ist. Andererseits hinterließe eine ausschließlich reflektive Messung über die Empfindungen der Zuschauer Zweifel an dem direkten Umweltbezug der erfassten Gefühlszustände. Indikatoren guter Stadionatmosphäre im Sinne der Konstruktdefinition sind sowohl bestimmte Stadionstimuli als auch genau definierte Empfindungen der Stadionbesucher. Um eine konzeptionell vollständige Messung zu gewährleisten, kann daher nicht lediglich ein Indikatorsystem eingesetzt werden, sondern das Konstrukt ist mit formativen und reflektiven Indikatoren gemeinsam zu operationalisieren. Die Messtheorie stellt für einen solchen Fall die spezielle Spezifikationsart eines *MIMIC-Modells*[353] (MIMIC = Multiple Indicators Multiple Causes) zur Verfügung (vgl. Abbildung 9).

---

351 Vgl. Craik, K.H., Zube, E.H. (1976a): The development of perceived environmental quality indices, a.a.O., S. 16.; Craik, K.H., Feimer, N. (1987): Environmental assessment, a.a.O., S. 902.

352 Vgl. Daniel, T.C. (1976): Criteria for development and application of perceived environmental quality indices, a.a.O., S. 33.

353 Vgl. Hauser, R.M., Goldberger, A.S. (1971): The treatment of unobservable variables in path analysis, a.a.O., S. 81-117.; Jöreskog, K.G., Goldberger, A. (1975): Estimation of a model with multiple indicators and multiple causes of a single latent variable, a.a.O., S. 631-639.; Bollen, K.A. (1989): Structural equations with latent variables, New York et al., S. 331.

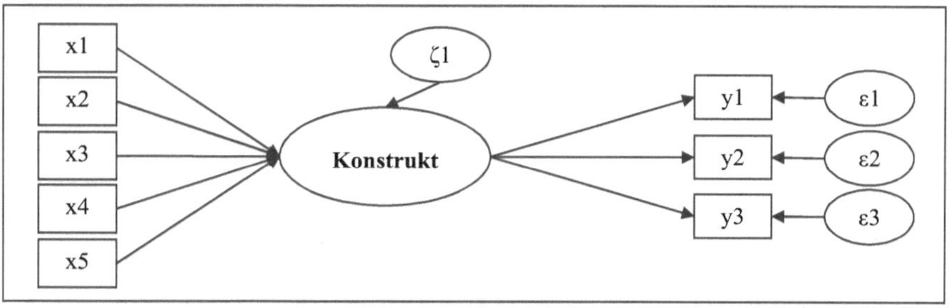

Abb. 9: Konzeption eines MIMIC-Modells

Quelle: eigene Darstellung in Anlehnung an Fornell, C., Bookstein, F.L. (1982): Two structural equation models: LISREL and PLS applied to consumer exit-voice theory, in: Journal of Marketing Research, Vol. 19, S. 445.

Mit einem MIMIC-Modell lassen sich die Ausprägungen von Umweltreizen im Sportstadion und die Ausprägungen bestimmter Empfindungen seitens der Zuschauer in einem Konstrukt vereinen und aufeinander beziehen. Dadurch kann das Konstrukt der Stadionatmosphäre als definierte Umwelt-Person-Einheit ganzheitlich erfasst werden.

Für die Operationalisierung der Stadionatmosphäre müssen daher im Folgenden die besonderen Umweltstimuli eines Sportstadions als formative Indikatoren und die typischerweise empfundenen Gefühlsqualitäten der Zuschauer als reflektive Indikatoren identifiziert werden. Da die Stadionstimuli als formative Indikatoren den umweltseitigen Inhalt des Konstrukts festlegen, dürfen keine wesentlichen Facetten des Reizvolumens im Stadion vernachlässigt werden. Die sorgfältige Auswahl der Stadionstimuli, aber auch die Berücksichtigung der zuschauerseitigen Empfindungen sind die zentralen Schritte zur Sicherstellung der *Inhaltsvalidität* der Konstruktmessung. Eine hohe Inhaltsvalidität ist dann gewährleistet, wenn die in einem Messmodell verwendeten Indikatoren dem inhaltlich-semantischen Bereich des Konstrukts angehören und dessen gesamten theoretischen Bedeutungsinhalt abbilden.[354] Allgemein ist die Validität ein zentrales Gütekriterium für die Beurteilung von Messmodellen. Ein valides Messmodell misst exakt denjenigen Sachverhalt, für dessen Messung es entwickelt beziehungsweise eingesetzt wurde.[355] Die Messtheorie unterscheidet zwischen mehreren

[354] Vgl. Bohrnstedt, G. (1970): Reliability and validity assessment in attitude measurement. In: Summers, G. (Hrsg.): Attitude measurement, London, S. 92.

[355] Vgl. Balderjahn, I. (2003): Validität. Konzept und Methoden, a.a.O., S. 130.; Churchill, Jr. G.A. (1979): A paradigm for developing better measures of marketing constructs, a.a.O., S. 65.; Nunnally, J.C., Bernstein, I.H. (1994): Psychometric theory, a.a.O., S. 83.

Validitätsarten[356], wobei im Entwicklungsprozess eines Messmodells durch eine geeignete Indikatorenauswahl zuerst die Inhaltsvalidität sichergestellt werden muss.

Zur Generierung von Indikatoren für das Messmodell der Stadionatmosphäre wurden insgesamt vier empirische Studien durchgeführt, wobei drei umfassende Studien der Identifikation formativer Indikatoren dienten. Tabelle 3 gibt einen Überblick über den gesamten Forschungsprozess der Entwicklung und Validierung des Messmodells der Stadionatmosphäre. Um ein vollständiges Bild der weiteren Untersuchung abzugeben, ist in der Tabelle bereits auch die Hauptstudie der Untersuchung aufgeführt, deren Vorgehen und Ergebnisse Gegen-stand des nächsten Hauptgliederungspunktes sind. Die Tabelle wurde in Anlehnung an eine Systematisierung von Umweltbewertungsstudien von Craik[357] und Gifford[358] erstellt.

[356] Eine Darstellung verschiedener Validitätsarten erfolgt in Abschnitt D 1.

[357] Vgl. Craik, K.H. (1968): The comprehension of the everyday physical environment, in: Journal of the American Institute of Planners, Vol. 34, S. 29-37.

[358] Vgl. Gifford, R. (1997): Environmental psychology. Principles and practice, a.a.O., S. 56.

Kriterium **Studie**	**Probanden**	**Art der Umwelt-präsentation**	**Art der Bewertung**	**Antwort-format**
Generelle Möglichkeiten	▪ Anwendergruppen ▪ Experten ▪ Spezielle Personengruppen ▪ Gesamte Bevölkerung	▪ In Person (reale Umwelt) ▪ Dias oder Fotos ▪ Videos ▪ Modelle ▪ Zeichnungen ▪ Hörbeispiele ▪ Keine Vorlage der Umwelt	▪ Beschreibung ▪ Evaluation ▪ Ästhetik ▪ Emotionalität ▪ Bedeutung ▪ Risiko	▪ Frei ▪ Checkliste ▪ Skala ▪ Betrachtungszeit ▪ Vermutungen über menschliche Reaktionen
Ziel von Pretest 1: Generierung formativer Indikatoren				
Delphi-Studie (Pretest 1)	Experten (Fanbeauftragte der Fussball-Bundesliga-Klubs)	Keine Vorlage der Umwelt	Beschreibung, Evaluation, Bedeutung	frei, später Skala
Ziel von Pretest 2: Auswahl der formativen Indikatoren				
Bestimmung der Indikatoren-wichtigkeit (Pretest 2)	Experten (Stadionmanager, Fanbeiräte etc.) und Anwendergruppen (Dauerkarteninhaber)	Keine Vorlage der Umwelt	Evaluation	Checkliste
Ziel von Pretest 3: Inhaltsvalidierung der formativen Indikatoren				
Indikatoren-zuordnungs-verfahren (Pretest 3)	Anwendergruppen (regelmäßige Stadionbesucher)	Keine Vorlage der Umwelt	Bedeutung, Evaluation	Checkliste
Ziel Pretest 4: Generierung reflektiver Indikatoren				
Tiefeninter-views mit Zuschauern (Pretest 4)	Anwendergrupppen (regelmäßige Stadionbesucher)	Kurze Beschreibung der Umwelt	Beschreibung, Evaluation, Emotionalität	Frei
Ziel der Hauptstudie: Validierung des Messmodells				
Quantitative Zuschauer-befragung (Hauptstudie)	Anwendergruppen (Zuschauer)	In Person (Stadionumfeld)	Evaluation, Emotionalität	Skala

Tab. 3: Übersicht zum Forschungsprozess der Entwicklung und Validierung des Messmodells der Stadionatmosphäre

Quelle: eigene Darstellung

2 Generierung formativer Indikatoren der Stadionatmosphäre mittels einer Delphi-Befragung (Pretest 1)

Bislang finden sich in der Literatur keine Versuche, die charakteristischen Umweltreize eines Sportstadions umfassend aufzudecken. Folglich bedarf es einer explorativen empirischen Vorstudie, um diejenigen Stimuli zu identifizieren, die den speziellen Charakter der Umwelt Sportstadion ausmachen und die die typische Atmosphäre im Stadion erzeugen. Die wesentliche Problematik besteht dabei darin, dass Personen in komplexen Umwelten in der Regel nur einige wenige Stimuli wahrnehmen und die Mehrheit der Reize ignorieren.[359] Dennoch könnten gerade die ignorierten Stimuli wichtige Aspekte der besonderen Umwelteigenschaften des Stadions sein.[360] Daher wurde zur Identifikation der Stadionatmosphäre erzeugenden Umweltstimuli eine im Wesentlichen dem Verfahren der *Delphi-Befragung* entsprechende mehrstufige Expertenbefragung eingesetzt. Das Vorgehen einer Delphi-Befragung bietet sich hier an, da diese Methode unter anderem „zur Ermittlung und Qualifikation der Ansichten einer Expertengruppe" über einen noch unerforschten und „diffusen Sachverhalt" geeignet ist.[361] In der umweltpsychologischen Forschung gelten Expertenmeinungen im Allgemeinen[362] und die Delphi-Methode im Speziellen[363] als geeignete Mittel für die Bestimmung und Beurteilung von Umweltfaktoren. Überdies wird durch das mehrstufige Vorgehen der Delphi-Methode die Problematik der selektiven Wahrnehmung der Umweltreize abgemildert.

Trotz der vergleichsweise hohen Flexibilität in der konkreten Ausgestaltung des Vorgehens umfassen Delphi-Studien typischerweise einige charakteristische Bestandteile. Die Kombination dieser Bestandteile grenzt Delphi-Befragungen von anderen qualitativen Datenerhebungsverfahren ab. Ein Delphi-Design zeichnet sich nach Häder und Häder[364] in der Regel durch folgende Merkmale aus:

- Einsatz eines formalisierten Fragebogens
- Befragung von Experten

---

[359] Vgl. Kröber-Riel, W., Weinberg, P. (2003): Konsumentenverhalten, a.a.O., S. 269.
[360] Vgl. Gifford, R. (1997): Environmental psychology. Principles and practice, a.a.O., S. 19.
[361] Häder, M. (2002): Delphi-Befragungen. Ein Arbeitsbuch, Wiesbaden, S. 32.
[362] Vgl. Craik, K.H., Feimer, N. (1987): Environmental assessment, a.a.O., S. 894.
[363] Vgl. Richey, J, Mar, B., Horner, R. (1985): The Delphi Technique in environmental assessment, in: Journal of Environmental Management, Vol. 21, No. 2, S. 145.
[364] Vgl. Häder, M., Häder, S. (2000): Die Delphitechnik in den Sozialwissenschaften – Methodische Forschungen und innovative Anwendungen, Wiesbaden, S. 15ff.

- Anonymität unter den befragten Experten
- Berechnung einer Gruppenantwort
- Weitergabe der Gruppenantwort an die Experten als Feedback
- Wiederholung der Befragung

In der vorliegenden Untersuchung geht es um die Frage, welche Umweltstimuli die besondere Atmosphäre in einem Sportstadion erzeugen. Als Untersuchungskontext wurde dazu der in Europa populärste Zuschauersport Fußball gewählt, da sich bisherige Erwähnungen des Phänomens Stadionatmosphäre fast ausschließlich auf diesen Sport beziehen. Zudem weist der professionelle Fußball im Spektrum der europäischen Teamsportligen die höchste ökonomische Relevanz auf.

2.1 Vorgehen der Delphi-Befragung

Als Mitglieder des *Expertenpanels* wurden die *Fanbeauftragten* aller 36 Erst- und Zweitligaklubs der Fußball-Bundesliga vorgesehen. Die Deutsche Fußball Liga GmbH (DFL), die für die Durchführung des Spielbetriebs im professionellen deutschen Fußball zuständig ist, verpflichtet jeden am Lizenzspielbetrieb teilnehmenden Klub dazu, die Position eines Fanbeauftragten einzurichten. Zu den Hauptaufgaben der Fanbeauftragten zählen unter anderen die Erhaltung der „besonderen Fan-Kultur" und die Koordination sämtlicher Angelegenheiten im Zusammenhang mit der Fan-Szene eines Vereins.[365] Hinsichtlich der hier zu klärenden Fragestellung können die Fanbeauftragten daher als fachkundig und urteilsfähig angesehen werden. Von den 36 um die Teilnahme gebetenen Experten erklärten sich 21 zur Mitwirkung an der Befragung bereit. Bis auf eine Ausnahme verblieben alle Experten bis zum Ende der Befragungsstufen im Panel.

In der *ersten Befragungsrunde* wurden die Teilnehmer aufgefordert alle denkbaren Faktoren zu nennen, die ihrer Meinung nach zu der speziellen Atmosphäre eines Fußballstadions beitragen. Bezüglich des Formats ihrer Antworten erhielten sie dabei weitgehenden Freiraum:
„Nennen Sie alle Aspekte, die zu der besonderen Atmosphäre im Stadion während eines Fußballspiels beitragen. Sie können dazu einzelne Wörter, kurze Stichpunkte oder auch Erklärungen verwenden."

---

[365] Vgl. o.V. (2007): Alles über die Fanbeauftragten der 1. Bundesliga, der 2. Bundesliga sowie der Regionalligen, URL: http://www.die-fanbeauftragten.de/vorstellung_wirueberuns.php (Stand 27.09.2007), 1 Seite.

Zur gleichen Fragestellung wurden *zusätzlich* einige *offene Interviews* mit Experten des Sportmarketing aus Wissenschaft und Praxis sowie mit regelmäßigen Stadionbesuchern durchgeführt. Dieses Vorgehen erscheint gerechtfertigt, da es an dieser Stelle darum ging, ein möglichst umfassendes Verständnis davon zu erlangen, welche Merkmale der Stadionumwelt eine gute Stadionatmosphäre ausmachen.

Die Angaben der Panelmitglieder sowie der zusätzlich interviewten Experten ergaben insgesamt 174 Nennungen. Diese wurden um sprachlich identische Dopplungen bereinigt und es konnte eine Ausgangsmenge von 105 Indikatoren guter Stadionatmosphäre zusammengestellt werden.[366] Die 105 Indikatoren wurden daraufhin in eine zufällige Reihenfolge gebracht und dem Expertenpanel in der *zweiten Befragungsrunde* mit der Aufgabe vorgelegt, jeden Indikator auf der folgenden dreistufigen Skala zu beurteilen:

1 = „trägt auf jeden Fall zu guter Stadionatmosphäre bei"
2 = „trägt eventuell zu guter Stadionatmosphäre bei"
3 = „trägt auf keinen Fall zu guter Stadionatmosphäre bei"

Somit nahm jedes Panelmitglied eine Bewertung sämtlicher genannter Aspekte vor, auch solcher, die von anderen Experten aufgeführt worden waren. Daher kann mit großer Wahrscheinlichkeit davon ausgegangen werden, dass zumindest keine wesentlichen Faktoren vergessen wurden. Anhand der Antworten der zweiten Befragungsrunde konnte für jeden Indikator ein Mittelwert über alle Expertenantworten errechnet werden.

In einer *dritten Befragungsrunde* wurden dem Expertenpanel sämtliche 105 Indikatoren erneut vorgelegt und die Experten wurden wiederum darum gebeten, jeden Indikator auf der ihnen bereits bekannten dreistufigen Skala zu beurteilen. Dem Prozedere einer Delphi-Befragung entsprechend, erhielten die Experten darüber hinaus ein Feedback zu den Ergebnissen der zweiten Befragungsrunde. Zu jedem Indikator wurde sowohl der errechnete Mittelwert als auch die Verteilung der Antworten in Prozent angegeben (vgl. das Beispiel in Abbildung 10). Das Feedback sollte die Panelteilnehmer dazu veranlassen, ihre eigenen Einschätzungen bei grober Abweichung von der Mehrheitsmeinung nochmals zu überdenken, um so sorgfältig überlegte Antworten zu erzielen.

[366] Vgl. Anhang I A1.

Indikatoren	Trägt auf jeden Fall zu guter Stadion-atmosphäre bei (1)	Trägt eventuell zu guter Stadionatmos-phäre bei (2)	Trägt auf keinen Fall zu guter Stadion-atmosphäre bei (3)	Mittelwerte	Verteilung der Antworten in der zweiten Befragungsrunde		
					1	2	3
Der Stadionsprecher heizt das Publikum an	☐	☐	☐	1,8	33%	56%	11%

Abb. 10: Fragebogendesign der dritten Befragungsrunde der Delphi-Befragung am Beispiel eines Indikators

Quelle: eigene Darstellung

Für die weiteren Analysen wurden nur diejenigen Indikatoren beibehalten, die in der dritten Befragungsrunde einen Mittelwert von 2,0 oder besser erreichten und zudem von höchstens 25 Prozent der Experten mit dem Urteil *„Trägt auf keinen Fall zu guter Stadionatmosphäre bei"* versehen wurden.[367]

2.2 Ergebnisse der Delphi-Befragung

Die festgesetzten Schwellenwerte erreichten nach der dritten Befragungsrunde 77 der ursprünglich generierten 105 Indikatoren.[368] Jeder der auf Basis der Schwellenwerte zur Aussonderung vorgesehenen 28 Indikatoren wurde vor der endgültigen Eliminierung einer inhaltlichen Prüfung in Abstimmung mit der Konstruktdefinition unterzogen. Vom Ausschluss weiterer Indikatoren wurde wegen der explorativen Phase der Untersuchung abgesehen. Unter Anwendung der in der Literatur vorgeschlagenen Entscheidungsregeln zur Unterscheidung reflektiver und formativer Indikatoren konnte für sämtliche 77 Indikatoren ein formativer Charakter bestätigt werden.[369]

Trotz der anfänglichen Aussonderung doppelt genannter Aspekte wiesen einige der Indikatoren eine hohe inhaltliche Nähe auf. Da formative Messmodelle auf multiplen Regressionen basieren, dürfen die Indikatoren untereinander jedoch nicht zu stark kor-

[367] Die Höhe dieses Grenzwertes wurde auf Basis vergleichbarer Studien festgelegt. Vgl. z.B. Bearden, W.O., Hardesty, R.L., Rose, R.L. (2001): Consumer self-confidence: Refinements in conceptualization and measurement, in: Journal of Consumer Research, Vol. 28, No. 1, S. 124.

[368] Vgl. Anhang I A2.

[369] Vgl. Jarvis, C.B., MacKenzie, S.B., Podsakoff, P.M. (2003): A critical review of construct indicators and measurement model misspecifications in marketing and consumer research, a.a.O., S. 199-218.; Albers, S., Hildebrandt, L. (2006): Methodische Probleme bei der Erfolgsfaktorenforschung – Messfehler, formative versus reflektive Indikatoren und die Wahl des Strukturgleichungs-Modells, a.a.O., S. 2-33.; Fassott, G. (2006): Operationalisierung latenter Variablen in Strukturgleichungsmodellen: Eine Standortbestimmung, a.a.O., S. 71.

relieren, da sonst bestimmte Facetten des Konstrukts doppelt erfasst werden und es in quantitativen Untersuchungen zu Multikollinearitätsproblemen kommen kann.[370] Es besteht folglich die Notwendigkeit, alle Konstruktfacetten zu berücksichtigen, ohne dabei zu starke inhaltliche Überschneidungen der Indikatoren zuzulassen.

Um solche Überschneidungen in dem umfangreichen Pool von 77 Nennungen besser identifizieren zu können, wurden die Indikatoren in einem nächsten Schritt in *Kategorien* eingeteilt. Anfängliche Kategorisierungsversuche bestätigten die in Abschnitt B 4.2.1 vermutete Bedeutung von veranstalter- und zuschauerbezogenen Faktoren sowie des Spielgeschehens als übergeordnete Dimensionen der Stimuli. Zuordnungsversuche der Indikatoren zu diesen Dimensionen machten aber schnell deutlich, dass es einer differenzierteren Dimensionierung bedarf. Die Literatur stellt bislang lediglich Kategorien zur Einteilung der Merkmale allgemeiner Umwelten wie zum Beispiel von Gebäuden oder ganzen Städten zur Verfügung.[371] Diese sind jedoch nicht geeignet, um die von den Experten genannten Aspekte sinnvoll einzuteilen. Daher erfolgte die Einteilung in der vorliegenden Untersuchung anhand eines von Kleining vorgeschlagenen heuristischen Verfahrens zur Kategorisierung qualitativer Daten.[372] Das Verfahren sieht vor, mehreren Personen unabhängig voneinander die Aufgabe zu geben, inhaltlich dicht beieinander liegende Sachverhalte jeweils einer gemeinsamen Kategorie zuzuordnen und dieses Vorgehen solange zu wiederholen bis weitgehende Einigkeit unter den Personen herrscht. An der Durchführung dieses Verfahrens beteiligten sich vier Personen aus dem Umfeld des Autors, und auch der Autor selbst nahm an den Kategorisierungsbemühungen teil. Ohne vorher eine angestrebte Anzahl an Kategorien oder sonstige Anweisungen vorzugeben, wurden die Teilnehmer aufgefordert, jeweils ähnliche Indikatoren zu einer Gruppe zusammenzufassen.

Die heuristischen Auswertungen führten zu einer Einteilung der Indikatoren in sieben übergeordnete Dimensionen. Zwei Dimensionen fassen *veranstalter-* und *zuschauerinduzierte akustische Reize* als Indikatoren guter Stadionatmosphäre zusammen. Ferner erweisen sich nichtakustische Aspekte *fanspezifischen Verhaltens* und ein *aufregender Spielverlauf* als bedeutsam. Weitere Dimensionen beziehen sich auf *baulich-architektonische Bedingungen* des Stadions sowie spezifische *optische Reize* in einem Sportstadion. 20 der Indikatoren erwiesen sich als sehr heterogen und bereiteten allen

[370] Vgl. Diamantopoulos, A., Winklhofer, H.M. (2001): Index construction with formative indicators: An alternative to scale development, a.a.O., S. 272.
[371] Vgl. Gifford, R. (1997): Environmental psychology. Principles and practice, a.a.O., S. 57.
[372] Vgl. Kleining, G. (1995): Qualitativ-heuristische Sozialforschung, Hamburg.

Personen Zuordnungsschwierigkeiten, weshalb eine zusätzliche Kategorie „Sonstiges“ gebildet wurde (vgl. Tabelle 4). Insgesamt spielen besonders Reize, die durch die distanzierten Sinne des Hörens und Sehens wahrgenommen werden, eine tragende Rolle. Nach Auffassung Campbells bieten solche Reize besonders weit reichende Möglichkeiten für die Erzeugung vergnüglicher Stimulation.[373]

Kategorie	Anzahl der Indikatoren
Veranstalterakustik	4
Zuschauerakustik	7
Fanspezifisches Verhalten	9
Baulich-architektonische Bedingungen	7
Aufregender Spielverlauf	13
Sportveranstaltungsspezifische Optik	17
„Sonstiges“	20
	gesamt 77

Tab. 4: Kategorien der identifizierten formativen Indikatoren der Stadionatmosphäre und Anzahl der zugehörigen Indikatoren

Quelle: eigene Darstellung

An dieser Stelle sei aber betont, dass die inhaltliche Nähe der Indikatoren einer Dimension nicht in jedem Fall hohe Korrelationen im Sinne reflektiver Indikatoren erwarten lässt und die übergeordneten Dimensionen nicht im Sinne faktorenanalytisch bestimmter Faktoren interpretiert werden dürfen. Zur Verdeutlichung sei hier als Beispiel die Dimension „Veranstalterinduzierte Akustik“ herangezogen. Diese setzt sich aus den vier Indikatoren *„Beschallung mit Fangesängen aus Lautsprechern“*, *„Einlaufmusik beim Einmarsch der Mannschaften“*, *„Einspielen der Vereinshymne“* und *„Vereinsbezogene Fußballlieder als Live-Musik vor dem Spiel“* zusammen. Die Gemeinsamkeit dieser vier Indikatoren besteht darin, dass sie akustische Reize sind und durch den Veranstalter initiiert werden. Ihr Gemeinsames besteht aber gerade nicht darin, dass sie sich auf eine gemeinsame Ursache, nämlich die Dimension *„Veranstalterinduzierte Akustik“*, zurückführen lassen, wie das bei einem faktorenanalytischen reflektiven Messmodell in Bezug auf seine Indikatoren und das dahinter stehende Konstrukt der Fall ist. Vielmehr erzeugen die genannten Indikatoren als definierende

[373] Vgl. Campbell, C. (1987): The romantic ethic and the spirit of modern capitalism, a.a.O., S. 66f.

Eigenschaften gemeinschaftlich diese Dimension im Sinne formativer Indikatoren, und es gibt keinen Anhaltspunkt dafür, dass die Indikatoren systematisch miteinander korrelieren. So geht beispielsweise der Einsatz von Musik beim Einmarsch der Mannschaften nicht notwendigerweise auch mit dem Einspielen einer Vereinshymne einher und Live-Musik in einem Stadion vor dem Spiel bedeutet nicht unbedingt, dass in diesem Stadion auch eine Beschallung mit Fangesängen aus Lautsprechern eingesetzt wird. Die Dimensionierung dient hier folglich allein dazu, die Facetten des Konstrukts Stadionatmosphäre zu systematisieren und ist nicht als Versuch einer Datenreduktion zu verstehen. Bei einem faktorenanalytischen Vorgehen oder einer Hauptkomponentenanalyse[374] bestünde im Gegensatz dazu die Gefahr, dass beispielsweise die zwei Indikatoren *„Fangesänge aus Lautsprechern"* und *„Vereinshymne"* im empirisch erhobenen Datensatz statistisch stark korrelieren und daher zu einer Dimension verdichtet werden, obwohl sich die beiden Indikatoren bei einer inhaltlichen Betrachtung als unabhängige Facetten erweisen.

Die identifizierten Dimensionen lassen die Möglichkeit zu, die Stadionatmosphäre als Konstrukt zweiter Ordnung (Second Order Construct) zu spezifizieren. Die einzelnen Dimensionen wären in diesem Fall formative Konstrukte erster Ordnung (First Order Constructs), die sich über die jeweilig zugeordneten Indikatoren messen ließen und das Stadionatmosphäre-Konstrukt gemeinschaftlich definieren würden.[375] Diese Forschungstaktik ist jedoch nur in bestimmten Situationen empfehlenswert.[376] Zudem würde dies zu einer „Überflutung" mit zusätzlichen Konstrukten führen, die theoretisch nicht legitimiert sind.[377] Daher sollen alle Aspekte direkt als formative Indikatoren der Stadionatmosphäre modelliert werden.

---

[374] Die Hauptkomponentenanalyse wird oft als Spezialfall der Faktorenanalyse beziehungsweise eine Methode zur Faktorenextraktion innerhalb der Faktorenanalyse angesehen. Allerdings dient eine Hauptkomponentenanalyse allein der Datenreduktion und nicht der Auffindung übergeordneter Faktoren, die hohe Korrelationen zwischen den Ursprungsvariablen kausal verursachen. Vgl. dazu Floyd, F.J., Widaman, K.F. (1995): Factor analysis in the development and refinement of clinical assessment instruments, in: Psychological Assessment, Vol. 7, No. 3, S. 290f.

[375] Vgl. Jarvis, C.B., MacKenzie, S.B., Podsakoff, P.M. (2003): A critical review of construct indicators and measurement model misspecifications in marketing and consumer research, a.a.O., S. 205.

[376] Die Modellierung eines Konstrukts zweiter Ordnung ist z.B. dann sinnvoll, wenn die Modellkomplexität reduziert, die Zahl der Freiheitsgrade im Modell erhöht oder Mulitkollinearität bekämpft werden soll. Vgl. Albers, S., Götz, O. (2006): Messmodelle mit Konstrukten zweiter Ordnung in der betriebswirtschaftlichen Forschung, in: DBW, Vol. 66, No. 6, S. 673.

[377] Vgl. Diller, H. (2006): Probleme der Handhabung von Strukturgleichungsmodellen in der betriebswirtschaftlichen Forschung, a.a.O., S. 612.

Die im Rahmen der Delphi-Befragung generierten 77 Aspekte liefern einen umfassenden Überblick über die besonderen Eigenschaften der Umwelt Sportstadion. Damit ist eine gute Grundlage für die weiteren Schritte der Entwicklung eines formativen Messansatzes geschaffen worden.

3 Auswahl und Inhaltsvalidierung der formativen Indikatoren (Pretests 2 und 3)

Die 77 in der Delphi-Befragung generierten Indikatoren stellen die Auswahlbasis für den formativen Messansatz dar. Wegen des explorativen Herangehens der Studie und des noch immer vergleichsweise geringen Kenntnisstandes bedarf es weiterer Untersuchungen, um ein tragfähiges Fundament für die Spezifikation des Messmodells zu schaffen. Aus dem breiten Spektrum der identifizierten Umweltaspekte guter Stadionatmosphäre müssen im Folgenden die wesentlichen Elemente ausgewählt und inhaltlich sorgfältig geprüft werden.

3.1 Verdichtung des Indikatorenpools mittels einer Expertenbefragung (Pretest 2)

Ein Messmodell ist nur dann praktikabel und in späteren Untersuchungen einsetzbar, wenn es aus einer begrenzten Anzahl von Indikatoren besteht. Daher muss der generierte Indikatorenpool auf eine in empirischen Erhebungen handhabbare Menge verdichtet werden. Allerdings stößt man im Falle formativer Indikatoren auf die oben beschriebene Problematik, keine wichtigen Konstruktfacetten aussondern zu dürfen. Insofern stellen die Verdichtungsbemühungen einen Kompromiss aus Handhabbarkeit und konzeptioneller Vollständigkeit des Modells dar. Rossiter weist darauf hin, dass es auch für formative Messmodelle nicht darum gehen kann, alle denkbaren Komponenten aufzufinden, sondern die wesentlichen das Konstrukt prägenden Größen zu identifizieren.[378] Für diesen Zweck wird in der vorliegenden Untersuchung ein qualitativer Pretest eingesetzt. Dieser soll die zentrale Entscheidungsgrundlage für die Auswahl der wichtigsten formativen Indikatoren guter Stadionatmosphäre aus dem Pool der 77 Stimuli sein.

[378] Vgl. Rossiter, J.R. (2002): The C-OAR-SE procedure for scale development in marketing, a.a.O., S. 315.

3.1.1 Vorgehen der Expertenbefragung

Insgesamt *44 Experten* wurden darum gebeten, aus der gesamten Indikatorenliste die aus ihrer Sicht 20 wichtigsten Aspekte für das Entstehen guter Stadionatmosphäre auszuwählen. Als Experten galten hier solche Personen, die sich aufgrund ihrer beruflichen Tätigkeit im professionellen Fußball (z. B. Stadionmanagement, Fanbetreuung etc.) oder wegen ihres hohen Involvements bezüglich des Vor-Ort-Konsums von Fußballveranstaltungen (Dauerkartenbesitzer, Mitglieder in Fanklubs oder Fanbeiräten) dazu eignen, qualifizierte Aussagen zur Thematik zu tätigen.

Etwa die Hälfte aller befragten Experten (N=26) erhielt die *gesamte Liste* der zufällig angeordneten 77 Indikatoren und wurde ohne zusätzliche Einschränkungen um die Auswahl der 20 wichtigsten Indikatoren gebeten.[379] Um Verzerrungen durch Ermüdungseffekte beim Auswählen der Indikatoren aus der umfangreichen Liste zu vermeiden, erhielten nicht alle 26 Experten die gleiche Zufallsanordnung, sondern es wurden fünf verschiedene Versionen jeweils anderer Indikatorenanordnungen verwendet.

Den verbliebenen 18 Experten wurden die 77 Indikatoren dagegen in *kategorisierter Form* vorgelegt.[380] Bei den Kategorien handelte es sich um die im Rahmen der Delphi-Befragung gebildeten sieben Indikatorengruppen. Es erfolgte dabei keine inhaltliche Benennung der Kategorien, sondern lediglich die Bezeichnung Block 1, Block 2 usw. Hier wurde eine zufällige Vermischung auf Ebene der sieben Blöcke vorgenommen und wiederum verschiedene Versionen verwendet, um mögliche Einflüsse der Reihenfolge der Blöcke auf das Antwortverhalten zu bereinigen. Die Aufgabe dieser Experten bestand darin, aus jedem Block die zwei aus ihrer Sicht wichtigsten Indikatoren auszuwählen. Darüber hinaus sollten zusätzliche sechs Indikatoren frei aus allen Blöcken ausgesucht werden. Damit wurde den Befragten die Gelegenheit gegeben, ohne Einschränkungen weitere wichtige Aspekte auszuwählen, die durch die vorher benannten 14 Indikatoren aus ihrer Sicht noch nicht abgedeckt waren. Insgesamt traf daher auch diese zweite Expertengruppe eine Auswahl von 20 Indikatoren.

[379] Vgl. zu diesem Vorgehen Pons, F., Mourali, M., Nyeck, S. (2006): Consumer orientation toward sporting events, a.a.O., S. 276-287.; Bearden, W.O., Hardesty, R.L., Rose, R.L. (2001): Consumer self-confidence: Refinements in conceptualization and measurement, a.a.O., S. 121-134.

[380] Die leichte zahlenmäßige Ungleichverteilung zwischen den beiden Gruppen ergab sich aus unterschiedlichen Rücklaufquoten der Befragung. Ursprünglich wurden die zwei Befragungsversionen „Gesamtliste“ und „Kategorisierte Liste“ an zwei gleich große Expertengruppen gereicht.

Mit der uneinheitlichen Vorgehensweise zwischen den beiden Expertengruppen sollte zwei Anliegen nachgekommen werden: Die vollständige Auswahlfreiheit der ersten Expertengruppe sollte zum einen gewährleisten, dass in der noch explorativen Untersuchungsphase hinreichende Freiräume bei der Bestimmung des Konstruktsinhalts bestehen. Die der zweiten Gruppe erteilte Vorgabe aus jedem Block mindestens zwei Indikatoren auszuwählen, sollte zum anderen sicherstellen, dass bei der Indikatorenauswahl alle zuvor aufgedeckten Dimensionen der Stadionatmosphäre berücksichtigt werden.

3.1.2 Ergebnisse der Expertenbefragung

Sämtliche von zumindest einem Experten unter die 20 wichtigsten gewählten Indikatoren wurden in einer Liste zusammengeführt. In der Expertengruppe mit kategorisierter Indikatorenanordnung waren dies 68 Indikatoren, innerhalb der Expertengruppe mit vollständiger Auswahlfreiheit hingegen 75 der 77 Indikatoren. Auf Basis der Anzahl der „Nominierungen" jedes Indikators konnte für die zwei Expertengruppen „Blöcke" und „Gesamtliste" jeweils eine *Rangfolge der Indikatoren* erstellt werden. Je häufiger ein Indikator genannt wurde, desto besser ist seine Platzierung in der Rangliste. Zehn der Indikatoren nehmen in beiden Listen einen Rang unter den ersten 20 ein. Da die Mittelwertbildung im Rahmen der Delphi-Befragung ebenfalls eine Rangfolgenbildung[381] zulässt, kann auch ein Vergleich mit den dort erzielten Ergebnissen angestellt werden. Sechs Indikatoren belegen sowohl in den beiden Ranglisten „Blöcke" und „Gesamtliste" als auch auf Basis der Mittelwerte aus der Delphi-Studie einen Platz unter den Top 20. Weitere 11 Indikatoren schafften es in zumindest zwei der drei Rangfolgen unter die ersten 20 Plätze. Diese Vergleiche verschaffen einen Überblick darüber, hinsichtlich welcher Aspekte der größte Konsens unter den Experten dieser Befragung und dem Expertenpanel der Delphi-Befragung besteht.

Im nächsten Schritt wurde die Anzahl der Nennungen für jeden mindestens einmal zu den 20 wichtigsten gezählten Indikatoren über alle 44 befragten Experten bestimmt und die Indikatoren auf dieser Basis in eine Gesamtreihenfolge gebracht (vgl. Tabelle 5). Da sechs Indikatoren mit jeweils 14 Nennungen gemeinsam den als Grenzwert festgesetzten zwanzigsten Rang einnahmen, wurden 25 statt der ursprünglich vorgesehenen 20 Indikatoren in die weitere Betrachtung einbezogen.

---

[381] Vgl. Anhang I A3.

Indikatoren		Anzahl Nominierungen		
	Rang	Gesamt	Version „Blöcke“	Version „Gesamt“
Reines Fußballstadion	**1**	**35**	16	19
Laute, aktive Beteiligung möglichst vieler Zuschauer	**2**	**33**	15	18
Fangesänge	**2**	**33**	14	19
Stehplätze in den Fanblöcken	**4**	**28**	12	16
Besondere Rivalität mit gegnerischer Mannschaft (z.B. Derby)	**5**	**27**	12	15
Füllungsgrad des Stadions	**6**	**25**	13	12
Lebendiger, aktionsreicher Spielverlauf	**7**	**24**	15	9
Einspielen der Vereinshymne	**8**	**23**	15	8
Heimmannschaft kämpft und zeigt Teamspirit	**9**	**21**	8	13
Verbales Wechselspiel zwischen befreundeten Fanblocks	**10**	**18**	8	10
Anfeuerungsrufe der Zuschauer	**10**	**18**	5	13
Einlaufmusik beim Einmarsch der Mannschaften	**10**	**18**	13	5
Kompaktes Stadion	**13**	**17**	7	10
Spannender Spielverlauf	**13**	**17**	5	12
Fans feiern sich selbst	**13**	**17**	10	7
Anzahl der Zuschauer	**16**	**16**	9	7
Guter Widerhall durch überdachte Ränge	**17**	**15**	5	10
Viele Tore der Heimmannschaft	**17**	**15**	5	10
Aktuelle Tabellensituation der Heimmannschaft	**17**	**15**	5	10
Heimmannschaft liegt im Spiel vorn	**20**	**14**	7	7
Einstudierte Choreographien der Fans	**20**	**14**	7	7
Flutlichtspiele	**20**	**14**	4	10
Kampfreiches Spiel der Mannschaften	**20**	**14**	4	10
Menschenmenge im Stadion	**20**	**14**	4	10
Anzahl der Gästefans	**20**	**14**	1	13

Tab. 5: Rangfolge der formativen Indikatoren auf Basis der Anzahl der Nominierungen unter die 20 wichtigsten Aspekte guter Stadionatmosphäre

Quelle: eigene Darstellung

3.1.3 Inhaltliche Interpretation der Ergebnisse und Indikatorenauswahl

Die 25 Indikatoren wurden daraufhin hinsichtlich inhaltlicher Überschneidungen sowie bezüglich ihrer Übereinstimmung mit der Konstruktdefinition sorgfältig überprüft.

Dazu wurde auch die Hilfe einiger der befragten Experten in Anspruch genommen, um unklare Fälle vertieft diskutieren zu können.
Folgende *sechs Indikatoren* wurden als *unproblematische Fälle* eingestuft und deshalb zunächst ohne Veränderungen beibehalten:

- *Einstudierte Choreographien der Fans*
- *Spannender Spielverlauf*
- *Verbales Wechselspiel zwischen befreundeten Fanblocks*
- *Heimmannschaft kämpft und zeigt Teamspirit*
- *Laute, aktive Beteiligung möglichst vieler Zuschauer*
- *Flutlichtspiele*

Zwei Aspekte wurden wie folgt *umformuliert*:

„Anzahl der Gästefans“ (alt) – *Füllungsgrad des Gästefanblocks* (neu)
„Viele Tore der Heimmannschaft“ (alt) – *Ekstatischer Jubel, wenn ein Tor fällt* (neu)

In Diskussionen mit den Experten konnte festgestellt werden, dass die Erzeugung guter Stadionatmosphäre nicht primär von der absoluten Anzahl der Gästefans abhängt, sondern vielmehr vom Füllungsgrad des Gästefanblocks. Eine bestimmte Anzahl von Gästefans hat in unterschiedlich großen Stadien eine vollkommen unterschiedliche Reizwirkung und trägt nur dann wesentlich zu der besonderen Atmosphäre im Stadion bei, wenn der Gästeblock zu großen Teilen ausgefüllt ist. Auch bezüglich des Indikators *„Viele Tore der Heimmannschaft“* ergaben Überlegungen und Diskussionen die Notwendigkeit einer Umformulierung. Fraglich ist, auf welche Art und Weise ein Tor der Heimmannschaft als Reiz wirkt. Zum einen löst dieses Ereignis als affektiver Reiz mutmaßlich ein Gefühl des Erfreutseins bei den Anhängern der Heimmannschaft aus. Zum anderen führt das Tor in der Regel zu einem Ausbruch frenetischen Jubels im Stadion. Dieser Jubel wirkt jedoch als eigener physischer Reiz auf alle Stadionbesucher. Im letztgenannten Aspekt ist eine wesentliche Komponente der Stadionatmosphäre zu sehen, zumal der Umweltreiz des jubelnden Publikums auch auf neutrale Zuschauer wirkt, bei denen das Tor an sich vermutlich keine ausgeprägte gefühlsmäßige Reaktion erzeugt. Ferner dürfte ein Tor der Heimmannschaft auch auf deren Anhänger nur dann als positiver affektiver Reiz wirken, wenn die Mannschaft ein insgesamt erfolgreiches Spiel zeigt. Die Gastmannschaft könnte trotz vieler Heimtore durchaus in Führung liegen und in diesem Falle würde das positive Siegesgefühl eines Heimtores je nach Gesamtspielstand höchstwahrscheinlich schwächer ausgeprägt sein oder gar nicht auftreten. Daher werden hier nicht möglichst viele Tore der Heimmannschaft als Facette guter Stadionatmosphäre betrachtet, sondern die Tatsache, dass Zuschauer auf die Tore mit lautstarkem und enthusiastischem Jubel reagieren. Diese nach außen getragene Anteilnahme an einem Tor soll deshalb mit einem Indikator erfasst werden. Die Anzahl möglicherweise beteiligungslos zur Kenntnis genommener Tore der Heimmannschaft wird dagegen nicht als eigenständiger Indikator beibehalten.

Die folgenden Indikatorengruppen wurden *wegen zu starker inhaltlicher Überschneidungen* zu jeweils einem oder wenigeren Indikatoren *zusammengefasst*:

- Lebendiger, aktionsreicher Spielverlauf
- Kampfreiches Spiel der Mannschaften

} *Lebendiger, aktionsreicher Spielverlauf*

Bedeutende inhaltliche Unterschiede zwischen einem kämpferischen Spiel und einem lebendigen beziehungsweise aktionsreichen Spielgeschehen sind kaum auszumachen. Es ist deshalb nicht zu erwarten, dass Befragungspersonen dazu in der Lage sind, zwischen diesen zwei Indikatoren hinreichend zu differenzieren.[382] Mit Blick auf die angestrebte Handhabbarkeit des Messmodells ist die Beibehaltung separater Indikatoren daher nicht zu rechtfertigen.

- Fangesänge
- Anfeuerungsrufe der Zuschauer
- Fans feiern sich selbst

} *Fangesänge*

Diese Aspekte der Fanakustik sind inhaltlich nicht identisch, jedoch erscheint ihre jeweilig eigenständige Wirkung als Umweltreiz zu gering, um die Trennung beizubehalten. Daher werden sie zu dem Indikator „*Fangesänge*“ zusammengefasst. Mit dem oben aufgeführten ähnlichen Indikator „*Laute, aktive Beteiligung möglichst vieler Zuschauer*“ wird hingegen speziell darauf abgestellt, dass sich möglichst viele Zuschauer an verschiedenen Aktivitäten beteiligen.

---

382 Mit dem oben genannten Indikator "*Heimmannschaft kämpft und zeigt Teamspirit*" wird dagegen speziell auf die Heimmannschaft und deren gezeigten Einsatz abgestellt.

- Füllungsgrad des Stadions
- Anzahl der Zuschauer
- Menschenmenge im Stadion

} *Füllungsgrad des Stadions*

Diese drei Aspekte stellen darauf ab, dass ein möglichst stark gefülltes Stadion eine Komponente guter Stadionatmosphäre ist. Dabei spielt in erster Linie der spezielle Anblick der dicht stehenden oder sitzenden Menschenmenge als Umweltreiz eine Rolle. Dafür ist die numerische Zahl der Zuschauer weniger entscheidend, da eine bestimmte Anzahl an Zuschauern in Abhängigkeit von der Stadiongröße mit unterschiedlichen Füllungsgraden der Stadien einhergeht. Ein gefülltes kleines Stadion weist eher präferenzgerechte Umweltreize im Sinne guter Atmosphäre auf als ein nur halbgefülltes großes Stadion mit derselben Anzahl an Zuschauern.

- Einspielen der Vereinshymne
- Einlaufmusik beim Einmarsch der Mannschaften

} *Einspielen vereinsbezogener Fußballlieder und Hymnen*

Aus forschungspragmatischen Gründen erscheint die Zusammenfassung der Aspekte *„Einspielen der Vereinshymne"* und *„Einlaufmusik beim Einmarsch der Mannschaften"* zu einem Indikator angemessen. Beide Faktoren beziehen sich auf gefühlsmäßig bewegende Musikeinspielungen des Veranstalters, die durch einen Indikator erfasst werden können.

- Reines Fußballstadion
- Guter Widerhall durch überdachte Ränge
- Kompaktes Stadion

} *Zuschauer sind direkt am Spielgeschehen* und *Guter Widerhall durch hallenartiges Stadion*

Aus den drei Aspekten *„Reines Fußballstadion"*, *„Guter Widerhall durch überdachte Ränge"* und *„Kompaktes Stadion"* ergaben sich in Diskussionen zwei Bedeutungsinhalte, die jeweils eine unabhängige Facette guter Stadionatmosphäre abbilden. Reine Fußballstadien zeichnen sich im Gegensatz zu Mehrzweckstadien architektonisch in erster Linie dadurch aus, dass die Zuschauerränge direkt am Spielfeld platziert sind. Dadurch befinden sich die Zuschauer sowohl näher am Geschehen auf dem Spielfeld als auch dichter an den gegenüberliegenden Rängen. In dieser physischen Nähe zum Spielgeschehen ist ein spezifischer Reiz zu sehen und darin besteht zugleich der wesentliche Aspekt eines reinen Fußballstadions. Überdachte Ränge und ein kompaktes

Stadion sorgen wiederum dafür, dass die veranstaltungsspezifische Akustik besser zur Geltung kommt und dem Stadion ein hallenartiger Charakter verliehen wird.

Folgende *zwei Indikatoren* wurden *zusätzlich* in die Betrachtung mit *einbezogen*, obwohl sie entsprechend der Befragungsergebnisse keinen Platz unter den ersten 20 Rängen einnehmen:

- *Zuschauer tragen Fanbekleidung*
- *Stadionsprecher heizt das Publikum an*

In diesen zwei Aspekten sind sehr typische Merkmale einer Sportveranstaltung zu sehen, die von den bisher genannten Indikatoren allerdings nicht abgedeckt werden. Auch nach Auffassung der konsultierten Experten sollten diese Aspekte in dem Messansatz berücksichtigt werden.

Insgesamt *vier Indikatoren* wurden aus der weiteren Betrachtung *ausgeschlossen*. Dabei handelt es sich um die Aspekte *„Besondere Rivalität mit gegnerischer Mannschaft“*, *„Aktuelle Tabellensituation der Heimmannschaft“*, *„Heimmannschaft liegt im Spiel vorn“* und *„Stehplätze in den Fanblöcken“*. In diesen Aspekten sind Faktoren zu sehen, die lediglich für besondere Ausprägungen von solchen Stimuli sorgen, die bereits durch andere Indikatoren erfasst werden. Es handelt sich also um keine eigenständig in der Stadionumwelt wahrnehmbaren Reize. So kann für die zwei erstgenannten Indikatoren vermutet werden, dass sie deswegen als Aspekte guter Stadionatmosphäre genannt und für wichtig befunden wurden, weil sie beispielsweise Konsequenzen für den Füllungsgrad des Stadions, die Zuschauerbeteiligung oder den Teamgeist der Mannschaften haben. Diese Aspekte sind jedoch als eigenständige Indikatoren bereits im Messmodell enthalten. Gleiches gilt für den Indikator *„Heimmannschaft liegt im Spiel vorn“*, der zwar als eigenständiger Reiz bei den Anhängern der Heimmannschaft ein Gefühl des Erfreutseins auslösen kann, diese Reizwirkung bei neutralen Zuschauern jedoch nicht zwingend zu erwarten ist. Zudem wurde dieser Indikator nach Interpretation der konsultierten Experten in erster Linie deshalb genannt, weil ein für die Heimmannschaft günstiger Spielstand zu stärkeren Ausprägungen bereits erfasster Aspekte wie zum Beispiel lauter und aktiver Beteiligung vieler Zuschauer führt. In dem Aspekt *„Stehplätze in den Fanblöcken“* ist allenfalls eine vorauslaufende Bedingung für den Erhalt der Fan-Kultur und damit einhergehenden Verhaltensweisen wie zum Beispiel ständigen Fangesängen zu sehen, jedoch kein eigenständiger Umweltreiz

im Sinne der Konstruktdefinition. Sollte damit das Stehen an sich als Reiz gemeint sein, so besteht darin kein stadiontypischer Aspekt, der wesentlich zu guter Atmosphäre beiträgt.
Auch die beibehaltenen Indikatoren sind bei genauer Betrachtung nicht vollständig unabhängig voneinander und es sind teilweise Zusammenhänge zwischen ihnen zu erwarten. Beispielsweise wird ein höherer Füllungsgrad des Stadions in der Regel mit höheren Ausprägungen der akustischen Stimuli einhergehen. Von dem speziellen Anblick der dicht gefüllten Ränge geht jedoch ein eigenständiger Umweltreiz des Stadions aus, der somit eine eigenständige Facette guter Stadionatmosphäre darstellt.

Nach den Zusammenfassungen und Aussonderungen *verbleiben schließlich 16 der 25 Indikatoren.*[383] Diese 16 Indikatoren stellen die Grundlage für die weitere Untersuchung dar.

3.2 Inhaltsvalidierung der formativen Indikatoren anhand des Indikatorenzuordnungsverfahrens nach Anderson und Gerbing[384] *(Pretest 3)*

Wegen der in Abschnitt C 1.2 dargelegten Gründe dürfen zur Beurteilung der Inhaltsvalidität formativer Messmodelle nicht die Beziehungen der Indikatoren untereinander betrachtet werden, sondern einzig die Beziehungen der Indikatoren zum Konstrukt. Mit dem Indikatorenzuordnungsverfahren entwickelten Anderson und Gerbing einen Ansatz, um die Zugehörigkeit von Messindikatoren zu Konstrukten zu untersuchen. Mit Hilfe dieses Verfahrens kann überprüft werden, inwiefern einzelne Indikatoren zum inhaltlich-semantischen Bereich eines bestimmten Konstrukts gehören. Das Verfahren basiert darauf, jeden Indikator hinsichtlich seiner so genannten substanziellen Validität (substantive validity) zu überprüfen, um dadurch die Inhaltsvalidität[385] des gesamten Messmodells zu gewährleisten.[386] Dazu werden die Indikatoren des interessierenden Konstrukts mit Indikatoren ähnlicher Konstrukte zufällig vermischt und in

[383] Die 16 Indikatoren sind Anhang I A4 zu entnehmen.
[384] Vgl. Anderson, J.C., Gerbing, D.W. (1991): Predicting the performance of measures in a confirmatory factor analysis with a pretest assessment of their substantive validities, in: Journal of Applied Psychology, Vol. 76, No. 5, S. 732-740.
[385] Folgt man der Perspektive Rossiters wird mit einem solchen Verfahren nicht die Inhaltsvalidität (content validity), sondern die Expertenvalidität (face validity) getestet, da die Untersuchungspersonen lediglich einen bestehenden Pool an Indikatoren bewerten und nicht die Möglichkeit haben weitere Indikatoren zu benennen. Vgl. Rossiter, J.R. (2002): The C-OAR-SE procedure for scale development in marketing, a.a.O., S. 308.
[386] Vgl. Anderson, J.C., Gerbing, D.W. (1991): Predicting the performance of measures in a confirmatory factor analysis with a pretest assessment of their substantive validities, a.a.O., S. 732.

einer gemeinsamen Liste angeordnet. Eine für die Grundgesamtheit repräsentative Teilauswahl von Personen wird dann vor die Aufgabe gestellt, die Indikatoren den ihrer Meinung nach passenden Konstrukten zuzuordnen.

3.2.1 *Vorgehen des Indikatorenzuordnungsverfahrens*

Dem Ansatz von Anderson und Gerbing folgend, wurden die 16 formativen Indikatoren der Stadionatmosphäre mit den Indikatoren der Konstrukte *Stadionästhetik* und *Stadionkomfort* vermischt. Die Konstrukte Stadionästhetik und Stadionkomfort sowie die dazugehörigen Indikatoren (Stadionästhetik = 11 Indikatoren, Stadionkomfort = 15 Indikatoren) wurden der Literatur entnommen.[387] Als *Versuchspersonen* dienten *34 regelmäßige Stadionbesucher* des Fußball-Bundesliga-Zweitligisten Hansa Rostock. Damit entspricht diese Teilauswahl der für das Indikatorenzuordnungsverfahren empfohlenen Größe von 12 bis 30 Personen.[388] Den Versuchspersonen wurde in Einzelinterviews am Rande eines Testspiels jeweils eine kurze allgemeinverständliche Definition der Konstrukte präsentiert und sie wurden anschließend gebeten, die insgesamt 42 Indikatoren den Konstrukten Stadionatmosphäre, Stadionästhetik und Stadionkomfort zuzuordnen.[389]

3.2.2 *Darstellung und Interpretation der Ergebnisse*

Zur Beurteilung der substanziellen Validität der Indikatoren empfehlen Anderson und Gerbing die Berechnung von zwei Gütemaßen, die sich auf Basis der durch die Ver-

---

[387] Vgl. Wakefield, K., Blodgett, J.G., Sloan, H.J. (1996): Measurement and management of the sportscape, in: Journal of Sport Management, Vol. 10, January, S. 15-31.; Wakefield, K.L., Blodgett, J.G. (1994): The importance of servicescapes in leisure service settings, a.a.O., S. 66-76.; Wakefield, K.L., Blodgett, J.G. (1996): The effect of the servicescape on customers behavioral intentions in leisure service settings, in: Journal of Services Marketing, Vol. 10, S. 45-61.; Wakefield, K.L., Blodgett, J.G. (1999): Customer response to intangible and tangible service factors, a.a.O., S. 51-68.; Bloch, P.H., Ridgway, N.M., Dawson, S.A. (1994): The shopping mall as consumer habitat, a.a.O., S. 23-42. Bei letztgenannter Quelle handelt es sich nicht um eine Untersuchung im Kontext eines Sportstadions, sondern es steht ein Shoppingcenter im Mittelpunkt der Betrachtung. Dieses wird jedoch hinsichtlich seines „aesthetic appeal" beurteilt, weshalb die Indikatoren in leicht abgewandelter Form auch für das Konstrukt Stadionästhetik im Rahmen des hier verfolgten Zwecks verwendet werden können.

[388] Vgl. Anderson, J.C., Gerbing, D.W. (1991): Predicting the performance of measures in a confirmatory factor analysis with a pretest assessment of their substantive validities, a.a.O., S. 735.

[389] Die Indikatoren der Konstrukte Stadionästhetik und Stadionkomfort sowie die bei der Befragung angegebenen Kurzdefinitionen finden sich in Anhang I A5. Die verwendete Checkliste ist Anhang I A6 zu entnehmen.

suchspersonen durchgeführten Zuordnungen berechnen lassen.[390] Das **PSA-Maß** (proportion of substantive agreement) zeigt die Übereinstimmung zwischen der vom Forscher vermuteten Zuordnung der überprüften Indikatoren zu dem interessierenden Konstrukt und der von den befragten Personen tatsächlich vorgenommenen Zuordnung. Dieses Maß errechnet sich wie folgt:

$$PSA = \frac{\text{Anzahl der „korrekten" Zuordnungen}}{\text{Anzahl der befragten Personen}}$$

Die Werte des PSA-Maßes bewegen sich dementsprechend zwischen Null und Eins, wobei höhere Werte eine größere Übereinstimmung zwischen den Versuchspersonen und den Vermutungen des Forschers anzeigen und eine hohe substanzielle Validität bedeuten.

Das *CSV-Maß* (substantive validity coefficient) bildet dagegen das Ausmaß ab, in dem die Befragungspersonen die Indikatoren dem vorgesehenen Konstrukt häufiger zuordnen als irgendeinem anderen Konstrukt. Das CSV-Maß berechnet sich folgendermaßen:

$$CSV = \frac{\text{Anzahl der „korrekten" Zuordnungen} - \text{höchste Anzahl der Zuordnung zu einem anderen Konstrukt}}{\text{Anzahl der befragten Personen}}$$

Für das CSV-Maß ergeben sich Werte zwischen -1 und 1. Hohe Werte deuten auf große substanzielle Validität eines Indikators hin. Allerdings bezieht sich die Validität bei einem hohen negativen Wert auf ein anderes als das vorgesehene Konstrukt, da der entsprechende Indikator dann mehrheitlich einem ganz bestimmten anderen Konstrukt zugeordnet wurde.

Mit Ausnahme von zwei Indikatoren weisen alle formativen Indikatoren der Stadionatmosphäre hohe PSA-Werte oberhalb von 0,7 auf.[391] Einzig die Indikatoren *„Flutlichtspiele"* (PSA-Wert = 0,62) und *„Zuschauerränge sind direkt am Spielfeld"* (PSA-

[390] Vgl. zu den folgenden Ausführungen Anderson, J.C., Gerbing, D.W. (1991): Predicting the performance of measures in a confirmatory factor analysis with a pretest assessment of their substantive validities, a.a.O., S. 734.

[391] Schwellenwerte werden von den Autoren und auch sonst in der Literatur nicht angegeben.

Maß = 0,56) zeigen vergleichsweise geringere Werte. Auch die errechneten CSV-Werte der Indikatoren sind überwiegend hoch und durchgängig positiv (vgl. Tabelle 6).

Indikatoren	PSA	CSV	Zuordnungen		N
			Atmosphäre	Max. Anzahl anderes Konstrukt	
Lebendiger, aktionsreicher Spielverlauf	**1,00**	**1,00**	34	0	34
Fangesänge	**1,00**	**1,00**	34	0	34
Füllungsgrad des Gästefanblocks	**0,85**	**0,74**	29	4	34
Einspielen von Fußballliedern und Hymnen	**1,00**	**1,00**	34	0	34
Zuschauer tragen Fanbekleidung	**0,97**	**0,94**	33	1	34
Zuschauerränge sind direkt am Spielfeld	**0,56**	**0,26**	19	10	34
Einstudierte Choreographien der Fans	**1,00**	**1,00**	34	0	34
Spannender Spielverlauf	**0,94**	**0,88**	32	2	34
Verbales Wechselspiel zwischen Fanblocks	**1,00**	**1,00**	34	0	34
Flutlichtspiele	**0,62**	**0,35**	21	9	34
Ekstatischer Jubel wenn ein Tor fällt	**1,00**	**1,00**	34	0	34
Füllungsgrad des Stadions	**0,74**	**0,56**	25	6	34
Guter Widerhall durch hallenähnliches Stadion	**0,74**	**0,53**	25	7	34
Stadionsprecher heizt das Publikum an	**0,94**	**0,91**	32	1	34
Heimmannschaft kämpft und zeigt Teamspirit	**1,00**	**1,00**	34	0	34
Laute, aktive Beteiligung vieler Zuschauer	**1,00**	**1,00**	34	0	34

Tab. 6: PSA- und CSV-Werte aller formativen Indikatoren aus dem Indikatorenzuordnungsverfahren

Quelle: eigene Darstellung

Für die Werte des CSV-Maßes lassen sich auf Basis eines Binomialtests[392] statistische Signifikanzen errechnen. Dazu wird der am wenigsten eindeutige und zugleich restriktivste mögliche Zuordnungsfall als theoretische Binomialverteilung zugrunde gelegt. Dieser theoretische Zuordnungsfall besteht darin, dass ein Indikator mit einer Wahrscheinlichkeit von 50 Prozent dem vorgesehenen Konstrukt und mit gleich hoher Wahrscheinlichkeit einem ganz bestimmten anderen Konstrukt zugeordnet wird. Alle anderen möglichen Szenarien, zum Beispiel eine Wahrscheinlichkeit von jeweils 33 Prozent bei drei Konstrukten, wäre weniger restriktiv, da sich ein statistisch signifikantes Zuordnungsergebnis bereits bei einer geringeren tatsächlichen Zuordnungsanzahl

[392] Vgl. Abdi, H. (2007): The binomial distribution. The binomial and sign tests, in: Salkind, N.J. (Hrsg.): Encyclopedia of measurement and statistics, Thousand Oaks.

ergeben würde als im erstgenannten Fall.[393] Daraufhin kann nach Festlegung eines bestimmten Signifikanzlevels ein kritischer Zuordnungswert errechnet werden. Dieser liegt für das hier durchgeführte Zuordnungsverfahren bei 24 Zuordnungen bei einem Signifikanzlevel in Höhe von $p < 0.05$ beziehungsweise bei 28 Zuordnungen bei einem Signifikanzlevel von $p < 0.000$. Das entspricht CSV-Werten von 0,41 beziehungsweise 0,65. Den Wert von 0,41 unterschreiten einzig die zwei bereits hinsichtlich des CSA-Maßes kritischen Indikatoren *„Flutlichtspiele"* und *„Zuschauerränge sind direkt am Spielfeld"*. Alle anderen Indikatoren wurden von den Versuchspersonen statistisch signifikant häufiger dem Konstrukt Stadionatmosphäre zugeordnet als den Konstrukten Stadionkomfort oder Stadionästhetik (vgl. Tabelle 7).

Variablen	**Statistik**			
	Zuordnungen zur Stadion-atmosphäre	**Beobachteter Anteil**	**Testanteil**	**Asymptotische Signifikanz (2-seitig)**
Lebendiger, aktionsreicher Spielverlauf	34	1,00	,50	,000(a)
Fangesänge	34	1,00	,50	,000(a)
Füllungsgrad des Gästefanblocks	29	,85	,50	,000(a)
Einspielen von Fußballliedern und Hymnen	34	1,00	,50	,000(a)
Zuschauer tragen Fanbekleidung	33	,97	,50	,000(a)
Zuschauerränge sind direkt am Spielfeld	19	,56	,50	**,608(a)**
Einstudierte Choreographien der Fans	34	1,00	,50	,000(a)
Spannender Spielverlauf	32	,94	,50	,000(a)
Verbales Wechselspiel zwischen Fanblocks	34	1,00	,50	,000(a)
Flutlichtspiele	21	,62	,50	**,229(a)**
Ekstatischer Jubel wenn ein Tor fällt	34	1,00	,50	,000(a)
Füllungsgrad des Stadions	25	,74	,50	,009(a)
Guter Widerhall durch hallenähnl. Stadion	25	,74	,50	,009(a)
Stadionsprecher heizt das Publikum an	32	,94	,50	,000(a)
Heimm. kämpft und zeigt Teamspirit	34	1,00	,50	,000(a)
Laute, aktive Beteiligung vieler Zuschauer	34	1,00	,50	,000(a)

a Basiert auf der Z-Approximation.

Tab. 7: Ergebnisse des Binomialtests der Zuordnungsergebnisse aller formativen Indikatoren der Stadionatmosphäre

Quelle: eigene Darstellung

[393] Vgl. Anderson, J.C., Gerbing, D.W. (1991): Predicting the performance of measures in a confirmatory factor analysis with a pretest assessment of their substantive validities, a.a.O., S. 734.

In der Signifikanzprüfung sehen Anderson und Gerbing eine Entscheidungsunterstützung, die jedoch nicht unreflektiert als alleinige Grundlage für die Beibehaltung beziehungsweise Eliminierung von Indikatoren verwendet werden sollte. Anhand der Ergebnisse lassen sich vielmehr kritische Indikatoren ausmachen, die nochmaliger Abwägungen bedürfen. Die zwei nichtsignifikant der Stadionatmosphäre zugeordneten Indikatoren wurden daher erneut inhaltlich geprüft. In Bezug auf den Indikator *„Zuschauerränge sind direkt am Spielfeld“* lässt sich das nicht erwartete Zuordnungsergebnis vermutlich wie folgt erklären: Die Versuchspersonen interpretierten den Inhalt des Indikators teilweise anders als dies vorgesehen war. Viele Versuchspersonen deuteten die direkte Nähe der Zuschauerränge dahingehend, dass dadurch eine besonders gute Sicht auf das Spielgeschehen gewährleistet ist und ordneten ihn deshalb dem Konstrukt Stadionkomfort zu.[394] In der vorliegenden Untersuchung wird mit dem Indikator jedoch nicht auf eine gute Sicht auf das Wettkampfgeschehen abgestellt, sondern es geht um den subjektiven Eindruck, sich direkt am Spielgeschehen beteiligt zu fühlen und somit eine Art integrativer Bestandteil des Treibens im Stadion zu sein. Diese direkte Nähe zum Spielgeschehen ist eher als Reiz im Sinne der vorgenommenen Definition von Stadionatmosphäre zu sehen und weniger als Faktor des Stadionkomforts. Um diese Facette der Stadionatmosphäre im Messmodell abzubilden, wird der Indikator folglich trotz des nichtsignifikanten Zuordnungsergebnisses beibehalten. Allerdings muss er für die weitere Verwendung eindeutiger formuliert werden, um den vorgesehenen Sachverhalt zu erfassen.[395] Eine solche Fehldeutung durch die Versuchspersonen kann für den Indikator *„Flutlichtspiele“* nicht ausgemacht werden. Diesen Aspekt der Stadionumwelt verbinden die befragten Personen offenbar nur teilweise mit dem Konstrukt der Stadionatmosphäre. Zudem erreichte dieser Indikator im Rahmen der Expertenbefragung (Pretest 2) lediglich den zwanzigsten Platz in der Wichtigkeitsrangfolge. Aus diesen Gründen wird der Indikator *„Flutlichtspiele“* schließlich aus dem Messmodell entfernt.

4 Generierung reflektiver Indikatoren der Stadionatmosphäre

Entsprechend der Konstruktkonzeptionalisierung lösen die identifizierten Umweltreize des Sportstadions als formative Indikatoren spezielle gefühlsweltbezogene Empfindungen der Zuschauer aus. Diese Empfindungen der Zuschauer im Stadion sind der konzeptionelle Ansatzpunkt für die Generierung reflektiver Indikatoren des Konstrukts

---

[394] Über diese Information verfügt der Autor, da er sämtliche Interviews persönlich durchgeführt hat und daher Kommentare der Probanden erfassen konnte.

[395] Vgl. dazu Abschnitt D 2.1.1.

Stadionatmosphäre. Zur Spezifikation des vorgeschlagenen MIMIC-Modells müssen im nächsten Untersuchungsschritt die während eines Stadionaufenthalts *typischerweise empfundenen Gefühlszustände* der Zuschauer ergründet werden. Es ist davon auszugehen, dass die gefühlsmäßige Befindlichkeit von Zuschauern sowohl während eines Stadionbesuchs als auch über mehrere Besuche hinweg deutlichen Schwankungen unterliegt. Vor allem konkrete Ereignisse wie ein Tor des favorisierten Teams oder der gegnerischen Mannschaft gehen vermutlich mit sehr intensiven Gefühlszuständen unterschiedlicher Gefühlsqualität bei vielen Stadionbesuchern einher. Gerade der Spielstand dürfte maßgeblich zur gefühlsmäßigen Befindlichkeit der oftmals stark mit einem bestimmten Team identifizierten Zuschauer beitragen. Zur Erfassung des Konstrukts Stadionatmosphäre soll jedoch versucht werden, generelle, spielübergreifende Gefühlszustände der Zuschauer zu identifizieren, die die Zuschauer wiederholt verspüren, auch wenn sie mitunter durch positiv oder negativ bewertete akute Reize abgewandelt werden.

In zahlreichen Studien[396] wurde bereits versucht, Erlebnissphären von Konsumenten aufzudecken und empirischen Messungen zugänglich zu machen. Ein kurzer Literaturüberblick über diese Studien soll zunächst Anhaltspunkte für die Formulierung reflektiver Indikatoren des Konstrukts Stadionatmosphäre aufzeigen. Daraufhin werden die Ergebnisse von fünf Tiefeninterviews mit Stadionbesuchern vorgestellt und daraus reflektive Indikatoren der Stadionatmosphäre abgeleitet.

4.1 Reflektive Indikatoren aus Studien zu hedonischen Konsumleistungen

Mit Blick auf die Erkenntnisse vieler Forschungsarbeiten im Bereich des hedonischen Konsums und insbesondere der Sportzuschauerforschung sind bei den Stadionbesuchern überwiegend sehr intensive und zugleich angenehme Gefühlszustände zu erwarten.[397] Um eine Vorstellung davon zu erhalten, wie das Auftreten speziell solcher intensiven und angenehmen Gefühlszustände gemessen werden kann und wie sich gefühlsmäßige Befindlichkeiten bei Konsumenten generell identifizieren lassen, sollen vorliegende Studien zu dieser Thematik betrachtet werden.

Mehrere qualitative Untersuchungen im Kontext verschiedener hedonischer Konsumaktivitäten deckten Empfindungen von hoher Stimulation, Spaß und Vergnügen als

[396] Vgl. die Quellenangaben in FN 398.
[397] Vgl. Abschnitt B 4.2.2.

kennzeichnende Erlebensqualitäten der Konsumenten auf.[398] Zumeist verfolgten die Studien nicht primär das Ziel, speziell die Gefühlszustände der Konsumenten zu ergründen, sondern versuchten allgemein die Beweggründe für verschiedene Konsumaktivitäten herauszufinden. Das Erleben spezifischer Gefühlszustände wurde dabei als eines der Bedürfnisse ausgemacht, das durch bestimmte Konsumaktivitäten befriedigt werden kann. In Tabelle 8 sind ausgewählte Studien und das dabei verfolgte Vorgehen aufgeführt. Ferner sind beispielhaft einige von den Probanden der Studien getätigte Aussagen angegeben, die sich auf ihre Gefühlswelt während des Konsums beziehen.

[398] Vgl. Thompson, C.J., William, B.L., Howard, R.P. (1990): The lived meaning of free choice: An existential-phenomenological description of everyday consumer experiences of contemporary married women, in: Journal of Consumer Research, Vol. 17, December, S. 346-361.; Babin, B.J., Darden, W.R., Griffin, M. (1994): Work and or fun: Measuring hedonic and utilitarian shopping value, a.a.O., S. 644-656.; Sherry, J.F. (1990): A sociocultural analysis of a midwestern American flea market, a.a.O., S. 13-30.; Chandon, P., Wansink, B., Laurent, G. (2000): A benefit congruency framework of sales promotion effectiveness, a.a.O., S. 65-81.; Arnold, M.J., Reynolds, K.E. (2003): Hedonic shopping motivations, a.a.O., S. 77-95.; Celsi, R.L., Rose, R.L., Leigh, T.W. (1993): An exploration of high-risk leisure consumption through skydiving, in: Journal of Consumer Research, Vol. 20, S. 1-23.

Studie ▪ Thematischer Kontext ▪ Verfahren	**Aussagen der Probanden**
Thompson et al. 1990, S. 357 ▪ Shopping ▪ Interview	"It's a high." "It's a thrill."
Sherry 1990, S. 17 u. 23 ▪ Shopping (Flohmarkt) ▪ Ethnographische Fallstudie, strukturierte und unstrukturierte Interviews	„I like the atmosphere at the flea market – the feeling you get there." "The flea market taps my adventurous streak." "There's a sense of excitement with lots of people being there, the whole thing is just exhilarating, other people's excitement is conta-
Chandon et al. 2000, S. 69 ▪ Sales Promotion ▪ Interviews	„Sweepstakes in the store create a nice and exciting atmosphere."
Arnold/Reynolds 2003, S. 91 ▪ Shopping ▪ Tiefeninterviews	„It gets me all excited!" „It's an adventure for me." "I enjoy shopping. It brings me great excitement and sometimes suspense…"
Celsi et al. 1993, S. 8f. ▪ Aktiver Sportkonsum ▪ Beobachtung, Interviews	"I'm still feeling the thrill and excitement." "The excitment is so tremendous." "Free-fall is fun, exhilarating…"

Tab. 8: Gefühlsbeschreibungen von Konsumenten bezüglich verschiedener hedonischer Konsumaktivitäten
Quelle: eigene Darstellung

In weiterführenden quantitativen Untersuchungen wurden die identifizierten Gefühlszustände der Konsumenten teilweise als Indikatoren zur Messung verschiedener Konstrukte verwendet. Dazu werden in der Regel Aussagen formuliert, die das gefühlsmäßige Befinden einer Person zum Ausdruck bringen sollen. Anhand des Ausmaßes an Zustimmung zu diesen Aussagen werden schließlich die Gefühlszustände der befragten Konsumenten bestimmt. Tabelle 9 gibt einen Überblick über Formulierungen von Indikatoren zur Erfassung von Gefühlszuständen, die in vergangenen Studien zur Messung verschiedener Konstrukte eingesetzt wurden.

Studie ▪ Thematischer Kontext ▪ Gemessenes Konstrukt	**Formulierung der Indikatoren**
Kao et al. 2007, S. 89 ▪ Passiver Vor-Ort-Sportkonsum ▪ "Emotional Experience"	"I feel joyful by the atmosphere on the scene." "The game is cliff-hanging."
Pons et al. 2006, S. 281 ▪ Passiver Vor-Ort-Sportkonsum ▪ "Sensation Seeking"	"I am always excited when I am going to a sporting event." "For me, attending sporting events is a real pleasure."
Babin et al. 1994, S. 649 ▪ Shopping ▪ "Hedonic shopping value"	"During the trip, I felt the excitement of the hunt." "This shopping trip truly felt like an escape." "While shopping I felt a sense of adventure."
Chandon et al. 2000, S. 69 ▪ Sales Promotion ▪ „Entertainment"	„These promotions are entertaining." "These promotions are enjoyable."
Arnold/Reynolds 2003, S. 82 ▪ Shopping ▪ „Adventure Shopping"	„To me, shopping is an adventure." „I find shopping stimulating." „Shopping is a thrill to me."
Hopkinson/Pujari 1999, S. 275 ▪ Aktiver Sportkonsum ▪ "Enjoyment" und "Danger"	"It makes me feel I am in a different world." "It's such an incredible adrenaline rush."
Babin et al. 2005, S. 136 ▪ Restaurantbesuch ▪ „Affect"	„…truly felt an escape." „I enjoyed being immersed in exciting new things." "I enjoyed the experience for its own sake…"
Hightower et al. 2002, S. 705 ▪ Passiver Vor-Ort-Sportkonsum ▪ „Servicescape"	„In general, …'s physical environment pleases me." „Generally, I am impressed with the environment when I go to…"

Tab. 9: Ausgewählte Formulierungen von Indikatoren zur Erfassung von Gefühlszuständen
Quelle: eigene Darstellung

Bei einer näheren Betrachtung der in den Studien verwendeten Indikatoren fällt auf, dass diese zum Teil einen eher Umwelt beschreibenden Charakter haben und sich nicht direkt auf die tatsächliche Gefühlswelt der befragten Personen beziehen. Die Indikatoren *„The game is cliff-hanging"* von Kao et al. und *„These promotions are enjoyable"* von Chandon et al. sind beispielsweise genau genommen eher Beurteilungen der vermuteten gefühlsauslösenden Fähigkeiten von Umweltreizen. Eine Zustimmung zu der Aussage *„These promotions are enjoyable"* deutet zum Beispiel nicht zwingend auf das tatsächlich subjektiv erlebte Gefühl des Erfreut- oder Amüsiertseins hin, sondern könnte auch bedeuten, dass die befragte Person den Sales Promotions generell einen Vergnügen auslösenden Charakter bescheinigt.[399] Es darf jedoch davon ausgegangen werden, dass die Teilnehmer in einer Befragung eine solche Unterscheidung für sich nicht treffen und derart formulierten Aussagen nur dann zustimmen, wenn sie die entsprechenden Gefühlszustände auch wirklich selbst erleben.

4.2 Identifikation typischer Gefühlsqualitäten von Stadionbesuchern durch Tiefeninterviews

Die Gefühlszustände der Vor-Ort-Sportzuschauer sind intrapsychische Größen, die nicht aufgedeckt und näher bestimmt werden können, ohne auf die introspektive Sicht der Zuschauer zurückzugreifen.[400] Daher wurden in der vorliegenden Untersuchung fünf *nichtstandardisierte Tiefeninterviews* mit jeweils einem Stadionbesucher durchgeführt. Als Untersuchungskontext wurde wie bei der Generierung formativer Indikatoren die Sportart Fußball gewählt. Alle fünf Probanden (vier männliche, eine weibliche Person, Alter zwischen 22 und 62 Jahren) sind seit mehreren Jahren regelmäßige Besucher von Spielen der Fußballbundesliga. Zum Zeitpunkt der Interviews waren sie jedoch keine Dauerkarteninhaber bei einem Verein. Obwohl die Probanden jeweils Anhänger eines ganz bestimmten Vereins sind, haben sie aus allgemeinem Interesse in der Vergangenheit des Öfteren nicht nur die Spiele des von ihnen favorisierten Teams besucht, sondern auch die Spiele anderer Vereine.

4.2.1 Vorgehen der Tiefeninterviews

In den situationsflexiblen Einzelinterviews wurde versucht, qualitativ zu ergründen, welche Gefühlszustände während des Besuchs einer Fußballveranstaltung spielübergreifend auftreten. Damit handelte es sich im Wesentlichen um ein phänomenologisches Vorgehen[401] beziehungsweise einen interpretativen[402] oder verstehenden[403] Ansatz. Nach Graumann dient die Phänomenologie einer umfassenden Untersuchung der

---

[399] Vgl. zu dieser Problematik die Ausführungen zur „affektiven Qualität" von Umwelten in den Abschnitten B 1.2.3 und B 3.2.

[400] Vgl. Taylor, S., Bogdan, R. (1984): Introduction to qualitative research methods: The search for meanings, New York.

[401] Vgl. Gifford, R. (1997): Environmental psychology. Principles and practice, a.a.O., S. 28.

[402] Vgl. Hudson, L.A., Ozanne, J.L (1988): Alternative ways of seeking knowledge in consumer research, in: Journal of Consumer Research, Vol. 14, March, S. 508-522.

[403] Vgl. Kröber-Riel, W., Weinberg, P. (2003): Konsumentenverhalten, a.a.O., S. 15.

Lebenswelt wie sie ist und wie sie gelebt wird.[404] Zur Erreichung der mit den Tiefeninterviews verfolgten Zielstellung ist der phänomenologische Ansatz als geeignet einzustufen, da offene und unvoreingenommene Beschreibungen der Zuschauer eingeholt werden sollten.

Die Interviews wurden in Büroräumen außerhalb des Stadions durchgeführt und fanden an spielfreien Tagen statt. Dieses Vorgehen ist insofern problematisch, als dass es keine unmittelbare Erfassung der im Stadion erlebten Gefühlszustände ermöglichte. Cohen und Areni bezeichnen solche im Nachhinein erinnerten Gefühle als „affective trace".[405] Damit wurde jedoch gewährleistet, dass die Aussagen der interviewten Personen nicht zu stark dem Einfluss eines bestimmten Spiels und dessen Ausgang unterliegen und sich mehr auf generell erinnerte Empfindungen beziehen, die mit Stadionbesuchen typischerweise in Verbindung gebracht werden.

In einer kurzen Einführung erhielten die Probanden zunächst die Information, dass die Interviews der Untersuchung des Verhaltens von Sportzuschauern dienen. Daraufhin wurden sie gebeten, über ihr Erleben während eines Besuchs in einem Fußballstadion zu berichten und ihre dabei erlebten Gefühle darzulegen. Anhand der anfänglichen Ausführungen der Probanden wurde eingeschätzt, ob die Fragestellung für die Person verständlich war oder nicht. Gegebenenfalls wurde die Fragestellung durch andere Formulierungen verständlicher gemacht oder näher erklärt. Die Angaben der Probanden wurden direkt schriftlich notiert.

4.2.2 Ergebnisse der Tiefeninterviews und Herleitung reflektiver Indikatoren

In sämtlichen fünf Interviews bestätigten sich die in der Literatur angedeuteten Schwierigkeiten bei der Bestimmung von Gefühlszuständen.[406] Da die Probanden keine exakte Vorstellung davon hatten, welcher Sachverhalt mit der Frage nach Gefühlen genau gemeint ist, bezogen sich die Angaben oftmals auf andere Aspekte als die eigene Gefühlswelt. Sehr häufig konnte die Erscheinung beobachtet werden, dass die Probanden Aspekte nannten, die ihre eigene Befindlichkeit offenbar beeinflussen, ohne

[404] Vgl. Graumann, C.F. (2002): The phenomenological approach to people-environment studies, in: Bechtel, R. B., Churchman, A. (Hrsg.): Handbook of environmental psychology, New York, S. 97.
[405] Vgl. Cohen, J.B., Areni, C.S., (1991): Affect and consumer behavior, a.a.O., S. 192.
[406] Vgl. Nerdinger, F.W. (2001): Psychologie des persönlichen Verkaufs. Lehr- und Handbücher der Psychologie, a.a.O., S. 34.

aber das von ihnen bewusst erlebte Gefühl selbst zu bezeichnen. Folgende Aussagen sind typische Beispiele dafür:

> *„Das Gefühl hängt vom Spiel ab…"(Probanden 1 und 3). „Wie man sich fühlt, ist abhängig davon, ob man sitzt oder steht" (Proband 5).*[407]

Viele der von den Probanden gewählten Formulierungen deuten darauf hin, dass die von den Stadionbesuchern erlebten Gefühlszustände offenbar von ihrem Alltagserleben abweichen und etwas Besonderes sind. Ob die Gefühlsqualität dabei positiv oder negativ ist, wird nicht immer direkt ersichtlich und muss gedeutet werden:

> *„Man kann Emotionen pur erleben" (Proband 3). "Das ist sehr emotional...wenn man im Stadion ist, herrscht eine ganz besondere Stimmung" (Proband 2).*

Aus derartigen Aussagen lässt sich jedoch unter Berücksichtigung der Art und Weise, wie die Probanden ihre Äußerungen kundtaten, auf tendenziell positive Gefühlszustände schließen. Es war offensichtlich, dass sich die geäußerte Emotionalität auf vergnügliche Erlebensqualitäten bezieht.

Einige Aussagen der Probanden erweisen sich als Beschreibungen beziehungsweise Vermutungen der Gefühlszustände anderer Stadionbesucher:

> *„Im Stadion herrscht allgemein totale Begeisterung" (Proband 4). „Meistens ist auch echt super Stimmung im Stadion" (Proband 5). „Die Leute sind einfach aufgeregt und auch voll dabei" (Proband 1). „Ja, die Stimmung ist eigentlich immer super…" (Proband 3).*

Bei gezielten Nachfragen eröffneten die Probanden jedoch, damit auch ihre eigene Gefühlswelt zu meinen und die geschilderten Erlebensweisen selbst zu erfahren. In diesem Zusammenhang sei auf Hauskeller verwiesen, der annimmt, dass Personen durch Formulierungen wie *„es herrschte eine begeisterte Stimmung"* nur deshalb vom

---

[407] Die vollständigen Gesprächsprotokolle sind Anhang I B1 zu entnehmen.

eigenen Ergriffensein abstrahieren, um das Ergriffensein anderer Menschen zu betonen.[408]

Die *inhaltsanalytische Auswertung* der Gesprächsprotokolle bestätigt insgesamt die zuvor vermutete Dominanz aufregender und vergnüglicher Erlebensqualitäten der Stadionbesucher. In den Schilderungen sämtlicher Probanden finden sich direkte Hinweise auf das Erleben von sehr intensiven und positiv bewerteten Gefühlszuständen:

Proband 1: *„Allgemein ist das...sehr spannend im Stadion...Ich würde das so beschreiben, dass man sich freut und aufgelöst ist...Natürlich herrscht eine tolle Stimmung, meistens. Wenn ich das mal vergleiche mit anderen Sachen, ist im Stadion immer was los. Die Leute sind einfach aufgeregt und auch voll dabei."*

Proband 2: *„Ich habe Spaß dabei und kann mich da voll reinsteigern. Wenn man im Stadion ist, herrscht eine ganz besondere Stimmung. Ja, auch bei sich selbst. Das ist sehr emotional, diese ganze Begeisterung für den Verein. Da spielt schon immer eine gewisse Aufregung mit."*

Proband 3: *„Allein das Gefühl, wenn man das Stadion betritt ist überwältigend. Diese Kulisse...ist wirklich...totaler Wahnsinn. Man fühlt sich mitgerissen von dem ganzen Trubel im Stadion. Da kann man einfach Emotionen pur erleben. Das ist das typische Gänsehautgefühl, das man immer erlebt...Ich bin schon aufgeregt und man fühlt die Spannung. Ja, das ist ein schönes Gefühl."*

Proband 4: *„Eigentlich ist man immer aufgeregt...Die passenden Worte dafür sind auf jeden Fall begeistert, aufgekratzt und auch mitgerissen. Insgesamt ist das ein gutes Gefühl, denn im Stadion herrscht allgemein totale Begeisterung."*

Proband 5: *„Wenn man richtig in der Kurve steht und mitmacht, dann ist das cool. Es ist ein gutes Gefühl...Meistens ist auch echt super Stimmung im Stadion."*

---

[408] Vgl. Hauskeller, M. (1995): Atmosphären erleben. Philosophische Untersuchungen zur Sinneswahrnehmung, a.a.O., S. 52.

Die explizit von den Probanden erwähnten Befindlichkeiten sowie Deutungen latenter Inhalte in den Aussagen lassen insgesamt den Schluss zu, dass das Verspüren von starker Stimulation und Vergnügen typische und präferenzgerechte Erlebensqualitäten der Stadionbesucher sind. Mit der reflektiven Messung des Konstrukts Stadionatmosphäre müssen daher diese spezifischen Erlebensqualitäten abgedeckt werden. Zur Erfassung des erlebten Vergnügens scheinen verbale Aussagen der untersuchten Personen geeignet zu sein. Fraglich ist allerdings, ob auch das Ausmaß an Aktivierung als am eigenen Leib gespürtes Gefühl aufgefasst werden kann. In der Regel erfolgt die Erfassung von Aktivierungszuständen anhand physiologischer Größen des menschlichen Körpers. Dazu werden beispielsweise Herzfrequenz- oder Hautwiderstandsmessungen durchgeführt. Aktivierungsmessungen auf Basis dieser Parameter wird eine im Vergleich zu verbalen Selbstauskünften höhere Validität zugesprochen, da sie keinen subjektiven Interpretationen der befragten Personen unterliegen und zudem simultan zum Auftreten der Aktivierung durchgeführt werden. Erregungszustände, die durch zeitversetzt getätigte verbale Selbstangaben bestimmt werden, sind in der Regel schwächer ausgeprägt als die tatsächliche Aktivierung.[409] Trotz dieses Nachteils lässt sich die selbst verspürte Erregung auch als bewusst erlebtes Aktivierungsgefühl interpretieren.[410] Dies dürfte insbesondere dann möglich sein, wenn es wie im vorliegenden Fall darum geht, vergleichsweise starke Schwankungen des Aktivierungsniveaus zu erfassen und nicht darum, innerhalb sehr geringer oder sehr hoher Erregungslevels feine Abstufungen zu bestimmen. So ist davon auszugehen, dass Personen, die Begeisterungszustände durchleben, sich ihrer eigenen starken Aktivierung bewusst sind, zumal typische physiologische Parameter wie ein schnellerer Herzschlag durchaus am eigenen Leib spürbar sind.

Durch die reflektiven Indikatoren muss demnach erfasst werden, ob zugleich Gefühle von Vergnügen und hoher Aktivierung bei den Stadionbesuchern vorliegen. Obwohl sich die Aspekte Vergnügen und Aktivierung in vielen empirischen Überprüfungen als zwei unabhängige Dimensionen herausgestellt haben[411], lassen sich auch spezifische

---

[409] Vgl. Gröppel-Klein, A. (2004): Aktivierungsforschung und Konsumentenverhalten, in: Gröppel-Klein, A. (Hrsg.): Konsumentenverhaltensforschung im 21. Jahrhundert, Wiesbaden, S. 42.

[410] Vgl. Russell, J.A., Weiss, A., Mendelsohn, G.A. (1989): Affect grid: A single-item scale of pleasure and arousal, a.a.O., S. 494.; Mehrabian, A., Russell, J.A. (1974): An approach to environmental psychology, a.a.O., S. 18f.

[411] Vgl. Watson, D., Tellegen, A. (1985): Toward a consensual structure of mood, in: Psychological Bulletin, Vol. 98, S. 219.; Mehrabian, A., Russell, J.A. (1974): An approach to environmental psychology, a.a.O., S. 22ff.; Russell, J., Pratt, G. (1980): A description of the affective quality attributed to environments, a.a.O., S. 317.

Kombinationen beider Größen verbal beschreiben.[412] Hohe Ausprägungen von Vergnügen und Aktivierung kommen in Worten wie *Begeisterung, Ekstase, Enthusiasmus* oder *Rausch* zum Ausdruck. Zudem kommt es bei der reflektiven Messung der Stadionatmosphäre nicht darauf an, die Gefühlszustände der Zuschauer umfassend zu messen, sondern darauf, das Vorliegen der definierten Gefühlskombination aus hohem Vergnügen und hoher Aktivierung zu überprüfen. Gemäß der Konstruktdefinition liegt gute Stadionatmosphäre dann vor, wenn diese als präferenzgerecht definierte Gefühlskombination in Verbindung mit bestimmten Umweltreizen zu beobachten ist.

Sobald der durch die Indikatoren zu erfassende Inhalt klargestellt worden ist, besteht hinsichtlich der konkreten Auswahl reflektiver Indikatoren im Vergleich zu ihren formativen Gegenstücken relativ große Freiheit. Die Auswahl kann zum Beispiel zufällig aus einem Pool aller in Frage kommenden Indikatoren erfolgen oder sich an Kriterien wie der zu erwartenden Verständlichkeit für die befragten Personen orientieren.[413] Auf letztgenannten Aspekt ist im Falle des hier entwickelten Messansatzes besonderes Augenmerk zu richten. Die Indikatorenformulierungen müssen an der Alltagssprache orientiert werden und möglichst für alle befragten Stadionbesucher verständlich sein. In den Tiefeninterviews verwendeten die Probanden vor allem die Begriffe Begeisterung, Stimmung und Emotionen, um ihr Erleben im Stadion zu beschreiben. Daher wurde auch in den Indikatorenformulierungen von diesen Begriffen Gebrauch gemacht. Folgende sieben Indikatoren wurden vorläufig formuliert:

Im Stadion…

…ist eine richtig tolle Stimmung (1)
…herrscht eine riesige Begeisterung (2)
…erlebt man „Emotionen pur" (3)
…herrscht eine echte Gänsehaut-Stimmung (4)
…empfindet man wahren Nervenkitzel (5)
…herrscht eine mitreißende Euphorie (6)
…ist eine Stimmung wie im Rausch (7)

---

412 Vgl. dazu Abschnitt B 1.2.3 sowie Russell, J.A., Weiss, A., Mendelsohn, G.A. (1989): Affect grid: A single-item scale of pleasure and arousal, a.a.O., S. 493-502.

413 Vgl. Fassott, G., Eggert, A. (2005): Zur Verwendung formativer und reflektiver Indikatoren in Strukturgleichungsmodellen: Bestandsaufnahme und Anwendungsempfehlungen, a.a.O., S. 38.; Götz, O., Liehr-Gobbers, K. (2004): Analyse von Strukturgleichungsmodellen mit Hilfe der Partial-Least-Squares(PLS)-Methode, a.a.O., S. 719.; Clark, L.A., Watson, D. (1995): Constructing validity: Basic issues in objective scale development, a.a.O., S. 313.

Bei einer genauen Wortauslegung ist ersichtlich, dass sich die Formulierungen der Indikatoren Eins, Zwei, Vier, Sechs und Sieben nicht direkt auf die eigene Gefühlswelt der befragten Personen beziehen. Wie oben bereits erwähnt, ist jedoch davon auszugehen, dass die Stadionbesucher im Rahmen einer Befragung diese Unterscheidung nicht vollziehen und den Aussagen nur dann zustimmen, wenn sie die bezeichneten Erlebensqualitäten auch selbst mitfühlen.

Die Anzahl von sieben Indikatoren sollte einerseits gewährleisten, den in der vorgesehenen Hauptstudie eingesetzten Fragebogen nicht zu umfangreich werden zu lassen. Andererseits sollten jedoch genügend Indikatoren zur Verfügung stehen, um im Falle einer möglicherweise notwendigen Eliminierung ungeeigneter Indikatoren im späteren statistischen Skalenbereinigungsprozess noch hinreichend viele Indikatoren im Messmodell zur Verfügung zu haben.

Nachdem formative und reflektive Indikatoren identifiziert worden sind, lässt sich ein MIMIC-Modell als Messansatz des Konstrukts Stadionatmosphäre spezifizieren. In Abbildung 11 ist der Messansatz graphisch dargestellt. Die Formulierungen insbesondere der formativen Indikatoren sind noch nicht endgültig und in verkürzter Form angegeben.

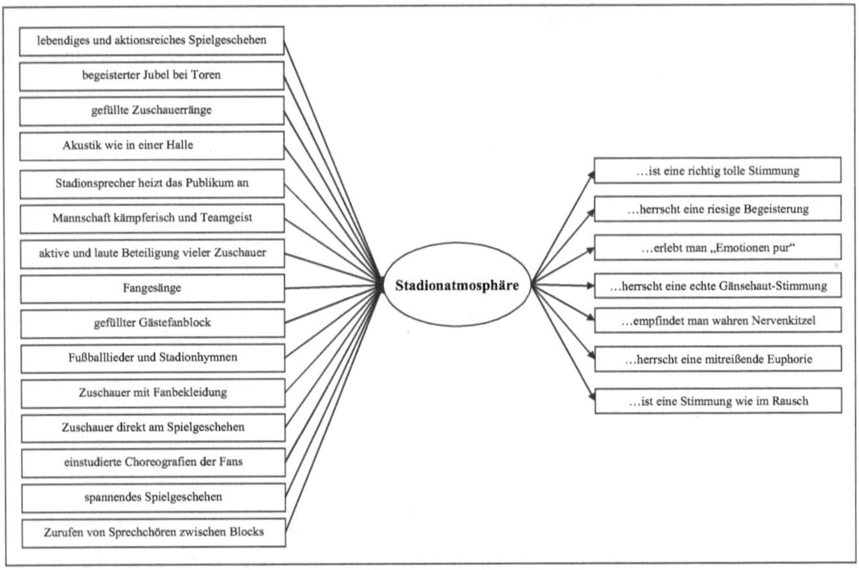

Abb. 11: MIMIC-Modell als Messansatz des Konstrukts Stadionatmosphäre

Quelle: eigene Darstellung

D Empirische Prüfung des entwickelten Messmodells der Stadionatmosphäre

Für die Beurteilung der Güte von Messmodellen theoretischer Konstrukte werden wie im Falle jedes anderen Messinstruments die zwei zentralen Kriterien *Reliabilität* und *Validität* herangezogen. Diese Gütekriterien beziehen sich auf die Fähigkeiten eines Messmodells das entsprechende Konstrukt verlässlich (reliabel) und gültig (valide) zu messen.[414] Für Messmodelle theoretischer Konstrukte ist eine Überprüfung hinsichtlich dieser Kriterien jedoch nur sehr schwierig möglich, da sich die Messung auf einen abstrakten und komplexen Sachverhalt bezieht, dessen Existenz prinzipiell nur indirekt erkennbar ist und dessen „wahre" Ausprägung nicht sicher aufgedeckt werden kann. Insofern ist es äußerst problematisch ein Urteil über die Korrektheit von Konstruktmessungen zu fällen. Dennoch haben sich einige Verfahrensweisen etabliert, die es erlauben die Güte von Messmodellen zu bewerten und zu verbessern.

In diesem Kapitel werden zunächst die zur Güteprüfung von Messmodellen geeigneten Reliabilitäts- und Validitätsarten gekennzeichnet und die einschlägigen Verfahren zu deren Bestimmung vorgestellt. Die Mehrheit dieser Verfahren beruht auf der Grundlage quantitativen Datenmaterials, weshalb in der vorliegenden Untersuchung eine Befragung unter den Zuschauern des Fußball-Bundesligisten FC Hansa Rostock durchgeführt wurde. Das Vorgehen der Zuschauerbefragung wird im zweiten Abschnitt dieses Kapitels präsentiert. Daraufhin wird das im vorangegangenen Hauptgliederungspunkt entwickelte Messmodell der Stadionatmosphäre mit Hilfe geeigneter Auswertungsverfahren einer umfassenden Gütebeurteilung unterzogen. Die Ergebnisse der Überprüfung werden ausführlich dargestellt und interpretiert.

---

[414] Vgl. Churchill, Jr. G.A. (1979): A paradigm for developing better measures of marketing constructs, a.a.O., S. 65.; Hildebrandt, L. (1984): Kausalanalytische Validierung in der Marketingforschung, in: Marketing ZFP, Februar, No. 1, S. 41.; Balderjahn, I. (2003): Validität. Konzept und Methoden, a.a.O., S. 131.; Homburg, C., Giering, A. (1996): Konzeptualisierung und Operationalisierung komplexer Konstrukte. Ein Leitfaden für die Marketingforschung, a.a.O., S. 6f.

1 Kriterien und Verfahren zur Gütebeurteilung von Messmodellen theoretischer Konstrukte

Die Wirkungsbeziehungen eines theoretischen Konstrukts zu anderen Größen können empirisch nur dann aufgedeckt werden, wenn man dazu in der Lage ist, korrekte Konstruktmessungen durchzuführen. Jede empirische Untersuchung der Zusammenhänge zwischen der Stadionatmosphäre und vor- oder nachgelagerten Konstrukten erfordert daher die Verwendung eines reliablen und validen Messmodells. Ein Messmodell ist dann *reliabel*, wenn zufällige Messfehler bei seiner Anwendung in nur sehr geringem Maße auftreten.[415] Hohe Reliabilität bedeutet folglich, dass wiederholte Messungen desselben Sachverhalts konsistente Ergebnisse liefern und diese durch zufällig auftretende Störgrößen nur wenig verzerrt werden. Konsistente Ergebnisse lassen jedoch noch keine Aussagen darüber zu, ob sich ein Messinstrument auch tatsächlich auf den zu messenden Sachverhalt bezieht. Darüber gibt das Kriterium der Validität Aufschluss, das als die bedeutsamste „wissenschaftstheoretische Anforderung an Messinstrumente" gilt.[416] Eine *valide* Messung ist frei von systematischen Messfehlern. Das Messmodell erfasst danach exakt denjenigen konzeptionellen Inhalt, für dessen Messung es theoretisch vorgesehen ist.[417]

Die Gütebeurteilung von Messmodellen konkretisiert sich durch eine Reihe spezieller Reliabilitäts- und Validitätskriterien hinsichtlich derer sie mit Hilfe verschiedener statistischer Verfahren getestet werden können. Vor allem im Rahmen der Validitätsprüfung kommen mehrere Prüfverfahren zum Einsatz, die sich jeweils auf eine bestimmte Validitätsart beziehen.[418] Wie in der Entwicklungsphase von Messmodellen bestehen auch hinsichtlich ihrer Gütebeurteilung grundlegende Unterschiede zwischen der reflektiven und der formativen Spezifikationsart, weshalb nicht sämtliche Beurteilungskriterien für beide Modelltypen geeignet sind. Daher werden die Gütekriterien sowie die zur Überprüfung eingesetzten Verfahren für reflektive und formative Messmodelle im Folgenden getrennt dargestellt.

---

[415] Vgl. Churchill, Jr. G.A. (1979): A paradigm for developing better measures of marketing constructs, a.a.O., S. 65.

[416] Balderjahn, I. (2003): Validität. Konzept und Methoden, a.a.O., S. 131.

[417] Vgl. Balderjahn, I. (2003): Validität. Konzept und Methoden, a.a.O., S. 130.; Churchill, Jr. G.A. (1979): A paradigm for developing better measures of marketing constructs, a.a.O., S. 65.; Nunnally, J.C., Bernstein, I.H. (1994): Psychometric theory, a.a.O., S. 83.

[418] Validitätsarten lassen sich verschiedentlich systematisieren und können jeweils mit spezifischen Verfahren getestet werden. Vgl. dazu z.B. Peter, J.P. (1981): Construct validity: A review of basic issues and marketing practices, in: Journal of Marketing Research, Vol. 18, S. 134f.; Nunnally, J.C., Bernstein, I.H. (1994): Psychometric theory, a.a.O., S. 83ff.

1.1 Kriterien und Verfahren zur Gütebeurteilung reflektiver Messmodelle

Gemäß der Konzeption eines reflektiven Messmodells ist das Konstrukt die gemeinsame Ursache der Ausprägungen sowie der hohen Korrelationen aller zur Messung eingesetzten Indikatoren. Änderungen der Konstruktausprägungen bewirken gleichgerichtete Änderungen der Ausprägungen sämtlicher Indikatoren. Insofern ist jeder reflektive Indikator eine globale Messung des Konstruktinhalts, die durch zufällige und systematische Fehler beeinträchtigt wird. Ausgehend von diesem Grundprinzip reflektiver Messmodelle werden zur Beurteilung ihrer Güte die folgenden Kriterien vorgeschlagen: *Inhaltsvalidität, Indikator- und Konstruktreliabilität, Konvergenzvalidität, Diskriminanzvalidität* sowie *nomologische Validität*, wobei die drei letztgenannten Validitätsarten oftmals zusammenfassend als Konstruktvalidität bezeichnet werden.[419] Zur Prüfung der einzelnen Kriterien müssen mehrheitlich statistische Verfahren eingesetzt werden. Die nachfolgende Darstellung der Reliabilitäts- und Validitätskriterien erfolgt in der Reihenfolge, in der die Prüfung eines reflektiven Messmodells stattfinden sollte.

Inhaltsvalidität

Das Prinzip der Inhaltsvalidität wurde bereits in Abschnitt C 1.3 kurz thematisiert. Diese Validitätsart wird dadurch gewährleistet, dass die verwendeten Indikatoren das zu messende Konstrukt inhaltlich-semantisch repräsentieren und seinen gesamten Bedeutungsinhalt abdecken.[420] Hinsichtlich der Vorgehensweise zur Sicherstellung der Inhaltsvalidität bei reflektiven Messmodellen gibt es unterschiedliche Auffassungen. Mehrheitlich werden *qualitative Verfahren*[421] beziehungsweise *theoretische Überle-*

[419] Vgl. Hildebrandt, L., Temme, D. (2006): Probleme der Validierung mit Strukturgleichungsmodellen, a.a.O., S. 621.; Balderjahn, I. (2003): Validität. Konzept und Methoden, a.a.O., S. 132.

[420] Vgl. Abschnitt C 1.3 und die in FN 354 zitierte Literatur. Hildebrandt und Temme betonen hingegen, dass die Problematik der Inhaltsvalidität nicht die vollständige Erfassung des Konstrukts ist, sondern die Erfassung der für die jeweilige Forschungsaufgabe relevanten Konstruktfacetten. Dies hieße jedoch, dass Konstrukten je nach Forschungsziel bewusst andere Bedeutungsinhalte zugeschrieben werden können. Mit dieser Vorgehensweise ließen sich jedoch keine generalisierbaren Aussagen zu den Beziehungen eines bestimmten Konstrukts zu anderen Konstrukten tätigen. Vgl. Hildebrandt, L., Temme, D. (2006): Probleme der Validierung mit Strukturgleichungsmodellen, a.a.O., S. 623.

[421] Vgl. Balderjahn, I. (2003): Validität. Konzept und Methoden, a.a.O., S. 131.; Michel, L., Conrad, W. (1982): Testtheoretische Grundlagen psychometrischer Tests, in: Groffmann, K.J., Michel, L. (Hrsg.): Enzyklopädie der Psychologie, Themenbereich B: Methodologie und Methoden, Serie II: Psychologische Diagnostik, Band I: Grundlagen Psychologischer Diagnostik, Göttingen, S. 57.; Parasuraman, A., Zeithaml, V., Berry, L. (1988): SERVQUAL: A multiple-item scale for measuring customer perceptions of service quality, in: Journal of Retailing, Vol. 64, No. 1, S. 28.

gungen[422] vorgeschlagen, jedoch ist es umstritten, inwiefern die Inhaltsvalidität zusätzlich auf quantitativem Wege beurteilt werden kann. Während einige Autoren eine inferenzstatistische Validitätsbestimmung prinzipiell ablehnen[423], werden mehrheitlich auch quantitative Methoden wie beispielsweise die exploratorische und konfirmatorische Faktorenanalyse[424] oder die Durchführung von Strukturgleichungsanalysen zur Inhaltsvalidierung vorgeschlagen.[425]

Im Rahmen der quantitativen Überprüfung der Inhaltsvalidität eines reflektiven Messmodells werden die verwendeten Indikatoren in erster Linie hinsichtlich ihrer *Eindimensionalität* getestet. Es wird also überprüft, ob für die Korrelationen zwischen den Indikatoren tatsächlich nur ein einziges Konstrukt ursächlich ist.[426] Dazu bieten sich die Verfahren der exploratorischen und konfirmatorischen Faktorenanalyse an. Der Einsatz der *exploratorischen Faktorenanalyse* empfiehlt sich vor allem dann, wenn eine vergleichsweise große Menge an Indikatoren vorliegt und noch keine theoretisch fundierten Vorstellungen über die Anzahl und den Inhalt der dadurch repräsentierten Konstrukte existieren. Denn mittels der exploratorischen Faktorenanalyse kann eine Gruppe von Variablen statistisch dahingehend geprüft werden, wie viele unabhängige latente Faktoren die Korrelationen zwischen den Variablen bedingen.[427] Die einzelnen Variablen entsprechen dabei den Indikatoren eines Messmodells und die aufgedeckten latenten Faktoren den dahinter stehenden Konstrukten. Auch wenn noch keine hinreichend gesicherten Kenntnisse über die Zugehörigkeit von Indikatoren zu

---

[422] Vgl. Hildebrandt, L., Temme, D. (2006): Probleme der Validierung mit Strukturgleichungsmodellen, a.a.O., S. 623.

[423] Vgl. Rossiter, J.R. (2002): The C-OAR-SE procedure for scale development in marketing, a.a.O., S. 305-335.; Borsboom, D., Mellenberg, G.J., van Heerden, J. (2004): The concept of validity, in: Psychological Review, Vol. 111, No. 4, S. 1061-1071.

[424] Vgl. Bohrnstedt, G. (1970): Reliability and validity assessment in attitude measurement, a.a.O., S. 92.; Vinzi, V.E., Lauro, D., Tenenhaus, M. (2003): PLS path modeling, Working Paper, DMS – University of Naples, HEC – School of Management, Neapel, S. 5f. zitiert nach Krafft, M., Götz, O., Liehr-Gobbers, K. (2005): Die Validierung von Strukturgleichungsmodellen mit Hilfe des Partial-Least-Squares (PLS)-Ansatzes, in: Bliemel, F., Eggert, A., Fassot, G., Henseler, J. (Hrsg.): Handbuch PLS-Pfadmodellierung. Methode, Anwendung, Praxisbeispiele, Stuttgart, S. 73.; Götz, O., Liehr-Gobbers, K. (2004): Analyse von Strukturgleichungsmodellen mit Hilfe der Partial-Least-Squares(PLS)-Methode, a.a.O., S. 727.; Hildebrandt, L., Temme, D. (2006): Probleme der Validierung mit Strukturgleichungsmodellen, a.a.O., S. 624.

[425] Vgl. Homburg, C., Giering, A. (1996): Konzeptualisierung und Operationalisierung komplexer Konstrukte. Ein Leitfaden für die Marketingforschung, a.a.O., S. 17.

[426] Vgl. Hildebrandt, L., Temme, D. (2006): Probleme der Validierung mit Strukturgleichungsmodellen, a.a.O., S. 623f.; Krafft, M., Götz, O., Liehr-Gobbers, K. (2005): Die Validierung von Strukturgleichungsmodellen mit Hilfe des Partial-Least-Squares (PLS)-Ansatzes, a.a.O., S. 75.

[427] Vgl. Briggs, S.R., Cheek, J. M. (1986): The role of factor analysis in the development and evaluation of personality scales, in: Journal of Personality and Social Psychology, Vol. 54, S. 106-148.; Überla, K. (1977): Faktorenanalyse. Eine systematische Einführung für Psychologen, Mediziner, Wirtschafts- und Sozialwissenschaftler, Nachdruck der zweiten Auflage, Berlin et al., S. 45.

einem bestimmten Konstrukt vorliegen, verfügt der Forscher bisweilen über Vorstellungen, welche Indikatoren durch ein gemeinsames Konstrukt erklärt werden. Eindimensionalität liegt dann vor, wenn für eine Gruppe zur Messung eines einzigen Konstrukts vorgesehener Indikatoren im Rahmen der exploratorischen Faktorenanalyse tatsächlich nur ein zugrunde liegender Faktor extrahiert wird. Ergibt die Analyse stattdessen für diese Indikatorengruppe mehr als nur einen latenten Faktor, so beziehen sich die überprüften Indikatoren – zumindest in dem der Analyse zugrunde liegenden Datensatz – nicht auf lediglich einen gemeinsamen Sachverhalt. Ein solches Ergebnis würde dem Konzept der Inhaltsvalidität widersprechen. In diesem Falle müssen vor allem inhaltliche Überlegungen angestellt werden, ob auch theoretische Gesichtspunkte auf die Existenz weiterer Konstrukte hindeuten oder ob möglicherweise ein mehrdimensionales Konstrukt spezifiziert werden sollte.[428] Wird in der Analyse dagegen nur ein Faktor identifiziert, so ist das als Anzeichen dafür zu deuten, dass sämtliche Indikatoren Repräsentanten desselben Sachverhalts sind. Lässt sich dieses Ergebnis mit einer theoretischen Begründung in Verbindung bringen, kann auf eine hohe Inhaltsvalidität des Messmodells geschlossen werden.

Verfügt der Forscher bereits über theoretisch sehr gut abgesicherte Vorstellungen bezüglich der Frage, welche Indikatoren zur Messung welches Konstrukts geeignet sind, kann die Inhaltsvalidität auch mittels einer *konfirmatorischen Faktorenanalyse* überprüft werden.[429] Um eine konfirmatorische Faktorenanalyse durchführen zu können, muss zunächst ein Modell spezifiziert werden, das aus einer oder mehreren latenten, also nicht direkt beobachtbaren Variablen und jeweils mindestens einer zugeordneten direkt beobachtbaren Variable besteht. Im Gegensatz zur exploratorischen Faktorenanalyse wird hier die vermutete Anzahl an Konstrukten a priori festgelegt. Für den Fall, dass lediglich die Indikatoren eines einzigen Konstrukts getestet werden sollen, wird nur eine latente Variable modelliert und das gesamte Modell entspricht exakt dem Messmodell des Konstrukts. Im nächsten Schritt wird das spezifizierte Modell anhand quantitativer Daten dahingehend überprüft, ob die postulierten Modellzusammenhänge empirisch bestätigt werden können. Dazu erfolgt ein Vergleich der theoretisch entworfenen Modellstruktur mit einem auf Basis der empirischen Daten hergeleiteten Modell. Letzteres beruht auf einer Kovarianz- oder Korrelationsmatrix, die aus den erhobenen

[428] Vgl. Homburg, C., Giering, A. (1996): Konzeptualisierung und Operationalisierung komplexer Konstrukte. Ein Leitfaden für die Marketingforschung, a.a.O., S. 6.

[429] Vgl. Russell, D.W. (2002): In search of underlying dimension: The use (and abuse) of factor analysis, in: Personality and Social Psychology Bulletin, Vol. 28, No. 12, S. 1638.; Hildebrandt, L., Temme, D. (2006): Probleme der Validierung mit Strukturgleichungsmodellen, a.a.O., S. 624.

Daten errechnet wird. Die zur Durchführung einer konfirmatorischen Faktorenanalyse notwendigen Softwarepakete[430] berechnen auf dieser Grundlage verschiedene globale Modellanpassungsmaße, die Aufschluss über das Ausmaß an Übereinstimmung zwischen dem theoretisch postulierten und dem empirisch „optimalen" Modell geben. Von Eindimensionalität kann dann ausgegangen werden, wenn die in der Literatur vorgeschlagenen Grenzwerte der Modellanpassungsmaße erreicht werden sowie keine zu starken Kovarianzen zwischen den Residuen[431] der Indikatoren vorliegen.[432] Die Korrelationen zwischen den Indikatoren werden dann weitgehend durch ein einziges Konstrukt erklärt, was auf eine hohe Inhaltsvalidität hindeutet.

Indikatorreliabilität

Gemäß der Konzeption eines reflektiven Messmodells sind die Ausprägungen der verwendeten Indikatoren auf den Einfluss des Konstrukts zurückzuführen. Es wird theoretisch vermutet, dass die Varianz in den Ausprägungen des Konstrukts gleichgerichtete Varianzen der Indikatorausprägungen verursacht, letztere also durch erstere „erklärt" werden können. Da beim Einsatz von Indikatoren in realen Messungen jedoch immer Messfehler auftreten, lässt sich die Varianz der empirischen Beobachtungswerte der Indikatoren in der Regel nicht vollständig durch das Konstrukt erklären. Die gesamte Varianz in den Beobachtungswerten eines Indikators kann demnach in die durch das Konstrukt verursachte *reliable Varianz* und die so genannte *Fehlervarianz* unterteilt werden.[433] Die Indikatorreliabilität bezeichnet nun den Anteil an der Gesamtvarianz eines Indikators, der durch das Konstrukt erklärt werden kann.[434] Als Grenzwert für eine hinreichende Indikatorreliabilität werden zumeist mindestens 50 Prozent erklärte Varianz vorgeschlagen[435], wobei einige Autoren auch 40 Prozent noch für akzeptabel halten.[436] Zur Berechnung der Indikatorreliabilität können die Verfah-

---

430 Dabei wird mehrheitlich auf die Programme LISREL und AMOS oder auch EQS zurückgegriffen.

431 Die Höhe der Residuen entspricht der nicht durch das Konstrukt erklärten Varianz der Indikatoren.

432 Vgl. Hildebrandt, L., Temme, D. (2006): Probleme der Validierung mit Strukturgleichungsmodellen, a.a.O., S. 624.

433 Vgl. Überla, K. (1977): Faktorenanalyse. Eine systematische Einführung für Psychologen, Mediziner, Wirtschafts- und Sozialwissenschaftler, a.a.O., S. 57f.

434 Vgl. Homburg, C., Giering, A. (1996): Konzeptualisierung und Operationalisierung komplexer Konstrukte. Ein Leitfaden für die Marketingforschung, a.a.O., S. 10.

435 Vgl. Götz, O., Liehr-Gobbers, K. (2004): Analyse von Strukturgleichungsmodellen mit Hilfe der Partial-Least-Squares(PLS)-Methode, a.a.O., S. 727.

436 Vgl. Homburg, C., Baumgartner, H. (1995): Beurteilung von Kausalmodellen. Bestandsaufnahme und Anwendungsempfehlungen, in: Marketing ZFP, 3. Quartal, No.3, S. 170.; Homburg, C., Giering, A. (1996): Konzeptualisierung und Operationalisierung komplexer Konstrukte. Ein Leitfaden für die Marketingforschung, a.a.O., S. 16.

ren der exploratorischen oder konfirmatorischen Faktorenanalyse herangezogen werden. Mit Hilfe dieser Verfahren kann der Einfluss eines hypothetischen Faktors auf die Werte direkt beobachteter Variablen aufgedeckt werden.[437] Liegen standardisierte Daten vor, so entspricht die Indikatorreliabilität dem Quadrat der in der Faktorenanalyse ausgewiesenen Ladung eines Indikators auf dem hypothetischen Faktor.[438] Um den Grenzwert von 50 Prozent erklärter Varianz zu erreichen, muss ein Indikator folglich eine Faktorladung in Höhe von mindestens 0,707 aufweisen.

Konstruktreliabilität

Während sich die Indikatorreliabilität auf die Zuverlässigkeit der Messungen einzelner Indikatoren bezieht, ist die Konstruktreliabilität ein Reliabilitätsmaß für eine Gruppe von Indikatoren. Die Konstruktreliabilität wird daher zur Beurteilung des gesamten Messmodells eingesetzt und gilt im Vergleich zur Indikatorreliabilität als wichtigeres Gütekriterium.[439] Als wesentliches Anzeichen hoher Konstruktreliabilität gilt die *interne Konsistenz* des Messmodells, die sich in hohen positiven Korrelationen zwischen den Indikatoren widerspiegelt. Lange Zeit wurde zur Beurteilung der internen Konsistenz von Messmodellen der weit verbreitete Reliabilitätskoeffizient des *Cronbachschen Alpha*[440] herangezogen. Dieser Koeffizient weist den Anteil an der Gesamtvarianz aller Indikatoren eines Messmodells aus, der auf das Konstrukt zurückzuführen ist. Die Werte von Cronbachs Alpha liegen im Falle positiv korrelierender Indikatoren zwischen Null und Eins, wobei höhere Werte auf eine größere Reliabilität hindeuten.[441] Wegen einer Reihe von Kritikpunkten hat Cronbachs Alpha seine dominante Position als Reliabilitätskriterium jedoch inzwischen an zweckmäßigere Maße verlo-

[437] Vgl. Backhaus, K. et al. (2003): Multivariate Analysemethoden. Eine Anwendungsorientierte Einführung, a.a.O., S. 343.

[438] Vgl. ebenda, S. 372.; Überla, K. (1977): Faktorenanalyse. Eine systematische Einführung für Psychologen, Mediziner, Wirtschafts- und Sozialwissenschaftler, a.a.O., S. 55ff. Die Faktorladung eines Indikators auf einem hypothetischen Faktor kann wie ein Korrelationskoeffizient interpretiert werden. Vgl. ebenda, S. 46.

[439] Vgl. Bagozzi, R.P., Baumgartner, H. (1994): The evaluation of structural equation models with unobservable variables and hypothesis testing, in: Bagozzi, R.P. (Hrsg.): Principles of marketing research, Cambridge, S. 402.

[440] Vgl. Cronbach, L. (1951): Coefficient Alpha and the internal structure of tests, in: Psychometrika, Vol. 12, S. 297-334.

[441] Vgl. Nunnally, J.C., Bernstein, I.H. (1994): Psychometric theory, a.a.O., S. 251ff.; Homburg, C., Giering, A. (1996): Konzeptualisierung und Operationalisierung komplexer Konstrukte. Ein Leitfaden für die Marketingforschung, a.a.O., S. 8.; Hildebrandt, L., Temme, D. (2006): Probleme der Validierung mit Strukturgleichungsmodellen, a.a.O., S. 624.

ren.[442] Als geeignete Kriterien werden inzwischen die *Faktorreliabilität* (Composite Reliability) sowie die *Durchschnittlich Erfasste Varianz* (DEV) angesehen. Die Faktorreliabilität gibt die gesamte durch das Konstrukt erklärte Varianz des Messmodells an. Im Gegensatz zum Cronbachschen Alpha werden dabei aufgrund einer anderen Berechnungsformel[443] unterschiedliche Faktorladungen der einzelnen Indikatoren berücksichtigt. Zudem hängt die Höhe des Koeffizienten der Faktorreliabilität nicht wie bei Cronbachs Alpha von der Anzahl der Indikatoren ab.[444] Die Durchschnittlich Erfasste Varianz gibt an, wie viel Prozent der Indikatorenvarianz das Konstrukt im Durchschnitt erklären kann. Sowohl die Faktorreliabilität als auch die Durchschnittlich Erfasste Varianz können Werte zwischen Null und Eins aufweisen. Höhere Werte bedeuten dabei eine größere Reliabilität. Als Grenzwerte für eine akzeptable Konstruktreliabilität werden in der Literatur Werte von mindestens 0,6[445] beziehungsweise 0,7[446] für die Faktorreliabilität und mindestens 0,5[447] für die Durchschnittlich Erfasste Varianz angegeben.

Die Orientierung an diesen Grenzwerten sollte jedoch nicht losgelöst von den Eigenheiten des jeweiligen Messmodells erfolgen, da verschiedene Faktoren die interne Konsistenz der Skala vermindern können, ohne dass dadurch eine schlechte Messqualität impliziert wird. So hängt die interne Konsistenz unter anderem von der inhaltlichen Breite des Konstrukts, den konkreten Indikatorformulierungen und der Stichpro-

---

[442] Die wesentlichen Nachteile des Cronbachschen Alpha sind dessen Abhängigkeit von der Anzahl der Indikatoren (mehr Indikatoren führen zu höheren Werten), der Annahme, dass alle Indikatoren gleiche wahre Werte aufweisen und daher die Faktorladungen gleich gewichtet werden (Tau-Äquivalenz) und in der Regel keine inferenzstatistische Beurteilung des Koeffizienten erfolgt. Vgl. Cortina, J.M. (1993): What is Coefficient Alpha? An examination of theory and applications, in: Journal of Applied Psychology, Vol. 78, No. 1, S. 98-104.; Chin, W.W., (1998): The partial least squares approach to structural equation modeling, in: Marcoulides, G.A. (Hrsg.): Modern methods for business research, Mahwah, S. 295-336.; Hildebrandt, L., Temme, D. (2006): Probleme der Validierung mit Strukturgleichungsmodellen, a.a.O., S. 624.

[443] Die Berechnungsformeln für die Faktorreliabilität und die Durchschnittlich Erfasste Varianz finden sich in Abschnitt D 3.1.2. Zur Formel von Cronbachs Alpha vgl. Homburg, C., Giering, A. (1996): Konzeptualisierung und Operationalisierung komplexer Konstrukte. Ein Leitfaden für die Marketingforschung, a.a.O., S. 8 und 10f.

[444] Vgl. die in FN 442 zitierte Literatur.

[445] Vgl. Bagozzi, R.P., Yi, Y. (1988): On the evaluation of structural equation models, in: Journal of the Academy of Marketing Science, Vol. 16, No. 1, S. 82.; Homburg, C., Baumgartner, H. (1995): Beurteilung von Kausalmodellen. Bestandsaufnahme und Anwendungsempfehlungen, a.a.O., S. 170.

[446] Vgl. Götz, O., Liehr-Gobbers, K. (2004): Analyse von Strukturgleichungsmodellen mit Hilfe der Partial-Least-Squares(PLS)-Methode, a.a.O., S. 728.

[447] Vgl. Homburg, C., Giering, A. (1996): Konzeptualisierung und Operationalisierung komplexer Konstrukte. Ein Leitfaden für die Marketingforschung, a.a.O., S. 12.; Homburg, C., Baumgartner, H. (1995): Beurteilung von Kausalmodellen. Bestandsaufnahme und Anwendungsempfehlungen, a.a.O., S. 170.

be ab.[448] Werden beispielsweise, wie oftmals üblich, semantisch kaum noch unterscheidbare Formulierungen bei den Indikatoren gewählt, sind sehr hohe Korrelationen eine sprachlich erzwungene, jedoch inhaltlich fragwürdige Folge. Denn solche hochgradig redundanten Indikatoren liefern kaum zusätzlichen Informationsgehalt und limitieren die inhaltliche Breite des Konstrukts. Obwohl hohe Korrelationen zwischen reflektiven Indikatoren prinzipiell wünschenswert sind, schränkt ein zu hohes Ausmaß an interner Konsistenz möglicherweise die Validität der Messung ein, da dadurch verschiedene Konstruktfacetten unberücksichtigt bleiben.[449] Diese Widersprüchlichkeit wird als „*Attenuation Paradox*“ (attenuation = Dämpfung, Verminderung) bezeichnet.[450] Bemühungen, die interne Konsistenz eines Messmodells zu erhöhen, um damit eine hohe Konstruktreliabilität zu gewährleisten, sollten folglich stets durch inhaltliche Überlegungen begleitet werden. Clark und Watson konstatieren in diesem Zusammenhang: „The goal of scale construction is to maximize validity rather than reliability“.[451]

Konvergenzvalidität

Der ursprüngliche Gedanke des Konzepts der Konvergenzvalidität besteht darin, dass mehrere Messungen mit möglichst unterschiedlichen Messverfahren hoch miteinander korrelieren sollten.[452] Die hohe Übereinstimmung mit den Ergebnissen anderer Messverfahren wird also als Anzeichen für die Validität des zu überprüfenden Messinstruments angesehen. Diesem Prinzip wird nach gängiger Praxis bei der Beurteilung der Konvergenzvalidität von Messmodellen indessen zumeist nur hinsichtlich der Tatsache gefolgt, dass mehrere Messungen miteinander verglichen werden, ohne dabei jedoch tatsächlich verschiedene Messverfahren einzusetzen. Denn hohe Konvergenzvalidität wird in der Regel dann angenommen, wenn die einem Konstrukt zugeordneten Indikatoren stark miteinander korrelieren.[453] Insofern werden die Indikatoren jeweils als ein

---

448 Vgl. Hildebrandt, L., Temme, D. (2006): Probleme der Validierung mit Strukturgleichungsmodellen, a.a.O., S. 625.

449 Vgl. Clark, L.A., Watson, D. (1995): Constructing validity: Basic issues in objective scale development, a.a.O., S. 316.

450 Vgl. Loevinger, J. (1954): The attenuation paradox in test theory, in: Psychological Bulletin, Vol. 51, S. 493-504.

451 Clark, L.A., Watson, D. (1995): Constructing validity: Basic issues in objective scale development, a.a.O., S. 316.

452 Vgl. Hildebrandt, L. (1984): Kausalanalytische Validierung in der Marketingforschung, a.a.O., S. 43.

453 Vgl. Balderjahn, I. (2003): Validität. Konzept und Methoden, a.a.O., S. 132.; Homburg, C., Giering, A. (1996): Konzeptualisierung und Operationalisierung komplexer Konstrukte. Ein Leitfaden für die Marketingforschung, a.a.O., S. 43.; Nunnally, J.C., Bernstein, I.H. (1994): Psychometric theory, a.a.O., S. 92.

separates Messverfahren interpretiert. Allerdings handelt es sich bei den Indikatoren um prinzipiell identische Messverfahren, da zumeist mehrere gleichskalierte Statements in einem Fragebogen abgefragt werden.[454] Aufgrund der weiten Verbreitung dieser Sichtweise beziehen sich die in der Literatur mehrheitlich vorgeschlagenen Kriterien zu Überprüfung der Konvergenzvalidität auf die Beziehungen der Indikatoren untereinander. So werden üblicherweise die *Faktorreliabilität* und die *Durchschnittlich Erfasste Varianz* neben ihrer Funktion als Kriterium der Konstruktreliabilität auch zur Beurteilung der Konvergenzvalidität herangezogen, wobei auch gleiche Grenzwerte wie hinsichtlich der Konstruktreliabilität gelten.[455] Beide Maße werden anhand der Indikatorkorrelationen berechnet, wobei hohe Korrelationen auf konvergente Messungen des Konstrukts und damit auf hohe Konvergenzvalidität des Messmodells hindeuten. Als weitere Bedingungen zur Annahme von Konvergenzvalidität werden hohe und signifikant[456] von Null verschiedene Faktorladungen der Indikatoren sowie eine akzeptable globale Modellanpassung im Rahmen einer konfirmatorischen Faktorenanalyse gefordert.[457]

Diskriminanzvalidität

Das Prinzip der Diskriminanzvalidität fordert, dass sich Messungen verschiedener Konstrukte hinreichend deutlich voneinander unterscheiden. Dazu wird überprüft, ob Konstrukte mit theoretisch unterschiedlichem Bedeutungsgehalt auch statistisch voneinander getrennt werden können. Die Prüfung der Diskriminanzvalidität eines Messmodells kann folglich nur dann vorgenommen werden, wenn Indikatoren von zumindest einem weiteren Konstrukt mit in die Untersuchung einbezogen sind. Es können sowohl einzelne Indikatoren als auch das gesamte Messmodell hinsichtlich des Kriteriums der Diskriminanzvalidität beurteilt werden. Die Indikatoren eines Konstrukts sollten miteinander stärker korrelieren als mit den Indikatoren anderer Konstrukte. Für

[454] Vgl. Hildebrandt, L., Temme, D. (2006): Probleme der Validierung mit Strukturgleichungsmodellen, a.a.O., S. 629.

[455] Vgl. Homburg, C., Giering, A. (1996): Konzeptualisierung und Operationalisierung komplexer Konstrukte. Ein Leitfaden für die Marketingforschung, a.a.O., S. 11.

[456] Im Rahmen der Überprüfung wird zumeist eine Vertrauenswahrscheinlichkeit von 95 Prozent gefordert. Vgl. ebenda, S. 11.

[457] Vgl. Hildebrandt, L. (1984): Kausalanalytische Validierung in der Marketingforschung, a.a.O., S. 46.; Hildebrandt, L., Temme, D. (2006): Probleme der Validierung mit Strukturgleichungsmodellen, a.a.O., S. 629.; Balderjahn, I. (2003): Validität. Konzept und Methoden, a.a.O., S. 133.

die Konstruktebene gilt, dass konzeptionell unterschiedliche Konstrukte unter einander möglichst nicht zu stark korrelieren sollten.[458]
Zur Beurteilung einzelner Indikatoren empfiehlt sich zunächst ein Blick auf die Faktorladungen im Rahmen einer exploratorischen Faktorenanalyse. Die Ladung eines Indikators auf dem vorgesehenen Faktor (Konstrukt) sollte höher sein als die Ladungen auf anderen Faktoren (Kreuzladungen).[459] Sind die Ladungen auf anderen Faktoren etwa gleich hoch oder sogar höher, so liegen keine diskriminanzvaliden Messungen vor. Im ersten Fall wird gleich viel Varianz des Indikators durch ein anderes als das vorgesehene Konstrukt erklärt und die Messung diskriminiert nicht hinreichend zwischen den Konstrukten. Im zweiten Fall wird sogar mehr Varianz des Indikators durch ein anderes Konstrukt erklärt, was bedeutet, dass der Indikator möglicherweise zur Messung eines anderen Konstrukts eingesetzt werden sollte.

Zur Überprüfung der Diskriminanzvalidität des gesamten Messmodells wird üblicherweise auf das *Fornell-Larcker-Kriterium* zurückgegriffen.[460] Nach Fornell und Larcker weist ein Messmodell dann hinreichende Diskriminanzvalidität auf, wenn die Durchschnittlich Erfasste Varianz des Konstrukts größer ist als seine quadrierte Korrelation zu anderen Konstrukten.[461] Für die Prüfung des Fornell-Larcker-Kriteriums müssen also die Beziehungen zwischen mindestens zwei Konstrukten aufgedeckt werden. Daher ist die Durchführung einer *Strukturgleichungsanalyse* erforderlich. Die Besonderheit von Strukturgleichungsanalysen besteht darin, dass mit ihnen die Beziehungen zwischen Konstrukten, also nicht direkt beobachtbaren Variablen, quantitativ bestimmt werden können.[462] Ein vollständiges Strukturgleichungsmodell beinhaltet mindestens zwei Konstrukte und deren jeweiliges Messmodell. In Abbildung 12 ist der grundle-

---

[458] Vgl. Churchill, Jr. G.A. (1979): A paradigm for developing better measures of marketing constructs, a.a.O., S. 70.; Balderjahn, I. (2003): Validität. Konzept und Methoden, a.a.O., S. 132.; Homburg, C., Giering, A. (1996): Konzeptualisierung und Operationalisierung komplexer Konstrukte. Ein Leitfaden für die Marketingforschung, a.a.O., S. 7.

[459] Vgl. Clark, L.A., Watson, D. (1995): Constructing validity: Basic issues in objective scale development, a.a.O., S. 317.; Balderjahn, I. (2003): Validität. Konzept und Methoden, a.a.O., S. 132.

[460] Vgl. Krafft, M., Götz, O., Liehr-Gobbers, K. (2005): Die Validierung von Strukturgleichungsmodellen mit Hilfe des Partial-Least-Squares (PLS)-Ansatzes, a.a.O., S. 74f.; Götz, O., Liehr-Gobbers, K. (2004): Analyse von Strukturgleichungsmodellen mit Hilfe der Partial-Least-Squares(PLS)-Methode, in: DBW, Vol. 64, No. 6, S. 728.; Homburg, C., Giering, A. (1996): Konzeptualisierung und Operationalisierung komplexer Konstrukte. Ein Leitfaden für die Marketingforschung, a.a.O., S. 11.; Ringle, C.M. (2004): Gütemaße für den Partial Least Squares-Ansatz zur Bestimmung von Kausalmodellen, Arbeitspapier Nr. 16 des Instituts für Industriebetriebslehre und Organisation an der Universität Hamburg, Hamburg, S. 20f.

[461] Vgl. Fornell, C., Larcker, D.F. (1981): Evaluating structural equation models with unobservable variables and measurement error, in: Journal of Marketing Research, Vol. 18, February, S. 46.

[462] Vgl. Bollen, K.A. (1989): Structural equations with latent variables, a.a.O., S. 1-4.; Backhaus, K. et al. (2003): Multivariate Analysemethoden. Eine Anwendungsorientierte Einführung, a.a.O., S. 334.

gende Aufbau eines Strukturgleichungsmodells mit zwei reflektiv operationalisierten Konstrukten dargestellt.

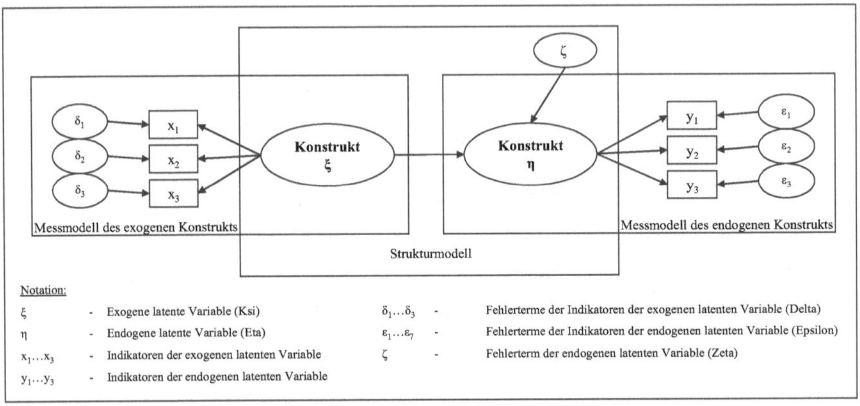

Abb. 12: Grundsätzlicher Aufbau eines Strukturgleichungsmodells

Quelle: in Anlehnung an Backhaus, K. et al. (2003): Multivariate Analysemethoden. Eine Anwendungsorientierte Einführung, a.a.O., S. 337.

Auf Grundlage der empirischen Beobachtungswerte der Indikatoren in den Messmodellen können die Beziehungen zwischen den latenten Konstrukten in der Strukturgleichungsanalyse berechnet werden. Im Beispiel des dargestellten Modells mit zwei Konstrukten müsste die Durchschnittlich Erfasste Varianz beider Konstrukte höher sein als die quadrierte Korrelation zwischen ihnen, um nach dem Fornell-Larcker-Kriterium von Diskriminanzvalidität ausgehen zu können.

Nomologische Validität

Auch die Prüfung der nomologischen Validität erfolgt mit Hilfe von Strukturgleichungsanalysen, da dazu die Beziehungszusammenhänge des Konstrukts zu anderen Konstrukten innerhalb eines übergeordneten theoretischen Rahmens empirisch untersucht werden.[463] Diesem Vorgehen liegt die Annahme zugrunde, dass sich theoretisch hergeleitete Beziehungen des untersuchten Konstrukts zu anderen Konstrukten in empirischen Untersuchungen nur dann bestätigen, wenn eine valide Konstruktmessung vorgenommen wird. Dazu bedarf es theoretisch sehr gehaltvoller Zusammenhänge, da

---

[463] Vgl. Bagozzi, R.P. (1979): The role of measurement in theory construction and hypothesis testing: Toward a holistic model, in: Ferrell, O., Brown, S., Lamb, C. (Hrsg.): Conceptual and theoretical developments in marekting, Chicago, S. 14.

ein fehlgeschlagener Versuch, die hergeleiteten Zusammenhänge empirisch nachzuweisen, nicht allein durch invalide Messinstrumente verursacht werden kann, sondern möglicherweise schlicht die Folge fehlerhafter theoretischer Annahmen ist. Eine weitere Schwierigkeit besteht darin, die Stärke eines erwartungsgemäß aufgedeckten Zusammenhangs zu beurteilen, da sich zumeist nur dessen Wirkungsrichtung, nicht jedoch dessen Stärke exakt theoretisch vorhersagen lässt.[464] Allgemeingültige Grenzwerte stehen zur Prüfung der nomologischen Validität daher nicht zur Verfügung. Als generelle Mindestanforderungen gelten eine gute globale Modellanpassung der hypothetisierten Konstruktbeziehungen[465] sowie signifikante Strukturpfade zwischen den Konstrukten in der erwarteten Wirkungsrichtung.[466]

1.2 Kriterien und Verfahren zur Gütebeurteilung formativer Messmodelle

In formativen Messmodellen verursachen die Indikatoren als unabhängige Facetten gemeinschaftlich das Konstrukt.[467] Es gibt keine Anhaltspunkte für die Annahme positiver Korrelationen zwischen den Indikatoren. Für die Gütebeurteilung formativer Messmodelle verbieten sich daher all diejenigen Reliabilitäts- und Validitätskriterien sowie die zu ihrer Prüfung eingesetzten statistischen Tests, die auf dem Grundprinzip hoher Korrelationen oder Kovarianzen zwischen den Indikatoren aufbauen.[468] Auch das Kriterium der Indikatorreliabilität ist für formative Indikatoren nicht geeignet, obwohl dabei lediglich Korrelationen zwischen einzelnen Indikatoren und dem Konstrukt betrachtet werden. Allerdings erklärt im formativen Fall nicht das Konstrukt die Indikatoren, sondern wegen der umgekehrten Wirkungsrichtung die Indikatoren das Konstrukt. Zudem begründet jeder formative Indikator lediglich eine Facette des Konstruktinhalts, weshalb nicht in jedem Fall von starken Beziehungen zwischen Indikator und Konstrukt ausgegangen werden kann.[469]

---

[464] Vgl. Hildebrandt, L., Temme, D. (2006): Probleme der Validierung mit Strukturgleichungsmodellen, a.a.O., S. 630.

[465] Vgl. ebenda, S. 629.

[466] Vgl. Homburg, C., Giering, A. (1996): Konzeptualisierung und Operationalisierung komplexer Konstrukte. Ein Leitfaden für die Marketingforschung, a.a.O., S. 19.; Götz, O., Liehr-Gobbers, K. (2004): Analyse von Strukturgleichungsmodellen mit Hilfe der Partial-Least-Squares(PLS)-Methode, S. 730.

[467] Vgl. dazu die Ausführungen in Abschnitt C 1.2.

[468] Vgl. Bollen, K.A. (1984): Multiple Indicators: Internal consistency or no necessary relationship?, a.a.O., S. 381 und 383.; Diamantopoulos, A., Winklhofer, H.M. (2001): Index construction with formative indicators: An alternative to scale development, a.a.O., S. 271.; Hildebrandt, L., Temme, D. (2006): Probleme der Validierung mit Strukturgleichungsmodellen, a.a.O., S. 621.

[469] Vgl. Krafft, M., Götz, O., Liehr-Gobbers, K. (2005): Die Validierung von Strukturgleichungsmodellen mit Hilfe des Partial-Least-Squares (PLS)-Ansatzes, a.a.O., S. 76.

Aufgrund der langjährigen Dominanz reflektiver Messmodelle finden sich in der Literatur vergleichsweise wenige Vorschriften zur Beurteilung formativer Messmodelle.[470] Erst in jüngerer Vergangenheit widmen sich Forschungsarbeiten verstärkt der Zusammenstellung von Kriterienkatalogen, anhand derer die Güte formativer Messmodelle bestimmt werden kann.[471] Als zentrale Gütekriterien gelten die *Inhaltsvalidität*, die *Indikatorrelevanz*, geringe *Multikollinearität* und die *nomologische Validität.*

Inhaltsvalidität

Die Inhaltsvalidität eines formativen Messmodells kann anders als bei reflektiven Modellen nicht durch die Auswahl solcher Indikatoren gewährleistet werden, die direkt dem inhaltlich-semantischen Bedeutungsgehalt des Konstrukts angehören und versuchen, den Konstruktinhalt global zu erfassen. Das Augenmerk bei der Auswahl formativer Indikatoren gilt vielmehr der vollständigen Abdeckung sämtlicher inhaltlichen Facetten des Konstrukts. Der konzeptionelle Inhalt des Messmodells wird letztlich durch die konkrete Indikatorenauswahl festgelegt. Daher muss hierbei mit besonderer Sorgfalt vorgegangen werden.[472] Es empfehlen sich umfassende qualitative Studien und Expertenurteile, weshalb im Zusammenhang mit formativen Messmodellen auch häufig die Bezeichnung *Expertenvalidität*[473] Anwendung findet. In der vorliegenden Arbeit wurde die Grundlage zur Sicherstellung der Inhaltsvalidität des formativen Modellteils mit den Pretests Eins bis Drei bereits im vorangegangenen Hauptgliederungspunkt gelegt.

Allerdings verbleiben Zweifel, ob die identifizierten formativen Indikatoren den zuvor theoretisch definierten Konstruktinhalt tatsächlich umfassend abdecken. Wie in Abschnitt C 1.2 dargelegt, fließen in formativen Modellen unberücksichtigte Konstrukt-

---

[470] Vgl. Herrmann, A., Huber, F., Kressmann, F. (2006): Varianz- und kovarianzbasierte Strukturgleichungsmodelle: Ein Leitfaden zu deren Spezifikation, Schätzung und Beurteilung, a.a.O., S. 50.

[471] Vgl. Chin, W.W. (1998): The partial least squares approach to structural equation modeling, a.a.O., S. 295-336.; Diamantopoulos, A., Winklhofer, H.M. (2001): Index construction with formative indicators: An alternative to scale development, a.a.O., S. 269-277.; Götz, O., Liehr-Gobbers, K. (2004): Analyse von Strukturgleichungsmodellen mit Hilfe der Partial-Least-Squares(PLS)-Methode, a.a.O., S. 714-738.; Ringle, C.M. (2004): Gütemaße für den Partial Least Squares-Ansatz zur Bestimmung von Kausalmodellen, a.a.O.; Krafft, M., Götz, O., Liehr-Gobbers, K. (2005): Die Validierung von Strukturgleichungsmodellen mit Hilfe des Partial-Least-Squares (PLS)-Ansatzes, a.a.O., S. 71-86.; Herrmann, A., Huber, F., Kressmann, F. (2006): Varianz- und kovarianzbasierte Strukturgleichungsmodelle: Ein Leitfaden zu deren Spezifikation, Schätzung und Beurteilung, a.a.O., S. 34-66.

[472] Vgl. dazu die Ausführungen in Abschnitt C 1.2.

[473] Vgl. Krafft, M., Götz, O., Liehr-Gobbers, K. (2005): Die Validierung von Strukturgleichungsmodellen mit Hilfe des Partial-Least-Squares (PLS)-Ansatzes, a.a.O. S. 76. Vgl. auch FN 385.

facetten als Messfehler in die Konstruktebene ein und verzerren den Konstruktinhalt systematisch. Solche Messfehler lassen sich allerdings identifizieren, wenn auch reflektive Indikatoren zur Messung des Konstrukts vorliegen. Mit den reflektiven Indikatoren kann die inhaltliche Vollständigkeit des formativen Messmodells getestet werden.[474] Wie dies geschehen kann, wird bei Betrachtung der Konzeption eines Konstrukts mit formativen und reflektiven Indikatoren deutlich: Die formativen Indikatoren bestimmen die Ausprägungen des Konstrukts, das seinerseits die Ausprägungen jedes reflektiven Indikators verursacht. Da die reflektiven Indikatoren globale Widerspiegelungen des Konstruktinhalts sind, lassen sich ihre Ausprägungen durch die das Konstrukt verursachenden formativen Indikatoren erklären. Je besser die formativen Indikatoren dazu in der Lage sind, desto besser decken sie den Konstruktinhalt ab. Ein gänzlich vollständiges formatives Messmodell würde folglich die Varianz der reflektiven Indikatoren komplett erklären, vorausgesetzt die reflektiven Indikatoren sind reliable und valide Messungen des Konstrukts. Etwas anders verhält es sich im Falle des in der vorliegenden Untersuchung entwickelten Konstrukts der Stadionatmosphäre. Der formative und der reflektive Modellteil messen für sich nur die Umwelt- beziehungsweise Personenkomponente des Konstrukts und sind deshalb keine vollständig austauschbaren Messinstrumente zur Erfassung des gesamten Konstruktinhalts. Dennoch kann die Prüfung des formativen Modellteils mit Hilfe des reflektiven Modellteils erfolgen. Denn wie im Falle formativer und reflektiver Messmodelle, die jeweils den gesamten Konstruktinhalt messen, ist auch hier der formative Modellteil (Stadionstimuli) die Ursache für die Varianz des reflektiven Modellteils (Gefühlszustände der Stadionbesucher).

Der simultane Einsatz formativer und reflektiver Indikatoren zur Messung eines Konstrukts kann auf zwei Arten modelliert werden.[475] Zum einen lässt sich das Konstrukt, wie in Abschnitt C 1.3 beschrieben, als einzelne latente Variable in einem *MIMIC-Modell* darstellen.[476] Zum anderen kann ein *Zwei-Faktoren-* beziehungsweise *Redun-*

[474] Vgl. Diamantopoulos, A., Winklhofer, H.M. (2001): Index construction with formative indicators: An alternative to scale development, a.a.O., S. 272.; Götz, O., Liehr-Gobbers, K. (2004): Analyse von Strukturgleichungsmodellen mit Hilfe der Partial-Least-Squares(PLS)-Methode, a.a.O., S. 719f.; Fassott, G., Eggert, A. (2005): Zur Verwendung formativer und reflektiver Indikatoren in Strukturgleichungsmodellen: Bestandsaufnahme und Anwendungsempfehlungen, a.a.O., S. 41.

[475] Vgl. Diamantopoulos, A., Winklhofer, H.M. (2001): Index construction with formative indicators: An alternative to scale development, a.a.O., S. 272f.; Götz, O., Liehr-Gobbers, K. (2004): Analyse von Strukturgleichungsmodellen mit Hilfe der Partial-Least-Squares(PLS)-Methode, a.a.O., S. 719f.

[476] Vgl. Abschnitt C 1.3.

danz-Modell[477] spezifiziert werden. Bei letztgenannter Spezifikationsart wird das formative Messmodell in einer Strukturgleichungsanalyse mit einer so genannten Phantomvariable[478] verglichen, wobei die Phantomvariable mit den reflektiven Indikatoren des Konstrukts operationalisiert wird. Ein solches Zwei-Faktoren- oder Redundanz-Modell ist am Beispiel der Stadionatmosphäre in Abbildung 13 dargestellt.

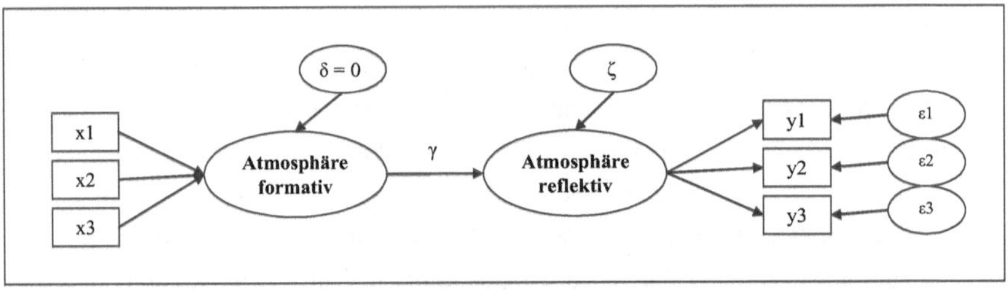

Abb. 13: Redundanz-Modell (Zwei-Faktoren-Modell) zur Überprüfung der konzeptionellen Vollständigkeit eines formativen Messmodells

Quelle: eigene Darstellung in Anlehnung an: Götz, O., Liehr-Gobbers, K. (2004): Analyse von Strukturgleichungsmodellen mit Hilfe der Partial-Least-Squares(PLS)-Methode, a.a.O., S. 720.

Je höher der Strukturpfad γ ausfällt, desto vollständiger erklärt das formativ gemessene Konstrukt die reflektive Konstruktmessung und von einer umso höheren Inhaltsvalidität kann ausgegangen werden. Genaue Grenzwerte zur Annahme von Inhaltsvalidität werden in der Literatur bis auf wenige Ausnahmen nicht vorgeschlagen. Zumeist wird lediglich ein starker und signifikanter Strukturpfad gefordert.[479] Einzig Chin schlägt für den Strukturpfad einen konkreten Wert von mindestens 0,8 vor, damit von einer konzeptionell vollständigen – also inhaltsvaliden – Messung des formativen Modells ausgegangen werden kann.[480] Allerdings sei noch einmal betont, dass ein Vergleich mit der reflektiven Konstruktmessung nur dann als Nachweis einer hohen Inhaltsvalidität des formativen Messmodells interpretiert werden darf, wenn die reflektiven Indikatoren das Konstrukt reliabel und valide messen können. Wird auf die Spezifikations-

[477] Vgl. Chin, W.W., (1998): The partial least squares approach to structural equation modeling, a.a.O., S. 308.; Bollen, K.A. (1989): Structural equations with latent variables, a.a.O., S. 311.

[478] Vgl. Rindskopf, D. (1984): Using phantom and imaginary latent variables to parameterize constraints in linear structural models, in: Psychometrika, Vol. 49, S. 37-47.

[479] Vgl. Diamantopoulos, A., Winklhofer, H.M. (2001): Index construction with formative indicators: An alternative to scale development, a.a.O., S. 273.; Götz, O., Liehr-Gobbers, K. (2004): Analyse von Strukturgleichungsmodellen mit Hilfe der Partial-Least-Squares(PLS)-Methode, a.a.O., S. 729f.; Krafft, M., Götz, O., Liehr-Gobbers, K. (2005): Die Validierung von Strukturgleichungsmodellen mit Hilfe des Partial-Least-Squares (PLS)-Ansatzes, a.a.O., S. 82.

[480] Vgl. Chin, W.W. (1998): The partial least squares approach to structural equation modeling, a.a.O., S. 324.

form eines MIMIC-Modells zurückgegriffen, so gilt eine akzeptable globale Modellanpassung als Anzeichen für die konzeptionelle Vollständigkeit der formativen Indikatoren.[481] Erklären die formativen Indikatoren „einen beachtlichen Teil der Varianz der reflektiven Indikatoren“, deutet dies auf hohe Inhaltsvalidität hin.[482]

Indikatorrelevanz

Im Gegensatz zum faktorenanalytischen Charakter reflektiver Messmodelle werden ihre formativen Gegenstücke als multiples lineares Regressionsmodell dargestellt.[483] Demzufolge kann der relative Einfluss der einzelnen Indikatoren auf das Konstrukt statistisch berechnet werden. Anders als bei reflektiven Indikatoren werden also keine Faktorladungen, sondern die (Regressions-)Gewichte der Indikatoren betrachtet. Die Güte eines Indikators bemisst sich an seinem *relativen Beitrag zur Erklärung des Konstrukts*.[484] Je höher das standardisierte Regressionsgewicht eines Indikators ausfällt, desto höher ist auch seine Relevanz für die Konstruktausprägungen. Teilweise werden die Regressionskoeffizienten auch als Anzeichen für die „Vorhersagevalidität“ eines Indikators interpretiert.[485] Die Festlegung von Grenzwerten für die Höhe der Regressionskoeffizienten erscheint nicht angemessen, zumal formative Indikatoren nicht ohne inhaltliche Begründung aus dem Messmodell eliminiert werden dürfen. Als Nachweis für die Relevanz eines Indikators kann die statistische Signifikanz seines Regressionsgewichts angesehen werden.[486] Allerdings sollten auch gering gewichtete und nichtsignifikante Indikatoren nicht unreflektiert ausgesondert werden. Stattdessen bie-

---

[481] Vgl. Diamantopoulos, A., Winklhofer, H.M. (2001): Index construction with formative indicators: An alternative to scale development, a.a.O., S. 272.

[482] Herrmann, A., Huber, F., Kressmann, F. (2006): Varianz- und kovarianzbasierte Strukturgleichungsmodelle: Ein Leitfaden zu deren Spezifikation, Schätzung und Beurteilung, a.a.O., S. 51.

[483] Vgl. Betzin, J., Henseler, J. (2005): Einführung in die Funktionsweise des PLS-Algorithmus, a.a.O., S. 54.; Diamantopoulos, A., Winklhofer, H.M. (2001): Index construction with formative indicators: An alternative to scale development, a.a.O., S. 272. Vgl. zur Regressionsanalyse allgemein Backhaus, K. a.a.O. (2003): Multivariate Analysemethoden. Eine Anwendungsorientierte Einführung, a.a.O., S. 45ff.

[484] Vgl. Chin, W.W., (1998): The partial least squares approach to structural equation modeling, a.a.O., S. 307.; Krafft, M., Götz, O., Liehr-Gobbers, K. (2005): Die Validierung von Strukturgleichungsmodellen mit Hilfe des Partial-Least-Squares (PLS)-Ansatzes, a.a.O., S. 77.

[485] Vgl. Herrmann, A., Huber, F., Kressmann, F. (2006): Varianz- und kovarianzbasierte Strukturgleichungsmodelle: Ein Leitfaden zu deren Spezifikation, Schätzung und Beurteilung, a.a.O., S. 57.

[486] Vgl. Chin, W.W. (1998): The partial least squares approach to structural equation modeling, a.a.O., S. 324.; Lohmöller, J.-B. (1989): Latent variable path modelling with partial least squares, Heidelberg, S. 60f.; Helm, S. (2005): Entwicklung eines formativen Messmodells für das Konstrukt Unternehmensreputation, in: Bliemel, F., Eggert, A., Fassot, G., Henseler, J. (Hrsg.): Handbuch PLS-Pfadmodellierung. Methode, Anwendung, Praxisbeispiele, Stuttgart, S. 249f.

tet sich im Falle unerwartet geringer Gewichte eine erneute inhaltliche Prüfung der entsprechenden Indikatoren an.

Multikollinearität

Als lineare Regressionsmodelle beruhen formative Messmodelle auf der Annahme, dass die Indikatoren vollständig linear unabhängig voneinander sind. Die Verletzung dieser Annahme wird als Multikollinearität bezeichnet und ist bis zu einem gewissen Grad unproblematisch. Mit zunehmender Multikollinearität in den empirischen Beobachtungswerten der Indikatoren werden jedoch die Schätzungen der Regressionskoeffizienten unzuverlässiger.[487] Ein hohes Maß an Multikollinearität bedeutet starke Redundanz in den Daten, weshalb sich der spezifische Einfluss einzelner Indikatoren auf das Konstrukt nicht exakt bestimmen lässt[488] und dadurch die Indikatorgewichte nicht mehr interpretierbar sind. Vor diesem Hintergrund sehen einige Autoren eine zu hohe Multikollinearität als Rechtfertigung für die Eliminierung formativer Indikatoren aus einem Messmodell.[489] An anderer Stelle werden hingegen bestimmte Prozeduren wie die Indexbildung stark korrelierender Indikatoren empfohlen, um dem Problem der Multikollinearität zu begegnen, ohne dabei Indikatoren aussondern zu müssen.[490]

Das Ausmaß an Multikollinearität gibt an, wie viel Varianz eines Indikators durch alle anderen Indikatoren des Messmodells erklärt werden kann. Zur Kontrolle der Multikollinearität können verschiedene Prüfmaße herangezogen werden. Erste Hinweise für ein möglicherweise problematisches Ausmaß an Multikollinearität liefert ein Blick auf die Korrelationsmatrix der Indikatoren. Hohe Korrelationskoeffizienten nahe Eins deuten in diesem Zusammenhang auf Multikollinearitätsprobleme hin. Zumeist wird jedoch auf den *Variance Inflation Factor* (VIF) als Prüfmaß zurückgegriffen.[491] Der Va-

---

[487] Vgl. Backhaus, K. et al. (2003): Multivariate Analysemethoden. Eine Anwendungsorientierte Einführung, a.a.O., S. 88f.

[488] Vgl. ebenda, S. 89 sowie Diamantopoulos, A., Winklhofer, H.M. (2001): Index construction with formative indicators: An alternative to scale development, a.a.O., S. 272.

[489] Vgl. Diamantopoulos, A., Winklhofer, H.M. (2001): Index construction with formative indicators: An alternative to scale development, a.a.O., S. 272.; Krafft, M., Götz, O., Liehr-Gobbers, K. (2005): Die Validierung von Strukturgleichungsmodellen mit Hilfe des Partial-Least-Squares (PLS)-Ansatzes, a.a.O., S. 78.

[490] Vgl. Albers, S., Hildebrandt, L. (2006): Methodische Probleme bei der Erfolgsfaktorenforschung – Messfehler, formative versus reflektive Indikatoren und die Wahl des Strukturgleichungs-Modells, a.a.O., S. 25.

[491] Vgl. Backhaus, K. et al. (2003): Multivariate Analysemethoden. Eine Anwendungsorientierte Einführung, a.a.O., S. 90.; Krafft, M., Götz, O., Liehr-Gobbers, K. (2005): Die Validierung von Strukturgleichungsmodellen mit Hilfe des Partial-Least-Squares (PLS)-Ansatzes, a.a.O., S. 78.

riance Inflation Factor eines Indikators zeigt an, um welchen Faktor sich die Varianzen der Regressionskoeffizienten durch diesen Indikator vergrößern.[492] Der Mindestwert beträgt Eins und wird dann erreicht, wenn der entsprechende Indikator vollständig unabhängig von den anderen Indikatoren ist. Der VIF ist ein sehr geeignetes Maß, um Multikollinearität zu quantifizieren, obgleich auf Basis dieses Kriteriums nicht festgestellt werden kann, von welchen anderen Variablen hohe Werte eines Indikators verursacht werden.[493] Es ist nur sehr schwierig möglich, eine Entscheidung darüber zu treffen, ab welcher Höhe des Variance Inflation Factor ein zu hohes Maß an Multikollinearität vorliegt. Als Grenzwerte werden in der Regel VIFs von kleiner 5 beziehungsweise kleiner 10 gefordert.[494] Für verhaltenswissenschaftliche Untersuchungen mit einer begrenzten Anzahl an Variablen sind Grenzwerte in dieser Höhe allerdings in Frage zu stellen. Denn gemäß der Berechnungsformel[495] des VIF überschreitet ein Indikator erst dann diese Werte, wenn mehr als 80 beziehungsweise mehr als 90 Prozent seiner Varianz durch die anderen Indikatoren erklärt werden können. Bei inhaltlich sorgfältiger Vorarbeit dürfte das in formativen Messmodellen jedoch eher selten vorkommen, und es kann ein deutlich geringerer Grenzwert von ungefähr 1,5 als Maßstab dienen.[496]

Nomologische Validität

Die Überprüfung der nomologischen Validität formativer Messmodelle erfolgt prinzipiell in gleicher Art und Weise wie im reflektiven Fall. Dem Konzept der nomologi-

---

[492] Vgl. Backhaus, K. et al. (2003): Multivariate Analysemethoden. Eine Anwendungsorientierte Einführung, a.a.O., S. 90.

[493] Vgl. Craney, T.A., Surles, J.G. (2002): Model-Dependent variance inflation factor cutoff values, in: Quality Engineering, Vol. 14, No. 3, S. 393.

[494] Vgl. Craney, T.A., Surles, J.G. (2002): Model-dependent variance inflation factor cutoff values, a.a.O., S. 393.; Diamantopoulos, A., Winklhofer, H.M. (2001): Index construction with formative indicators: An alternative to scale development, a.a.O., S. 272.; Herrmann, A., Huber, F., Kressmann, F. (2006): Varianz- und kovarianzbasierte Strukturgleichungsmodelle: Ein Leitfaden zu deren Spezifikation, Schätzung und Beurteilung, a.a.O., S. 57.

[495] Vgl. Backhaus, K. et al. (2003): Multivariate Analysemethoden. Eine Anwendungsorientierte Einführung, a.a.O., S. 90.

[496] Die Kritik an den weitläufig vorgeschlagenen VIF-Grenzwerten zwischen 5 und 10 kann (noch) nicht durch einschlägige Literaturnachweise gestützt werden. Die Zweckmäßigkeit deutlich geringerer Grenzwerte im Rahmen der verhaltenswissenschaftlichen Marketingforschung wurde jedoch in mehreren Diskussionen des Autors mit Methodenexperten betont. Die Entscheidung sollte an der jeweiligen Untersuchungssituation orientiert werden. Allerdings gibt es keine Methode, um exakt zu bestimmen, ob ein bestimmtes Ausmaß an Kollinearität zwischen Variablen zu hoch ist. Vgl. auch Krafft, M., Götz, O., Liehr-Gobbers, K. (2005): Die Validierung von Strukturgleichungsmodellen mit Hilfe des Partial-Least-Squares (PLS)-Ansatzes, a.a.O., FN 6. Zur modellabhängigen Festlegung des VIF vgl. Craney, T.A., Surles, J.G. (2002): Model-dependent variance inflation factor cutoff values, a.a.O., S. 391-403.

schen Validität kommt bei formativen Messmodellen allerdings eine besondere Bedeutung zu, da kovarianzbasierte Validitätskriterien hier nicht überprüft werden können und die nomologische Validität deshalb häufig das einzige Gütekriterium für die Beurteilung des gesamten Messmodells darstellt. In Bezug auf die Validitätsprüfung formativer Modelle betont Bagozzi in diesem Zusammenhang „the best thing we can do…is to examine how well the index relates to measures of other variables“.[497]

Tabelle 10 fasst die Gütekriterien sowie deren empfohlene Grenzwerte beziehungsweise Erfüllungsbedingungen für reflektive und formative Messmodelle zusammen.

[497] Bagozzi, R.P. (1994): Structural equation models in marketing research: Basic Principles, in: Bagozzi, R.P. (Hrsg.): Principles of marketing research, Oxford, S. 333 zitiert nach Diamantopoulos, A., Winklhofer, H.M. (2001): Index construction with formative indicators: An alternative to scale development, a.a.O., S. 272. Vgl. auch Chin, W.W. (1998): The partial least squares approach to structural equation modeling, a.a.O., S. 329.

Prüfkriterium	Grenzwert/Bedingung
Reflektives Messmodell	
Inhaltsvalidität	▪ Theoretische Plausibilität, Expertenmeinungen ▪ Nachweis der Eindimensionalität in exploratorischer oder konfirmatorischer Faktorenanalyse
Indikatorreliabilität	▪ Erklärte Varianz des Indikators durch das Konstrukt ≥ 50%, d.h. Faktorladungen mindestens 0,707
Konstruktreliabilität	▪ Interne Konsistenz ▪ Faktorreliabilität ≥ 0,7 ▪ Durchschnittlich Erfasste Varianz ≥ 0,5
Konvergenzvalidität	▪ Ergebnisse verschiedener Messverfahren korrelieren stark positiv Pragmatische Kriterien: ▪ Faktorreliabilität ≥ 0,7 ▪ Durchschnittlich Erfasste Varianz ≥ 0,5 ▪ Hohe, signifikant von Null verschiedene Faktorladungen ▪ Akzeptabler Modellfit im Rahmen einer konfirmatorischen Faktorenanalyse
Diskriminanzvalidität	▪ Messungen verschiedener Konstrukte unterscheiden sich hinreichend deutlich ▪ Durchschnittlich Erfasste Varianz > quadrierte Korrelation zu anderen Konstrukten
Nomologische Validität	▪ Theoretisch begründeter Beziehungszusammenhang zu anderen Konstrukten bestätigt sich empirisch ▪ Signifikante Strukturpfade in vermuteter Richtung und Stärke
Formatives Messmodell	
Inhaltsvalidität	▪ Theoretische Plausibilität, Expertenmeinungen ▪ Eindeutige Zuordnung der Indikatoren zum vorgesehenen Konstrukt im Rahmen eines Indikatorenzuordnungsverfahrens ▪ Einsatz reflektiver Indikatoren: Akzeptabler Modellfit und hoher Anteil erklärter Varianz der reflektiven Indikatoren im Rahmen eines MIMIC-Modells und/oder Starker und signifikanter Strukturpfad (≥ 0,8) im Rahmen einer Redundanz-Analyse
Indikatorrelevanz	▪ Betrachtung des relativen Beitrags zur Bildung des Konstrukts ▪ Signifikante Indikatorgewichte
Multikollinearität	▪ Kein zu hohes Ausmaß an Multikollinearität ▪ Paarweise Korrelationen in Korrelationsmatrix nicht zu hoch ▪ Variance Inflation Factor ≤ 1,5 bzw. 5 (modellabhängig)
Nomologische Validität	▪ Theoretisch begründeter Beziehungszusammenhang zu anderen Konstrukten bestätigt sich empirisch ▪ Signifikante Strukturpfade in vermuteter Richtung und Stärke

Tab. 10: Gütebeurteilung formativer und reflektiver Messmodelle im Überblick

Quelle: eigene Darstellung

2 Erhebung quantitativer Daten mittels einer Zuschauerbefragung

Zur Überprüfung fast aller Gütekriterien für reflektive und formative Messmodelle ist die Erhebung quantitativer Daten erforderlich. Im Rahmen der vorliegenden Arbeit wurde daher eine Zuschauerbefragung beim Fußball-Bundesligisten FC Hansa Rostock durchgeführt. Die Befragung erfolgte durch persönliche Interviews mit Hilfe eines standardisierten Fragebogens. In diesem Abschnitt werden der Prozess der Fragebogenentwicklung sowie das genaue Vorgehen der Datenerhebung dargelegt.

2.1 Fragebogenentwicklung und Verständlichkeitstest

Der Prozess der Fragebogenentwicklung umfasst vor allem Überlegungen hinsichtlich der genauen Formulierung aller Fragen und Indikatoren sowie bezüglich der Anordnung der vorgesehenen Fragebogeninhalte. Solche Überlegungen sind notwendig, um Verzerrungen durch unverständliche Formulierungen vorzubeugen und Reihenfolgeneffekte durch eine ungeeignete Anordnung der Fragen zu verhindern. Im ersten Schritt der Fragebogenentwicklung werden die Indikatoren der Stadionatmosphäre sowie zweier zur Prüfung der nomologischen Validität eingesetzter Konstrukte ausformuliert. Sämtliche Indikatoren werden daraufhin zu einem vollständigen Fragebogen zusammengestellt. In einer Pilotstudie wird der Fragebogen nachfolgend hinsichtlich seiner Verständlichkeit getestet, bevor schließlich die endgültige Version fertig gestellt wird.

2.1.1 Formulierung der Indikatoren der Stadionatmosphäre

Die im vorangegangenen Hauptgliederungspunkt generierten Indikatoren des Messmodells der Stadionatmosphäre sind die wesentliche Grundlage für den zur Datenerhebung eingesetzten Fragebogen. Der gängigen Vorgehensweise entsprechend, werden die Indikatoren als verbale Aussagen formuliert. Auf diesem Wege wird versucht, die durch die formativen Indikatoren repräsentierten Umweltstimuli im Stadion sowie die durch die reflektiven Indikatoren repräsentierten Gefühlszustände der Zuschauer zu erfassen.

Vor Aufnahme der Indikatoren in den Fragebogen wurden noch einige Überlegungen bezüglich der genauen Formulierung der Indikatoren angestellt. Dies ist erforderlich, um Fehldeutungen der befragten Personen auszuschließen.[498] Neben dem Kriterium der grundlegenden Verständlichkeit der gestellten Fragen gilt es bei den Indikatorenformulierungen auch darauf Acht zu geben, dass damit tatsächlich auch die vorgesehenen spezifischen Inhalte erfasst werden.[499] Auf diese Problematik wurde im Zusammenhang mit der Erfassung von Gefühlszuständen durch die reflektiven Indikatoren bereits in Abschnitt C 4.2.2 hingewiesen.

Hinsichtlich der Mehrheit der Indikatoren ergaben Überlegungen, dass sehr *scharfe Indikatorenformulierungen* gewählt werden sollten, um ein hinreichendes Ausmaß an Varianz in den Angaben der Befragungspersonen zu gewährleisten. Diese Überlegung wird am Beispiel des Indikators *„Fangesänge"* deutlich gemacht: Mit diesem Indikator soll ein bestimmtes Stadion von den Befragungspersonen dahingehend beurteilt werden, ob Gesänge aus den Fankurven eine typische und ständig gegenwärtige Eigenschaft der Stadionumwelt sind. Dabei kommt es darauf an herauszufinden, ob sich das bewertete Stadion durch diese Eigenschaft in besonderem Maße auszeichnet, ohne jedoch direkt einen Vergleichsmaßstab vorzugeben. Der Aussage *„In Stadion X sind Fangesänge zu hören"* würde vermutlich die absolute Mehrheit der befragten Personen mit hoher Zustimmung beipflichten. Zu dieser Aussage würde aller Voraussicht auch Zustimmung in Bezug auf Stadien zu beobachten sein, in denen Fangesänge nur selten zu beobachten sind. Dies entspräche jedoch nicht dem zu erfassenden Umweltmerkmal ständiger Fangesänge, das für eine gute Stadionatmosphäre im hier vertretenen Sinne bedeutsam ist. Daher muss eine Formulierung gewählt werden, hinsichtlich der nur dann Zustimmung zu erwarten ist, wenn in dem untersuchten Stadion Fangesänge in besonderem Maße zu beobachten sind und diese ein allgegenwärtiges Phänomen darstellen. Dazu ist die Formulierung *„In Stadion X sind die ganze Zeit Fangesänge zu hören"* besser geeignet, da eine solche Eigenschaftszuschreibung nur für Stadien mit sehr ausgeprägten Fangesängen uneingeschränkt vorgenommen werden dürfte. Allerdings sind derartige Wahrnehmungsurteile stets relativ und werden auf Basis eines individuellen Vergleichsstandards gefällt[500], sodass letztlich Bewertungen subjektiv wahrgenommener Umweltmerkmale erfasst werden.

---

[498] Das Beispiel des Indikators *„Zuschauerränge sind direkt am Spielfeld"* in Abschnitt C 3.2.2 hat die Gefahr von Fehldeutungen seitens der befragten Personen deutlich gemacht.

[499] Daniel weist im Kontext von Umweltbewertungsstudien darauf hin, dass das Auffinden unzweideutiger Formulierungen gegenüber den Probanden oftmals ein schwierigeres Vorhaben ist als die Identifikation relevanter Umweltdimensionen. Vgl. Daniel, T.C. (1976): Criteria for development and application of perceived environmental quality indices, a.a.O., S. 41.

[500] Vgl. ebenda, S. 42.

Auch bezüglich der reflektiven Indikatoren wurden entsprechend deutliche Formulierungen gewählt, denn Aussagen wie beispielsweise *„In Stadion X herrscht Begeisterung"* würde vermutlich kaum eine Befragungsperson nicht zumindest teilweise zustimmen. Um das Ausmaß besonders starker Begeisterung zu erfassen, bietet sich daher eher die Formulierung *„In Stadion X herrscht eine riesige Begeisterung"* an.

Nach diesem Prinzip wurden sämtliche Indikatoren der Stadionatmosphäre ausformuliert und auf das Stadion vom FC Hansa Rostock zugeschnitten. Die gewählten Formulierungen sind Tabelle 11 zu entnehmen. Hinsichtlich der fettgedruckten Wörter wurden die Interviewer in der später durchgeführten Schulung um besondere Betonung während der Interviews gebeten, damit auch durch die Intonation des Interviewers die Frage nach besonders starken Merkmalsausprägungen deutlich wird.

Indikatoren der Stadionatmosphäre	
Formativ	**Reflektiv**
*Das Spielgeschehen auf dem Platz ist **sehr** lebendig und aktionsreich*	*Im Stadion empfindet man wahren Nervenkitzel*
*Im Stadion sind die **ganze** Zeit Fangesänge zu hören*	*Im Stadion erlebt man **„Emotionen pur“***
*Der Gästeblock ist **prall** mit Fans gefüllt*	*Im Stadion herrscht eine **riesige** Begeisterung*
Es werden häufig Fußballlieder und Stadionhymnen eingespielt	*Im Hansa-Stadion herrscht ein mitreißende Euphorie*
***Sehr viele** Besucher tragen Fanbekleidung*	*Im Hansa-Stadion ist eine Stimmung wie im Rausch*
*Als Zuschauer im Hansa-Stadion fühlt man sich **direkt** am Spielgeschehen*	*Im Stadion ist eine **richtig** tolle Stimmung*
*Die Fans führen **sehr häufig** einstudierte Choreografien vor*	*Im Stadion herrscht eine **echte** Gänsehaut-Stimmung*
*Das Spielgeschehen auf dem Platz ist **richtig** spannend*	
*Die Fanblöcke im Stadion rufen sich **sehr häufig** gegenseitig Sprechchöre zu*	
Bei Toren für Hansa gibt es im ganzen Stadion einen total begeisterten Jubel	
*Die Zuschauerränge bei Hansa-Spielen sind **prall** gefüllt*	
Die Akustik im Stadion ist fast so gut wie in einer Halle	
*Der Stadionsprecher heizt das Publikum immer **richtig** an*	
*Die Mannschaft von Hansa ist **sehr** kämpferisch und zeigt echten Teamspirit*	
*Es beteiligen sich **sehr viele** Zuschauer im Stadion aktiv und laut an der Veranstaltung*	

Tab. 11: Indikatoren zur Messung der Stadionatmosphäre

Quelle: eigene Darstellung

2.1.2 Literaturgestützte Generierung von Indikatoren abhängiger Konstrukte zur Überprüfung der nomologischen Validität

Neben den Indikatoren des Messmodells der Stadionatmosphäre wurden die Indikatoren weiterer Konstrukte mit in den Fragebogen aufgenommen, um die nomologische Validität des Messmodells untersuchen zu können. Wie im einleitenden Abschnitt dieses Kapitels dargelegt, wird die nomologische Validität eines Messmodells durch die Untersuchung der Beziehungen des Konstrukts zu anderen Konstrukten überprüft. Bestätigen sich vorher hypothetisierte Wirkungsbeziehungen der Stadionatmosphäre zu vor- oder nachgelagerten Konstrukten, so kann von nomologischer Validität ausgegangen werden. Aufgrund der erstmaligen Untersuchung der Stadionatmosphäre als verhaltenswissenschaftliches Konstrukt in der vorliegenden Arbeit ist es jedoch schwierig, die Stadionatmosphäre in einen fundierten übergeordneten Theorierahmen mit konkreten Konstrukten einzuordnen. Hypothesen über Wirkungsbeziehungen der Stadionatmosphäre zu anderen Konstrukten müssen folglich zunächst hergeleitet werden.

Zur Überprüfung der nomologischen Validität des Messmodells der Stadionatmosphäre bietet sich zum einen das Konstrukt *Zuschauerzufriedenheit* an. Eine grundlegende theoretische Begründung für einen positiven Wirkungszusammenhang zwischen guter Stadionatmosphäre und der Zufriedenheit der Stadionbesucher liefert das umweltpsychologische Verhaltensmodell von Mehrabian und Russell.[501] Das Modell postuliert einen direkten Einfluss von Umweltstimuli auf emotionale Zustände von Personen, die in Abhängigkeit der Vorziehenswürdigkeit der ausgelösten Emotionen ein Annäherungs- oder Vermeidungsverhalten in Bezug auf die Umwelt zur Folge haben. Annäherungs- und Vermeidungsverhalten definieren Mehrabian und Russell nicht als bloßes physisches in eine Umwelt Hinein- oder aus einer Umwelt Herausbewegen, sondern verallgemeinern diese Begriffe durch eine Reihe positiver beziehungsweise negativer Aspekte. So bedeutet Annäherungsverhalten zum Beispiel, sich in einer Umwelt wohl zu fühlen, und vereint sämtliche positiven oder wünschenswerten Aspekte hinsichtlich einer bestimmten Umwelt.[502] Annäherungsverhalten zeigen Personen dann, wenn der Umweltaufenthalt ihren Präferenzen entspricht. Insofern ist es aus theoretischer Sicht plausibel, einen positiven Einfluss des Umwelt-Person-Systems der Stadionatmosphä-

[501] Vgl. dazu die Ausführungen zu diesem Modell in Abschnitt B 1.2.2.

[502] Vgl. Mehrabian, A., Russell, J.A. (1974): An approach to environmental psychology, a.a.O., S. 138ff.; Mehrabian, A. (1978): Räume des Alltags oder wie die Umwelt unser Verhalten bestimmt, a.a.O., S. 12.

re auf die Zuschauerzufriedenheit zu vermuten, denn Zufriedenheit wird generell als „das Ergebnis eines komplexen psychischen Vergleichsprozess verstanden".[503] Im Rahmen einer Sportveranstaltung wird ein solcher Vergleichsprozess zwischen den insgesamt mit einem Stadionaufenthalt verknüpften Erwartungen und den tatsächlich im Stadion erlebten Ereignissen vorgenommen.[504] Zu den Erwartungen der Zuschauer gehört aller Voraussicht nach auch das Erleben guter Stadionatmosphäre, weshalb diese als eine Determinante der Zuschauerzufriedenheit betrachtet werden kann.

In mehreren empirischen Studien wurde bereits ein positiver Einfluss von Konstrukten, die der Stadionatmosphäre ähnlich sind, auf die Zufriedenheit von Konsumenten nachgewiesen. Wakefield und Blodgett weisen einen direkten Einfluss des Konstrukts „*Excitement*" auf die Zufriedenheit von Sportzuschauern nach.[505] In einer späteren Untersuchung bestätigen sie einen positiven Einfluss des Excitement von Sportzuschauern auf die typischen Zufriedenheitsindikatoren Wiederkehr- und Weiterempfehlungsabsicht.[506] Madrigal kann in zwei Studien sowohl einen direkten positiven Einfluss des Vergnügens von Sportzuschauern auf ihre Zufriedenheit[507] als auch einen gleichgerichteten signifikanten Einfluss positiver affektiver Reaktionen der Zuschauer auf ihre Zufriedenheit mit der Teamleistung belegen.[508] Kao et al. postulieren eine Ursache-Wirkungskette, die mit der Betrachtung von Umweltstimuli beginnt und über positive Erlebnisse sowie positive Gefühle schließlich zu hoher Erlebniszufriedenheit führt. In einer empirischen Studie können sie die vermuteten Ursache-Wirkungszusammenhänge im Kontext einer Sportveranstaltung nachweisen.[509] Im Kontext von Freizeitdienstleistungen belegen Mano und Oliver einen positiven Zusammenhang zwischen dem gleichzeitigen Empfinden hohen Vergnügens und hoher Aktivierung und der Zu-

---

[503] Homburg, C., Rudolph, B. (1995): Theoretische Perspektiven der Kundenzufriedenheit, in: Simon, H., Homburg, C. (Hrsg.): Kundenzufriedenheit. Konzepte, Methoden, Erfahrungen, 1. Auflage, Wiesbaden, S. 31 und die dort zitierte Literatur.

[504] Vgl. dazu ebenda, S. 36f. und die dort angegebene Literatur.

[505] Vgl. Wakefield, K.L., Blodgett, J.G. (1994): The importance of servicescapes in leisure service settings, a.a.O., S. 73.

[506] Vgl. Wakefield, K.L., Blodgett, J.G. (1999): Customer response to intangible and tangible service factors, a.a.O., S. 61.

[507] Vgl. Madrigal, B. (1995): Cognitive and affective determinants of fan satisfaction with sporting event attendance, in: Journal of Leisure Research, Vol. 27, No. 3, S. 221.

[508] Vgl. Madrigal, R. (2003): Investigating an Evolving Leisure Experience: Antecedents and consequences of spectator affect during a live sporting event, in: Journal of Leisure Research, Vol. 35, No. 1, S. 39.

[509] Vgl. Kao, Y.-F., Huang, L.-S., Yang, M.-H. (2007): Effects of experiential elements on experiential satisfaction and loyalty intentions: A case study of the super basketball league in Taiwan, a.a.O., S. 91.

friedenheit von Konsumenten.[510] Vor dem Hintergrund dieser empirischen Erkenntnisse sowie der theoretischen Basis des Mehrabian-Russell-Modells wird in der vorliegenden Untersuchung ein positiver Einfluss der Stadionatmosphäre auf die Zuschauerzufriedenheit hypothetisiert.

Zur Messung des Konstrukts Zuschauerzufriedenheit wurden vier reflektive Indikatoren in den Fragebogen aufgenommen. Als Anhaltspunkte für die Formulierung der Indikatoren dienten insgesamt fünf Zufriedenheitsstudien, die der Literatur entnommen wurden. Die Indikatoren und Studien sind Tabelle 12 zu entnehmen.

Indikatoren der Zuschauerzufriedenheit	
Ich war bei vergangenen Besuchen im Hansa-Stadion sehr zufrieden	abgeleitet nach Horsmann 2005, S. 94
Im Vergleich zu anderen Freizeitaktivitäten bin ich mit den Besuchen von Hansa-Spielen besonders zufrieden	abgeleitet nach Babin et al. 2005, S. 136; Horsmann 2005, S. 94
Allgemein denke ich nach Besuchen bei Hansa im Ostseestadion immer, dass es sich gelohnt hat ins Stadion zu gehen	abgeleitet nach Sauer 2005, S. 66
Insgesamt bin ich nach Hansa-Spielen im Ostseestadion immer sehr zufrieden	abgeleitet nach von Wangenheim/Bayón/ Weber 2002, S. 187; Bentin 2006, S. 144; Wakefield/Blodgett 1996, S. 58

Tab. 12: Indikatoren zur Messung des Konstrukts Zuschauerzufriedenheit
Quelle: eigene Darstellung

Um das Konstrukt Stadionatmosphäre in einem umfassenden nomologischen Netzwerk hinsichtlich seiner Validität prüfen zu können, wurde das Konzept **Positive** *Mundkommunikation* als weiteres abhängiges Konstrukt in die Untersuchung einbezogen. Wie bezüglich des Zusammenhangs zwischen der Stadionatmosphäre und der Zuschauerzufriedenheit können auch hinsichtlich der Beziehungen zwischen der Stadionatmosphäre und dem Konstrukt Positive Mundkommunikation keine umfassend theoretisch oder empirisch abgesicherten Annahmen getroffen werden. Nach Brown et al. kann positive Mundkommunikation wie folgt ge-kennzeichnet werden: „making others aware that on does business with a company…making positive recommendations to others about a company, extolling a company's quality orientation, and so on".[511] Übertragen auf den Kontext einer Sportveranstaltung bedeutet dies, dass die Zuschauer anderen Personen in positiver Art und Weise von ihren Stadionbesuchen

[510] Vgl. Mano, H., Oliver, R.L. (1993): Assessing the dimensionality and structure of the consumption experience: Evaluation, feeling and satisfaction, a.a.O., S. 463.
[511] Brown, T.J. et al. (2005): Spreading the word: Investigating antecedents of consumers' positive word-of-mouth intentions and behaviors in a retailing context, in: Journal of the Academy of Marketing Science, Vol. 33, No. 2, S. 125.

erzählen, einen Besuch weiterempfehlen und auf ihre vergnüglichen Erlebnisse aufmerksam machen.

Ein theoretisches Fundament für einen positiven Einfluss der Stadionatmosphäre auf solche Verhaltensweisen liefert wiederum das Verhaltensmodell von Mehrabian und Russell. Mehrabian und Russell sehen in dem Bestreben, mit anderen Personen zu kommunizieren, eine Ausprägung menschlichen Annäherungsverhaltens gegenüber präferenzgerechten Umwelten.[512] Obwohl die Autoren diese Tendenz zunächst nur auf die räumlichen und zeitlichen Grenzen der untersuchten Umwelt beziehen, erscheint dennoch die Annahme plausibel, dass verstärktes Kommunikationsverhalten auch nach Verlassen der Umwelt auftritt. Dies ist insbesondere im Falle präferenzgerechter Ausprägungen der Stadionatmosphäre zu erwarten. Es ist zu vermuten, dass Zuschauer auch nach ihrem Stadionbesuch gegenüber Freunden oder Familienmitgliedern vom Erleben der Stadionatmosphäre berichten. Fraglich ist allerdings, ob das positive Kommunikationsverhalten eine direkte Folge guter Stadionatmosphäre ist oder ob dieser Zusammenhang durch die Zuschauerzufriedenheit oder andere Größen mediiert wird. Die Ergebnisse einer Studie von Wakefield und Blodgett deuten auf einen möglicherweise direkten Zusammenhang hin, da in der Untersuchung ein unmittelbarer Einfluss des Konstrukts „Excitement" auf die Weiterempfehlungsabsichten von Sportzuschauern nachgewiesen werden konnte.[513] Mit Blick auf die Mehrzahl vergangener Untersuchungen kann jedoch davon ausgegangen werden, dass der Zusammenhang zwischen guter Stadionatmosphäre und positiver Mundkommunikation zumindest teilweise durch die Zuschauerzufriedenheit und andere Variablen mediiert wird.[514] In

---

[512] Vgl. Mehrabian, A., Russell, J.A. (1974): An approach to environmental psychology, a.a.O., S. 138ff.; Mehrabian, A. (1978): Räume des Alltags oder wie die Umwelt unser Verhalten bestimmt, a.a.O., S. 11.

[513] Vgl. Wakefield, K.L., Blodgett, J.G. (1999): Customer response to intangible and tangible service factors, a.a.O., S. 61.

[514] Für einen direkten Einfluss der Zufriedenheit auf typische Facetten positiver Mundkommunikation wie beispielsweise Weiterempfehlungsverhalten sprechen sowohl konzeptionelle Überlegungen als auch empirische Befunde. Vgl. z.B. Kao, Y.-F., Huang, L.-S., Yang, M.-H. (2007): Effects of experiential elements on experiential satisfaction and loyalty intentions: A case study of the super basketball league in Taiwan, a.a.O., S. 87 und 91.; Oliver, R.L. (1994): Conceptual issues in the structural analysis of consumption emotion, satisfaction, and quality: evidence in a service setting, in: Advances in Consumer Research, Vol. 21, S. 16.; Homburg, C., Rudolph, B. (1995): Theoretische Perspektiven der Kundenzufriedenheit, a.a.O., S. 46.; Jones, T.O., Sasser, W.E. Jr. (1995): Why satisfied customers defect, in: Harvard Business Review, Vol. 73, S. 88-89.; Babin, B.J. et al. (2005): Modeling consumer satisfaction and word-of-mouth: restaurant patronage in Korea, a.a.O., S. 136. Dennoch ist auch die Art des Zusammenhangs zwischen Zufriedenheit und positiver Mundkommunikation nicht unumstritten. Auch für diesen Zusammenhang werden mitunter mediierende Variablen identifiziert. Vgl. Brown, T.J. et al. (2005): Spreading the word: Investigating an-

der vorliegenden Untersuchung soll allerdings der direkte Zusammenhang zwischen der Stadionatmosphäre und dem positiven Kommunikationsverhalten der Stadionbesucher im Mittelpunkt stehen. Es ist ein zumindest moderater direkter positiver Einfluss der Stadionatmosphäre auf das bei den Zuschauern erfasste Konstrukt Positive Mundkommunikation zu erwarten.

Das Konstrukt Positive Mundkommunikation wird in der vorliegenden Arbeit nicht wie oftmals üblich als Verhaltensintention spezifiziert, sondern soll das tatsächliche Kommunikationsverhalten der Zuschauer in der Vergangenheit erfassen. Damit wird der Problematik möglicher Diskrepanzen zwischen Kommunikationsabsichten und tatsächlichem Kommunikationsverhalten begegnet.[515] Für die Operationalisierung wurden fünf reflektive Indikatoren aus vorliegenden Studien zur Thematik Mund-zu-Mund-Kommunikation abgeleitet. Die Indikatoren sowie die verwendeten Studien sind in Tabelle 13 aufgeführt.

Indikatoren Positiver Mundkommunikation	
Von meinen Besuchen im Hansa-Stadion habe ich anderen Leuten positiv erzählt	abgeleitet nach Brown et al. 2005, S. 135; Price/Arnould 1999, S. 54; Harrison/Walker 2001, S. 72f.
Ich habe meinen Familienmitgliedern empfohlen mal zu einem Hansa-Spiel zu gehen	abgeleitet nach Brown et al. 2005, S. 135; Price/Arnould 1999, S. 54
Einen Besuch im Hansa-Stadion habe ich Leuten empfohlen, die sich eigentlich nicht für Fußball interessieren	eigen konstruiert
Über meine Besuche im Hansa-Stadion erzähle ich anderen Leuten häufiger positive Dinge als über andere Freizeitaktivitäten	eigen konstruiert
Einen Besuch im Hansa-Stadion habe ich Freunden und Bekannten empfohlen	abgeleitet nach Brown et al. 2005, S. 135; Fullerton 2005, S. 104

Tab. 13: Indikatoren zur Messung des Konstrukts Positive Mundkommunikation

Quelle: eigene Darstellung

tecedents of consumers' positive word-of-mouth intentions and behaviors in a retailing context, a.a.O., S. 125f. und die dort zitierte Literatur.

[515] Das setzt allerdings wahrheitsgetreues Antwortverhalten der Befragungspersonen voraus, da Abweichungen der Antworten vom tatsächlichen Verhalten auch durch Fehlangaben zustande kommen.

2.1.3 *Erstellung des Fragebogens und Verständlichkeitstest*

Die Indikatoren der Konstrukte Stadionatmosphäre, Zuschauerzufriedenheit und Positive Mundkommunikation wurden in einen Fragebogen überführt und jeweils mit *fünfstufigen Likertskalen* versehen, auf denen die Probanden ihre Zustimmung zu den Aussagen angeben können. Die Skalen der Stadionatmosphäre- und Zufriedenheitsindikatoren wurden über die Antwortmöglichkeiten 1 = „trifft voll und ganz zu" bis 5 = „trifft überhaupt nicht zu" spezifiziert. Als Antwortformat für die Indikatoren des Konstrukts Positive Mundkommunikation wurde das Muster 1 = „sehr häufig" bis 5 = „nie" gewählt. Drei Einleitungsfragen dienten der Erfassung der Besuchshäufigkeit und der Unterscheidung zwischen Stehplatz- und Sitzplatzkarteninhabern. Daraufhin folgten drei große Blöcke mit den Indikatoren der Konstrukte, die teilweise vermischt wurden. Den abschließenden Teil des Fragebogens bildeten einige vom Praxispartner Hansa Rostock vorgegebene Befragungsinhalte sowie Fragen bezüglich soziodemographischer Merkmale der interviewten Personen.[516]

Der vollständig ausformulierte Fragebogen wurde abschließend einem *Verständlichkeitstest* unterzogen. Dieser Test diente dazu, alle Fragen, Begriffe und Indikatorenformulierungen hinsichtlich ihrer sprachlichen Deutlichkeit zu überprüfen. Als Testpersonen standen insgesamt 96 Erstsemesterstudenten der Wirtschafts- und Sozialwissenschaftlichen Fakultät der Universität Rostock zur Verfügung, die in drei Gruppen (N=30, N=35 und N=31) aufgeteilt waren. Um den Befragungsbedingungen der späteren Zuschauerbefragung möglichst nahe zu kommen, ohne dabei jedoch jeweils Einzelinterviews durchführen zu müssen, wurde den Teilnehmern der Fragebogen nicht vorgelegt, sondern in den drei Probandengruppen jeweils vorgelesen. Die Befragten erhielten im Vorhinein ein Antwortblatt, auf dem jede vorgelesene Frage beziehungsweise Indikatorenformulierung durch „Frage 1", „Frage 2" bzw. „Aussage 1", „Aussage 2" usw. gekennzeichnet, aber nicht ausformuliert war. Direkt nachdem die einzelnen Fragen und Indikatorenformulierungen vorgelesen worden waren, musste jeweils entweder „ist verständlich" oder „ist nicht verständlich" angekreuzt werden. Darüber hinaus enthielt das Antwortblatt für jede abgefragte Formulierung ein Textfeld, in das die Testpersonen kurze Kommentare eintragen sollten, sofern sie eine Formulierung als nicht verständlich einstufen.[517]

---

[516] Der Testfragebogen ist Anhang II A1 zu entnehmen.

[517] Das Antwortblatt ist auszugsweise dem Testfragebogen in Anhang II A1 hinten angestellt.

Im Rahmen der Auswertung des Verständlichkeitstests offenbarte sich die Notwendigkeit, kleinere Modifikationen hinsichtlich der Formulierung einiger Fragen und Indikatoren vorzunehmen. Im Einzelnen wurden folgende Veränderungen vorgenommen:

Die Wortwahl *„Teamspirit"* in einem der formativen Indikatoren der Stadionatmosphäre wurde einige Male als unpassend bezeichnet und jeweils das deutsche Pendant *„Teamgeist"* vorgeschlagen. Der entsprechende Indikator wurde demgemäß umformuliert.
Bezüglich der Zufriedenheitsindikatoren mit der Formulierung *„nach Hansa-Spielen...immer"* wurde einige Male angemerkt, dass der Spielausgang hier eine entscheidende Rolle für die Antworttendenz spielen würde. Da die Befragungen jedoch für den Zeitraum vor einem bestimmten Spiel vorgesehen waren, konnten diese Bedenken zumindest teilweise entkräftet werden. Dennoch wurde mit den folgenden Umformulierungen der Versuch unternommen, das zu erwartende Antwortverhalten von bestimmten erinnerten Spielergebnissen zu lösen:

> Ich war bei vergangenen Besuchen im Hansa-Stadion sehr zufrieden (alt)
> *Insgesamt war ich mit vergangenen Besuchen im Hansa-Stadion sehr zufrieden (neu)*
>
> Allgemein denke ich nach Besuchen bei Hansa im Ostseestadion immer, dass es sich gelohnt hat ins Stadion zu gehen (alt)
> *Allgemein lohnt es sich sehr, zu Hansa-Spielen ins Ostseestadion zu gehen (neu)*
>
> Insgesamt bin ich nach Hansa-Spielen im Ostseestadion immer sehr zufrieden (alt)
> *Ich habe vor, auch in Zukunft zu Hansa-Spielen ins Ostseestadion zu gehen (neu)*

Einige Male wurde die Wortwahl des Indikators *„Im Hansa-Stadion ist eine Stimmung wie im Rausch"* bemängelt. Die geäußerte Kritik bezog sich dabei in allen Fällen auf das Wort *„Rausch"*, dessen Mehrdeutigkeit und häufige Verwendung im Zusammenhang mit Drogen angemahnt wurde. Da sich jedoch lediglich fünf der 96 Probanden kritisch zu dieser Formulierung äußerten, wurde der Indikator schließlich unverändert beibehalten.

Der Indikator *„Als Zuschauer im Hansa-Stadion fühlt man sich direkt am Spielgeschehen"* wurde von einigen Testpersonen als sprachlich unpassend bezeichnet, da hier dem Sprachgefühl folgend noch ein abschließendes Wort erwartet wird. Als Änderungsmöglichkeit wurde die Formulierung *„...direkt am Spielgeschehen beteiligt"* vorgeschlagen. Diese Formulierung trifft aber nicht exakt den beabsichtigten Inhalt des Indikators, da sich die Zuschauer nicht real am Spielgeschehen beteiligt fühlen, sondern nach der inhaltlichen Interpretation des Indikators dem Geschehen lediglich räumlich sehr nah sind. Darüber hinaus wurden auf Grundlage des Verständlichkeitstests weitere geringfügige Modifikationen vorgenommen, bevor der Fragebogen schließlich seine endgültige Form erhielt.[518]

2.2 Vorgehen der Zuschauerbefragung und Merkmale der Teilauswahl

Sowohl die Planung als auch die Durchführung der Zuschauerbefragung erfolgte in enger Kooperation mit dem Fußball-Bundesligisten FC Hansa Rostock. Die Befragung fand an zwei Spieltagen des Klubs jeweils in dem Zeitraum von *zwei Stunden vor Spielbeginn* statt. Dieser Befragungszeitpunkt wurde aus zwei forschungstaktischen Gründen gewählt. Zum einen sollte ein zu starker Einfluss des Ausgangs oder Verlaufs eines bestimmten Spiels auf das Antwortverhalten der Befragten verhindert werden, was im Falle einer Befragung nach Spielschluss oder während des Spiels zu erwarten gewesen wäre. Zum anderen ist der Zeitraum vor Spielbeginn geeignet, um auf hinreichend viele und antwortbereite Befragungspersonen zu treffen, wohingegen die Zuschauer nach Spielende das Stadion und sein direktes Umfeld erfahrungsgemäß umgehend verlassen. Als *Interviewer standen 26 Studenten* aus dem Hauptstudium wirtschaftswissenschaftlicher Studienrichtungen zur Verfügung. Die Interviewer wurden im Rahmen einer Veranstaltung speziell zur Durchführung der Zuschauerbefragung geschult und konnten sich über insgesamt zwei Wochen mit dem Fragebogen vertraut machen. Im Verlauf der Interviewerschulung führten die Befrager jeweils einige Testinterviews durch. Der FC Hansa Rostock stellte für die Befragung einen Stadionlageplan sowie Statistiken über die zahlenmäßige Verteilung des Zuschauerstroms zu den einzelnen Eingängen des Stadions zur Verfügung. In Relation zum Zuschauerstrom wurden die 26 Interviewer auf die verschiedenen Stadioneingänge verteilt, um in der Teilauswahl ein möglichst repräsentatives Abbild aller Blöcke im Stadion zu erhalten.

[518] Der komplette Fragebogen enthält einige wenige Fragen, die auf Wunsch des Kooperationspartners FC Hansa Rostock aufgenommen wurden. Der endgültige Fragebogen ist Anhand II A2 zu entnehmen.

Während der zwei Befragungstage wurden insgesamt 665 Interviews durchgeführt. Von den 665 gesammelten Fragebögen mussten 44 ausgesondert werden, da die interviewten Personen am Befragungstag zum ersten Mal das Rostocker Ostseestadion besuchten und daher kein Urteil bezüglich der Befragungsinhalte abgeben konnten.[519] Schließlich konnten *621 vollständig ausgefüllte Fragebögen* in die Auswertungen einbezogen werden. In Tabelle 14 sind ausgewählte soziodemographische und verhaltensbezogene Merkmale der Teilauswahl aufgeführt.

Merkmal		**Häufigkeit**	**Prozent**
	Größe der Teilauswahl	621	100
Geschlecht	männlich	461	74,2
	weiblich	150	24,2
	keine Angabe	10	1,6
Durchschnittlich besuchte Heimspiele pro Saison	Wenigbesucher (1 bis 5 Spiele)	244	39,3
	Regelmäßigbesucher (6 bis 10 Spiele)	190	30,1
	Häufigbesucher (11 bis 17 Spiele)	187	30,6
Dauerkartenbesitz	ja	50	8,1
	nein	571	91,9
Steh- oder Sitzplatz	in der Regel Stehplatz	270	43,5
	in der Regel Sitzplatz	351	56,5
Fanbekleidung*	trägt keine Fanbekleidung	166	26,7
	trägt dezente Fanbekleidung	313	50,4
	trägt viel Fanbekleidung	132	21,3
	keine Angabe	10	1,6

* Das Ausmaß an Fanbekleidung der Befragten wurde durch Beobachtung erfasst und den drei benannten Kategorien zugeordnet.

Tab. 14: Ausgewählte Merkmale der befragten Fußballzuschauer

Quelle: eigene Darstellung

Nach der Bereinigung um nicht verwendbare Fälle wurde der Datensatz hinsichtlich möglicher Verzerrungen durch Einflüsse der Interviewer oder den Befragungstag kontrolliert. Mittels eines *t-Tests* wurde zunächst überprüft, ob der Befragungstag einen

[519] Diese Personen wurden bereits mit der Eingangsfrage identifiziert und lediglich mit einer verkürzten Version des Fragebogens weiterbefragt. Vgl. Anhang II A2.

signifikanten Einfluss auf das Antwortverhalten der Befragten hatte.[520] Die Ergebnisse belegen, dass sich die Mittelwerte von lediglich zwei Indikatoren zwischen den beiden Befragungstagen statistisch signifikant unterscheiden. Dabei handelt es sich um den formativen Atmosphäreindikator *„Der Gästeblock ist prall mit Fans gefüllt“* (t = -3,97, p < 0,000) sowie den reflektiven Atmosphäreindikator *„Im Hansa-Stadion ist eine Stimmung wie im Rausch“* (t = -2,1, p < 0,05). Eine inhaltliche Begründung dieser Unterschiede ist jedoch nicht auszumachen. Beispielsweise verfügten die Probanden vor dem Spiel über keine Informationen über den tatsächlichen Füllungsgrad des Gästefanblocks an diesem Spieltag, sodass spieltagspezifische Besonderheiten als Ursache unwahrscheinlich sind. Zur Aufdeckung von Interviewereinflüssen wurde eine *einfaktorielle ANOVA* durchgeführt.[521] Für neun der insgesamt 31 Indikatoren konnten signifikante Einflüsse der Interviewer festgestellt werden.[522] Dabei handelt es sich im Einzelnen um folgende Indikatoren (verkürzte Formulierung):

- *Zuschauer fühlen sich direkt am Spielgeschehen* (ATMO for, F = 1,82, p < 0,01)
- *Fans führen sehr häufig Choreografien vor* (ATMO for, F = 1,64, p < 0,05)
- *Im Stadion empfindet man wahren Nervenkitzel* (ATMO ref, F = 1,85, p < 0,01)
- *Akustik im Stadion ist fast so gut wie in einer Halle* (ATMO for, F = 2,05 p < 0,01)
- *Im Stadion erlebt man „Emotionen pur“* (ATMO ref, F = 1,73, p < 0,05)
- *Familienmitgliedern empfohlen zum Spiel zu gehen* (POSMU, F = 1,61, p < 0,05)
- *Besuch Leuten empfohlen, die sich nicht interessieren* (POSMU, F = 1,62, p < 0,05)
- *Vergleich zu anderen Freizeitaktivitäten besonders zufrieden* (ZU, F = 1,67, p < 0,05)

Die Interviewereinflüsse lassen sich jedoch nicht auf einzelne Befrager zurückführen, deren Daten auffällig in eine bestimmte Richtung verzerrt sind. Eine Eliminierung ein-

---

520 Die vollständigen Ergebnisse des *t*-Tests sind Anhang II B1 zu entnehmen.

521 Es gilt zu beachten, dass die zur Durchführung einer ANOVA notwendige Bedingung der Varianzgleichheit zwischen den Stichproben in einem Levene-Test für viele Variablen nicht bestätigt werden konnte. Daher wurde zu Vergleichszwecken der nichtparametrische Kruskal-Wallis-Test durchgeführt. Den Ergebnissen dieses Test zufolge erwiesen sich dieselben Indikatoren als problematisch wie im Rahmen der ANOVA.

522 Die vollständigen Ergebnisse der Varianzanalyse sind Anhang II B2 zu entnehmen.

zelner Teile des Datensatzes erscheint daher unangemessen, und es wurden schließlich keine weiteren Fragebögen aus den Analysen ausgeschlossen.

3 Prüfung und Beurteilung der Reliabilität und Validität des Messmodells

Mit dem empirischen Datensatz der Zuschauerbefragung wird nachfolgend das Messmodell der Stadionatmosphäre anhand der in Abschnitt D 1 dargestellten Reliabilitäts- und Validitätskriterien getestet und beurteilt. Um eine korrekte Messung des in der Konstruktdefinition vorgegebenen Konstruktinhalts zu gewährleisten, müssen sowohl der formative als auch der reflektive Modellteil den jeweils geeigneten Gütekriterien entsprechen, also den von ihnen repräsentierten Teil des Konstruktinhalts exakt erfassen. Beide Modellteile sind eigenständige Messmodelle, die prinzipiell auch separat eingesetzt werden können. Allerdings wird bei einem getrennten Einsatz jeweils nur ein Teil des Konstruktinhalts der Stadionatmosphäre gemessen. Beim Einsatz des formativen Messmodells würden Urteile über die Merkmale der Stadionumwelt abgebildet werden, während die alleinige Verwendung des reflektiven Messmodells lediglich die erinnerten Gefühlszustände der Stadionbesucher erfasst. Eine konzeptionell vollständige Messung der Stadionatmosphäre erfordert jedoch den gemeinsamen Einsatz beider Modellteile im Rahmen des spezifizierten Gesamtmodells. Aufgrund der größtenteils unterschiedlichen Gütekriterien für die zwei Modellteile muss die Gütebeurteilung des reflektiven Modellteils allerdings zum Teil in separaten Analysen erfolgen. Die Prüfung des formativen Modellteils ist hingegen nur mit dem parallelen Einsatz der reflektiven Indikatoren möglich und erfolgt deshalb gemeinsam mit der Überprüfung des Gesamtmodells. Wenn in den weiteren Ausführungen vom *reflektiven* beziehungsweise *formativen Modellteil* gesprochen wird, geschieht das mit dem Bewusstsein, dass diese Modellteile jeweils nur einen Teil des gesamten Bedeutungsinhalts der Stadionatmosphäre abbilden.

Da die Prüfung des reflektiven Modellteils bezüglich einiger Kriterien separat vom gesamten Messmodell erfolgt, wird eine eigenständige Beurteilung dieses Modellteils den weiteren Analysen vorangestellt. Die Beurteilung des formativen Modellteils wird anschließend zusammen mit der Prüfung des gesamten Messmodells durchgeführt.

3.1 *Vorbereitende Prüfung und Beurteilung des reflektiven Modellteils mittels der exploratorischen und konfirmatorischen Faktorenanalyse*

Der reflektive Modellteil des Messmodells der Stadionatmosphäre kann hinsichtlich seiner Eindimensionalität, der Indikator- und Konstruktreliabilität sowie seiner Konvergenzvalidität mit den Verfahren der exploratorischen und konfirmatorischen Faktorenanalyse unabhängig vom Gesamtmodell getestet werden. Erfüllt das reflektive Modell diese Kriterien, sind die wesentlichen Voraussetzungen für eine reliable und valide Messung der Gefühlszustände der Stadionbesucher gelegt.

3.1.1 *Überprüfung der Eindimensionalität*

In einem ersten Analyseschritt wird das reflektive Messmodell zunächst hinsichtlich seiner *Inhaltsvalidität* getestet, wofür die *Eindimensionalität* der verwendeten Indikatoren nachgewiesen werden muss. Dazu wird eine *exploratorische Faktorenanalyse* mit dem Softwarepaket SPSS 15.0 durchgeführt. Wenn es im Rahmen der exploratorischen Faktorenanalyse darum geht, latente Faktoren zu identifizieren, die als Ursache der Korrelationen zwischen den Indikatoren interpretiert werden, sind als Extraktionsmethoden vorwiegend die Hauptachsenanalyse[523] oder das Maximum-Likelihood-Verfahren[524] zu empfehlen. Die häufig angewendete Hauptkomponentenanalyse ist dazu jedoch nicht geeignet, da dieses Verfahren der Reduktion von Daten dient. Die extrahierten Komponenten sind dann lediglich Beschreibungen der Indikatoren, jedoch keine „kausalen" Bedingungen. Als Maß zur Überprüfung der Eignung der Stichprobe für die Durchführung einer Faktorenanalyse wurde das *Kaiser-Meyer-Olkin-Kriterium* (KMK) herangezogen. Der erreichte Wert von 0,89 belegt eine sehr gute Eignung der Stichprobe.[525] Die Ergebnisse der Maximum-Likelihood-Faktorenanalyse bestätigen eine eindimensionale Faktorenstruktur der sieben reflektiven Indikatoren der Stadionatmosphäre. Auf Basis der gängigen Entscheidungshilfen *Kaiser-Kriterium* (*Eigenwert* = 4,1, zweiter Faktor: *Eigenwert* = 0,9) und *Scree-Test* wird in der Analyse lediglich

---

[523] Vgl. Floyd, F.J., Widaman, K.F. (1995): Factor analysis in the development and refinement of clinical assessment instruments, a.a.O., S. 290f.; Russell, D.W. (2002): In search of underlying dimension: The use (and abuse) of factor analysis, a.a.O., S. 1632.

[524] Vgl. Hildebrandt, L., Temme, D. (2006): Probleme der Validierung mit Strukturgleichungsmodellen, a.a.O., S. 624.

[525] Die Werte des KMK liegen zwischen Null und Eins, wobei höhere Werte auf eine bessere Eignung der Stichprobe hindeuten. Backhaus et al. klassifizieren einen Wert über 0,8 als „verdienstvoll". Vgl. Backhaus, K. et al. (2003): Multivariate Analysemethoden. Eine Anwendungsorientierte Einführung, a.a.O., S. 276.

ein zugrunde liegender Faktor für die Indikatoren extrahiert.[526] Damit erweist sich auch statistisch nur eine einzige latente Variable (= Konstrukt = Faktor) als gemeinsame Ursache der Indikatorkorrelationen.[527]

Ein zusätzlicher Test auf Eindimensionalität des reflektiven Messmodells wird mit Hilfe einer *konfirmatorischen Faktorenanalyse* angestellt. Dazu wird das in Abbildung 14 dargestellte einfaktorielle Modell spezifiziert. In dem postulierten Modell liegt den sieben reflektiven Indikatoren der Stadionatmosphäre den theoretischen Vermutungen folgend nur ein gemeinsamer Faktor zugrunde.

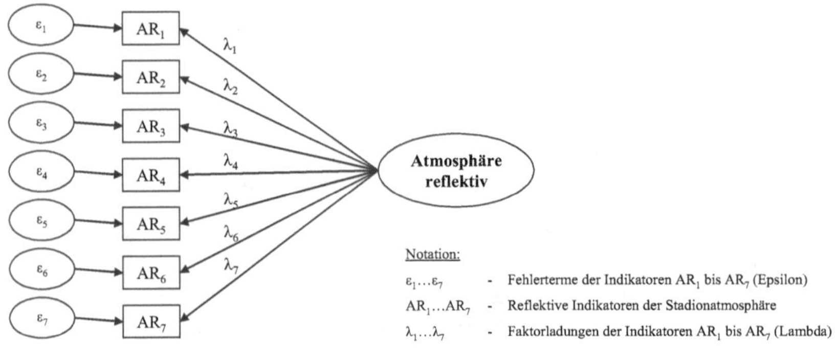

Abb. 14: Reflektives Messmodell der Stadionatmosphäre als konfirmatorisches Faktorenmodell

Quelle: eigene Darstellung

Mittels des Softwarepaketes AMOS 4.01 wird nun berechnet, ob die durch das Modell implizierte Kovarianzmatrix mit der Kovarianzmatrix der Beobachtungswerte übereinstimmt. Letztere wird auf Grundlage der empirischen Daten erstellt. Um das Modell zu

[526] Die Entscheidung über die Anzahl der extrahierten Faktoren unterliegt dem subjektiven Spielraum des Forschers. Zumeist wird zur Entscheidungsunterstützung das Kaiser-Kriterium herangezogen, obwohl das Kriterium häufig kritisiert wird. Dem Kaiser-Kriterium zufolge sollten nur Faktoren mit einem Eigenwert > 1 betrachtet werden. Das Scree-Plot für den Scree-Test ist Anhang III A1 zu entnehmen. Vgl. dazu Backhaus, K. et al. (2003): Multivariate Analysemethoden. Eine Anwendungsorientierte Einführung, a.a.O., S. 295ff. Zur Kritik am Kaiser-Kriterium vgl. Floyd, F.J., Widaman, K.F. (1995): Factor analysis in the development and refinement of clinical assessment instruments, a.a.O., S. 291f.; Russell, D.W. (2002): In search of underlying dimension: The use (and abuse) of factor analysis, a.a.O., S. 1632f.

[527] Die Ergebnisse der exploratorischen Faktorenanalyse sind Anhang III A2 zu entnehmen.

identifizieren, wird die Varianz der latenten Variable auf Eins fixiert.[528] Mit 14 Freiheitsgraden ist das Modell schließlich überidentifiziert und kann berechnet werden. Die Größe der Teilauswahl liegt mit N = 621 deutlich oberhalb der für konfirmatorische Faktorenanalysen empfohlenen Mindestgrößen zwischen 100 und 250 Fällen.[529] Als Schätzmethode wird die mehrheitlich verwendete und als Standard empfohlene Maximum-Likelihood-Methode herangezogen.[530] Neben intervallskalierten Daten erfordert die Maximum-Likelihood-Methode eine *multivariate Normalverteilung* der Daten, da Signifikanzprüfungen der Schätzergebnisse auf Normalverteilungsannahmen beruhen. Eine entsprechende Prüfung der Daten bringt zum Vorschein, dass keine multivariate Normalverteilung gegeben ist (*multivariate kurtosis* = 28,1, *Critical Ratio* = 31,2).[531] Liegt keine Multinormalverteilung vor, kann die ML-Methode dennoch angewendet werden, wenn *Schiefe* und *Exzess* der Daten bestimmte Grenzwerte nicht überschreiten[532], zumal ML-Schätzungen als sehr robust gegenüber Verletzungen der Normalverteilungsannahme eingeschätzt werden.[533] Als akzeptable Grenzen für Schiefe und Exzess der Datenverteilung gelten Werte von kleiner als zwei (Schiefe) und kleiner als sieben (Exzess).[534] Die Verteilungen der Beobachtungswerte aller reflektiven Indikatoren der Stadionatmosphäre liegen innerhalb dieser Grenzen, weshalb die Anwendung der Maximum-Likelihood-Methode gerechtfertigt erscheint.[535]

Daher kann nun geprüft werden, ob das postulierte Modell eine gute *globale Modellanpassung* aufweist, was die vermutete einfaktorielle Struktur empirisch bestätigen würde. Darüber geben verschiedene von AMOS berechnete Modellanpassungsmaße Aufschluss. Das bekannteste Maß ist der χ^2-Anpassungstest, der anzeigt, ob sich die vom Modell implizierte Kovarianzmatrix signifikant von der beobachteten Kovari-

---

[528] Vgl. Bühner, M. (2006): Einführung in die Test- und Fragebogenkonstruktion, 2. Auflage, München et al., S. 244.

[529] Vgl. Russell, D.W. (2002): In search of underlying dimension: The use (and abuse) of factor analysis, a.a.O., S. 1641.; Bühner, M. (2006): Einführung in die Test- und Fragebogenkonstruktion, a.a.O., S. 262.

[530] Vgl. Schermelleh-Engel, K., Moosbrugger, H., Müller, H. (2003): Evaluating the fit of structural equation models: Test of significance and descriptive goodness-of-fit measures, in: Methods of Psychological Research Online, Vol. 8, No. 2, S. 25.

[531] Der Critical Ratio-Wert kann wie ein z-Wert interpretiert werden. Demnach liegt hier eine signifikante Verletzung der Multinormalverteilungsannahme vor. Vgl. Bühner, M. (2006): Einführung in die Test- und Fragebogenkonstruktion, 2. Auflage, München et al., S. 285.

[532] Vgl. Bühner, M. (2006): Einführung in die Test- und Fragebogenkonstruktion, a.a.O., S. 251.

[533] Vgl. Schermelleh-Engel, K., Moosbrugger, H., Müller, H. (2003): Evaluating the fit of structural equation models: Test of significance and descriptive goodness-of-fit measures, a.a.O., S. 26 und die dort zitierte Literatur.

[534] Vgl. Bühner, M. (2006): Einführung in die Test- und Fragebogenkonstruktion, a.a.O., S. 285.

[535] Die vollständigen Ergebnisse der Prüfung auf multivariate Normalverteilung finden sich in Anhang III A3.

anzmatrix unterscheidet.[536] Ein signifikanter χ^2-Wert bedeutet also, dass das vorgeschlagene Modell statistisch von den empirischen Daten abweicht. Aufgrund einer Reihe von Nachteilen wird die Eignung des χ^2-Anpassungstests allerdings oftmals in Frage gestellt.[537] Ein zentraler Kritikpunkt an diesem Test besteht darin, dass es bei großen Stichproben fast immer zu einer Ablehnung der Modellanpassung kommt, da durch die enorme Teststärke der hohen Stichprobe bereits sehr geringe Diskrepanzen zwischen der implizierten und der beobachteten Kovarianzmatrix zu statistisch signifikanten Unterschieden führen.[538] Das hat zur Konsequenz, dass auch Modelle mit sehr geringfügigen Fehlern abgelehnt werden. Aufgrund der sehr hohen Fallzahl von N = 621 führt der χ^2-Anpassungstests wie erwartet auch in der hier durchgeführten Analyse zu einer Ablehnung des Gesamtmodells (χ^2 = 179,0, p < 0,000).[539] Aufgrund der eingeschränkten Aussagekraft des χ^2-Tests empfiehlt sich jedoch ein Blick auf weitere globale Modellanpassungsmaße, um die Gesamtanpassung des vorgeschlagenen Modells an die empirischen Daten zu beurteilen. In Tabelle 15 sind die Ergebnisse für gängige Modellanpassungsmaße sowie die jeweilig vorgeschlagenen Grenzwerte dargestellt.

---

536 Vgl. Homburg, C., Baumgartner, H. (1995): Beurteilung von Kausalmodellen. Bestandsaufnahme und Anwendungsempfehlungen, a.a.O., S. 166.

537 Vgl. ebenda, S. 166 und die dort zitierte Literatur.

538 Vgl. Scholderer, J., Balderjahn, I. (2005): PLS versus LISREL: Ein Methodenvergleich, in: Bliemel, F., Eggert, A., Fassot, G., Henseler, J. (Hrsg.): Handbuch PLS-Pfadmodellierung. Methode, Anwendung, Praxisbeispiele, Stuttgart, S. 91.; Bühner, M. (2006): Einführung in die Test- und Fragebogenkonstruktion, a.a.O., S. 253.

539 Wegen der nicht multivariat normalverteilten Daten wird hier wie auch im Folgenden der mittels der Bollen-Stine Bootstrap-Prozedur korrigierte χ^2-Wert angegeben. Vgl. dazu Bühner, M. (2006): Einführung in die Test- und Fragebogenkonstruktion, a.a.O., S. 280.

Anpassungsmaß Grenzwert	**CFI** > 0,9	**NFI** > 0,9	**RMSEA** < 0,06 < 0,08	**TLI** > 0,9
Erreichter Wert Messmodell	0,98	0,98	0,138	0,96
CFI = Comparative Fit Index NFI = Normed Fit Index RMSEA = Root-Mean-Square-Error-of-Approximation TLI = Tucker-Lewis Index				

Tab. 15: Bewertung der globalen Anpassung des reflektiven Messmodells der Stadionatmosphäre anhand ausgewählter Fit-Indizes[540]

Quelle: eigene Darstellung

Das Modell erfüllt die in der Literatur vorgeschlagenen Grenzwerte von drei der vier aufgeführten Anpassungsmaße. Legt man den RMSEA-Index zugrunde, weist das Messmodell jedoch auch gemäß dem für dieses Maß weniger restriktiven Grenzwert in Höhe von 0,08 keine hinreichende Modellanpassung auf, weshalb diesbezüglich durchaus Verbesserungspotenzial besteht. Berücksichtigt man jedoch die Tatsache, dass es sich um den ersten empirischen Test des Modells handelt, können die Ergebnisse insgesamt als Anzeichen für eine akzeptable globale Modellanpassung gedeutet werden. Insofern bestätigen auch die Ergebnisse der konfirmatorischen Faktorenanalyse alles in allem die eindimensionale Struktur des reflektiven Messmodells. Den sieben verwendeten Indikatoren liegt demzufolge lediglich ein latenter Faktor zugrunde. In Verbindung mit den qualitativen Vorstudien aus Abschnitt C 4.2 kann daher von einer inhaltsvaliden reflektiven Konstruktmessung ausgegangen werden.

3.1.2 Prüfung und Beurteilung der Indikator- und Konstruktreliabilität sowie der Konvergenzvalidität

Zur Beurteilung der Indikator- und Konstruktreliabilität sowie der Konvergenzvalidität des reflektiven Messmodells wird auf die Ergebnisse der durchgeführten konfirmatorischen Faktorenanalyse zurückgegriffen. Den Ausgangspunkt für sämtliche Prüfkriterien bilden die mit dem Softwarepaket AMOS geschätzten Faktorladungen der sieben Indikatoren. In Tabelle 16 sind die Faktorladungen und ihre Signifikanzen aufgeführt.

[540] Die Grenzwerte für die globalen Modellanpassungsmaße wurden aus folgenden Quellen entnommen: Homburg, C., Baumgartner, H. (1995): Beurteilung von Kausalmodellen. Bestandsaufnahme und Anwendungsempfehlungen, a.a.O., S. 162-176.; Schermelleh-Engel, K., Moosbrugger, H., Müller, H. (2003): Evaluating the fit of structural equation models: Test of significance and descriptive goodness-of-fit measures, a.a.O., S. 23-74.; Hu, L., Bentler, P.M. (1999): Cutoff criteria for fit indexes in covariance structure analysis: Conventional criteria versus new alternatives, in: Structural Equation Modelling, Vol. 6, No. 1, S. 1-55.

Des Weiteren finden sich in der rechten Spalte der Tabelle die Quadrierten Multiplen Korrelationen (QMK) für jeden Indikator. Die QMK geben an, wie viel Varianz eines Indikators durch das Konstrukt erklärt werden konnte und entsprechen damit den *Indikatorreliabilitäten.*

Code	Indikatoren	FL	C.R.	p	QMK
AR1	*Im Stadion ist eine richtig tolle Stimmung*	0,66	17,84	0,000	**0,44**
AR2	*Im Stadion herrscht eine riesige Begeisterung*	0,56	14,56	0,000	**0,32**
AR3	*Im Stadion erlebt man „Emotionen pur"*	0,70	19,14	0,000	**0,49**
AR4	*Im Stadion herrscht eine echte Gänsehaut-Stimmung*	0,81	23,40	0,000	**0,65**
AR5	*Im Stadion empfindet man wahren Nervenkitzel*	0,70	19,14	0,000	**0,49**
AR6	*Im Hansa-Stadion herrscht ein mitreißende Euphorie*	0,80	22,91	0,000	**0,63**
AR7	*Im Hansa-Stadion ist eine Stimmung wie im Rausch*	0,78	22,09	0,000	**0,60**

FL = Faktorladung
C.R. = Critical Ratio-Werte
p = Signifikanz der Faktorladungen
QMK = Quadrierte Multiple Korrelation = Anteil erklärte Varianz (Indikatorreliabilität)

Tab. 16: Ergebnisse der konfirmatorischen Faktorenanalyse für das reflektive Messmodell
Quelle: eigene Darstellung

Für sämtliche Indikatoren ergeben sich statistisch hochsignifikante Faktorladungen. Die erklärte Varianz von drei Indikatoren (AR6, AR7, AR4) liegt deutlich oberhalb des Grenzwertes von 0,5, was auf eine sehr gute Indikatorreliabilität hindeutet. Weitere zwei Indikatoren (AR3, AR5) weisen mit einem erklärten Varianzanteil von jeweils 49 Prozent eine gerade noch akzeptable Indikatorreliabilität auf. Die zwei Indikatoren AR1 und AR2 liegen mit 44 Prozent beziehungsweise 32 Prozent jedoch unterhalb des geforderten Grenzwertes.

Die Beurteilung der Konstruktreliabilität erfolgt anhand der Kriterien *Faktorreliabilität* und *Durchschnittlich Erfasste Varianz.* Beide Werte werden vom verwendeten Softwarepaket AMOS nicht ausgewiesen. Daher müssen sie mit Hilfe der entsprechenden Formeln separat berechnet werden.

$$\text{Faktorreliabilität} = \frac{(\sum_{i=1}^{k}\lambda_{ij})^2\phi_{jj}}{(\sum_{i=1}^{k}\lambda_{ij})^2\phi_{jj} + \sum_{i=1}^{k}\theta_{ii}} \qquad \text{DEV} = \frac{\sum_{i=1}^{k}\lambda^2_{ij}\phi_{jj}}{\sum_{i=1}^{k}\lambda^2_{ij}\phi_{jj} + \sum_{i=1}^{k}\theta_{ii}}$$

k = Anzahl der Indikatoren
λ_{ij} = Ladung des i-ten Indikators
ϕ_{jj} = Varianz der latenten Variable
θ_{ii} = Varianz des Fehlers des i-ten Indikators

Als Berechnungsgrundlage dienen die von AMOS ausgewiesenen Faktorladungen. Für die Faktorreliabilität ergibt sich ein Wert von 0,88 (Grenzwert 0,7) und für die Durchschnittlich Erfasste Varianz ein Wert von 0,52 (Grenzwert 0,5). Beide Werte liegen oberhalb der geforderten Grenzen, weshalb dem Messmodell eine gute Konstruktreliabilität bescheinigt werden kann. Damit ist die Reliabilitätsprüfung des reflektiven Messmodells abgeschlossen. Obwohl zwei Indikatoren den für die Indikatorreliabilität geforderten Grenzwert nicht erreichen, erweist sich das Messmodell wegen der Erfüllung des als bedeutender eingeschätzten Kriteriums der Konstruktreliabilität insgesamt als zuverlässiges Messinstrument.

Auf Grundlage der bisherigen Ergebnisse kann das reflektive Messmodell überdies hinsichtlich seiner *Konvergenzvalidität* beurteilt werden. Als Beurteilungskriterien werden hier wiederum die Faktorreliabilität sowie die Durchschnittlich Erfasste Varianz herangezogen, deren Grenzwerte das Messmodell wie dargelegt erfüllt. Als weitere Bedingungen für die Annahme von Konvergenzvalidität müssen die Indikatoren des Messmodells hohe und signifikant von Null verschiedene Faktorladungen aufweisen und das Modell sollte im Rahmen einer konfirmatorischen Faktorenanalyse eine insgesamt akzeptable Anpassung an die empirischen Daten zeigen. Auch diese Bedingungen der Konvergenzvalidität erfüllt das Messmodell weitgehend. Die im vorangegangenen Abschnitt dargestellten Werte der globalen Anpassungsmaße deuten auf einen insgesamt akzeptablen Modellfit hin (siehe Tabelle 15). Ferner erweisen sich die Faktorladungen aller Indikatoren wie bereits erwähnt als hochsignifikant. Bis auf eine Ausnahme (Indikator AR2) liegen alle Faktorladungen nahe 0,7 beziehungsweise deutlich höher als 0,7 (siehe Tabelle 16). Vor dem Hintergrund der erstmalig durchgeführten empirischen Überprüfung des reflektiven Messmodells sind Faktorladungen in dieser Höhe als hinreichend hoch zu bewerten.

3.2 Prüfung und Beurteilung des Gesamtmodells anhand varianz- und kovarianzbasierter Strukturgleichungsanalysen

Formative Messmodelle können mit Ausnahme des Kriteriums der Inhaltsvalidität nicht ohne die Einbettung in ein Strukturgleichungsmodell geprüft werden. Zur Durchführung einer Strukturgleichungsanalyse benötigt man formal mindestens zwei Konstrukte mit ihren jeweiligen Messmodellen. Da der reflektive und der formative Modellteil jeweils über eigenständige Messmodelle verfügen, lässt sich bereits durch ihren gemeinsamen Einsatz eine Strukturgleichungsanalyse durchführen. Im Rahmen dieser Analyse können sowohl der formative Modellteil als auch das gesamte Messmodell der Stadionatmosphäre beurteilt werden.

Mit der *kovarianz-* und der *varianzbasierten Strukturgleichungsanalyse* stehen dem Forscher grundsätzlich zwei verschiedene Ansätze zur Durchführung einer Strukturgleichungsanalyse zur Verfügung.[541] Beide Verfahren werden im nachfolgenden Abschnitt zunächst vergleichend gekennzeichnet, wobei in erster Linie ihre jeweiligen Vor- und Nachteile offen gelegt werden. Daraufhin werden zunächst der formative Modellteil und daraufhin das gesamte Messmodell der Stadionatmosphäre mittels beider Verfahren geprüft und beurteilt. Durch den gemeinsamen Einsatz der zwei unterschiedlichen Strukturgleichungsverfahren soll eine methodenunabhängige Gütebeurteilung des Messmodells gewährleistet werden. Die vergleichende Betrachtung der Ergebnisse beider Verfahren erleichtert die Ergebnisinterpretation, da methodenspezifische Unter- oder Überschätzungen der interessierenden Modellparameter ersichtlich werden.

3.2.1 Vergleichende Betrachtung der Varianz- und der Kovarianzstrukturgleichungsanalyse

Die noch immer mehrheitliche Verwendung reflektiver Messmodelle in der Marketingforschung geht mit einer nahezu standardmäßigen Anwendung kovarianzbasierter Strukturgleichungsverfahren einher.[542] Mitunter wird die Dominanz reflektiver Skalen

---

541 Vgl. Chin, W.W., Newsted, P.R. (1999): Structural equation modeling analysis with small samples using partial least squares, in: Hoyle, R. (Hrsg.): Statistical strategies for small sample research, Thousand Oaks, S. 307-341.; Scholderer, J., Balderjahn, I. (2006): Was unterscheidet harte und weiche Strukturgleichungsmodelle nun wirklich? Ein Klärungsversuch zur LISREL-PLS-Frage, a.a.O., S. 57-70.

542 Vgl. Fassot, G. (2005): Die PLS-Pfadmodellierung: Entwicklungsrichtungen, Möglichkeiten, Grenzen, in: Bliemel, F., Eggert, A., Fassot, G., Henseler, J. (Hrsg.): Handbuch PLS-Pfadmodellierung.

der guten Verfügbarkeit von Softwarepaketen der Kovarianzstrukturgleichungsanalyse[543] wie LISREL, AMOS oder EQS zugeschrieben, da formative Modelle in diesen Verfahren nur unter bestimmten Bedingungen eingesetzt werden können.[544] Die Entstehung der Kovarianzstrukturgleichungs-analyse geht auf die Entwicklung des *LISREL-Ansatzes*[545] zurück, dessen Grundprinzip sämtliche kovarianzbasierten Verfahren entsprechen.[546] Den kovarianzbasierten Ansätzen steht das varianzbasierte Verfahren *PLS*[547] (PLS = Partial Least Squares = Partielle Kleinste Quadrate) gegenüber. Parallel zur stärkeren Beachtung formativer Messmodelle findet auch der PLS-Ansatz in der jüngeren Vergangenheit zunehmende Beachtung in der Marketingforschung.[548] Der wesentliche Grund dafür ist darin zu sehen, dass formative Messmodelle im PLS-Ansatz im Gegensatz zu den kovarianzbasierten Verfahren ohne weitere Voraussetzungen verwendet werden können.

LISREL und PLS[549] unterscheiden sich hinsichtlich verschiedener Kriterien und verfügen jeweils über spezifische Vor- und Nachteile. Welchem Verfahren der Vorzug gegeben werden sollte, ist vor allem vom Untersuchungsziel und dem zu analysierenden Modell abhängig.

Der LISREL-Ansatz hat in der psychometrischen Forschungstradition seinen Ursprung und schätzt die Beziehungen zwischen den latenten Variablen des Modells auf der

---

Methode, Anwendung, Praxisbeispiele, Stuttgart, S. 20.; Scholderer, J., Balderjahn, I. (2006): Was unterscheidet harte und weiche Strukturgleichungsmodelle nun wirklich? Ein Klärungsversuch zur LISREL-PLS-Frage, a.a.O., S. 57.

543 Vgl. Götz, O., Liehr-Gobbers, K. (2004): Analyse von Strukturgleichungsmodellen mit Hilfe der Partial-Least-Squares(PLS)-Methode, a.a.O., S. 715.; Fassot, G. (2005): Die PLS-Pfadmodellierung: Entwicklungsrichtungen, Möglichkeiten, Grenzen, a.a.O., S. 21.

544 Vgl. Herrmann, A., Huber, F., Kressmann, F. (2006): Varianz- und kovarianzbasierte Strukturgleichungsmodelle: Ein Leitfaden zu deren Spezifikation, Schätzung und Beurteilung, a.a.O., S. 35.

545 Vgl. Jöreskog, K.G. (1973): A general method for estimation a linear structural equation system, in: Goldberger, A.S., Duncan, O.D. (Hrsg.): Structural equation models in the social sciences, New York, S. 85-112.

546 Vgl. Scholderer, J., Balderjahn, I. (2006): Was unterscheidet harte und weiche Strukturgleichungsmodelle nun wirklich? Ein Klärungsversuch zur LISREL-PLS-Frage, a.a.O., S. 58.

547 Vgl. Wold, H. (1982): Soft modelling: The basic design and some extensions, in: Jöreskog, K.G., Wold, H. (Hrsg.): Systems under indirect observations: Causality, structure, prediction, Part 2, Amsterdam, S. 1-54.

548 Für einen Überblick über die Entwicklung des PLS-Ansatzes im deutschsprachigen Raum sowie auf internationaler Ebene vgl. Fassot, G. (2005): Die PLS-Pfadmodellierung: Entwicklungsrichtungen, Möglichkeiten, Grenzen, a.a.O., S. 22ff.

549 Die Unterschiede zwischen LISREL und PLS werden hier stellvertretend für sämtliche kovarianz- und varianzbasierten Verfahren diskutiert.

Grundlage von Kovarianzen zwischen den Indikatoren der Messmodelle.[550] Aufgrund des faktorenanalytischen Charakters der Messmodelle in LISREL werden Messfehler explizit berücksichtigt und aus den Schätzungen der Strukturbeziehungen zwischen den latenten Variablen (Konstrukten) herausgerechnet. Das *Hauptziel von LISREL* besteht darin, die vom Forscher theoretisch postulierte *Modellstruktur* insgesamt möglichst genau an die empirischen Daten *anzupassen*. Die dazu eingesetzten Optimierungsalgorithmen schätzen sämtliche freien Parameter des Modells *simultan*.[551] Zu jedem Strukturgleichungsmodell gehören mindestens zwei latente Variablen und die jeweils dazugehörigen Messmodelle.[552] Während die Beziehungen innerhalb der Messmodelle im LISREL-Ansatz faktorenanalytisch bestimmt werden, folgen die Schätzungen der Strukturbeziehungen zwischen den Konstrukten dem Prinzip der Regressionsanalyse.[553] Ein weiteres Merkmal der Kovarianzstrukturgleichungsanalyse besteht darin, dass den üblicherweise eingesetzten Schätzalgorithmen[554] die Annahme der *multivariaten Normalverteilung* aller Modellvariablen zugrunde liegt. Daher lassen sich sämtliche Schätzergebnisse, zum Beispiel die Faktorladungen in den Messmodellen, die Strukturpfade zwischen den Konstrukten oder der gesamte Modellfit, *inferenzstatistisch* überprüfen.[555]

Der *PLS-Algorithmus* ist hingegen ein prognoseorientiertes Verfahren. Sein *zentrales Ziel* ist die bestmögliche *Erklärung* der latenten und beobachteten *Variablen*.[556] Im Gegensatz zur globalen Modelloptimierung der kovarianzbasierten Verfahren optimiert PLS die zu schätzenden Parameter des Modells *partiell*, das heißt an keiner Stel-

---

[550] Vgl. Scholderer, J., Balderjahn, I. (2006): Was unterscheidet harte und weiche Strukturgleichungsmodelle nun wirklich? Ein Klärungsversuch zur LISREL-PLS-Frage, a.a.O., S. 58.; Backhaus, K. et al. (2003): Multivariate Analysemethoden. Eine Anwendungsorientierte Einführung, a.a.O., S. 337.

[551] Vgl. Scholderer, J., Balderjahn, I. (2006): Was unterscheidet harte und weiche Strukturgleichungsmodelle nun wirklich? Ein Klärungsversuch zur LISREL-PLS-Frage, a.a.O., S. 62.; Herrmann, A., Huber, F., Kressmann, F. (2006): Varianz- und kovarianzbasierte Strukturgleichungsmodelle: Ein Leitfaden zu deren Spezifikation, Schätzung und Beurteilung, a.a.O., S. 38.

[552] Vgl. dazu Abschnitt D 1.1.

[553] Vgl. Backhaus, K. et al. (2003): Multivariate Analysemethoden. Eine Anwendungsorientierte Einführung, a.a.O., S. 348f.

[554] Damit ist in erster Linie die Maximum-Likelihood-Methode gemeint.

[555] Vgl. Scholderer, J., Balderjahn, I. (2006): Was unterscheidet harte und weiche Strukturgleichungsmodelle nun wirklich? Ein Klärungsversuch zur LISREL-PLS-Frage, a.a.O., S. 62.; Herrmann, A., Huber, F., Kressmann, F. (2006): Varianz- und kovarianzbasierte Strukturgleichungsmodelle: Ein Leitfaden zu deren Spezifikation, Schätzung und Beurteilung, a.a.O., S. 39f.

[556] Vgl. Chin, W.W. (1998): The partial least squares approach to structural equation modeling, a.a.O., S. 303.

le des Algorithmus wird das gesamte Modell simultan geschätzt.[557] Stattdessen folgt der PLS-Algorithmus ausschließlich dem Prinzip der Regressionsanalyse. Das Verfahren besteht aus einer Abfolge von einfachen und multiplen Regressionen, bei denen stets ein Teil des Gesamtmodells festgesetzt wird, um den „freien“ Modellteil schätzen zu können.[558] Dabei werden *keine Verteilungsannahmen* getroffen, sodass PLS-Modelle auch bei Vorliegen nicht normalverteilter Daten problemlos geschätzt werden können. Wegen der fehlenden Verteilungsannahmen lassen sich *Signifikanzprüfungen* mit PLS allerdings nur auf Basis von *Resampling-Prozeduren* wie dem Bootstrapping[559] oder Jackknifing durchführen.[560]
Die wesentlichen Vorteile des LISREL-Ansatzes sind in folgenden Aspekten zu sehen: Die Beziehungen zwischen Konstrukten werden aufgrund der Messfehlerkontrolle allein auf der Grundlage reliabler Varianzanteile geschätzt. Wegen der zugrunde liegenden Verteilungsannahmen können Signifikanzprüfungen der Schätzungen vorgenommen werden. Da die Anpassung des Gesamtmodells an die empirischen Daten optimiert wird und globale Anpassungsmaße berechnet werden können, lassen sich komplexe Theorien ganzheitlich prüfen und mit modifizierten Versionen der Theorie vergleichen. Die zentralen Nachteile der kovarianzbasierten Strukturgleichungsanalyse sind in der Notwendigkeit relativ hoher Stichproben und den strikten Verteilungsannahmen zu sehen. Letzteres ist insbesondere im Kontext verhaltenswissenschaftlicher Untersuchungen problematisch, da hier oftmals keine normalverteilten Daten vorliegen.

Der nichtparametrische PLS-Ansatz zeichnet sich vor allem durch die zumeist problemlose Anwendung aus, da keine Verteilungsannahmen getroffen werden und vergleichsweise geringe Anforderungen an die Stichprobengröße bestehen.[561] Darüber hinaus ist PLS aufgrund der regressionsanalytischen Behandlung der Messmodelle sehr gut dazu in der Lage, interessierende Konstrukte zu prognostizieren. Daher bietet

---

557 Vgl. Scholderer, J., Balderjahn, I. (2006): Was unterscheidet harte und weiche Strukturgleichungsmodelle nun wirklich? Ein Klärungsversuch zur LISREL-PLS-Frage, a.a.O., S. 63.

558 Vgl. Henseler, J. (2005): Einführung in die PLS-Pfadmodellierung, in: WiSt, Vol. 34, No. 2, S. 75.

559 Das Grundprinzip dieser Hilfsprozeduren wird in Abschnitt D 3.2.2.2 erklärt.

560 Vgl. Chin, W.W. (1998): The partial least squares approach to structural equation modeling, a.a.O., S. 318ff.; Herrmann, A., Huber, F., Kressmann, F. (2006): Varianz- und kovarianzbasierte Strukturgleichungsmodelle: Ein Leitfaden zu deren Spezifikation, Schätzung und Beurteilung, a.a.O., S. 39f.

561 Die erforderliche Stichprobengröße ist abhängig von der größten Prädiktorenzahl im Modell (formative Indikatoren oder exogene Konstrukte). Als Faustregel gilt eine Mindestgröße der Stichprobe in Höhe des 10-fachen der größten Prädiktorenzahl im Modell. Vgl. Chin, W.W., Newsted, P.R. (1999): Structural Equation Modeling analysis with small samples using partial least squares, a.a.O., S. 326f.

sich dieser Ansatz insbesondere bei managementorientierten Fragestellungen an, wenn die relative Einflussstärke einzelner (formativer) Indikatoren aufgedeckt werden soll.[562] Als ein wesentlicher Nachteil von PLS gilt die Nichtberücksichtigung von Messfehlern. Unreliable Varianzanteile werden mit reliabler Varianz konfundiert und fließen in die Konstruktmessung ein, was sowohl für formative als auch für reflektive Messmodelle gilt und zu Verzerrungen der Schätzungen sowohl der reflektiven Messmodelle als auch der Strukturpfade führt.[563] Als nachteilig erweist sich darüber hinaus die fehlende Möglichkeit das gesamte Modell simultan zu schätzen und die Notwendigkeit für inferenzstatistische Prüfungen auf Resampling-Prozeduren zurückzugreifen. Verschiedene Modellvarianten können mit PLS nicht anhand globaler Anpassungsmaße miteinander verglichen werden, sodass sich Theorievergleiche kaum realisieren lassen.

3.2.2 Spezifikation und Prüfung des Messmodells mittels der Verfahren PLS und AMOS

Der gleichzeitige Einsatz formativer und reflektiver Indikatoren zur Messung eines Konstrukts in einer Strukturgleichungsanalyse erfordert besondere Vorgehensweisen bei der Modellspezifikation. Auch darin unterscheiden sich varianz- und kovarianzbasierten Verfahren, die Messmodelle mit zwei Indikatorsystemen jeweils verschiedenartig darstellen. Das Messmodell der Stadionatmosphäre wird im Folgenden sowohl für ein kovarianzbasiertes als auch ein varianzbasiertes Verfahren passend spezifiziert. Daraufhin wird das Modell mit den Verfahren AMOS und PLS geschätzt und die erzielten Ergebnisse einer vergleichenden Betrachtung unterzogen. Auf dieser Grundlage erfolgt dann eine umfassende Beurteilung des formativen Modellteils sowie des gesamten Messmodells.

3.2.2.1 Alternative Spezifikation des Messmodells der Stadionatmosphäre in varianz- und kovarianzbasierten Verfahren

In keinem der verfügbaren kovarianz- und varianzbasierten Verfahren ist es möglich, formative und reflektive Indikatoren gleichzeitig direkt auf das Konstrukt zu modellieren. Im PLS-Ansatz werden Konstrukte, die mit beiden Indikatorarten gemessen wer-

---

562 Vgl. Herrmann, A., Huber, F., Kressmann, F. (2006): Varianz- und kovarianzbasierte Strukturgleichungsmodelle: Ein Leitfaden zu deren Spezifikation, Schätzung und Beurteilung, a.a.O., S. 45.

563 Vgl. Scholderer, J., Balderjahn, I. (2006): Was unterscheidet harte und weiche Strukturgleichungsmodelle nun wirklich? Ein Klärungsversuch zur LISREL-PLS-Frage, a.a.O., S. 61.

den sollen, nach dem Prinzip des in Abschnitt D 1.2 beschriebenen Zwei-Faktoren- beziehungsweise Redundanz-Modells spezifiziert. Dabei werden die formativen Indikatoren direkt auf eine latente Variable modelliert, die über einen Strukturpfad mit einer weiteren latenten Variable verbunden ist, der die reflektiven Indikatoren zugeordnet sind.[564] Abbildung 15 stellt die Spezifikation des Messmodells der Stadionatmosphäre im Rahmen des PLS-Ansatzes dar.

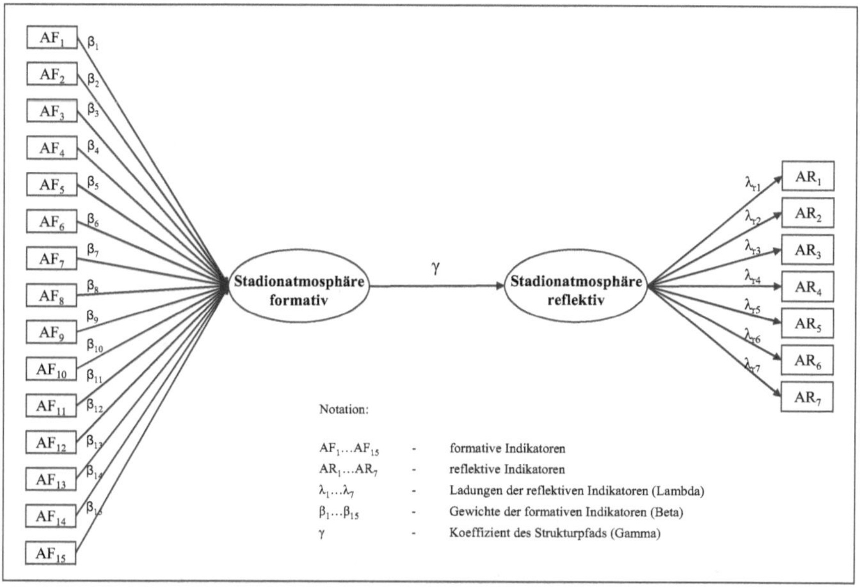

Abb. 15: Spezifikation des Messmodells der Stadionatmosphäre in PLS
Quelle: eigene Darstellung

Anders als in PLS ist es in der Kovarianzstrukturgleichungsanalyse aufgrund der faktorenanalytischen Behandlung von Messmodellen prinzipiell nicht sinnvoll, formative Indikatoren als „echte" Indikatoren direkt auf das Konstrukt zu modellieren. Stattdessen werden formative Indikatoren hier als exogene Einzel-Indikator-Konstrukte dargestellt.[565] Jeder formative Indikator wird also als eigenständiges Konstrukt interpretiert, das über eine einzelne beobachtbare Variable gemessen wird. Als beobachtbare Vari-

---

564 Vgl. Chin, W.W. (1998): The partial least squares approach to structural equation modeling, a.a.O., S. 308.

565 Vgl. Fornell, C., Bookstein, F.L. (1982): Two structural equation models: LISREL and PLS applied to consumer exit-voice theory, a.a.O., S. 444ff.; MacCallum, R.C., Browne, M.W. (1993): The use of causal indicators in covariance structure models: Some practical issues, in: Psychological Bulletin, Vol. 114, No. 3, S. 533-541.

ablen werden dabei jeweils die eigentlichen formativen Indikatoren eingesetzt. Da die Schätzung der Beziehungen zwischen Konstrukten grundsätzlich regressionsanalytisch erfolgt, wird das Modell durch die dargestellte Spezifizierungsweise dem Charakter eines formativen Messmodells gerecht. Die reflektiven Indikatoren werden der gängigen Vorgehensweise entsprechend als direkte Messungen des Zielkonstrukts modelliert. Der Einsatz reflektiver Indikatoren ist hier zudem zwingend erforderlich, da andernfalls das gesamte Modell nicht identifiziert wäre und deshalb nicht berechnet werden könnte.[566] Abbildung 16 veranschaulicht die Spezifikation des Messmodells der Stadionatmosphäre im Rahmen der Kovarianzstrukturgleichungsanalyse.

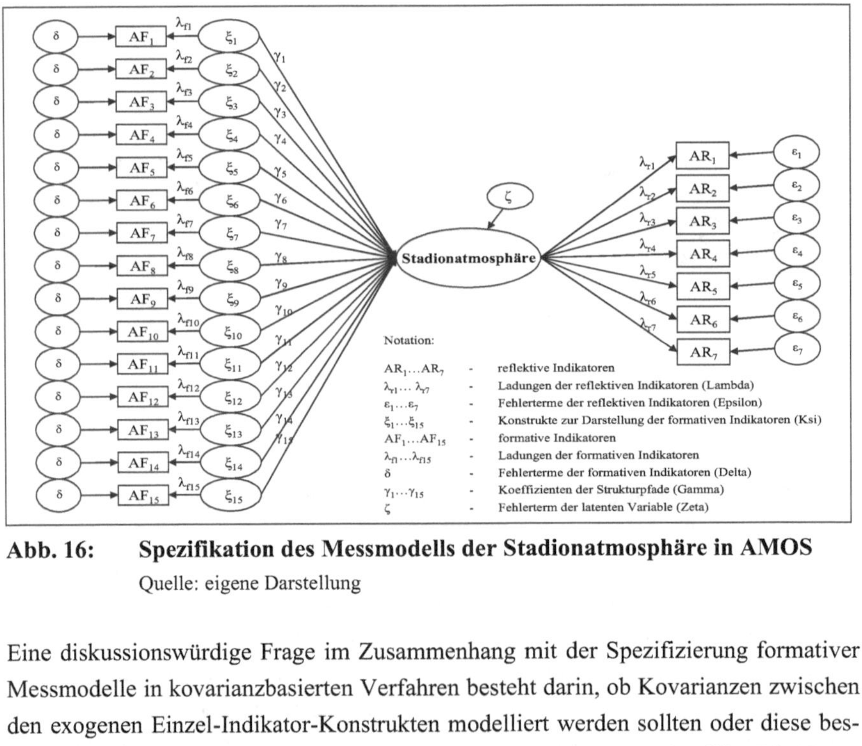

Abb. 16: Spezifikation des Messmodells der Stadionatmosphäre in AMOS

Quelle: eigene Darstellung

Eine diskussionswürdige Frage im Zusammenhang mit der Spezifizierung formativer Messmodelle in kovarianzbasierten Verfahren besteht darin, ob Kovarianzen zwischen den exogenen Einzel-Indikator-Konstrukten modelliert werden sollten oder diese besser auf Null zu fixieren sind. Dabei ergibt sich folgender Interessenkonflikt: Die Kovarianzen auf Null zu fixieren bietet den Vorteil eines sparsameren Modells, da sich im Falle einer Freisetzung der Kovarianzen die Anzahl der zu schätzenden Parameter er-

566 Vgl. Jarvis, C.B., MacKenzie, S.B., Podsakoff, P.M. (2003): A critical review of construct indicators and measurement model misspecifications in marketing and consumer research, a.a.O., S. 213f.

höht und die Freiheitsgrade des Modells vermindert werden. Überdies würden die zusätzlich geschätzten Kovarianzen zwischen den exogenen Konstrukten die Erklärungskraft des Modells in keiner Weise erhöhen.[567] Die Fixierung der Kovarianzen auf Null ist allerdings eine unrealistische theoretische Annahme, denn auch zwischen formativen Indikatoren ist stets ein Mindestmaß an Korrelationen zu erwarten.[568] Für die folgenden Analysen werden die Kovarianzen zwischen den exogenen latenten Variablen im Messmodell dennoch auf Null fixiert. Dies erscheint legitim, da die formativen Indikatoren in der vorliegenden Untersuchung insbesondere mit Blick auf ihre inhaltliche Unabhängigkeit sorgfältig ausgewählt wurden.

Das Messmodell der Stadionatmosphäre ist damit sowohl für die PLS- als auch für die AMOS-Strukturgleichungsanalyse vollständig vorbereitet. Zur Durchführung der Strukturgleichungsanalysen werden die Softwarepakte AMOS 4.01 und SmartPLS 2.0.M3 eingesetzt.

3.2.2.2 Prüfung und Beurteilung des formativen Modellteils

In einem ersten Analyseschritt werden die formativen Indikatoren hinsichtlich ihrer Relevanz für die Bildung des Konstrukts geprüft. Die *Indikatorrelevanz* kann einerseits anhand der mit PLS berechneten Indikatorgewichte und andererseits anhand der Strukturpfade des in AMOS geschätzten MIMIC-Modells beurteilt werden. Beide Größen sind wie standardisierte Regressionskoeffizienten zu interpretieren. Ihr Wertebereich liegt somit zwischen minus Eins und Eins, wobei höhere Werte jeweils einen größeren relativen (positiven oder negativen) Einfluss des Indikators auf das Konstrukt anzeigen. Eine generelle Mindesthöhe für die Indikatorgewichte festzulegen, die „relevante" von „irrelevanten" Indikatoren trennt, ist nicht zu empfehlen. Die berechneten Indikatorgewichte und Strukturpfade sollten sich jedoch als statistisch signifikant erweisen, um auf einen nicht lediglich zufälligen Einfluss des jeweiligen Indikators schließen zu können. Die Ergebnisse des analysierten Zwei-Konstrukt-Modells in PLS und des MIMIC-Modells in AMOS sind in Tabelle 17 vergleichend dargestellt.

---

[567] Vgl. MacCallum, R.C., Browne, M.W. (1993): The use of causal indicators in covariance structure models: Some practical issues, a.a.O., S. 539.

[568] Vgl. MacCallum, R.C., Browne, M.W. (1993): The use of causal indicators in covariance structure models: Some practical issues, a.a.O., S. 536f. und 539.; Herrmann, A., Huber, F., Kressmann, F. (2006): Varianz- und kovarianzbasierte Strukturgleichungsmodelle: Ein Leitfaden zu deren Spezifikation, Schätzung und Beurteilung, a.a.O., S. 53.

Analyseverfahren		**PLS**		**AMOS**	
Code	*Indikatoren (verkürzt formuliert)*	Gewichte	t-Werte	Pfade	C.R.
AF1	*Spielgeschehen lebendig und aktionsreich*	0,05	1,49	0,05	1,30
AF2	*Ganze Zeit Fangesänge zu hören*	**0,25**	**5,81*** **	**0,26**	**6,57*** **
AF3	*Gästeblock ist prall gefüllt*	0,00	0,04	-0,01	-0,19
AF4	*Häufig Fußballlieder und Stadionhymnen*	-0,03	0,95	-0,02	-0,61
AF5	*Viele Besucher tragen Fanbekleidung*	0,02	0,79	0,02	0,42
AF6	*Zuschauer fühlen sich direkt am Spiel*	**0,19**	**4,13*** **	**0,21**	**5,57*** **
AF7	*Häufig einstudierte Choreografien*	**0,07**	**1,81* **	**0,09**	**2,50* **
AF8	*Spielgeschehen ist spannend*	**0,14**	**2,99** **	**0,17**	**4,53*** **
AF9	*Fanblöcke rufen sich Sprechchöre zu*	**0,10**	**2,77** **	**0,12**	**3,33** **
AF10	*Bei Hansa-Toren total begeisterter Jubel*	**0,10**	**2,21* **	**0,11**	**3,01** **
AF11	*Zuschauerränge sind prall gefüllt*	0,03	1,12	0,04	1,09
AF12	*Akustik wie in einer Halle*	**0,22**	**5,15*** **	**0,26**	**6,56*** **
AF13	*Stadionsprecher heizt Publikum an*	**0,20**	**4,22*** **	**0,23**	**5,93*** **
AF14	*Mannschaft von Hansa kämpferisch*	**0,17**	**3,94*** **	**0,19**	**5,05*** **
AF15	*Zuschauer beteiligen sich aktiv und laut*	**0,20**	**4,28*** **	**0,24**	**6,12*** **

Gewicht = Standardisierte Regressionsgewichte der formativen Indikatoren
t-Werte = Testprüfgröße für den t-Test
Pfade = Strukturpfade der als Einzel-Indikator-Konstrukte modellierten formativen Indikatoren
C.R. = Critical Ratio-Werte
Signifikanzniveau: * = p < .05, ** = p < .01, *** = p < .000

Tab. 17: Vergleichende Übersicht zur Relevanz der formativen Indikatoren auf Basis von PLS- und AMOS-Strukturgleichungsanalysen
Quelle: eigene Darstellung

Obwohl zwischen den Werten der PLS-Gewichte und AMOS-Strukturpfade einiger Indikatoren geringfügige Unterschiede bestehen, ergeben beide Strukturgleichungsverfahren insgesamt übereinstimmende Ergebnisse. Entsprechend der Berechnungen beider Verfahren erweisen sich 10 der 15 Indikatoren als statistisch signifikant mit einer Vertrauenswahrscheinlichkeit von 95 Prozent oder höher. Die Signifikanzangaben der mit PLS berechneten Indikatorgewichte beruhen auf dem Resampling-Verfahren des *Bootstrapping*. Die Grundidee des Bootstrapping besteht darin, die Parameterverteilungen aus den empirischen Daten zu gewinnen, anstatt wie bei herkömmlichen Signifikanztests bestimmte Verteilungsannahmen für die Grundgesamtheit zugrunde zu legen. Dazu werden aus den Beobachtungswerten der vorliegenden Teilauswahl mit Zurücklegen mehrere Stichproben gezogen, in denen jeweils die interessierenden Parameter geschätzt werden. Für die geschätzten Parameter werden dann über alle Bootstrap-Stichproben die Mittelwerte und Standardfehler berechnet. Daraus ergibt sich eine theoretische Grundgesamtheit, die schließlich zur Berechnung von Signifikanzwerten eingesetzt werden kann.[569]

Wie in Tabelle 17 ersichtlich, stimmen die Ergebnisse des Bootstrapping mit den inferenzstatistischen Auswertungen von AMOS vollständig überein. Als *bedeutendste Prädiktoren* der Stadionatmosphäre stellen sich die Aspekte *Fangesänge, hallenartige Akustik, animierender Stadionsprecher* sowie eine *laute und aktive Beteiligung möglichst vieler Zuschauer* heraus. Die Indikatoren *lebendiges und aktionsreiches Spielgeschehen, Fußballlieder und Stadionhymnen*[570] sowie *Anblick der typischen Fanbekleidung* zeigen eine untergeordnete bis sehr geringe Bedeutung für das Konstrukt. Auch die Facetten *Füllungsgrad des gesamten Stadions* sowie *Füllungsgrad des Gästefanblocks* erweisen sich in der vorliegenden Untersuchung entgegen der Erwartungen als unbedeutende Einflussgrößen der Stadionatmosphäre. Allerdings sollte die Relevanz dieser fünf Indikatoren nicht auf Grundlage der Ergebnisse dieser quantitativen Ergebnisse prinzipiell in Frage gestellt werden. So ist es denkbar, dass die geringe Bedeutung der durch die Indikatoren repräsentierten Stadionstimuli auf Spezifika des untersuchten Fallbeispiels FC Hansa Rostock oder Besonderheiten des Befragungszeitpunkts zurückzuführen ist und für andere Stadien nicht zwingend Gültigkeit besitzt. Beispielsweise ist die Stadionauslastung beim FC Hansa Rostock insgesamt vergleichsweise gering[571], weshalb der relativ geringe Einfluss der diesbezüglichen Umweltstimuli (Füllungsgrad des Stadions und des Gästefanblocks) auf die Konstruktbildung im Rahmen des Untersuchungsbeispiels durchaus erklärbar ist.

---

[569] Vgl. Herrmann, A., Huber, F., Kressmann, F. (2006): Varianz- und kovarianzbasierte Strukturgleichungsmodelle: Ein Leitfaden zu deren Spezifikation, Schätzung und Beurteilung, a.a.O., S. 40, FN 25.; Scholderer, J., Balderjahn, I. (2006): Was unterscheidet harte und weiche Strukturgleichungsmodelle nun wirklich? Ein Klärungsversuch zur LISREL-PLS-Frage, a.a.O., S. 62.

[570] Die negativen Gewichte der Indikatoren AF4 (PLS und AMOS) und AF3 (AMOS) dürften auf Schätzprobleme zurückzuführen sein. Eine inhaltliche Begründung dafür ist nicht auszumachen.

[571] So lag die durchschnittliche Auslastung des Stadions vom FC Hansa Rostock in der Saison 2006/07 bei lediglich 64 Prozent (Kapazität: 29000, Zuschauerschnitt: 18700). Die Daten wurden der Statistikdatenbank der Deutschen Fußball Liga entnommen. Vgl. o.V. (2007): Spieltagsübersicht, URL: http://www.dfl.de/de/statistik/spieltag/index.php?&competition=87&season=7&matchday=1, (Stand 19.11.2007), 17 Seiten.

Die Aussagekraft der Indikatorgewichte kann durch ein zu hohes Ausmaß an *Multikollinearität* massiv beeinträchtigt werden. Daher muss das formative Messmodell diesbezüglich überprüft werden, um problematische Indikatoren identifizieren zu können. Zur Aufdeckung von Multikollinearität erfolgt zunächst ein Blick auf die mit Hilfe des Softwarepaketes SPSS errechnete *Korrelationsmatrix* der formativen Indikatoren.[572] Dabei fällt vor allem das Indikatorenpaar AF1 und AF8 auf, dessen bivariater Korrelationskoeffizient mit 0,53 ($p < 0,000$) deutlich höher ausfällt als die Korrelationen sämtlicher anderer Indikatorenpaarungen. Dieses Ergebnis lässt sich inhaltlich gut nachvollziehen, da die Indikatoren sich mit den Aspekten *lebendiges und aktionsreiches Spielgeschehen* (AF1) beziehungsweise *spannendes Spielgeschehen* (AF8) auf sehr ähnliche Sachverhalte beziehen. Obwohl diese Indikatoren jeweils zur Erfassung eines eigenständigen Bedeutungsinhalts vorgesehen sind, können die befragten Personen diese Unterscheidung in der Befragungssituation offenbar nicht erkennen und antworten auf beide Aspekte konsistent. Damit lässt sich das relativ hohe Ausmaß an Korrelation zwischen diesen Indikatoren begründen. Als Multikollinearitätsmaß wird nun der *Variance Inflation Factor* herangezogen. Die VIF-Werte aller formativen Indikatoren sind in Tabelle 18 aufgeführt.[573]

Code	Indikatoren	VIF	Code	Indikatoren	VIF
AF1	*Spiel lebendig u. aktionsreich*	**1,59**	AF9	*Fanblöcke rufen sich Sprechchöre zu*	1,29
AF2	*Ganze Zeit Fangesänge zu hören*	1,33	AF10	*Bei Toren total begeisterter Jubel*	1,21
AF3	*Gästeblock ist prall gefüllt*	1,11	AF11	*Zuschauerränge sind prall gefüllt*	1,26
AF4	*Fußballlieder u. Stadionhymnen*	1,29	AF12	*Akustik wie in einer Halle*	1,36
AF5	*Viele Besucher tragen Fanbekleidung*	1,20	AF13	*Stadionsprecher heizt Publikum an*	1,41
AF6	*Zuschauer fühlen sich direkt am Spiel*	1,36	AF14	*Mannschaft von Hansa kämpferisch*	1,34
AF7	*Häufig einstudierte Choreografien*	1,23	AF15	*Zuschauer beteiligen sich aktiv u. laut*	**1,55**
AF8	*Spielgeschehen ist spannend*	**1,62**			

Tab. 18: Werte des Variance Inflation Factor für die formativen Indikatoren

Quelle: eigene Darstellung

[572] Die Korrelationsmatrix findet sich in Anhang III B1.

[573] Da PLS die VIF-Werte nicht angibt, wurden zu deren Berechnung die Konstruktwerte des formativen Modellteils aus der PLS-Strukturgleichungsanalyse ausgelesen und die Werte als Regressand in einer Regressionsanalyse in SPSS verwendet, wobei die formativen Indikatoren als Regressoren fungierten. Im Rahmen der SPSS-Regressionsanalyse werden die VIF-Werte standardmäßig angegeben.

Die Multikollinearitätsprüfung ergibt für die Indikatoren AF1 und AF8 mit 1,59 beziehungsweise 1,61 die zwei höchsten VIF-Werte und bestätigt diese Indikatoren damit als Problemfälle. Bevor der formative Modellteil in weiteren empirischen Studien eingesetzt wird, sollte folglich eine Aussonderung einer der beiden Indikatoren erwogen werden. Die VIF-Werte aller anderen Indikatoren bleiben mit Ausnahme von AF15 ($VIF = 1{,}55$) unterhalb des konservativen Grenzwertes von 1,5.

Im nächsten Analyseschritt wird die inhaltliche Vollständigkeit des gesamten formativen Modellteils überprüft. Gemäß der theoretischen Konzeption des Konstrukts Stadionatmosphäre erfassen die formativen Indikatoren diejenigen Umweltstimuli im Stadion, die vergnügliche und stark aktivierende Gefühlszustände der Stadionbesucher auslösen. Daher soll zum einen getestet werden, ob das formative Modell die Ausprägungen des reflektiven Modellteils möglichst gut zu erklären vermag. Zum anderen wird mit AMOS das gesamte MIMIC-Modell dahingehend geprüft, ob es eine hinreichende Anpassung an die empirischen Daten aufweist. Sind die formativen Indikatoren gemeinsam dazu in der Lage, einen beträchtlichen Anteil der Varianz der endogenen latenten Variable zu erklären, so bestätigt sich eine hohe *Inhaltsvalidität* für den formativen Modellteil. Der Strukturpfad zwischen dem formativen und dem reflektiven Modellteil in der Redundanz-Analyse mit PLS gibt zunächst Aufschluss darüber, wie stark beide Modellelemente zusammenhängen. Die durchgeführte Analyse ergibt einen Strukturpfad in Höhe von $\gamma = 0{,}79$, der sich im Bootstrapping zudem als hoch signifikant herausstellt ($t = 46{,}8$, $p < 0{,}000$). Damit kann der für Redundanz-Modelle in der Literatur geforderte Grenzwert von 0,8[574] als erreicht angesehen werden, zumal der PLS-Algorithmus Strukturpfade aufgrund der Nichtberücksichtigung von Messfehlern systematisch unterschätzt.[575]

Als weiteres Ergebnis der PLS-Analyse wird das für den reflektiven Modellteil ausgewiesene *Bestimmtheitsmaß* (R^2) herangezogen. Dieses Maß entspricht der Quadrierten Multiplen Korrelation im Rahmen der AMOS-Analyse, also dem Anteil erklärter Varianz an der gesamten Varianz einer Variable. PLS ist in der Lage dieses Maß zu bestimmen, da hier die latenten Variablen anders als in der Kovarianzstrukturanalyse

[574] Vgl. Abschnitt D 1.2.

[575] Vgl. Scholderer, J., Balderjahn, I. (2006): Was unterscheidet harte und weiche Strukturgleichungsmodelle nun wirklich? Ein Klärungsversuch zur LISREL-PLS-Frage, a.a.O., S. 61.; Herrmann, A., Huber, F., Kressmann, F. (2006): Varianz- und kovarianzbasierte Strukturgleichungsmodelle: Ein Leitfaden zu deren Spezifikation, Schätzung und Beurteilung, a.a.O., S. 41.

nicht undeterminiert bleiben, sondern konkrete Konstruktwerte berechnet werden.[576] Die Analyse weist ein Bestimmtheitsmaß in Höhe von 0,62 (*korrigiertes* $R^2 = 0{,}61$)[577] für den reflektiven Modellteil aus. Diesem Ergebnis zufolge lassen sich 62 Prozent der Varianz der gemessenen Gefühlszustände der Stadionbesucher durch die mit dem formativen Modellteil erfassten Umweltstimuli im Stadion erklären. Allerdings ist das Ergebnis in dieser Höhe mit Vorsicht zu betrachten, da es sehr deutlich vom Ergebnis der AMOS-Analyse abweicht. Hier können die als Einzel-Indikator-Konstrukte dargestellten formativen Indikatoren lediglich knapp 40 Prozent der Varianz der endogenen latenten Variable erklären ($QMK = 0{,}39$). Die Diskrepanz zwischen den Ergebnissen beider Verfahren lässt sich vermutlich mit der unterschiedlichen Funktionsweise der jeweiligen Algorithmen erklären und widerspiegelt deren ungleiche Zielstellungen: Der prognoseorientierte PLS-Algorithmus maximiert die Erklärungskraft des Modells und zielt auf ein möglichst hohes Bestimmtheitsmaß der endogenen Modellkonstrukte ab. Demgegenüber versucht AMOS, die Gesamtanpassung des Modells an die empirische Kovarianzmatrix zu optimieren, worin ein Grund für den geringeren erklärten Varianzanteil bestehen könnte. Soll die Erklärungskraft der exogenen Modellvariablen beurteilt werden, empfiehlt sich daher in erster Linie ein Blick auf die PLS-Ergebnisse, während zur Beurteilung der Gesamtanpassung des Modells die Ergebnisse des kovarianzbasierten Verfahrens AMOS herangezogen werden müssen.

Die Beurteilung der *Gesamtanpassung* des MIMIC-Modells erfolgt anhand der globalen Modellanpassungsmaße der AMOS-Analyse.[578] Der χ^2-Anpassungstest führt hier wie erwartet zu einer Ablehnung des Gesamtmodells ($\chi^2 = 2235$, $p < 0{,}000$). Wegen der oben geschilderten Probleme mit dem χ^2-Test soll die Beurteilung jedoch zusätzlich anhand besser geeigneter Kriterien vorgenommen werden. Gemäß den Ergebnis-

---

576 Vgl. Chin, W.W. (1998): The partial least squares approach to structural equation modeling, a.a.O., S. 301f.

577 Durch das korrigierte R^2 wird dem Sachverhalt begegnet, dass jede Aufnahme zusätzlicher Variablen den Anteil erklärter Varianz und damit auch den Wert des R^2 steigert auch wenn es sich dabei um irrelevante Variablen handelt. Die Schätzeigenschaften des Modells können sich dadurch erheblich verschlechtern. Das korrigierte R^2 vermindert das R^2 um eine Korrekturgröße die umso größer ist, je höher die Variablenanzahl ist. Vgl. Backhaus, K. et al. (2003): Multivariate Analysemethoden. Eine Anwendungsorientierte Einführung, a.a.O., S. 67. Zur Berechnung des korrigierten R^2 wurden die Konstruktwerte des reflektiven Modellteils aus PLS ausgelesen und in SPSS als Regressand verwendet. Die formativen Indikatoren wurden als Regressoren eingesetzt. SPSS berechnet das korrigierte R^2 im Gegensatz zu PLS standardmäßig.

578 Als Schätzalgorithmus wird die Maximum-Likelihood-Methode eingesetzt. Eine multivariate Normalverteilung der Daten ist nicht gegeben (*multivariate kurtosis* = 111,6, *Critical Ratio* = 42,8). Allerdings bleiben bis auf eine Ausnahme (AF10) sämtliche Indikatoren innerhalb der für die Anwendung der ML-Methode geforderten Grenzen für Schiefe (< 2) und Exzess (< 7). Die gesamten Ergebnisse der Normalverteilungsprüfung finden sich in Anhang III B2.

sen für drei der vier zur Überprüfung der Modellanpassung herangezogenen Indizes weist das Modell insgesamt eine gute Anpassung an die empirischen Daten auf (siehe Tabelle 19). Die Modellstruktur, die den theoretisch postulierten Zusammenhang zwischen den Umweltstimuli im Stadion und den Gefühlszuständen der Zuschauer widerspiegelt, bestätigt sich also weitgehend auch empirisch. Tabelle 19 fasst die Ergebnisse der Analysen zusammen.

Beurteilung des formativen Modellteils				
Strukturpfad im Redundanzmodell: ATMO formativ → ATMO reflektiv = 0,79 (t = 46,8, p < 0,000)				
Anteil der durch den formativen Modellteil **erklärten Varianz** des reflektiven Modellteils			**R^2 (PLS)**	**QMK (AMOS)**
			0,62 (korr. 0,61)	0,39
Anpassung des MIMIC-Modells (AMOS-Schätzung)				
Anpassungsmaß Grenzwert	**CFI** > 0,9	**NFI** > 0,9	**RMSEA** < 0,06 < 0,08	**TLI** > 0,9
Erreichter Wert Messmodell	0,93	0,93	0,125	0,92

Tab. 19: Übersicht zu den Ergebnissen der Prüfung des formativen Modellteils

Quelle: eigene Darstellung

Die Prüfung des formativen Modellteils ist damit abgeschlossen. Von den 15 formativen Indikatoren erwiesen sich 10 als signifikante Einflussgrößen des Konstruktinhalts. Die Erklärungskraft des gesamten formativen Modellteils für den reflektiven Modellteil bestätigte sich als hoch und statistisch signifikant. Selbst der konservativen Schätzung von AMOS zufolge, ist der formative Modellteil dazu in der Lage, 40 Prozent der Varianz der Gefühlszustände der Stadionbesucher zu erklären. Vor dem Hintergrund der Schwierigkeiten bei der Erfassung von Gefühlszuständen sowie zahlreicher möglicher Störfaktoren, die den Zusammenhang zwischen Stadionstimuli und Gefühlszuständen beeinflussen können, ist das formative Modell als insgesamt konzeptionell vollständig zu betrachten. Die Eignung der formativen Indikatoren, das Konstrukt weitgehend zu bilden, wird zudem durch die gute globale Anpassung des MIMIC-Modells empirisch nachgewiesen.

3.2.2.3 *Prüfung und Beurteilung des gesamten Messmodells*

Die Struktur des MIMIC-Modells widerspiegelt den theoretisch postulierten Zusammenhang zwischen den ausgewählten Stimuli der Stadionumwelt und Gefühlszuständen starker Aktivierung und hohen Vergnügens der Stadionbesucher. Gemäß der Konstruktdefinition liegt gute Stadionatmosphäre dann vor, wenn sowohl die spezifischen Umweltstimuli als auch die speziellen Gefühlszustände zu beobachten sind und beide Größen durch einen Ursache-Wirkungszusammenhang auf einander bezogen werden können. Die insgesamt akzeptable globale Anpassung des MIMIC-Modells an die empirischen Daten ist insofern bereits ein wichtiges Anzeichen für die konzeptionelle Korrektheit des gesamten Messmodells der Stadionatmosphäre, da der Zusammenhang zwischen den Umweltstimuli als Prädiktoren und den Gefühlszuständen der Stadionbesucher als abhängige Größe bestätigt werden konnte.[579]

Für die Gütebeurteilung des gesamten Messmodells kommt neben der bereits getesteten globalen Anpassung des MIMIC-Modells die Prüfung der *nomologischen Validität* in Frage. Dazu wird das Messmodell der Stadionatmosphäre zusammen mit den zusätzlich erhobenen Konstrukten der Zuschauerzufriedenheit und Positive Mundkommunikation in ein größeres Modell eingebunden. Wie in Abschnitt D 2.1.2 dargelegt, ist ein positiver Einfluss guter Stadionatmosphäre auf diese beiden Konstrukte theoretisch zu erwarten. Bestätigt sich dieser Einfluss in der erwarteten Richtung und Stärke, so gilt dies als Anzeichen für nomologische Validität des geprüften Messmodells.

Diese Überlegungen treffen jedoch nur dann zu, wenn auch die Konstrukte Zuschauerzufriedenheit und Positive Mundkommunikation hinreichend reliabel und valide gemessen werden können. Daher müssen diese Konstrukte zunächst hinsichtlich der für reflektive Messmodelle vorgesehen Reliabilitäts- und Validitätskriterien geprüft werden. Aufgrund der Entnahme der Mehrzahl der Indikatoren aus der Literatur darf die Inhaltsvalidität der Messmodelle, zumindest hinsichtlich qualitativer Gesichtspunkte als gewährleistet angesehen werden. Zur Beurteilung weiterer Gütekriterien wird zu-

[579] Ob diese Ergebnisse tatsächlich auf Kausalität im wissenschaftstheoretischen Sinne hindeuten, ist diskussionswürdig. Eine Auffassung besteht darin, alle statistisch aufgedeckten Korrelationen, denen eine substanzielle Theorie zugrund liegt, als kausal zu betrachten. Eine andere Auffassung sieht nur dann Kausalität gegeben, wenn unter anderem die Ursache (hier: Umweltstimuli) und die Wirkung (hier: Gefühlszustände) zeitversetzt erfasst werden. Vgl. dazu im Zusammenhang mit Konstruktmessungen: Scholderer, J., Balderjahn, I., Paulssen, M. (2006): Kausalität, Linearität, Reliabilität: Drei Dinge, die Sie nie über Strukturgleichungsmodelle wissen wollten, in: DBW, Vol. 66, No. 6, S. 641f.; Edwards, J.R., Bagozzi, R.P. (2000): On the nature and direction of relationships between constructs and measures, a.a.O., S. 157f.

erst eine exploratorische Faktorenanalyse durchgeführt. In die Analyse werden sämtliche Indikatoren der Konstrukte Zuschauerzufriedenheit (ZU) und Positive Mundkommunikation (POSMU) sowie die reflektiven Indikatoren der Stadionatmosphäre einbezogen. Das Augenmerk wird zunächst auf die Dimensionalität der Indikatoren gerichtet. Entsprechend der theoretischen Annahmen müssten in der Faktorenanalyse drei latente Variablen extrahiert werden, da die Indikatoren von drei theoretisch unterschiedlichen Konstrukten geprüft werden. In Tabelle 20 sind die Ergebnisse der exploratorischen Faktorenanalyse dargestellt.

		Faktor		
Code	**Indikatoren (teilweise verkürzt formuliert)**	**1**	**2**	**3**
ZU1	Insgesamt war ich nach Hansa-Spielen immer sehr zufrieden	,299	**,460**	,113
ZU2	Im Vergleich zu anderen Freizeitaktivitäten besonders zufrieden	,268	**,536**	,237
ZU3	Habe vor auch in Zukunft zu Hansa-Spielen ins Ostseestadion zu gehen	,069	**,474**	,291
ZU4	Allgemein lohnt es sich sehr zu Hansa-Spielen ins Ostseestadion zu gehen	,261	**,610**	,234
PM1	Von Besuchen im Hansa-Stadion habe ich anderen Leuten positiv erzählt	,116	,390	**,412**
PM2	Habe meinen Familienmitgliedern empfohlen zu einem Spiel zu gehen	,187	,164	**,543**
PM3	Besuch Leuten empfohlen, die sich nicht für Fußball interessieren	,060	,135	**,707**
PM4	Besuch im Hansa-Stadion habe ich Freunden und Bekannten empfohlen	,080	,227	**,722**
PM5	Erzähle ich häufiger positive Dinge als über andere Freizeitaktivitäten	,219	**,516**	,369
AR1	Im Stadion ist eine richtig tolle Stimmung	**,746**	,149	,118
AR2	Im Stadion herrscht eine riesige Begeisterung	**,652**	,091	,088
AR3	Im Stadion erlebt man „Emotionen pur"	**,546**	,364	,145
AR4	Im Stadion herrscht eine echte Gänsehaut-Stimmung	**,564**	,547	,155
AR5	Im Stadion empfindet man wahren Nervenkitzel	,465	**,484**	,146
AR6	Im Hansa-Stadion herrscht ein mitreißende Euphorie	**,706**	,367	,121
AR7	Im Hansa-Stadion ist eine Stimmung wie im Rausch	**,552**	,549	,149

Extraktionsmethode: Hauptachsenanalyse, Rotationsmethode: Varimax mit Kaiser-Normalisierung
Kaiser-Meyer-Olkin = 0,93 („erstaunlich")
Bartlett-Test auf Sphärizität: $\chi^2 = 4015{,}2$, $p < 0.000$
Erklärter Varianzanteil = 57,49%

Tab. 20: Ergebnisse der exploratorischen Faktorenanalyse für die Indikatoren der Konstrukte Zufriedenheit, Positive Mundkommunikation und Stadionatmosphäre (nur reflektive Indikatoren)

Quelle: eigene Darstellung

Als wesentliches Ergebnis der exploratorischen Faktorenanalyse kann zunächst die Bestätigung einer dreidimensionalen Faktorenstruktur für die überprüften Indikatoren festgehalten werden. Allerdings können einige der Indikatoren nicht eindeutig den vorgesehenen Konstrukten zugeordnet werden, da sie entweder hohe Kreuzladungen aufweisen (AR4, AR7, PM1)[580] oder sogar auf einem anderen Konstrukt höher laden als auf dem vorgesehenen (AR5). Zudem weisen die Indikatoren der Konstrukte ZU und POSMU vergleichsweise geringe Faktorladungen auf.

In einem weiteren Prüfungsschritt werden die Indikatoren der Konstrukte ZU und POSMU jeweils in einer konfirmatorischen Faktorenanalyse hinsichtlich ihrer Eindimensionalität getestet.[581] Auf Basis der dabei erzielten Ergebnisse werden darüber hinaus die Indikatorreliabilität, die Faktorreliabilität und die Durchschnittlich Erfasste Varianz bestimmt. Zusätzlich wird die dreidimensionale Faktorenstruktur der Konstrukte ZU, POSMU und Atmosphäre (reflektiv) konfirmatorisch getestet. Dies erfolgt in einer konfirmatorischen Faktorenanalyse mit drei latenten Variablen sowie sämtlichen Indikatoren der drei Konstrukte. Die Ergebnisse der konfirmatorischen Faktorenanalysen sind in Tabelle 21 zusammengefasst.

[580] Die hohe Kreuzladung des Indikators AR7 auf dem Zufriedenheitskonstrukt ist aller Voraussicht nach auf Reihenfolgeeffekte im Antwortverhalten zurückzuführen, da dieser Indikator unter die Indikatoren der Zufriedenheit gemischt wurde (siehe Fragebogen).

[581] Beide Modelle erwiesen sich als multivariat nicht normalverteilt (*multivariate kurtosis* ZU = 26,75, *Critical Ratio* = 48,1; *multivariate kurtosis* POSMU = 14,8, *Critical Ratio* = 22,1). Allerdings verfehlte lediglich einer der Indikatoren (ZU3, *Schiefe* = 3,3, *C.R.* = 33,9; *Exzess* = 13,6, *C.R.* = 69,3) die zur Anwendung der ML-Methode notwendigen Grenzen für Schiefe und Exzess, weshalb dennoch eine ML-Schätzung vorgenommen wurde. Die vollständigen Ergebnisse der Normalverteilungsprüfung finden sich in Anhang III B3.

Zufriedenheit	**Indikatorreliabilität**	**Faktorreliabilität**	**DEV**
ZU1	0,33	0,72	0,39
ZU2	0,42		
ZU3	0,31		
ZU4	0,50		
POSMU			
PM1	0,30	0,77	0,40
PM2	0,35		
PM3	0,50		
PM4	0,56		
PM5	0,30		

Modellfit Grenzwert	**χ^2-Test** Nichtsignifikanz	**CFI** > 0,9	**NFI** > 0,9	**RMSEA** < 0,06 < 0,08	**TLI** > 0,9
ZU	$\chi^2 = 7{,}9$, $p < 0{,}05$	0,99	0,99	0,069	0,99
POSMU	$\chi^2 = 27{,}4$, $p < 0{,}000$	0,99	0,99	0,085	0,99
ATMO-ZU-POSMU	$\chi^2 = 446{,}9$ $p < 0{,}000$	0,98	0,98	0,074	0,98

Tab. 21: Ergebnisse der konfirmatorischen Faktorenanalysen der Konstrukte Zuschauerzufriedenheit und Positive Mundkommunikation

Quelle: eigene Darstellung

Trotz teilweise zu geringer Indikatorreliabilitäten weisen die Messmodelle der Konstrukte ZU und POSMU eine insgesamt gute Faktorreliabilität von jeweils über 0,7 auf. Die Durchschnittlich Erfasste Varianz liegt dagegen in beiden Fällen unterhalb der geforderten Grenze von 0,5. Die globale Anpassung beider Messmodelle erweist sich als sehr gut, da bis auf den χ^2-Test alle Grenzwerte der globalen Fit-Indizes eingehalten werden. Damit bestätigt sich die Eindimensionalität der Messmodelle, weshalb die quantitative Analyse für eine hohe Inhaltsvalidität spricht. Auch die spezifizierte Faktorenstruktur des Gesamtmodells (ATMO-ZU-POSMU) weist eine gute globale Anpassung an die empirischen Daten auf. Das Kriterium der Konvergenzvalidität kann für die Messmodelle von ZU und POSMU nur mit Einschränkungen als erfüllt angesehen werden. Während die hinreichende Faktorreliabilität und die gute globale Modellanpassung in beiden Fällen auf eine hohe Konvergenzvalidität hindeuten, sprechen die zwar signifikanten, aber dennoch nicht sehr hohen Faktorladungen sowie die jeweils geringe Durchschnittlich Erfasste Varianz gegen diese Annahme.

Besonderes Augenmerk soll schließlich noch auf das Kriterium der *Diskriminanzvalidität* gelegt werden, um die Unterschiedlichkeit der Konstruktmessungen zu überprüfen. Mit Blick auf die teilweise hohen Kreuzladungen der Indikatoren im Rahmen der exploratorischen Faktorenanalyse sind hinsichtlich dieses Kriteriums Probleme zu erwarten. Als Nachweis der Diskriminanzvalidität eines Messmodells gilt, wenn seine Durchschnittlich Erfasste Varianz größer ist als die höchste quadrierte Korrelation zu anderen Konstrukten.[582] Dazu wird ein Strukturgleichungsmodell mit dem reflektiven Modellteil der Stadionatmosphäre sowie den zwei Konstrukten ZU und POSMU spezifiziert. Dieses Modell wird mit dem PLS-Verfahren geschätzt. Auf das PLS-Verfahren wird zurückgegriffen, weil die Faktorladungen der Indikatoren aller drei Konstrukte relativ gering ausfallen und kovarianzbasierte Verfahren in einem solchen Fall die Beziehungen zwischen Konstrukten deutlich überschätzen.[583] Da die Konstruktbeziehungen zur Beurteilung der Diskriminanzvalidität herangezogen werden, würde folglich die Anwendung eines kovarianzbasierten Verfahrens eine exakte Bewertung dieses Gütekriteriums erschweren. Die für die Beurteilung der Diskriminanzvalidität relevanten Ergebnisse der PLS-Strukturgleichungsanalyse sind in Tabelle 22 aufgeführt.

Quadrierte Konstruktkorrelationen		**Vergleich DEV – Höchste quadrierte Korrelation**		**Diskriminanzvalidität**	
Atmosphäre – ZU	0,42	Atmosphäre	0,52 (DEV) > 0,42	Atmosphäre	Ja
Atmosphäre – POSMU	0,26	Zufriedenheit	0,39 (DEV) < 0,42	Zufriedenheit	Nein
ZU – POSMU	0,35	POSMU	0,40 (DEV) > 0,35	POSMU	Ja

Tab. 22: Ergebnisse der Überprüfung der Diskriminanzvalidität
Quelle: eigene Darstellung

Während für den reflektiven Modellteil der Stadionatmosphäre sowie das Messmodell der Positiven Mundkommunikation jeweils Diskriminanzvalidität gegeben ist, erfüllt das Messmodell der Zufriedenheit dieses Gütekriterium nicht.

Damit ist die vorbereitende Prüfung der Messmodelle für die Konstrukte Zuschauerzufriedenheit und Positive Mundkommunikation abgeschlossen. Trotz der aufgezeigten Mängel dürften die Messmodelle für die anstehende Überprüfung der nomologischen Validität des Messmodells der Stadionatmosphäre alles in allem verwendbar sein.

---

582 Vgl. Abschnitt D 1.1.

583 Vgl. Herrmann, A., Huber, F., Kressmann, F. (2006): Varianz- und kovarianzbasierte Strukturgleichungsmodelle: Ein Leitfaden zu deren Spezifikation, Schätzung und Beurteilung, a.a.O., S. 41.

Mit dem gesamten Messmodell der Stadionatmosphäre sowie den Messmodellen der Konstrukte ZU und POSMU wird zur Überprüfung der nomologischen Validität ein Strukturgleichungsmodell spezifiziert. Von dem Konstrukt der Stadionatmosphäre wird jeweils ein Strukturpfad auf die beiden Konstrukte Zuschauerzufriedenheit und Positive Mundkommunikation als endogene latente Variablen modelliert.[584] Das zur Beurteilung der nomologischen Validität entscheidende Kriterium sind die Beziehungszusammenhänge zwischen der Stadionatmosphäre und den beiden endogenen Konstrukten. Das Strukturgleichungsmodell wird sowohl in PLS als auch in AMOS berechnet, um die Ergebnisse vergleichend betrachten zu können.

Die PLS-Schätzung ergibt signifikante Strukturpfade in Höhe von $\gamma = 0{,}64$ ($t = 23{,}2$, $p < 0{,}000$) für die Beziehung zwischen der Stadionatmosphäre und der Zufriedenheit sowie in Höhe von $\gamma = 0{,}50$ ($t = 15{,}9$, $p < 0{,}000$) für den Pfad der Stadionatmosphäre zum Konstrukt Positive Mundkommunikation. Zudem ist das Konstrukt Stadionatmosphäre in der Lage die Varianz der Zufriedenheit zu 41 Prozent ($R^2 = 0{,}41$) und die Varianz der Positiven Mundkommunikation zu 25 Prozent ($R^2 = 0{,}25$) zu erklären.

Die Ergebnisse der AMOS-Schätzungen zeichnen ein übereinstimmendes Bild. Hier ergeben sich für die Strukturpfade zwischen dem Konstrukt Stadionatmosphäre und den endogenen Konstrukten Werte in Höhe von $\gamma = 0{,}73$ ($p < 0{,}000$) für die Zufriedenheit sowie $\gamma = 0{,}48$ ($p < 0{,}000$) für die Positive Mundkommunikation. Die durch das Konstrukt der Stadionatmosphäre erklärten Varianzanteile betragen 53 Prozent ($QMK = 0{,}53$) für die Zufriedenheit sowie 23 Prozent ($QMK = 0{,}23$) für die Positive Mundkommunikation.

Die theoretisch postulierten Beziehungszusammenhänge zwischen der Stadionatmosphäre und den beiden abhängigen Konstrukten Zufriedenheit und Positive Mundkommunikation bestätigen sich damit in der empirischen Analyse nachdrücklich. Der direkte Zusammenhang zwischen der Stadionatmosphäre und dem Konstrukt Positive Mundkommunikation fällt sogar deutlich stärker aus als vermutet. Damit sprechen diese Ergebnisse für eine hohe nomologische Validität des Messmodells der Stadionatmosphäre. Diese Einschätzung wird auch durch die Ergebnisse der globalen Modellfit-Indizes gestützt, da bis auf den χ^2-Anpassungstest alle Werte für ein insgesamt passen-

[584] Der theoretisch ebenfalls plausible Pfad von der Zufriedenheit auf die Positive Mundkommunikation wird im Rahmen der hier vorgenommenen Analysen zunächst nicht betrachtet.

des Modell sprechen.[585] Aufgrund des zur Prüfung eingesetzten theoretisch noch nicht umfassend untermauerten nomologischen Netzwerks soll der globale Modellfit hier jedoch nicht als Beurteilungskriterium der nomologischen Validität verwendet werden. Insgesamt sind die Ergebnisse der Prüfung der nomologischen Validität aufgrund der nicht optimalen Messmodelle der Konstrukte ZU und POSMU mit Vorsicht zu interpretieren.

Mit der Bewertung der nomologischen Validität ist die Gütebeurteilung des Messmodells der Stadionatmosphäre abgeschlossen.

3.3 Zusammenfassung der Ergebnisse und Modifikation des Messmodells

Die Ergebnisse der ersten empirischen Überprüfung deuten auf eine insgesamt zuverlässige und gültige Messung des Konstrukts Stadionatmosphäre durch das neu entwickelte Messmodell hin. Für den reflektiven Modellteil konnte eine eindimensionale Faktorenstruktur bestätigt werden. Die mit der Messung angestrebte gemeinsame Erfassung des gefühlten Vergnügens und der gefühlten Aktivierung der Stadionbesucher ist folglich zumindest entsprechend der quantitativen Ergebnisse gelungen. Die Reliabilität des reflektiven Modells kann insgesamt positiv bewertet werden, obgleich für zwei der Indikatoren keine ausreichende Indikatorreliabilität festzustellen ist.

Der formative Modellteil erweist sich in einem Zwei-Faktoren-Modell als guter Prädiktor der durch die reflektive Messung erfassten Gefühlszustände der Stadionbesucher. Die ausgewählten Stimuli der Stadionumwelt können entsprechend der Ergebnisse folglich als die wesentlichen umweltbezogenen Einflussgrößen der vergnüglichen Aktiviertheit der Stadionbesucher angesehen werden. Durch die gute Modellanpassung des zur Messung der Stadionatmosphäre eingesetzten MIMIC-Modells bestätigt sich der Ursache-Wirkungszusammenhang zwischen den Umweltstimuli und den Gefühlszuständen der Zuschauer zusätzlich. Für 10 der 15 formativen Indikatoren ergeben die Analysen einen signifikanten Beitrag zur Formung des Konstruktinhalts. Zumindest für das Untersuchungsbeispiel FC Hansa Rostock sind diese 10 Umweltfaktoren daher als die wesentlichen Treiber guter Stadionatmosphäre identifiziert worden.

---

[585] Die Werte der globalen Fit-Indizes des gesamten nomologischen Netzwerks finden sich in Anhang III B4.

In einem größeren theoretischen Rahmen erweist sich das Konstrukt Stadionatmosphäre als signifikante Determinante der Konstrukte Zuschauerzufriedenheit und Positive Mundkommunikation. Dies kann trotz eingeschränkter Reliabilität und Validität der abhängigen Konstrukte als Nachweis für eine extern valide Messung des Konstrukts Stadionatmosphäre betrachtet werden. Zudem bestätigen diese Ergebnisse die Bedeutung der Stadionatmosphäre für marketingrelevante Größen.

Trotz der insgesamt positiven Einschätzung des entwickelten Messmodells haben die Ergebnisse auch deutlich gemacht, dass hinsichtlich einiger Modellkomponenten Anpassungsbedarf besteht, um die Reliabilität und Validität des Messinstruments weiter zu steigern. Aus diesem Grund werden zwei *Modifikationen* am Messmodell der Stadionatmosphäre vorgenommen:
Der reflektive Atmosphäreindikator AR2 wird wegen seiner geringen Faktorladung (0,56) und der entsprechend sehr geringen Indikatorreliabilität (0,32) aus dem reflektiven Modellteil entfernt.

Im formativen Modellteil ergaben sich Kollinearitätsprobleme für die zwei Indikatoren AF1 und AF8. Diese beiden inhaltlich offenbar von den Befragungspersonen nicht unterscheidbaren Indikatoren weisen sowohl eine hohe bivariate Korrelation (0,53) als auch vergleichsweise hohe VIF-Werte auf. Aufgrund der inhaltlichen Überschneidungen erscheint die Eliminierung eines der zwei Indikatoren trotz des formativen Modellcharakters legitim. Obwohl der Variance Inflation Factor von AF8 (1,62) etwas höher als der von AF1 (1,59) ausfällt, wird schließlich aus inhaltlichen Gründen AF1 aus dem Modell entfernt. Für AF1 ergaben die Analysen ein deutlich geringeres Regressionsgewicht als für AF8, das zudem keine statistische Signifikanz aufweist. Wegen seines geringeren Erklärungsbeitrags für die Konstruktmessung bietet sich daher die Eliminierung von AF1 an, um die Multikollinearitätsprobleme zu beseitigen.
Darüber hinaus wurden auch an den hinsichtlich einiger Kriterien mangelhaften Messmodellen der Konstrukte Zuschauerzufriedenheit und Positive Mundkommunikation einige Veränderungen vorgenommen:

Die Indikatoren PM1 und PM5 werden aufgrund ihrer sehr geringen Faktorladungen und der jeweils hohen Nebenladungen auf das Zufriedenheitskonstrukt aus dem Messmodell von POSMU entfernt. Aus dem Messmodell des Zufriedenheitskonstrukts wird der Indikator ZU3 eliminiert, da er eine sehr geringe Faktorladung aufweist und zudem als einziger aller reflektiven Indikatoren die Normalverteilungsgrenzen für

Schiefe (*skew* = 3,3, *C.R.* = 33,9) und Exzess (*kurtosis* = 13,6, *C.R.* = 69,3) überschreitet.

Sämtliche zur erneuten Reliabilitäts- und Validitätsprüfung vorgesehenen Veränderungen an den Messmodellen sind damit vollzogen.

4 Erneute Prüfung und Beurteilung des Messmodells anhand eines weiteren Datensatzes

In einem letzten Untersuchungsschritt wird das Messmodell der Stadionatmosphäre anhand eines neuen Datensatzes nochmalig hinsichtlich aller Gütekriterien geprüft. Mit diesem Vorgehen werden im Wesentlichen zwei Zielstellungen verfolgt. Zum einen soll geprüft werden, ob die erzielten Ergebnisse stichprobenunabhängig sind und sich auch auf der Grundlage einer neuen Teilauswahl von Stadionbesuchern bestätigen. Zum anderen sollen die erneuten Analysen Aufschluss darüber geben, ob die durchgeführten Modifikationen am Messmodell zu einer Modellverbesserung hinsichtlich der Gütekriterien führen.

4.1 Anpassung des Fragebogens und Durchführung einer weiteren Zuschauerbefragung

Der in der ersten Zuschauerbefragung eingesetzte Fragebogen wurde entsprechend der geschilderten Modifikationen an den Messmodellen der Stadionatmosphäre sowie der zwei weiteren Konstrukte angepasst. Überdies wurden auf Grundlage der Erfahrungen aus der ersten Befragung weitere geringfügige Änderungen am Fragebogen vorgenommen.[586] Das Vorgehen der erneuten Zuschauerbefragung folgte exakt dem der ersten Befragung. Die 26 eingesetzten Interviewer führten die Befragung wieder an zwei Spieltagen des FC Hansa Rostock in dem Zeitraum zwei Stunden vor Spielbeginn rund um das Stadion durch. In den Interviews wurden insgesamt 546 Fragebögen gewonnen, von denen schließlich 510 für die Analysen verwendet werden konnten. In Tabelle 23 sind die *Merkmale der Teilauswahl* der zweiten Zuschauerbefragung aufgeführt.

[586] Die Formulierung „Hansa-Stadion" wurde von vielen Befragten kritisiert. Sie wurde durch die korrekte Stadionbezeichnung des FC Hansa Rostock „Ostsee-Stadion" ersetzt. Zudem wurden die Positionen der Indikatoren AR1 und AR7 getauscht, um herauszufinden, ob die hohe Nebenladung von AR7 auf dem Zufriedenheitskonstrukt mit dessen gemeinsamer Abfrage mit den Zufriedenheitsindikatoren zusammenhängt.

Merkmal		**Häufigkeit**	**Prozent**
	Größe der Teilauswahl	510	100
Geschlecht	männlich	406	79,6
	weiblich	104	20,4
Durchschnittlich besuchte Heimspiele pro Saison	Wenigbesucher (1 bis 5 Spiele)	200	39,2
	Regelmäßigbesucher (6 bis 10 Spiele)	178	34,9
	Häufigbesucher (11 bis 17 Spiele)	132	25,9
Dauerkartenbesitz	ja	37	7,3
	nein	472	92,5
	Keine Angabe	1	0,2
Steh- oder Sitzplatz	in der Regel Stehplatz	205	40,2
	in der Regel Sitzplatz	305	59,8
Fanbekleidung	trägt keine Fanbekleidung	116	22,7
	trägt dezente Fanbekleidung	270	52,9
	trägt viel Fanbekleidung	123	24,1
	Keine Angabe	1	0,2

Tab. 23: Merkmale der Teilauswahl der zweiten Zuschauerbefragung
Quelle: eigene Darstellung

In Bezug auf die ausgewählten soziodemographischen und verhaltensbezogenen Variablen gleichen sich die Teilauswahl aus der ersten und der zweiten Zuschauerbefragung weitgehend (vgl. Tabellen 14 und 23). Für die zweite Teilauswahl ergeben sich signifikante *Einflüsse des Befragungstages* für die Indikatoren AF5 (t = 2,64, $p <$ 0,01), AF12 (t = 2,01, $p <$ 0,05), AF15 (t = 2,82, $p <$ 0,01) und AR1 (t = 2,72, $p <$ 0,01). *Interviewereinflüsse* können für die folgenden fünf der insgesamt 26 Indikatoren festgestellt werden: AR6 (F = 2,20, $p <$ 0,01), AF3 (F = 1,88, $p <$ 0,01), AF12 (F = 1,56, $p <$ 0,05), AR7 (F = 1,69, $p <$ 0,05). Auch in der zweiten Befragung konnten die Interviewereinflüsse nicht auf bestimmte Interviewer zurückgeführt werden, weshalb keine Fragebögen aus dem Datensatz entfernt wurden.

Weiterhin wird geprüft, ob systematische Abweichungen zwischen den Beobachtungswerten der ersten und der zweiten Zuschauerbefragung auftreten. Ein *t-Test* ergibt signifikante Unterschiede in den Mittelwerten der Beobachtungswerte für folgende acht Indikatoren: AF3 (t = -5,03 $p <$ 0,000), AF7 (t = 2,09, $p <$ 0,05), AF8 (t = 5,15, t < 0,000), AF9 (t = 2,21, $p <$ 0,05), AF14 (t = 7,47, $p <$ 0,000), PM2 (t = -5,20, $p <$ 0,000), PM3 (t = -2,99, $p <$ 0,01), PM4 (t = -2,84, $p <$ 0,01). Worauf diese Unterschiede zurückzuführen sind, lässt sich nicht genau erschließen. Die Annahme, der zunehmende sportliche Erfolg des FC Hansa Rostock über den gesamten Befragungszeitraum hätte zu verstärkt positiven Urteilen in der zweiten Befragung geführt, kann als Ursache ausgeschlossen werden. Bei Betrachtung der Daten aus der zweiten Befragung kann im Vergleich zur ersten Befragung kein einheitlich positiveres Antwortverhalten der Probanden zu den Befragungsinhalten festgestellt werden.

Das Messmodell der Stadionatmosphäre wird im Folgenden mittels der neuen Daten nochmalig hinsichtlich aller geeigneten Reliabilitäts- und Validitätskriterien geprüft. Die Vorgehensweisen sowie die eingesetzten Verfahren entsprechen dabei denen der vorher durchgeführten Prüfung. Auf Angaben bezüglich sämtlicher begleitenden Prüfungen, wie zum Beispiel Verteilungsprüfungen der Daten[587], sowie auf Begründungen für die spezifische Vorgehensweise kann deshalb im Weiteren weitgehend verzichtet werden. Entsprechende Angaben werden nur dann getätigt, wenn Besonderheiten oder Probleme auftreten. Der Schwerpunkt liegt auf der Darstellung der Ergebnisse sowie deren Vergleich mit der ursprünglichen Überprüfung.

4.2 Prüfung und Beurteilung des angepassten reflektiven Modellteils

Auf eine erneute Prüfung des reflektiven Modellteils mittels der exploratorischen Faktorenanalyse wird verzichtet, da die eindimensionale Faktorenstruktur der Indikatoren mit diesem Verfahren in der ersten Überprüfung eindeutig nachgewiesen werden konnte. Stattdessen wird eine konfirmatorische Faktorenanalyse durchgeführt, um die globale Modellanpassung zu testen sowie Aussagen zur Indikator- und Faktorreliabilität, der Durchschnittlich Erfassten Varianz und der Konvergenzvalidität treffen zu können. Die Ergebnisse der mit AMOS durchgeführten konfirmatorischen Faktorenanalyse sowie der separat errechneten Faktorreliabilität und DEV sind in Tabelle 24 zusammengefasst. Die Werte des ursprünglichen Modells sind zur direkten Vergleichbarkeit jeweils in Klammern hinter die errechneten Werte gesetzt.

[587] Die Ergebnisse der Normalverteilungsprüfung der angepassten Messmodelle finden sich in Anhang IV 1.

Indikator	FL	p	QMK	FR	DEV
AR1	**0,74** (0,66)	0,000	**0,54** (0,44)	**0,87** (0,88)	**0,53** (0,52)
AR3	**0,68** (0,70)	0,000	**0,46** (0,49)		
AR4	**0,77** (0,81)	0,000	**0,60** (0,65)		
AR5	**0,72** (0,70)	0,000	**0,51** (0,49)		
AR6	**0,69** (0,80)	0,000	**0,48** (0,63)		
AR7	**0,76** (0,78)	0,000	**0,58** (0,60)		

FL = Faktorladung
p = Signifikanz der Faktorladungen
QMK = Quadrierte Multiple Korrelation = Anteil erklärte Varianz (Indikatorreliabilität)
FR = Faktorreliabilität
DEV = Durchschnittlich Erfasste Varianz

Globale Modellanpassung

Anpassungsmaß Grenzwert	**χ^2-Test** Nichtsignifikanz	**CFI** > 0,9	**NFI** > 0,9	**RMSEA** < 0,06 < 0,08	**TLI** > 0,9
Erreichter Wert des Messmodells	**χ^2=38, p < 0,000** (χ^2=179, p < 0,000)	**0,99** (0,98)	**0,99** (0,98)	**0,080** (0,138)	**0,99** (0,96)

Tab. 24: Ergebnisse der konfirmatorischen Faktorenanalyse für den angepassten reflektiven Modellteil
Quelle: eigene Darstellung

Für die Faktorladungen sowie die *Indikatorreliabilitäten* können insgesamt keine Verbesserungen gegenüber dem Ausgangsmodell festgestellt werden. Für einige der Indikatoren liefern die Analysen sogar schlechtere Ergebnisse im Rahmen des angepassten Modells. Alles in allem zeigt sich die Indikatorreliabilität des angepassten Modells jedoch ausgeglichener, da nunmehr keine Indikatoren die Grenzwerte deutlich unterschreiten. Die *Faktorreliabilität* und die *Durchschnittlich Erfasste Varianz* sind nahezu identisch mit den Werten des ursprünglichen Modells und bestätigen damit die Konstruktreliabilität des reflektiven Modellteils. Eine deutliche Verbesserung zeigt sich hinsichtlich der *globalen Modellanpassung*. Obwohl das Modell auf Basis der Ergebnisse des χ^2-Anpassungstests noch immer abgelehnt werden müsste, ist zumindest ein deutlich geringerer Wert für das χ^2 festzustellen. Besonders bedeutend ist das Ergebnis für das RMSEA-Maß, dessen Wert anders als im Falle des Ausgangsmodells nun zumindest den weniger restriktiven Grenzwert von 0,08 erreicht. Die verbesserte Modellanpassung, die Bestätigung der Konstruktreliabilität sowie die signifikant von

Null verschiedenen Faktorladungen bestätigen auch die *Konvergenzvalidität* des reflektiven Modellteils.

4.3 Prüfung und Beurteilung des angepassten formativen Modellteils sowie des Gesamtmodells

Zur Beurteilung des formativen Modellteils wird das angepasste Gesamtmodell erneut für PLS- und AMOS-Strukturgleichungsanalysen spezifiziert.[588] Zunächst werden die formativen Indikatoren des angepassten Modells hinsichtlich ihrer Relevanz für die Konstruktbildung geprüft. Die Ergebnisse der PLS- und der AMOS-Schätzungen sind in Tabelle 25 vergleichend gegenübergestellt. Die Werte der Regressionsgewichte und Strukturpfade des ursprünglichen Modells sind in Klammern gesetzt.

Analyseverfahren	**PLS**		**AMOS**	
Indikatoren	Gewichte	t-Werte	Pfade	C.R.
AF2	**0,24** (0,25)	**4,94*** **	**0,27** (0,26)	**6,22*** **
AF3	**-0,01** (0,00)	**0,47**	**-0,01** (-0,01)	**-0,30**
AF4	**-0,05** (-0,03)	**1,34**	**-0,06** (-0,02)	**-1,37**
AF5	**0,06** (0,02)	**1,54**	**0,06** (0,02)	**1,42**
AF6	**0,30** (0,19)	**6,12*** **	**0,33** (0,21)	**7,50*** **
AF7	**0,04** (0,07)	**1,28**	**0,05** (0,09)	**1,16**
AF8	**0,16** (0,14)	**3,73*** **	**0,19** (0,17)	**4,43*** **
AF9	**0,11** (0,10)	**2,58** **	**0,13** (0,12)	**3,14** **
AF10	**0,12** (0,10)	**2,74** **	**0,14** (0,11)	**3,40*** **
AF11	**0,15** (0,03)	**3,75*** **	**0,17** (0,04)	**4,17*** **
AF12	**0,20** (0,22)	**4,48*** **	**0,24** (0,26)	**5,56*** **
AF13	**0,17** (0,20)	**3,56*** **	**0,20** (0,23)	**4,75*** **
AF14	**0,11** (0,17)	**2,47** **	**0,13** (0,19)	**3,19*** **
AF15	**0,15** (0,20)	**3,40*** **	**0,18** (0,24)	**4,26*** **

Gewicht = Standardisierte Regressionsgewichte der formativen Indikatoren
t-Werte = Testprüfgröße für den t-Test (Werte des angepassten Modells)
Pfade = Strukturpfade der als Einzel-Indikator-Konstrukte modellierten formativen Indikatoren
C.R. = Critical Ratio-Werte
Signifikanzniveau: * = p < .05, ** = p < .01, *** = p < .000

Tab. 25: Relevanz der formativen Indikatoren im angepassten Messmodell der Stadionatmosphäre gemäß PLS- und AMOS-Schätzungen
Quelle: eigene Darstellung

588 Vgl. dazu Abschnitt D 3.2.2.1.

Wie im Ausgangsmodell ergeben sich für 10 der nunmehr 14 im formativen Modell verbliebenen Indikatoren signifikante Gewichte beziehungsweise Strukturpfade. Die *relative Einflussstärke* der Indikatoren bleibt mit Ausnahme der Indikatoren AF6 und AF11 gegenüber der ersten Prüfung im Großen und Ganzen unverändert. Für den Indikator AF6 (*Als Zuschauer fühlt man sich direkt am Spielgeschehen*) ergibt sich in PLS ein deutlich höheres Regressionsgewicht als im Ausgangsmodell, welches durch den ebenfalls höheren Strukturpfad von AF6 in der AMOS-Schätzung bestätigt wird. Das Gefühl der direkten Nähe zum Spielgeschehen erweist sich damit im angepassten Modell als die bedeutendste Einflussgröße des Konstruktinhalts. Eine noch massivere Veränderung ist hinsichtlich des Indikators AF11 (*Die Zuschauerränge bei Hansa-Spielen sind prall gefüllt*) zu beobachten. Während dieser Indikator im Ausgangsmodell ein nur sehr geringes und statistisch nicht signifikantes Gewicht aufwies, erhöht sich sein Erklärungsgehalt im angepassten Modell sehr deutlich auf ein hoch signifikantes Gewicht in der PLS-Schätzung und einen ebenso starken und signifikanten Strukturpfad in AMOS. Damit bestätigt sich im angepassten Modell die theoretisch vermutete Bedeutung eines möglichst voll besetzten Stadions als wesentlicher Umweltreiz der Stadionatmosphäre. Wie im Ausgangsmodell erweisen sich zudem insbesondere die Aspekte *Fangesänge*, *animierender Stadionsprecher*, *hallenartige Akustik* und *spannendes Spielgeschehen* als zentrale Treiber einer guten Stadionatmosphäre.

Die *Multikollinearitätsprüfung* des angepassten formativen Modellteils bringt keine bedenkliche lineare Abhängigkeit der Indikatoren mehr zum Vorschein. In der Korrelationsmatrix sind nur noch mäßige bivariate Korrelationen festzustellen. Den höchsten Variance Inflation Factor weist der Indikator AF9 mit einem Wert von genau 1,5 auf. Die Werte aller anderen Indikatoren liegen unterhalb von 1,5, sodass die Schätzungen der Indikatorgewichte durch Multikollinearität nicht verzerrt werden.[589]

Im nächsten Analyseschritt wird die inhaltliche Vollständigkeit des angepassten formativen Modells geprüft. In Bezug auf dieses Kriterium kann es gegenüber dem Ausgangsmodell zu keiner Verbesserung gekommen sein, da mit dem Indikator AF1 eine der Erklärungsgrößen des formativen Modellteils eliminiert wurde. Der Pool von Umweltstimuli, die zur Erklärung der Gefühlszustände der Stadionbesucher eingesetzt werden, ist also um eine Facette gekürzt worden, weshalb die Erklärungskraft des formativen Modellteils nur sinken kann. Daher muss geprüft werden, ob das angepasste formative Modell zu dem reflektiven Modellteil noch immer einen hinreichend starken

[589] Die VIF-Werte der formativen Indikatoren des angepassten Messmodells finden sich in Anhang IV 2.

Beziehungszusammenhang aufweist. Zunächst wird dazu der Strukturpfad zwischen beiden Modellteilen in dem spezifizierten Zwei-Faktoren-Modell in PLS betrachtet. Die Analyse ergibt einen Strukturpfad von $\gamma = 0{,}78$ ($t = 41{,}9$, $p < 0{,}000$), der im Vergleich mit dem Ausgangsmodell ($\gamma = 0{,}79$) nur sehr geringfügig kleiner ist. Es besteht folglich auch zwischen dem leicht reduzierten formativen Modell und den Gefühlszuständen der Stadionbesucher ein starker positiver Zusammenhang. Auch das R^2 des reflektiven Modellteils weist im angepassten Modell mit 0,60 (*korrigiertes* $R^2 = 0{,}59$) einen dem Ausgangsmodell (0,62, *korrigiert* = 0,61) nahezu identischen Wert auf. Dieses Ergebnis bestätigt sich auch in der AMOS-Schätzung des MIMIC-Modells, in der sich die erklärte Varianz der latenten Variable im Vergleich zum Ausgangsmodell sogar von knapp 40 auf 43 Prozent steigert (*QMK* = 0,432). Diese Steigerung der erklärten Varianz trotz der verringerten Zahl der erklärenden formativen Indikatoren ist vermutlich auf die Prämissen des AMOS-Algorithmus zurückzuführen. Dieser optimiert wie bereits geschildert die Parameterschätzungen mit dem Ziel einer möglichst guten Gesamtmodellanpassung und nicht mit der Absicht die Erklärungskraft der exogenen Konstrukte zu maximieren. Daher kann sich in der hinsichtlich der Gesamtanpassung optimierten modifizierten Modellstruktur trotz des eliminierten formativen Indikators eine Verbesserung des erklärten Varianzanteils der endogenen latenten Variable ergeben.

Hinsichtlich der *globalen Modellanpassung* des MIMIC-Modells zeigt sich eine leichte Verbesserung gegenüber dem Ausgangsmodell. Die Ergebnisse der Gesamtmodellprüfung sind in Tabelle 26 aufgeführt. Die Werte in Klammern beziehen sich auf das Ausgangsmodell.

Anpassung des modifizierten MIMIC-Modells (AMOS-Schätzung)					
Anpassungsmaß Grenzwert	**χ^2-Test** Nichtsignifikanz	**CFI** > 0,9	**NFI** > 0,9	**RMSEA** < 0,06 < 0,08	**TLI** > 0,9
Erreichter Wert Messmodell	**$\chi^2 = 1365$, $p < 0{,}000$** ($\chi^2 = 2235$, $p < 0{,}000$)	**0,95** (0,93)	**0,94** (0,93)	**0,118** (0,125)	**0,94** (0,92)

Tab. 26: Ergebnisse der globalen Anpassungsmaße für das modifizierte MIMIC-Modell

Quelle: eigene Darstellung

Die Modellstruktur des modifizierten MIMIC-Modells stimmt gemäß den Werten sämtlicher zur Beurteilung herangezogener Anpassungsmaße besser mit der empirischen Kovarianzmatrix überein als die des ursprünglichen MIMIC-Modells. Dem Ergebnis des χ^2-Anpassungstests zufolge müsste das Modell, wie zu erwarten war, noch immer abgelehnt werden, obgleich sich ein deutlich verbessertes χ^2 zeigt. Auch der erreichte Wert für den RMSEA-Index erfüllt noch immer nicht die geforderte Grenze. Allerdings ist auch bezüglich dieses Kriteriums eine Verbesserung gegenüber dem Ausgangsmodell festzustellen. Da die Werte der Fitindizes jedoch mehrheitlich für ein passendes Modell sprechen, kann dem Gesamtmodell insgesamt eine gute Anpassung an die empirischen Daten bescheinigt werden. Dies ist als Bestätigung der konzeptionellen Korrektheit des formativen Modellteils sowie als Beleg für die Güte des Gesamtmodells zu werten.

Abschließend soll das angepasste gesamte Messmodell der Stadionatmosphäre bezüglich seiner *nomologischen Validität* geprüft werden. Dazu müssen zunächst die modifizierten Messmodelle der abhängigen Konstrukte Zuschauerzufriedenheit und Positive Mundkommunikation hinsichtlich der üblichen Gütekriterien getestet werden. In einer exploratorischen Faktorenanalyse wird zuerst die Dimensionalität der Indikatoren beider Konstrukte zusammen mit den reflektiven Indikatoren des Atmosphärekonstrukts überprüft. Die Ergebnisse der durchgeführten Hauptachsenanalyse deuten auf eine zweifaktorielle Struktur der Indikatoren hin. Den geprüften Indikatoren liegen somit lediglich zwei latente Variablen zugrunde. In Tabelle 27 sind die Faktorladungen der Indikatoren dargestellt.

	Faktor	
Indikatoren	1	2
ZU1	**,398**	,109
ZU2	**,498**	,268
ZU4	**,552**	,260
PM2	,139	**,647**
PM3	,121	**,607**
PM4	,107	**,795**
AR1	**,751**	,100
AR3	**,640**	,078
AR4	**,751**	,165
AR5	**,700**	,135
AR6	**,676**	,065
AR7	**,761**	,086
Extraktionsmethode: Hauptachsenanalyse, Rotationsmethode: Varimax mit Kaiser-Normalisierung Kaiser-Meyer-Olkin = 0,89 („verdienstvoll“) Bartlett-Test auf Sphärizität: $\chi^2 = 2156{,}9$, $p < 0.000$ Erklärter Varianzanteil = 53,9%		

Tab. 27: Ergebnisse der exploratorischen Faktorenanalyse für die angepassten Messmodelle der Konstrukte ZU, POSMU und Atmosphäre (reflektiver Teil)
Quelle: eigene Darstellung

Eine Betrachtung der Faktorladungen macht deutlich, dass die reflektiven Indikatoren der Stadionatmosphäre auf dem ersten extrahierten Faktor hoch laden und die Indikatoren der Positiven Mundkommunikation auf dem zweiten Faktor. Dagegen wird für die Zufriedenheitsindikatoren kein zugrunde liegender Faktor extrahiert. Für sämtliche Zufriedenheitsindikatoren zeigen sich zwar höhere Ladungen auf dem ersten Faktor, jedoch wird dieser Faktor aus inhaltlichen Gründen als das Atmosphärekonstrukt interpretiert. Diesen Ergebnissen zufolge kann statistisch zwischen den Zufriedenheits- und den reflektiven Atmosphäreindikatoren folglich nicht mehr hinreichend unterschieden werden. Dementsprechend sind Probleme im Rahmen der anschließenden Prüfung der Diskriminanzvalidität zu erwarten. Von der fehlgeschlagenen Bestätigung einer dreidimensionalen Faktorenstruktur der untersuchten Indikatoren abgesehen, liefert die exploratorische Faktorenanalyse gut interpretierbare Ergebnisse. Die Indikatoren der Positiven Mundkommunikation sowie die reflektiven Indikatoren der Atmosphäre weisen hohe Ladungen jeweils nur auf einem Faktor auf. Die in der Prüfung der Ausgangsmodelle zu beobachtenden hohen Kreuzladungen auf anderen Faktoren zeigen sich – sicher auch begründet durch die zweifaktorielle Lösung – nun nicht mehr.

Die Messmodelle der Zufriedenheit und der Positiven Mundkommunikation werden zusätzlich in konfirmatorischen Faktorenanalysen getestet und die gängigen Gütekriterien bestimmt. Eine konfirmatorische Prüfung der dreidimensionalen Faktorenstruktur beider Messmodelle zusammen mit den reflektiven Indikatoren der Stadionatmosphäre ist hier nicht sinnvoll, da die Drei-Faktoren-Struktur bereits in der exploratorischen Faktorenanalyse abgelehnt wurde. In Tabelle 28 sind die Ergebnisse der einzelnen konfirmatorischen Faktorenanalysen für ZU und POSMU zusammenfassend aufgeführt. Die Ergebnisse der Ausgangsmodelle sind zum Vergleich in Klammern gesetzt.

Zufriedenheit	Indikatorreliabilität	Faktorreliabilität	DEV
ZU1	**0,29** (0,33)	**0,63** (0,72)	**0,36** (0,39)
ZU2	**0,35** (0,42)		
ZU4	**0,45** (0,50)		
POSMU			
PM2	**0,43** (0,35)	**0,83** (0,77)	**0,49** (0,40)
PM3	**0,38** (0,50)		
PM4	**0,67** (0,56)		

Tab. 28: Indikator- und Faktorreliabilität sowie Durchschnittlich Erfasste Varianz der modifizierten Messmodelle der Konstrukte Zuschauerzufriedenheit und Positive Mundkommunikation
Quelle: eigene Darstellung

Für das Messmodell der Zuschauerzufriedenheit zeigen sich im Vergleich mit dem Ausgangsmodell Verschlechterungen der Indikatorreliabilität, der Faktorreliabilität sowie der Durchschnittlich Erfassten Varianz.[590] Die jeweils geforderten Grenzwerte dieser Gütekriterien werden von dem Messmodell nicht erreicht, weshalb auch das Kriterium der Konvergenzvalidität nicht erfüllt ist. Das Messmodell der Positiven Mundkommunikation konnte hingegen insgesamt verbessert werden. Trotz der teil-

[590] Globale Modellanpassungsmaße konnten für beide Messmodelle wegen der jeweils lediglich drei eingesetzten Indikatoren nicht berechnet werden.

weise unzulänglichen Indikatorreliabilitäten weist das Messmodell eine gute Faktorreliabilität sowie eine akzeptable Durchschnittlich Erfasste Varianz auf, sodass von einer hinreichenden Konstruktreliabilität sowie Konvergenzvalidität ausgegangen werden kann. In einer PLS-Strukturgleichungsanalyse wird weiterhin die Diskriminanzvalidität der drei Messmodelle geprüft. Das Messmodell für POSMU sowie der reflektive Teil des Atmosphäremodells erfüllen die Voraussetzungen für die Annahme von Diskriminanzvalidität, da das Quadrat der höchsten Korrelation mit einem anderen Konstrukt jeweils unterhalb der durch das Konstrukt durchschnittlich erfassten Varianz liegt (Atmosphäre: 0,53 (DEV) > 0,37 (quadrierte Korrelation mit ZU), POSMU: 0,49 (DEV) > 0,11 (quadrierte Korrelation mit ZU)). Wie mit Blick auf die Ergebnisse der exploratorischen Faktorenanalyse zu erwarten war, wird das Kriterium der Diskriminanzvalidität vom Messmodell der Zufriedenheit nicht erfüllt. Die quadrierte Korrelation des Konstrukts zum reflektiven Modellteil der Atmosphäre liegt mit 0,37 knapp oberhalb seiner Durchschnittlich Erfassten Varianz in Höhe von 0,36. Das Messmodell der Zuschauerzufriedenheit erfüllt somit keines der geprüften Gütekriterien. Demnach kann nicht von einer reliablen und validen Bestimmung der Zuschauerzufriedenheit durch das Messmodell ausgegangen werden, weshalb es für die angestrebte Überprüfung der nomologischen Validität des Messmodells der Stadionatmosphäre nicht in Frage kommt.

Zur Prüfung der nomologischen Validität wird daher lediglich das Konstrukt der Positiven Mundkommunikation eingesetzt. Dafür werden mit den Konstrukten Stadionatmosphäre und POSMU Strukturgleichungsmodelle für AMOS und PLS spezifiziert und berechnet. Die Analysen liefern mit Strukturpfaden in Höhe von $\gamma = 0{,}26$ ($t = 6{,}3$, $p < 0{,}000$) in PLS beziehungsweise $\gamma = 0{,}24$ ($C.R. = 4{,}2$, $p < 0{,}000$) in AMOS nahezu identische Ergebnisse für den Strukturpfad zwischen der Stadionatmosphäre und der Positiven Mundkommunikation. Die erklärte Varianz der Positiven Mundkommunikation beträgt 7 Prozent ($R^2 = 0{,}07$) im Rahmen der PLS-Schätzung und 6 Prozent ($QMK = 0{,}06$) im Rahmen der AMOS-Schätzung. Sowohl die Ergebnisse für den Strukturpfad als auch die Höhe des aufgeklärten Varianzanteils von POSMU liegen deutlich unterhalb der Werte im Ausgangsmodell. Allerdings sind die Gesamtmodelle nicht exakt miteinander vergleichbar, da mit dem Weglassen des Zufriedenheitskonstrukts ein im Vergleich zum Ausgangsmodell modifiziertes Hypothesensystem geprüft wurde.[591] Zudem kommt es in Prüfungen der nomologischen Validität nicht primär darauf an, dass sich die vermuteten Beziehungen des untersuchten Konstrukts zu anderen

[591] Aus diesem Grund wird auch auf eine Betrachtung der globalen Anpassungsmaße verzichtet.

Konstrukten als möglichst stark erweisen. Vielmehr sollte die Plausibilität der Ergebnisse betrachtet werden, die sich daran zeigt, ob die vermutete Stärke der Konstruktbeziehungen insgesamt zu beobachten ist. Sowohl der Strukturpfad zwischen der Stadionatmosphäre und der Positiven Mundkommunikation als auch die erklärte Varianz in Höhe von sechs bis sieben Prozent sind realistische Ergebnisse, da das Kommunikationsverhalten der Stadionbesucher von einer Vielzahl anderer Größen als der Stadionatmosphäre beeinflusst wird. Überdies kann neben dem direkten Einfluss auch ein durch andere Größen wie die Zuschauerzufriedenheit mediierter Einfluss der Stadionatmosphäre auf die Positive Mundkommunikation angenommen werden, der hier nicht betrachtet wurde. Daher können diese Ergebnisse insgesamt als Bestätigung der nomologischen Validität des Messmodells der Stadionatmosphäre angesehen werden.

4.4 Zusammenfassung und abschließende Beurteilung der Ergebnisse

In der erneuten Prüfung aller relevanten Kriterien konnte die Güte des leicht modifizierten Messmodells der Stadionatmosphäre insgesamt nachgewiesen werden. Hinsichtlich des reflektiven Modellteils ist im Wesentlichen eine Bestätigung der bereits guten Reliabilität und Validität der Ausgangsversion zu konstatieren, da die Grenzwerte aller geprüften Gütekriterien erfüllt werden. Der formative Modellteil erweist sich auch im angepassten Modell trotz der Eliminierung eines Indikators als ebenso starker Prädiktor des reflektiven Modellteils wie im Ausgangsmodell. Die Modellstruktur ist aufgrund der Aussonderung des Indikators AF1 sparsamer, verfügt jedoch über eine gleich hohe Erklärungskraft. Insofern stellt das angepasste formative Modell eine verbesserte Variante gegenüber dem ursprünglichen Modell dar. Weiterhin bestätigten sich erneut 10 der nun 14 formativen Indikatoren als statistisch signifikante Einflussgrößen des Konstruktinhalts.

Der im Vergleich zum Ausgangsmodell leicht verbesserte Modellfit des gesamten Messmodells der Stadionatmosphäre bestätigt den im Modell unterstellten Ursache-Wirkungszusammenhang zwischen den 14 ausgewählten Umweltreizen eines Fußballstadions und den von den Stadionbesuchern bewusst verspürten Gefühlen hohen Vergnügens und hoher Aktivierung. Zur Überprüfung der nomologischen Validität des angepassten Messmodells wurde die Beziehung der Stadionatmosphäre zum Konstrukt Positive Mundkommunikation untersucht. Dabei konnte den Erwartungen entsprechend ein moderater direkter Einfluss der Stadionatmosphäre auf das Kommunikationsverhalten der Stadionbesucher festgestellt werden. Höhere Ausprägungen einer guten Stadionatmosphäre gehen folglich mit vermehrten positiven Äußerungen der Zuschauer über ihre Stadionbesuche einher. Der Beziehungszusammenhang der Stadionatmosphäre zum Konstrukt der Zuschauerzufriedenheit konnte dagegen in der erneuten Güteprüfung nicht untersucht werden. Das Messmodell der Zuschauerzufriedenheit erfüllte die geforderten Reliabilitäts- und Validitätskriterien nicht.

Das entwickelte Messmodell der Stadionatmosphäre hat sich in der empirischen Prüfung als insgesamt reliables und valides Messinstrument bewiesen. Damit ist die wesentliche Grundlage für empirische Untersuchungen des Konstrukts Stadionatmosphäre gelegt worden. Mittels des Gesamtmessmodells der Stadionatmosphäre kann das Umwelt-Person-System aus Stadionstimuli und Gefühlszuständen der Zuschauer mit interessierenden vor- oder nachgelagerten Größen in Beziehung gesetzt werden. Der Einsatz des Messmodells in künftigen Forschungsarbeiten wird nicht nur Aufschluss über die Bedingungen und Konsequenzen guter Stadionatmosphäre geben, sondern auch dazu beitragen, die hier erzielten Ergebnisse zu bestätigen und die Güte des Messmodells weiter zu verbessern.

E Schlussbetrachtungen und Implikationen

In diesem abschließenden Kapitel werden zunächst die Eckpunkte der vorliegenden Arbeit sowie ihre zentralen Erkenntnisse zusammengefasst. Anschließend gilt das Augenmerk den Beschränkungen der Untersuchung, die bei der Interpretation der Ergebnisse berücksichtigt werden sollten. Daraufhin werden Implikationen für die Praxis des Sportveranstaltungsmanagement aufgezeigt. Im letzten Abschnitt werden schließlich einige Ansatzpunkte für die weitere Forschung vorgestellt.

1 Zusammenfassung der Untersuchung und ihrer zentralen Erkenntnisse

Das Erleben spezieller Atmosphären ist für viele Menschen ein bedeutender Nutzen stiftender Bestandteil ihrer Konsumaktivitäten, was insbesondere für den Konsum vieler hedonischer Absatzleistungen gilt. Aus diesem Grund sind Atmosphären seit geraumer Zeit ein wichtiger Untersuchungsgegenstand der Konsumentenverhaltensforschung mit dem Ziel, das Konsumentenverhalten besser verstehen und erklären zu können. In der vorliegenden Arbeit wurde das Konzept Atmosphäre im Kontext des Vor-Ort-Konsums von Teamsportveranstaltungen untersucht. Damit ist die Arbeit im Bereich der marketingorientierten Sportzuschauerforschung angesiedelt und zielt darauf ab, vorliegende Erkenntnisse über die Konsumentengruppe der Vor-Ort-Sportzuschauer zu erweitern.

Das Erleben der charakteristischen Atmosphäre bei Teamsportveranstaltungen gilt als eines der zentralen Besuchsmotive für viele Zuschauer. Dennoch existieren bisher keine wissenschaftlich gestützten Erkenntnisse über das Wesen, die Bedingungen und Konsequenzen des Konzepts Stadionatmosphäre, sodass eine wesentliche Determinante des Zuschauerverhaltens in vergangenen Studien außer Acht gelassen wurde. Aus dieser Forschungslücke leitete sich mit *der Entwicklung und Validierung eines Messmodells der Stadionatmosphäre* die *Hauptzielstellung* der vorliegenden Arbeit ab. Mit der definitorischen Abgrenzung und Messbarmachung der Stadionatmosphäre sollen die wesentlichen Grundlagen dafür gelegt werden, interessierende Forschungsfragen im Zusammenhang mit diesem Phänomen in empirischen Studien untersuchen zu können.

Entsprechend bisheriger Atmosphärestudien stehen Atmosphären in Verbindung mit den zwei Variablenkomplexen Umwelt und Person. Daher wurde als Erklärungsperspektive für das Atmosphärekonstrukt die Forschungsdisziplin der *Umweltpsychologie* herangezogen. Die Umweltpsychologie setzt sich ausgiebig mit Umwelt-Person-Beziehungen auseinander und eine ihrer zentralen Aussagen besteht darin, dass die menschliche Gefühlswelt maßgeblich durch die jeweilige Umgebung beeinflusst wird. Mit diesem Postulat verleiht die Umweltpsychologie dem Konstrukt Atmosphäre eine *theoretische Fundierung.*

Unter Berücksichtigung vorliegender Definitionsansätze von Atmosphäre in Studien zur Ladenatmosphäre sowie Ansätzen der Ästhetikforschung wurde in der Arbeit ein grundlegendes Begriffsverständnis von Atmosphäre erarbeit. Ein wesentlicher Punkt des vorgelegten Be-griffsverständnisses ist die von früheren Konzeptionen abweichende Forderung, Atmosphären stets durch die gemeinsame Berücksichtigung von Umwelt- und Personenmerkmalen zu kennzeichnen. Allgemein bezeichnen Atmosphären demnach Umwelt-Person-Beziehungen, die den Zusammenhang zwischen den Merkmalen der Umwelt und ihrem Einfluss auf die gefühlsmäßige Befindlichkeit der anwesenden Personen zum Ausdruck bringen. *Atmosphäre* stellt somit eine Art *Rahmenkonstrukt* dar, welches das Aufeinanderbezogensein von Umwelteigenschaften und subjektiver menschlicher Befindlichkeit abbildet. Ohne nähere Spezifikation besitzt dieses Rahmenkonstrukt jedoch keinen Aussagegehalt für die Zusammenhänge zwischen den Eigenschaften bestimmter Konsumorte und dem Verhalten dort anzutreffender Konsumentengruppen, da weder konkrete Umweltmerkmale noch spezifische Befindlichkeiten benannt werden.

Deswegen wurde ausgehend von der Rahmenkonzeption das Konstrukt *Stadionatmosphäre* als eine *konkret spezifizierte Umwelt-Person-Beziehung* bestimmt, in der typische Umweltreize des Sportstadions präferenzgerechte Gefühlszustände bei den Sportzuschauern auslösen. Insofern wird Stadionatmosphäre in dieser Arbeit als eine präferenzgerechte Atmosphäre festgelegt. Das Konstrukt enthält einen positiv bewerteten Ursache-Wirkungszusammenhang zwischen den Merkmalen der Stadionumwelt und der gefühlsmäßigen Befindlichkeit der Stadionbesucher. Eine Messung der Stadionatmosphäre erfordert folglich die Erfassung der Ausprägungen definierter Stadionstimuli und definierter Gefühlszustände der Zuschauer und den Nachweis eines positiven Ursache-Wirkungszusammenhangs zwischen ihnen. Kann dieser Zusammenhang nachgewiesen werden, liegt genau diejenige Umwelt-Person-Beziehung vor, die hier als Stadionatmosphäre bezeichnet wird. Mit der theoretisch begründeten *Definition der*

Stadionatmosphäre und der *Herleitung als verhaltenswissenschaftliches Konstrukt ist die erste Teilzielstellung der Arbeit erreicht* worden.
Auf Grundlage der erarbeiteten Definition konnte das Konstrukt Stadionatmosphäre nachfolgend zunächst auf theoretischem Wege *konzeptionalisiert* werden. Dabei wurden der Veranstalter, die Zuschauer und das Spielgeschehen als die wesentlichen Reizquellen eines Sportstadions identifiziert. Die von diesen Reizquellen ausgehenden Stimuli wirken als intensive, affektive oder kollative Reize und werden als die das Konstrukt gemeinschaftlich verursachenden Größen betrachtet. Die Erkenntnisse der Konsumentenforschung im Bereich des hedonischen Konsums sowie der Sportzuschauerforschung sprechen dafür, dass sich die Wirkungen der typischen Stimuli eines Sportstadions in Gefühlszuständen hohen Vergnügens und starker Erregung bei den Zuschauern widerspiegeln.

Dieser Konzeptionalisierung folgend, kann das Konstrukt Stadionatmosphäre über die Stadionstimuli formativ und über die Gefühlszustände der Zuschauer reflektiv operationalisiert werden. Um den Konstruktinhalt konzeptionell vollständig zu erfassen, müssen jedoch beide Indikatorsysteme parallel eingesetzt werden. Aus diesem Grund wurde zur *Messung der Stadionatmosphäre* ein *MIMIC-Modell* vorgeschlagen, das einen parallelen Einsatz formativer und reflektiver Indikatoren zur Konstruktmessung ermöglicht.

In einer *Delphi-Befragung* unter den Fanbeauftragten der Fußball-Bundesligen wurden daraufhin zunächst auf explorativem Weg die typischen Umweltreize eines Sportstadions ergründet, um daraus *formative Indikatoren* abzuleiten. Die Studie bestätigte veranstalter-, zuschauer- und spielbedingte Umweltreize als kennzeichnende Stimuli der Stadionumwelt. Sie machte jedoch zugleich die Notwendigkeit einer stärkeren Differenzierung der Stimuli deutlich. Auf Grundlage der Ergebnisse einer weiteren *Expertenbefragung* wurden aus dem Pool der identifizierten Indikatoren die wichtigsten Stadionstimuli ausgewählt und in einem *Indikatorenzuordnungsverfahren* hinsichtlich ihrer Inhaltsvalidität für die Konstruktmessung überprüft. Schließlich wurden 15 Stadionstimuli als formative Indikatoren der Stadionatmosphäre in das Messmodell aufgenommen.

In fünf *Tiefeninterviews* mit regelmäßigen Stadionbesuchern bestätigte sich das Gefühlserleben starker vergnüglicher Aktiviertheit als typisches Empfindungsmuster der Zuschauer in einem Sportstadion. Zur Erfassung der Gefühlszustände der Stadionbesucher wurden auf dieser Basis sieben *reflektive Indikatoren* abgeleitet. Aus den formativen und reflektiven Indikatoren wurde das gesamte Messmodell der Stadionatmosphäre spezifiziert. Mit der *Konzeptionalisierung und Operationalisierung der Stadionatmosphäre* sowie der *Spezifikation eines Messmodells* ist die *zweite Teilzielstellung der Arbeit erfüllt* worden.

Das entwickelte Messmodell der Stadionatmosphäre wurde schließlich einer umfassenden *Gütebeurteilung* unterzogen. Die dazu erforderliche quantitative Datengrundlage wurde mittels einer Zuschauerbefragung beim Fußball-Bundesligisten FC Hansa Rostock erhoben. Der reflektive und der formative Teil des Messmodells wurden jeweils anhand geeigneter Gütekriterien überprüft. Dabei stellte sich der reflektive Modellteil unter Berücksichtigung gängiger psychometrischer Kriterien als weitgehend reliables und valides Messinstrument der zuschauerseitigen Gefühlszustände heraus. Die formativen Indikatoren erwiesen sich größtenteils als bedeutende und signifikante Einflussgrößen des Konstrukts, und sie konnten die Varianz in den Gefühlsausprägungen der Stadionbesucher in Abhängigkeit vom Auswertungsverfahren zu 40 bis 60 Prozent erklären. Der Ursache-Wirkungszusammenhang zwischen den als formative Indikatoren abgebildeten Stadionstimuli und den als reflektive Indikatoren eingesetzten Gefühlszuständen der Zuschauer konnte durch eine gute Anpassung des MIMIC-Modells an die empirisch erhobenen Daten bestätigt werden. Die Stadionatmosphäre erwies sich darüber hinaus als guter Prädiktor der Konstrukte Zuschauerzufriedenheit und Positive Mundkommunikation. Obwohl insbesondere bei der Messung der Zuschauerzufriedenheit einige Messprobleme auftraten, deuten die aufgedeckten Zusammenhänge der Stadionatmosphäre mit nachgelagerten Konstrukten insgesamt auf eine gute nomologische Validität des Messmodells hin.

Eine leicht *modifizierte Version des Messmodells* wurde schließlich anhand eines neuen Datensatzes einer weiteren Gütebeurteilung unterzogen. Die erneute Prüfung ergab lediglich leichte Verbesserungen hinsichtlich einiger Modellbestandteile. Insofern kann die Bestätigung der Modellgüte in der nochmaligen Prüfung vor allem als erster Schritt in Richtung einer erhöhten Generalisierbarkeit der Ergebnisse angesehen werden. Die umfassende *Gütebeurteilung des entwickelten Messmodells der Stadionatmosphäre erfüllt* schließlich *die dritte Teilzielstellung* der vorliegenden Arbeit.

Nach Abschluss der Untersuchung lassen sich bereits einige der im einleitenden Kapitel aufgeworfenen Grundsatzfragen zum Konzept der Stadionatmosphäre beantworten[592]:

- *Wodurch wird Stadionatmosphäre hervorgerufen und worin besteht ihre Besonderheit?*

Stadionatmosphäre entsteht durch die charakteristische Konstellation an Umweltstimuli in einem Sportstadion während einer Teamsportveranstaltung. Die Besonderheit der Stadionatmosphäre besteht darin, dass sich die Umwelt Sportstadion durch außergewöhnliche Merkmale auszeichnet, auf die viele Menschen gefühlsmäßig sehr positiv reagieren. Deshalb geht für diese Menschen bereits aus dem bloßen Aufenthalt im Stadion eine Nutzen stifende Wirkung hervor.

- *Wodurch sind unterschiedliche Ausprägungen der Stadionatmosphäre gekennzeichnet und wie lassen sich diese bestimmen?*

Unterschiedliche Ausprägungen der Stadionatmosphäre ergeben sich gemäß der hier erarbeiteten Konstruktdefinition daraus, dass in verschiedenen Stadien beziehungsweise während verschiedener Veranstaltungstage die für den Teamsport typischen Stadionstimuli unterschiedlich stark ausgeprägt sind. Je vollständiger die identifizierten Umweltstimuli in einem Stadion zu beobachten sind, desto eher wird die Stadionumwelt vergnügliche und aktivierende Erlebensqualitäten bei den Stadionbesuchern hervorrufen können.

2 Beschränkungen der Untersuchung

Trotz des insgesamt positiven Fazits müssen die in der Arbeit erzielten Erkenntnisse im Lichte einiger Einschränkungen betrachtet werden, die die Aussagekraft der Untersuchung begrenzen. Ein Kritikpunkt ist darin zu sehen, dass das entwickelte Messmodell der Stadionatmosphäre *lediglich eine genau vordefinierte Umwelt-Person-Beziehung erfasst*. Diese Beziehung wird zwischen den ausgewählten 14 Stadionstimuli und exakt festgelegten Gefühlszuständen der Zuschauer postuliert. Damit werden die Wirkungen der Stadionumwelt auf die Zuschauer nur ausschnittsweise erfasst. Das Messmodell ist daher allein dazu in der Lage, einen sehr spezifischen Umwelt-Person-Zusammenhang im Kontext von Sportveranstaltungen zu erfassen. Insofern wird nicht gemessen, welche Atmosphäre in einem Stadion vorherrscht, sondern ob eine vordefinierte und als präferenzgerecht festgelegte Atmosphäre zu beobachten ist. Problematisch ist daran in erster Linie, dass auch viele weitere Reizkonstellationen, die sich aus

[592] Vgl. dazu die aufgeworfenen Grundsatzfragen in Abschnitt A 2 auf Seite 9.

anderen als den hier identifizierten 14 Stimuli zusammensetzen, zu Gefühlszuständen hoher Erregung und hohen Vergnügens in einem Sportstadion führen können. Darüber hinaus berücksichtigt das Messmodell keine Wechselwirkungen zwischen den ausgewählten Stimuli, obwohl Reizinterdependenzen in der Realität sehr wahrscheinlich sind. Obgleich menschliche Erlebensqualitäten wohl mehrheitlich anhand der Dimensionen Aktivierung und Vergnügen bestimmt werden können, ist es zudem fraglich, ob die Zuschauer auf die identifizierte Reizkonstellation nicht doch auch mit anderen, gleichermaßen präferenzgerechten Erlebensqualitäten reagieren. Sowohl auf der Objekt- als auch auf der Subjektseite ist das Messmodell also recht starr. Wenn in künftigen Untersuchungen das Messmodell zum Einsatz kommt, um die Wirkungen der Stadionatmosphäre auf andere Variablen zu erforschen, wird folglich lediglich ein Ausschnitt der Stadionumwelt-Zuschauer-Beziehung betrachtet. Das könnte zu einem eingeschränkten Erklärungsgehalt des Konstrukts für nachgelagerte Größen führen.

Eine weitere problematische Verallgemeinerung des Messmodells besteht darin, dass die *Sportzuschauer* in der postulierten Umwelt-Person-Beziehung als *eine homogene Konsumentengruppe* betrachtet werden. Dies ist nur mit Einschränkungen plausibel und verschärft die zuvor geschilderte Problematik des recht starren Messmodells. Das Messmodell berücksichtigt nicht, dass die identifizierten Stadionstimuli in Abhängigkeit zahlreicher zuschauerbezogener Variablen vermutlich unterschiedlich wirken. Dieser Kritikpunkt soll den grundsätzlich unterstellten Zusammenhang zwischen den Reizen der Stadionumwelt und Gefühlszuständen hohen Vergnügens und hoher Aktivierung nicht in Frage stellen. Allerdings könnten die zur Auslösung der typischen Gefühlsreaktionen notwendigen Stadionstimuli je nach Zuschauersegment ganz andere sein. So erscheint es beispielsweise plausibel, dass Wenigbesucher mit einem nur geringen Grad an Teamidentifikation, vor allem durch intensive Stimuli wie laute Fangesänge oder Musikeinspielungen, gefühlsmäßig beeinflusst werden. Andere Stimuli, wie bestimmte Fanrituale oder die traditionelle Stadionhymne, deren Wirkung einen starken persönlichen Bezug zur Sportart beziehungsweise zum veranstaltenden Klub erfordert, sind für dieses Zuschauersegment hingegen möglicherweise irrelevant. Solche erlernten, affektiv wirkenden Reizmuster sind wahrscheinlich eher für Häufigbesucher mit hoher Teamidentifikation die entscheidenden Einflussgrößen der Befindlichkeit. Derartige Unterschiede sind in Abhängigkeit unterschiedlichster Variablen, wie zum Beispiel der Motivstruktur, dem Identifikationsgrad oder der Besuchshäufigkeit der Zuschauer, zu erwarten. Das Messmodell kann diesem Sachverhalt in seiner hier vorgeschlagenen Form jedoch nicht Rechnung tragen.

Abgesehen von der unterstellten Homogenität der Sportzuschauer ist die Generalisierbarkeit der in der vorliegenden Arbeit gewonnen Erkenntnisse auch hinsichtlich weiterer Aspekte zu hinterfragen. Das *Problem der Generalisierbarkeit* bezieht sich im Falle des hier entwickelten Messmodells vor allem auf zwei Ebenen: Andere Fußballstadien sowie die Sportstätten anderer Sportarten. Die Frage nach der Übertragbarkeit der Erkenntnisse ist vor allem für die Entscheidung darüber von Relevanz, in welchen Untersuchungssituationen das Messmodell künftig angewendet werden kann. Aufgrund der empirischen Prüfung des Messmodells in lediglich einem Fußballstadion mit der spezifischen Anhängerschaft des FC Hansa Rostock ist fraglich, ob das Messmodell in dieser Form auch in anderen Fußballstadien eine zuverlässige und valide Erfassung der Stadionatmosphäre gewährleistet. Weiterhin ist unklar, ob einige spezifische Ergebnisse der vorliegenden Untersuchung auch für andere Stadien gelten. Betrachtet man beispielsweise die Gewichte der formativen Indikatoren, um die relative Einflussstärke einzelner Umweltstimuli auf die Konstruktausprägungen zu bestimmen, so sind abweichende Ergebnisse im Kontext anderer Fußballstadien durchaus zu erwarten. Da die zur Konstruktoperationalisierung durchgeführten empirischen Studien größtenteils den gesamten professionellen deutschen Fußball einbezogen haben, dürfte sich das Messmodell jedoch zumindest für Fußballsportveranstaltungen im Allgemeinen als geeignet erweisen. Ob dies auch in Bezug auf andere Sportarten gilt, ist allerdings fragwürdig. Für die Atmosphäreforschung in den Sportstätten anderer zuschauerträchtiger Teamsportarten wie Eishockey, Handball oder Basketball, mit einer vergleichbaren Konstellation an Umweltstimuli und einer dem Fußballpublikum ähnlichen Zuschauerstruktur, kommt das entwickelte Messmodell grundsätzlich in Frage. Trotzdem ist es empfehlenswert, jeweils sportartspezifische Besonderheiten zu berücksichtigen und entsprechende Anpassungen am Modell vorzunehmen. Für die Untersuchung der Atmosphäre bei der Mehrheit des Spektrums der Sportveranstaltungen ist das Messmodell jedoch nicht geeignet, da zum Teil vollkommen andere Umweltkonstellationen und Zuschauerpräferenzen vorherrschen. Da mit dem Messmodell das Vorhandensein einer vordefinierten und für Teamsportveranstaltungen typischen Atmosphäre gemessen wird, ist seine Anwendbarkeit für andere Sportveranstaltungen mehrheitlich nur bedingt gegeben.

Neben den grundsätzlichen Beschränkungen des entwickelten Messmodells werden die Ergebnisse der vorliegenden Arbeit auch durch einige untersuchungsspezifische Probleme in ihrer Güte beeinträchtigt. Ein Kritikpunkt ist die mit lediglich fünf Tiefeninterviews *vergleichsweise gering fundierte Untersuchung der Gefühlswelt von Sport-*

zuschauern als Grundlage für die Ableitung der reflektiven Indikatoren des Messmodells. Überdies wurden sowohl die Tiefeninterviews als auch die spätere Zuschauerbefragung mit einem deutlichen zeitlichen Abstand zum realen Erlebenszeitpunkt der Gefühle durchgeführt. Diese Vorgehensweise schränkt die prinzipiell sehr schwierige Erfassung von Erlebensqualitäten zusätzlich ein, da neben den gängigen Verbalisierungsproblemen auch mangelnde Erinnerungsfähigkeiten der Probanden zu inkorrekten Angaben bezüglich ihrer Gefühle geführt haben könnten.[593] Im Zusammenhang mit der Messung der Gefühlszustände der Stadionbesucher ist auch die eindimensionale Konzeptionalisierung der Erlebensqualitäten kritisch zu hinterfragen. Obwohl die Aspekte Vergnügen und innere Erregung durch verbal gemischte Formulierungen prinzipiell auf einer Dimension abgebildet werden können, ist es fraglich, ob die inhaltsreichen Formulierungen in der Befragungssituation entsprechend interpretiert werden und tatsächlich zur Erfassung beider Dimensionen führen. Eine weitere Einschränkung der Untersuchungsergebnisse bezieht sich auf die Güteprüfung des Messmodells der Stadionatmosphäre. Die Beurteilung hinsichtlich des Kriteriums *der nomologischen Validität* konnte aufgrund der Messprobleme des Konstrukts Zuschauerzufriedenheit *nicht uneingeschränkt vorgenommen* werden. Mit Blick auf die zentrale Stellung dieses Gütekriteriums im Rahmen der Beurteilung formativer Messmodelle erweist sich diese Tatsache als beachtenswerter Mangel der Modellvalidierung.

3 Implikationen für das Sportveranstaltungsmanagement

Obwohl die vorliegende Arbeit mit der Entwicklung eines Messmodells primär der Grundlagenforschung zuzuordnen ist, lassen sich aus den Erkenntnissen der Untersuchung einige Empfehlungen für die Praxis des Sportveranstaltungsmanagement, insbesondere im Bereich des Fußballs, ableiten. Dies ist in erster Linie der Berücksichtigung formativer Indikatoren zu verdanken, da durch den Einsatz dieser Indikatorenart konkrete Stellschrauben zur Steuerung der Stadionatmosphäre sowie deren jeweilige relative Bedeutung ersichtlich geworden sind. Das Erleben von Atmosphäre kann – und das gilt insbesondere für Sportveranstaltungen – nach James et al. zu einem „difficult-toduplicate differential advantage“[594] eines Anbieters werden. Deshalb sollten

[593] Vgl. Roseman, I.J., Smith, C.A. (2001): Appraisal theory. Overview, assumptions, varieties, controversies, in: Scherer, K.R., Schorr, A., Johnstone, T. (Hrsg.): Appraisal processes in emotion. Theorie, methods, research, New York, S. 7.

[594] Vgl. James, D.L., Durand, R.M., Dreves, R.A. (1976): The use of a multi-attribute model in a store image study, in: Journal of Retailing, Vol. 52, Summer, S. 23.52 zitiert nach Renko, S., Vignali, G. (2006): The meaning of store image and store atmosphere in the store choice process, a.a.O., S. 61.

Stadionmanager darum bestrebt sein, die Voraussetzungen zur Entstehung präferenzgerechter Stadionatmosphäre zu schaffen.

Als ein wesentlicher *Treiber guter Stadionatmosphäre* hat sich in der Arbeit die aktive Zuschauerbeteiligung herausgestellt. Dazu zählen zum einen die für Teamsportveranstaltungen typischen Gesänge aus den Fankurven, zum anderen aber auch die möglichst aktive und geräuschvolle Beteiligung der übrigen Zuschauer. Den Ausgangspunkt einer starken *Zuschauerbeteiligung* bilden in erster Linie die traditionellen Fans eines Sportklubs. Diese sind oftmals in Fanklubs organisiert, weisen eine hohe Klubidentifikation auf und sehen in der Beziehung zu ihrem favorisierten Klub mehr als nur eine gelegentlich konsumierte Unterhaltungsdienstleistung. Für das Klubmanagement ergibt sich daraus die Empfehlung, eine *Fankultur* zu bewahren, zu stärken oder gegebenenfalls überhaupt erst aufzubauen. Angesichts des aktuell zu beobachtenden Wandels vieler Stadien zu modernen Erlebnisarenen und des damit verbundenen Bestrebens, neue Zielgruppen anzusprechen, sollten die traditionellen Fankulturen mit all ihren Ritualen nicht vergessen werden, auch wenn die in dieser Konsumentengruppe generierten Ticketeinnahmen pro Kopf und Spiel vergleichsweise gering sind. Der Zuschauersport ist ein sehr markantes Beispiel dafür, dass die Konsumenten vieler Dienstleistungen mitunter bereits den Aufenthalt spezieller anderer Konsumentengruppen wertschätzen. Aufgrund ihres Einflusses auf die Stadionatmosphäre sind die traditionellen Fans als wesentlicher Produktionsfaktor im Bereich professioneller Teamsportveranstaltungen zu betrachten. Zugleich stellen diese Fans eine eigene Konsumentengruppe dar, die in den Marketingbemühungen der Klubs nicht vernachlässigt werden sollten. Daher sind zum Erhalt einer Fankultur gezielte Maßnahmen zu ergreifen, auch wenn diese zunächst als nicht legitimierbarer Kostenfaktor erscheinen.

Weiterhin weisen die Ergebnisse der Arbeit darauf hin, dass bereits in der Bauphase von Sportstadien wichtige Grundlagen für das Entstehen präferenzgerechter Stadionatmosphäre gelegt werden sollten. Die unmittelbare Nähe der Zuschauer zum Spielgeschehen hat sich als ein ebenso bedeutender Treiber der Stadionatmosphäre herausgestellt wie der Aspekt einer hallenartigen Akustik. Beide Faktoren hängen maßgeblich von lediglich langfristig beeinflussbaren *architektonischen Bedingungen* ab. Im Rahmen von Stadionneubauten oder -umbauten sollte sich das Klubmanagement als oftmals bedeutendste Interessengruppe des Bauprojekts für die Berücksichtigung Stadionatmosphäre relevanter Aspekte einsetzen.

Zudem ist deutlich geworden, dass auch verschiedene Aspekte des *Spielgeschehens* als Umweltreize die Stadionatmosphäre wesentlich mitbestimmen. Obwohl einige Faktoren des Spielgeschehens wie der Spannungsgrad und der Aktionsreichtum kaum direkt steuerbar sind, zeigten sich auch direkt beeinflussbare Aspekte wie der kämpferische Einsatz der Heimmannschaft und ein hoher Teamgeist als bedeutende Stimuli. Das Verhalten der Spieler trägt insofern zur Erzeugung guter Stadionatmosphäre bei. Die Klubführung sollte deshalb darauf entsprechend aufmerksam machen und bei der Mannschaft ein Bewusstsein dafür schaffen, dass sie neben den sportlichen Aufgaben auch als Produktionsfaktor der Stadionatmosphäre fungiert und damit zusätzlichen Wert für die Zuschauer schafft.

Als ein typischer und zugleich für die Stadionatmosphäre sehr bedeutender Faktor der Stadionumwelt stellte sich ferner der *Stadionsprecher* heraus. Die Funktion des Stadionsprechers ist nicht lediglich in der sachlichen Übermittlung von Informationen zu sehen, sondern er kann durch animierende Durchsagen wesentlich zur Aktivierung der Zuschauer beitragen und das erlebte Vergnügen steigern.

Es ist ersichtlich geworden, dass sich die Stadionatmosphäre weitgehend durch direkte und indirekte Maßnahmen gezielt beeinflussen lässt. Die Anzahl der hier betrachteten Faktoren wurde mit Blick auf ein handhabbares Messmodell beschränkt. Aus den Ergebnissen der vorbereitenden Studien ist eine Reihe weiterer Stadionstimuli zu entnehmen, die teilweise bewusst manipuliert werden können. Das Beispiel des Erhalts einer traditionellen Fankultur hat deutlich gemacht, dass nicht nur unmittelbar wirksame Aktionen, sondern mitunter auch langfristige Maßnahmen dazu beitragen, dass die zu vermarktende Unterhaltungsumwelt Stadion präferenzgerechte Merkmale aufweist. Als Fazit kann festgehalten werden, dass die Atmosphäre eines Fußballstadions maßgeblich beeinflusst werden kann und sich in eine bestimmte Richtung lenken lässt. Die besondere Stadionatmosphäre stiftet Unterhaltungsnutzen, und diesen Sachverhalt sollten Veranstalter auch als Argument in Kommunikationsmaßnahmen verwenden.

4 Implikationen für die weitere Forschung

Mit der Herleitung der Stadionatmosphäre als verhaltenswissenschaftliches Konstrukt sowie der Entwicklung eines entsprechenden Messmodells hat die vorliegende Arbeit das Fundament dafür geschaffen, das Verhalten von Vor-Ort-Sportzuschauern hinsichtlich bisher noch weitgehend unerforschter Fragestellungen zu untersuchen. Aufgrund der erstmaligen umfassenden wissenschaftlichen Betrachtung des Konzepts Stadionatmosphäre weist die vorliegende Arbeit insgesamt einen explorativen Charakter auf. Ein zentraler Gegenstand künftiger Forschungsaktivitäten sollten daher *weitere explorative Ansätze* sein, die sich mit den *Umwelt-Person-Beziehungen* in Sportstadien auseinandersetzen. Dabei sind hier nicht betrachtete Reiz-Reaktions-Muster zu identifizieren, anhand derer sich die Nutzen stiftende Wirkung des Aufenthalts in der Stadionumwelt vollständiger erklären lässt. Auf Basis weiterer Erkenntnisse dieser Art kann der hier definierte Konstruktinhalt der Stadionatmosphäre gegebenenfalls um zusätzliche Umwelt- und/oder Personenvariablen ergänzt werden.

Gemäß der in dieser Arbeit vorgeschlagenen Definition beinhaltet das Konstrukt Stadionatmosphäre einen positiven *Wirkungszusammenhang* zwischen ausgewählten *Umweltmerkmalen* eines Sportstadions und vordefinierten *Gefühlszuständen* hohen Vergnügens und starker innerer Erregung bei den Zuschauern. Damit wurde der konzeptionelle Inhalt des Konstrukts auf eine vergleichsweise enge Umwelt-Person-Beziehung festgelegt. Obwohl dieser Zusammenhang theoretisch plausibel ist und auch in dieser Untersuchung nachgewiesen werden konnte, besteht die Notwendigkeit, ihn in anderen Fußballstadien mit anderen Zuschauern in künftigen Forschungsarbeiten nachzuweisen.

Mit Hilfe des entwickelten Messmodells können in künftigen Forschungsarbeiten die kurz- und langfristigen Konsequenzen der Stadionatmosphäre auf das Verhalten der Vor-Ort-Sportzuschauer im Bereich des Fußballs untersucht werden. Mit Blick auf die theoretischen Grundlagen des umweltpsychologischen Verhaltensmodells von Mehrabian und Russell sowie die Erkenntnisse zahlreicher darauf aufbauender Studien zum Einfluss der Atmosphäre von Verkaufsstätten auf das Konsumentenverhalten sind erhebliche *Auswirkungen der Stadionatmosphäre auf* eine Reihe *marketingrelevanter Variablen* zu erwarten. Von großem Interesse sind beispielsweise die Zusammenhänge zwischen der Stadionatmosphäre und den bereits am Rande dieser Arbeit betrachteten Größen Zuschauerzufriedenheit und Positive Mundkommunikation. Darüber hinaus sind Auswirkungen der Stadionatmosphäre auf weitere verhaltensrelevante Variablen wie das Image der veranstaltenden Klubs, den Identifikationsgrad der Stadionbesucher mit dem Klub oder das Wiederbesuchsverhalten zu erwarten. Die Bedeutung der Stadionatmosphäre für die Ausprägungen dieser Größen sollte in künftigen Forschungsarbeiten umfassend untersucht werden. Dabei ist unter anderem die Frage von Interesse, wie stark der Einfluss der Stadionatmosphäre auf diese Größen im Vergleich zu anderen Faktoren wie dem sportlichen Erfolg der Mannschaft oder dem Stadionkomfort ist. Eine interessante Fragestellung besteht auch darin, inwiefern die Zusammenhänge der Stadionatmosphäre mit den genannten Größen jeweils durch andere Variablen moderiert werden. Insbesondere die kurzfristigen Konsequenzen der Stadionatmosphäre könnten zum Beispiel in starkem Maße vom sportlichen Erfolg beziehungsweise Misserfolg des favorisierten Teams mitbestimmt werden. Genauere Kenntnisse über Wirkungen und Wirkungsbedingungen der Stadionatmosphäre auf die Zuschauer werden auch Aufschluss darüber geben, welche Bedeutung diesem Phänomen für die Erklärung des Zuschauerverhaltens insgesamt beizumessen ist.

Sämtliche bisher aufgeworfene Forschungsfragen sind in weiteren Untersuchungen zudem unter *Berücksichtigung unterschiedlicher Zuschauersegmente* zu prüfen. Während die vorliegende Untersuchung in erster Linie verdeutlicht, welche Elemente der Umwelt Sportstadion prinzipiell bedeutend sind, sollten künftige Forschungsarbeiten der Frage nachgehen, ob und inwiefern sich verschiedene Zuschauersegmente diesbezüglich unterscheiden. In diesem Zusammenhang erhebt sich auch die bedeutende Frage, ob die erwarteten Verhaltenskonsequenzen der Stadionatmosphäre bei verschiedenen Zuschauersegmenten unterschiedlich ausfallen. Dabei sind insbesondere Unterschiede zwischen solchen Zuschauersegmenten zu erwarten, die auf Basis verhaltensbezogener oder psychografischer Kriterien gebildet werden.[595] In der Sportzuschauerforschung werden Zuschauersegmente zum Beispiel häufig anhand unterschiedlicher Motivstrukturen der Konsumenten identifiziert. Daraus ergibt sich die Fragestellung, ob der Zusammenhang zwischen der Stadionatmosphäre und verschiedenen Verhaltenskonsequenzen möglicherweise durch die Motivstruktur der Zuschauer moderiert wird. Solche Moderatorwirkungen sind auch für andere Variablen wie die Besuchshäufigkeit denkbar. Die Identifikation von Moderatorvariablen gibt Aufschluss darüber, für welche Zuschauersegmente die Stadionatmosphäre ein besonders wichtiger Aspekt des Stadionbesuchs ist und für welche Zuschauersegmente sie von eher untergeordneter Bedeutung ist. Aus solchen Erkenntnissen lassen sich direkt Empfehlungen für die Marketingaktivitäten der Sportveranstalter ableiten, da sie zum Beispiel ersichtlich machen, gegenüber welchen Zielgruppen der Aspekt Stadionatmosphäre als Verkaufsargument eventuell verstärkt kommunikativ hervorgehoben werden sollte.

---

[595] Vgl. zum Einfluss der Motivstruktur sowie der Teamidentifikation auf emotionale Reaktionen von Sportfans Wann, D.L, Royalty, J.L., Rochelle, A.R. (2002): Using motivation and team identification to predict sport fans emotional responses to team performance, in: Journal of Sport Behavior, Vol. 25, No. 2, S. 207-216.

Ein weiterer Schwerpunkt der künftigen Atmosphäreforschung im Kontext von Sportveranstaltungen sollte sich damit beschäftigen, inwiefern das entwickelte Messmodell unter anderen *Rahmenbedingungen* anwendbar ist. Beispielsweise beinhaltet das Messmodell einige teamsportspezifische Elemente, die seinen Einsatz für die Atmosphäreforschung bei Fußball-Länderspielen, Europa- oder Weltmeisterschaften möglicherweise einschränken. Weitere Studien könnten sich darüber hinaus mit Anpassungen des Messmodells für *Teamsportveranstaltungen außerhalb des Fußballs* beschäftigen.

Aus der übergeordneten Perspektive des Dienstleistungsmarketing kann die hier erarbeitete Grundkonzeption von Atmosphäre in künftigen Forschungsarbeiten zur *Entwicklung weiterer Atmosphärekonstrukte* für andere Freizeitdienstleistungen dienen. Dies erscheint in erster Linie für solche Leistungen sinnvoll, in deren Rahmen das Umwelterleben eine ähnlich vordergründige Bedeutung hat wie bei Sportveranstaltungsbesuchen. Denkbar wären beispielsweise Besuche von Konzerten oder Freizeitparks. Sollen theoretische Aussagen zur Wirkung dieser Umwelten gemacht werden, bedarf es wie im Falle von Sportveranstaltungen definierter und theoretisch untermauerter Konstrukte, auf die künftige Forschungsarbeiten aufbauen können. Insgesamt muss deshalb diese Arbeit schließen wie viele andere: „Further research is needed!“.

Anhang I: Entwicklung des Messmodells der Stadionatmosphäre

A Generierung der formativen Indikatoren

1 Ausgangsmenge der 105 formativen Indikatoren der Stadionatmosphäre aus der ersten Befragungsrunde der Delphi-Befragung........ -213-

2 Mittelwerte aller 105 Indikatoren nach der dritten Befragungsrunde der Delphi-Befragung........ -217-

3 Rangfolge der formativen Indikatoren auf Basis der Mittelwerte aus der Delphi-Befragung (Ränge 1 bis 20)........ -218-

4 Auswahl der 16 verbliebenen Indikatoren nach der Expertenbefragung (Pretest 2: Indikatorenwichtigkeit)........ -219-

5 Indikatoren und Kurzdefinitionen der Konstrukte Stadionästhetik und Stadionkomfort........ -220-

6 Checkliste zur Durchführung des Indikatorenzuordnungsverfahrens... -221-

B Generierung der reflektiven Indikatoren

1 Gesprächsprotokolle der Tiefeninterviews zur Generierung reflektiver Indikatoren der Stadionatmosphäre........ -222-

Anhang I A1: Ausgangsmenge der 105 formativen Indikatoren der Stadionatmosphäre aus der ersten Befragungsrunde der Delphi-Befragung

1. Stadionsprecher heizt das Publikum an
2. Animationen auf der Anzeigetafel
3. Beschallung mit Fangesängen aus Lautsprechern
4. Musikeinspielungen in Spielpausen
5. Einlaufmusik beim Einmarsch der Mannschaften
6. Einspielen der Vereinshymne
7. Unterhaltungsprogramm vor dem Spiel
8. Unterhaltungsprogramm in der Halbzeitpause
9. Flutlichtspiele
10. Unterhaltungselemente während des Spiels (z.B. Cheerleader)
11. Freundliche Ordner
12. allgemeine Live-Musik vor dem Spiel
13. vereinsbezogene Fußballlieder als Live-Musik vor dem Spiel
14. Verzicht auf Werbeansagen/Werbeeinblendungen während des Spiels
15. Feuerwerk nach dem Spiel
16. schnelle Bekanntgabe der Endergebnisse anderer Spiele nach Spielende
17. Bekanntgabe der Zwischenstände anderer Spiele während des Spiels
18. Auftritt eines Maskottchens als Identitätsstifter
19. Symbole und Zeichen gemeinsamer Identität (z.B. Stadionanstrich, Schilder)
20. eine große Bühne
21. guter Widerhall durch überdachte Ränge
22. stressfreier Stadioneinlass
23. kompaktes Stadion
24. reines Fußballstadion
25. tief gelegtes Spielfeld
26. viele bunte Werbeschilder
27. Stehplätze in den Fanblöcken
28. kompakter, einheitlicher Fanblock
29. insgesamt viele Stehplätze
30. Füllungsgrad des Stadions
31. Wirkung des Flutlichts bei Abendspielen

32. Fangesänge
33. Schwenkfahnen
34. Doppelhalter
35. Trommeln
36. einstudierte Choreographien der Fans
37. Anpeitscher (Capo) mit Megaphon
38. Pfiffe des Publikums
39. Anfeuerungsrufe der Zuschauer
40. Freudengesänge der Zuschauer
41. laute, aktive Beteiligung möglichst vieler Zuschauer
42. Anzahl der Zuschauer
43. viele Zuschauer mit Fanbekleidung (Trikots, Schals etc.)
44. Anzahl der Gästefans
45. schimpfende und fluchende Zuschauer
46. Klatschen der Zuschauer
47. La Ola Welle im Stadion
48. Fans feiern sich selbst
49. Bengalos
50. nach oben gehaltene Fanschals
51. Pyrotechnik/Rauchbomben
52. Verabschiedung der Mannschaft nach dem Spiel (Danksagung)
53. farblich einheitliches Auftreten der Zuschauer (Kleidung, Fahnen, Schals etc.)
54. Menschenmenge im Stadion
55. Spruchbänder
56. Anblick dicht stehender Fans im Fanblock
57. Bewegung im Fanblock und den übrigen Zuschauerrängen
58. enges, dichtes Stehen oder Sitzen
59. sippenhaftes, gemeinschaftliches Auftreten von Fangruppen (Umarmen, Interaktion in Kleingruppen)
60. provokante Aktionen von Zuschauern
61. verbales Wechselspiel zwischen befreundeten Fanblocks
62. verbales Wechselspiel zwischen gegnerischen Fanblocks
63. Heimmannschaft liegt im Spiel vorn
64. ausgeglichener Spielstand
65. lebendiger, aktionsreicher Spielverlauf
66. viele Tore der Heimmannschaft

67. gutes Spiel der Heimmannschaft
68. Sieg der Heimmannschaft
69. Heimmannschaft kämpft und zeigt Teamspirit
70. spannender Spielverlauf
71. Schiedsrichterfehlentscheidungen
72. folgenreiche Schiedsrichterentscheidungen wie rote Karten, Elfmeter etc.
73. kampfreiches Spiel der Mannschaften
74. hartes und teilweise unfaires Spiel der Mannschaften
75. provokante Aktionen gegnerischer Spieler (Zeitspiel, Fouls, Gesten zum Publikum etc.)
76. besondere Rivalität mit gegnerischer Mannschaft (z.B. Derby, Spiel gegen Spitzenreiter)
77. Aktuelle Tabellensituation der Heimmannschaft (z.B. Aufstiegs- oder Abstiegskampf, Meisterschaftsrennen etc.)
78. Witterungseinflüsse
79. Jahreszeit
80. Essen und Trinken
81. Alkoholkonsum der Zuschauer
82. geringe Polizeipräsenz
83. Tradition des Vereins
84. hoher Lärmpegel
85. Auftreten bekannter Stars
86. Spiel im Rahmen des Bundesligawettbewerbs
87. Medienpräsenz
88. Verkündung für die Heimmannschaft günstiger Ergebnisse der anderen Spiele
89. Saisonverlauf
90. allgemeine Stimmung im Verein und seinem Umfeld
91. Auftreten von Polizei und Ordnungsdienst
92. Stadionkomfort
93. Größe des Stadions
94. Geruch von Bratwurst, Zigaretten, Bier
95. Treffen von "Stadion-Kumpels"
96. gemeinsames Essen von Bratwurst etc, Trinken von Bier, Glühwein etc.
97. ungehemmtes Äußern von Unmut, Zustimmung, Unterstützung etc. durch Schreiben, Pfeifen, Bewegen
98. Diskutieren und Fachsimpeln mit gänzlich unbekannten Personen

99. Zusammentreffen mit ungewohnten sozialen Gruppen
100. Vorhandensein von Grundaggression
101. ungestraftes Beschmähen von Gegnern und Schiedsrichtern
102. ekstatischer Freudentaumel bei eigenen Toren
103. das Gefühl Teil etwas Größeren zu sein
104. Vorstellung und Hoffnung das Spielgeschehen beeinflussen zu können
105. Beobachtung von sportlichen Höchstleistungen, Wettbewerb, Fairplay

Anhang I A2: Mittelwerte aller 105 Indikatoren nach der dritten Befragungsrunde der Delphi-Befragung

Deskriptive Statistik

	N	Mittelwert		N	Mittelwert		N	Mittelwert
Item 6	18	1,00	Item 62	18	1,33	Item 12	18	2,06
Item 28	18	1,00	Item 88	18	1,39	Item 78	18	2,06
Item 32	18	1,00	Item 14	18	1,39	Item 79	18	2,06
Item 39	18	1,00	Item 37	17	1,41	Item 81	18	2,06
Item 40	18	1,00	Item 95	18	1,44	Item 85	18	2,06
Item 41	18	1,00	Item 50	18	1,50	Item 74	18	2,06
Item 67	18	1,00	Item 54	18	1,50	Item 25	18	2,11
Item 69	18	1,00	Item 57	18	1,50	Item 98	18	2,11
Item 76	18	1,00	Item 13	18	1,56	Item 80	18	2,11
Item 77	18	1,00	Item 47	18	1,56	Item 97	18	2,11
Item 102	18	1,00	Item 72	18	1,56	Item 18	18	2,17
Item 104	18	1,00	Item 83	18	1,56	Item 96	18	2,22
Item 70	18	1,06	Item 43	17	1,59	Item 101	18	2,28
Item 24	18	1,06	Item 19	18	1,61	Item 99	18	2,33
Item 63	18	1,06	Item 48	18	1,61	Item 7	18	2,39
Item 66	18	1,06	Item 84	18	1,61	Item 45	18	2,39
Item 68	18	1,06	Item 44	18	1,67	Item 100	18	2,39
Item 65	18	1,11	Item 52	17	1,71	Item 60	18	2,39
Item 73	18	1,11	Item 1	18	1,72	Item 4	18	2,44
Item 21	18	1,11	Item 59	18	1,72	Item 2	18	2,44
Item 103	17	1,12	Item 55	18	1,72	Item 8	18	2,44
Item 27	18	1,17	Item 91	18	1,78	Item 49	18	2,50
Item 30	18	1,17	Item 58	18	1,78	Item 87	18	2,56
Item 61	18	1,17	Item 75	18	1,83	Item 94	18	2,56
Item 42	18	1,22	Item 3	18	1,83	Item 10	18	2,78
Item 11	18	1,22	Item 56	18	1,83	Item 51	18	2,78
Item 22	18	1,22	Item 53	18	1,89	Item 20	18	2,83
Item 35	18	1,22	Item 93	18	1,89	Item 26	18	2,89
Item 36	18	1,22	Item 71	18	1,89			
Item 89	18	1,22	Item 16	18	1,89			
Item 31	18	1,22	Item 82	18	1,94			
Item 33	18	1,28	Item 86	18	1,94			
Item 34	18	1,28	Item 92	18	1,94			
Item 46	18	1,28	Item 17	18	1,94			
Item 90	18	1,28	Item 38	18	2,00			
Item 9	18	1,28	Item 105	18	2,00			
Item 5	17	1,29	Item 15	18	2,00			
Item 23	18	1,33	Item 64	18	2,00			
Item 29	18	1,33						

Die grau unterlegten Items erreichten den als Schwellenwert festgelegten Mittelwert von 2,0 nicht.

Anhang I A3: Rangfolge der formativen Indikatoren auf Basis der Mittelwerte aus der Delphi-Befragung (Ränge 1 bis 20)

Deskriptive Statistik

	Rang	Mittelwert
Einspielen der Vereinhymne	1	1,00
Kompakter, einheitlicher Fanblock	1	1,00
Fangesänge	1	1,00
Anfeuerungsrufe der Zuschauer	1	1,00
Freudengesänge der Zuschauer	1	1,00
Laute, aktive Beteiligung möglichst vieler Zuschauer	1	1,00
Gutes Spiel der Heimmannschaft	1	1,00
Heimmannschaft kämpft und zeigt Teamspirit	1	1,00
Besondere Rivalität mit gegnerischer Mannschaft (z.B. Derby, Spiel gegen Spitzenreiter)	1	1,00
Aktuelle Tabellensituation der Heimmannschaft (z.B. Aufstiegs- oder Abstiegskampf, Meisterschaftsrennen etc.)	1	1,00
Ekstatischer Freudentaumel bei eigenen Toren	1	1,00
Vorstellung und Hoffnung das Spielgeschehen beeinflussen zu können	1	1,00
Spannender Spielverlauf	13	1,06
Reines Fußballstadion	13	1,06
Heimmannschaft liegt im Spiel vorn	13	1,06
Viele Tore der Heimmannschaft	13	1,06
Sieg der Heimmannschaft	13	1,06
Lebendiger, aktionsreicher Spielverlauf	18	1,11
Kampfreiches Spiel der Mannschaften	18	1,11
Guter Widerhall durch überdachte Ränge	18	1,11
Das Gefühl Teil etwas Größeren zu sein	21	1,12

Anhang I A4: Auswahl der 16 verbliebenen Indikatoren nach der Expertenbefragung (Pretest 2: Indikatorenwichtigkeit)

Auswahl der formativen Indikatoren der Stadionatmosphäre
Lebendiger, aktionsreicher Spielverlauf
Fangesänge
Füllungsgrad des Gästefanblocks
Einspielen vereinsbezogener Fußballlieder und Hymnen
Zuschauer tragen Fanbekleidung
Zuschauerränge sind direkt am Spielfeld
Einstudierte Choreographien der Fans
Spannender Spielverlauf
Verbales Wechselspiel zwischen befreundeten Fanblocks
Flutlichtspiele
Ekstatischer Jubel wenn ein Tor fällt
Füllungsgrad des Stadions
Guter Widerhall durch hallenähnliches Stadion
Stadionsprecher heizt das Publikum an
Heimmannschaft kämpft und zeigt Teamspirit
Laute, aktive Beteiligung vieler Zuschauer

Anhang I A5: Indikatoren und Kurzdefinitionen der Konstrukte Stadionästhetik und Stadionkomfort

Stadionästhetik
Architektur des Stadions
Innenraum-Design des Stadions
Anstrich des Stadions und seiner Fassaden
Dekorationen an den Wänden im Stadion
Äußere Erscheinung des Stadionpersonals
Sauberkeit der Toiletten
Sauberkeit der Imbissstände
Allgemeiner Zustand des Stadions
Allgemeine Sauberkeit des Stadions
Zustand der Sitzplätze
Zustand der sanitären Einrichtungen
Kurzdefinition: Stadionästhetik bezieht sich darauf, wie das Stadion als Gebäude innen und außen wahrgenommen wird, ob es schön, ansprechend und geschmackvoll ist.
Stadionkomfort
Anzahl der Parkmöglichkeiten
Bequeme Sitze
Einfachheit der An- und Abfahrt vom Parkplatz
Arm- und Beinfreiheit auf den Sitzen
Anzahl der Ticket-Verkaufsstellen
Wartezeiten beim Einlass
Wartezeiten an Toiletten
Sicht auf die Anzeigetafel
Wartezeiten an Imbissständen
Platzangebot in den Gängen im Stadion
Sicht auf das Spielgeschehen
Ausschilderung der Toiletten
Ausschilderung der Blöcke
Ausschilderung der Sitzplätze
Ausschilderung der Imbissstände
Kurzdefinition: Hoher Stadionkomfort zeichnet sich dadurch aus, dass die Besucher zu jeder Zeit einen bequemen und reibungslosen Aufenthalt im Stadion erleben.
Kurzdefinition Stadionatmosphäre: Stadionatmosphäre bezieht sich auf emotional stimulierende Aspekte, die den Aufenthalt im Stadion zu einem aufregenden Erlebnis machen.

Anhang I A6: Checkliste zur Durchführung des Indikatorenzuordnungsverfahrens

1 = Stadionkomfort

2 = Stadionatmosphäre

3 = Stadionästhetik

Hier 1, 2 oder 3 eintragen

↓

	Lebendiger, aktionsreicher Spielverlauf
	Fangesänge
	Architektur des Stadions
	Allgemeiner Zustand des Stadions
	Füllungsgrad des Gästefanblocks
	Sauberkeit der Imbissstände
	Ausschilderung der Sitzplätze
	Einspielen vereinsbezogener Fußballlieder und Hymnen
	Sicht auf das Spielgeschehen
	Äußere Erscheinung des Stadionpersonals
	Allgemeine Sauberkeit des Stadions
	Zuschauer tragen Fanbekleidung
	Zuschauerränge sind direkt am Spielfeld
	Einstudierte Choreographien der Fans
	Spannender Spielverlauf
	Verbales Wechselspiel zwischen befreundeten Fanblocks
	Innenraum-Design des Stadions
	Flutlichtspiele
	Wartezeiten an Toiletten
	Ekstatischer Jubel wenn ein Tor fällt
	Anzahl der Parkmöglichkeiten
	Füllungsgrad des Stadions
	Arm- und Beinfreiheit auf den Sitzen
	Ausschilderung der Blöcke
	Sicht auf die Anzeigetafel
	Zustand der sanitären Einrichtungen
	Wartezeiten an Imbissständen
	Anzahl der Ticket-Verkaufsstellen
	Sauberkeit der Toiletten
	Platzangebot in den Gängen im Stadion
	Guter Widerhall durch hallenähnliches Stadion
	Dekorationen an den Wänden im Stadion
	Einfachheit der An- und Abfahrt vom Parkplatz
	Stadionsprecher heizt das Publikum an
	Heimmannschaft kämpft und zeigt Teamspirit
	Anstrich des Stadions und seiner Fassaden
	Wartezeiten beim Einlass
	Bequeme Sitze
	Zustand der Sitzplätze
	Laute, aktive Beteiligung vieler Zuschauer
	Ausschilderung der Toiletten
	Ausschilderung der Imbissstände

Anhang I BI: Gesprächsprotokolle der Tiefeninterviews zur Generierung reflektiver Indikatoren der Stadionatmosphäre

Proband 1, männlich, 27 Jahre

Das Gefühl hängt vom Spiel ab, wenn Bayern gewinnt freue ich mich natürlich – das ist super, sonst bin ich eher enttäuscht. Allgemein ist das aber immer sehr spannend im Stadion, auch wenn das Spiel mal nicht so gut läuft. Wenn man da zwischen den Leuten steht und mitmacht, das ist das Entscheidende. Man wird von den anderen Fans angesteckt und macht deshalb auch mit. Ich würde das so beschreiben, dass man sich freut und aufgelöst ist. Aber man denkt darüber gar nicht so nach, es ist auch schwierig das zu beschreiben. Natürlich herrscht eine tolle Stimmung, meistens. Wenn ich das mal vergleiche mit anderen Sachen, ist im Stadion immer was los. Die Leute sind einfach aufgeregt und auch voll dabei.

Proband 2, männlich, 33 Jahre

Ich habe Spaß dabei und kann mich da voll reinsteigern. Wenn man im Stadion ist, herrscht eine ganz besondere Stimmung. Ja, auch bei sich selbst. Natürlich nicht die ganze Zeit, das hängt vom Spiel ab, aber insgesamt würde ich das so beschreiben. Man hat irgendwie das Gefühl Teil von etwas Größerem zu sein. Das ist sehr emotional, diese ganze Begeisterung für den Verein. So richtig ausdrücken kann man das nicht, man geht da einfach mit und denkt gar nicht darüber nach, was man eigentlich gerade macht. Da spielt schon immer eine gewisse Aufregung mit.

Proband 3, männlich, 62 Jahre

Allein das Gefühl, wenn man das Stadion betritt ist überwältigend. Diese Kulisse zu sehen ist wirklich immer wieder totaler Wahnsinn. Man fühlt sich mitgerissen von dem ganzen Trubel im Stadion. Da ist zuerst das Spiel natürlich, da kann man richtig mitgehen. Und es kommt auf die Leute an, die ziehen einen richtig mit. Da kann man einfach Emotionen pur erleben. Das ist das typische Gänsehautgefühl, das man immer erlebt. Ja, die Stimmung ist eigentlich immer super, je nachdem wie auch der Gegner ist. Ich bin schon aufgeregt und man fühlt die Spannung. Ja, das ist ein schönes Gefühl.

Proband 4, weiblich, 22 Jahre

Das ist echt schwierig zu beschreiben. Mir fehlt da der Wortschatz. Eigentlich ist man immer aufgeregt. Wenn man da so steht und brüllt – das macht man ja sonst nicht. Die passenden Worte dafür sind auf jeden Fall begeistert, aufgekratzt und auch mitgerissen. Insgesamt ist das ein gutes Gefühl, denn im Stadion herrscht allgemein totale Begeisterung. Ich finde das echt cool, man findet alle Leute um einen herum auf einmal nett. Einmal saß so ein Opa neben mir und der hat voll mitgefiebert und das fand ich cool. Im normalen Leben wär' mir der gar nicht aufgefallen oder sogar negativ aufgefallen.

Proband 5, männlich, 27 Jahre

Wie man sich fühlt, ist abhängig davon, ob man steht oder sitzt. Wer nur auf der Tribüne sitzt, kann das gar nicht so richtig erleben. Wenn man richtig in der Kurve steht und mitmacht, dann ist das cool. Es ist ein gutes Gefühl in der Menge zu sein und mitzumachen. Meistens ist auch echt super Stimmung im Stadion. Na ja, wenn Köln vorne liegt oder richtig gut spielt, fühl' ich mich auch besser dabei.

Anhang II: Fragebogen und Befragung

A Fragebogen

1 Testfragebogen für den Verständlichkeitstest und Antwortblatt der Probanden (Auszug) .... -225-

2 Fragebogen der Zuschauerbefragung .... -228-

B Befragung

1 Ergebnisse des *t*-Tests auf Datumseinflüsse .... -231-

2 Ergebnisse der ANOVA auf Interviewereinflüsse .... -233-

Anhang II A1: Testfragebogen für den Verständlichkeitstest und Antwortblatt der Probanden (Auszug)

Frage 1: **Wie oft waren Sie in den letzten 12 Monaten bei einem Hansa-Spiel im Ostsee-Stadion?**

☐ heute das erste Mal ☐ 1 bis 3 mal ☐ 4 bis 8 mal ☐ mehr als 8 mal

Frage 2: **Wie oft waren Sie in dieser Saison schon bei Hansa im Stadion?**

☐ heute das erste Mal oder Anzahl ☐

Frage 3: **Wenn Sie als Zuschauer ins Hansa-Stadion gehen, sitzen Sie oder stehen Sie in der Regel?**

☐ sitze in der Regel ☐ stehe in der Regel

Frage 4: **Ich werde Ihnen jetzt einige Aussagen vorlesen. Bitte sagen Sie, inwiefern diese Aussagen Ihrer Meinung nach auf einen Besuch bei Hansa-Spielen im Ostseestadion zutreffen. Verwenden Sie dazu eine Skala von 1 bis 5:**

1 = „trifft voll und ganz zu" 2 = „trifft eher zu" 3 = „trifft teils/teils zu"

4 = „trifft eher nicht zu" 5 = „trifft überhaupt nicht zu"

Code		Trifft voll haupt nicht zu			trifft über- und ganz zu	
		1	2	3	4	5
1	Im Stadion herrscht eine **riesige** Begeisterung	☐	☐	☐	☐	☐
2	Das Spielgeschehen auf dem Platz ist **sehr** lebendig und aktionsreich	☐	☐	☐	☐	☐
3	Im Stadion sind die **ganze** Zeit Fangesänge zu hören	☐	☐	☐	☐	☐
4	Der Gästeblock ist **prall** mit Fans gefüllt	☐	☐	☐	☐	☐
5	Es werden häufig Fußballlieder und Stadionhymnen eingespielt	☐	☐	☐	☐	☐
6	**Sehr viele** Besucher tragen Fanbekleidung	☐	☐	☐	☐	☐
7	Im Stadion ist eine **richtig** tolle Stimmung	☐	☐	☐	☐	☐
8	Als Zuschauer im Hansa-Stadion fühlt man sich **direkt** am Spielgeschehen	☐	☐	☐	☐	☐
9	Die Fans führen **sehr häufig** einstudierte Choreografien vor	☐	☐	☐	☐	☐

10	Das Spielgeschehen auf dem Platz ist **richtig** spannend	□	□	□	□	□
11	Die Fanblöcke im Stadion rufen sich **sehr häufig** gegenseitig Sprechchöre zu	□	□	□	□	□
12	Im Stadion empfindet man **wahren** Nervenkitzel	□	□	□	□	□
13	Bei Toren für Hansa gibt es im ganzen Stadion einen **total** begeisternden Jubel	□	□	□	□	□
14	Die Zuschauerränge bei Hansa-Spielen sind **prall** gefüllt	□	□	□	□	□
15	Die Akustik im Stadion ist fast so gut wie in einer Halle	□	□	□	□	□
16	Im Stadion erlebt man „**Emotionen pur**“	□	□	□	□	□
17	Der Stadionsprecher heizt das Publikum immer **richtig** an	□	□	□	□	□
18	Die Mannschaft von Hansa ist **sehr** kämpferisch und zeigt echten Teamspirit	□	□	□	□	□
19	Es beteiligen sich **sehr viele** Zuschauer im Stadion aktiv und laut an der Veranstaltung	□	□	□	□	□
20	Im Stadion herrscht eine **echte** Gänsehaut-Stimmung	□	□	□	□	□

Frage 5: Bitte geben Sie nun an, wie häufig Sie sich in der Vergangenheit über ihre Stadionbesuche bei Hansa wie folgt geäußert haben. Verwenden Sie dazu eine Skala von 1 bis 5:

1 = „sehr häufig“, 2 = „häufig“, 3 = „ab und zu“, 4 = „selten“, 5 = „nie“

Code		Sehr Häufig	häufig	ab und zu	selten	nie
		1	2	3	4	5
1	Von meinen Besuchen im Hansa-Stadion habe ich anderen Leuten positiv erzählt	□	□	□	□	□
2	Ich habe meinen Familienmitgliedern empfohlen Mal zu einem Hansa-Spiel zu gehen	□	□	□	□	□
3	Einen Besuch im Hansa-Stadion habe ich Leuten empfohlen, die sich eigentlich nicht für Fußball interessieren	□	□	□	□	□
4	Einen Besuch im Hansa-Stadion habe ich Freunden und Bekannten empfohlen	□	□	□	□	□

Frage 6: **Abschließend möchte ich Sie bitten mir zu sagen, inwiefern die folgenden Aussagen zutreffen. Verwenden Sie dazu wieder die Ihnen bekannte Skala von 1 = „trifft voll und ganz zu" bis 5 = „trifft überhaupt nicht zu"**

→ ***Skala bei Bedarf noch einmal komplett verbalisieren!***

Code		Trifft voll überhaupt nicht zu			trifft	und ganz zu
		1	2	3	4	5
1	Ich war bei vergangenen Besuchen im Hansa-Stadion sehr zufrieden	□	□	□	□	□
2	Im Vergleich zu anderen Freizeitaktivitäten bin ich mit den Besuchen von Hansa-Spielen besonders zufrieden	□	□	□	□	□
3	Im Hansa-Stadion herrscht eine mitreißende Euphorie	□	□	□	□	□
4	Über meine Besuche im Hansa-Stadion erzähle ich anderen Leuten häufiger positive Dinge als über andere Freizeitaktivitäten	□	□	□	□	□
5	Allgemein denke ich nach Besuchen bei Hansa im Ostseestadion immer, dass es sich gelohnt hat ins Stadion zu gehen	□	□	□	□	□
6	Im Hansa-Stadion ist eine Stimmung wie im Rausch	□	□	□	□	□
7	Insgesamt bin ich nach Hansa-Spielen im Ostseestadion immer sehr zufrieden	□	□	□	□	□

Antwortblatt für die Probanden im Verständlichkeitstest (Auszug)

	Ist verständlich	**Ist nicht verständlich**	**Falls nicht verständlich, wenn möglich kurzer Kommentar**
Frage 1	□	□	
Frage 2	□	□	
Frage 3	□	□	
Frage 4	□	□	
1	□	□	
2	□	□	
3	□	□	
4	□	□	
5	□	□	
...			

Anhang II A2: Fragebogen der Zuschauerbefragung

Interviewer: ______Datum: _______Frabo-Nr.: _______

Frage 1: Wie oft pro Saison besuchen Sie im Schnitt Heimspiele von Hansa?

☐ heute das erste Mal oder Anzahl ☐

→ *weiter mit Frage 9*

Frage 2: Wie oft waren Sie in der laufenden Saison schon bei einem Heimspiel von Hansa?

☐ heute das erste Mal oder Anzahl ☐

Frage 3: Sind Sie Dauerkarteninhaber? ☐ ja ☐ nein

Frage 4: Wenn Sie ins Hansa-Stadion gehen, sitzen Sie oder stehen Sie in der Regel?

☐ sitze in der Regel ☐ stehe in der Regel

Frage 5: Ich werde Ihnen jetzt einige Aussagen vorlesen. Bitte sagen Sie, inwiefern diese Aussagen Ihrer Meinung nach auf Hansa-Spiele im Ostseestadion zutreffen. Verwenden Sie dazu eine Skala von 1 bis 5:

1 = „trifft voll und ganz zu" 2 = „trifft eher zu" 3 = „trifft teils/teils zu" 4 = „trifft eher nicht zu" 5 = „trifft überhaupt nicht zu"

→ *Skala einmal komplett verbalisieren + Vorlage verwenden*

		Trifft voll haupt nicht zu		trifft über-und ganz zu		
		1	2	3	4	5
AR 2	Im Stadion herrscht eine **riesige** Begeisterung	☐	☐	☐	☐	☐
AF 1	Das Spielgeschehen auf dem Platz ist **sehr** lebendig und aktionsreich	☐	☐	☐	☐	☐
AF 2	Im Stadion sind die **ganze** Zeit Fangesänge zu hören	☐	☐	☐	☐	☐
AF 3	Der Gästeblock ist **prall** mit Fans gefüllt	☐	☐	☐	☐	☐
AF 4	Es werden häufig Fußballlieder und Stadionhymnen eingespielt	☐	☐	☐	☐	☐
AF 5	**Sehr viele** Besucher tragen Fanbekleidung	☐	☐	☐	☐	☐
AR 1	Im Stadion ist eine **richtig** tolle Stimmung	☐	☐	☐	☐	☐
AF 6	Als Zuschauer im Hansa-Stadion fühlt man sich **direkt** am Spielgeschehen	☐	☐	☐	☐	☐
AF 7	Die Fans führen **sehr häufig** einstudierte Choreografien vor	☐	☐	☐	☐	☐
AF 8	Das Spielgeschehen auf dem Platz ist **richtig** spannend	☐	☐	☐	☐	☐
AF 9	Die Fanblöcke im Stadion rufen sich **sehr häufig** gegenseitig Sprechchöre zu	☐	☐	☐	☐	☐
AR 5	Im Stadion empfindet man **wahren** Nervenkitzel	☐	☐	☐	☐	☐

AF 10	Bei Toren für Hansa gibt es im ganzen Stadion einen **total** begeisterten Jubel	□	□	□	□	□
AF 11	Die Zuschauerränge bei Hansa-Spielen sind **prall** gefüllt	□	□	□	□	□
AF 12	Die Akustik im Stadion ist fast so gut wie in einer Halle	□	□	□	□	□
AR 3	Im Stadion erlebt man „**Emotionen pur**"	□	□	□	□	□
AF 13	Der Stadionsprecher heizt das Publikum immer **richtig** an	□	□	□	□	□
AF 14	Die Mannschaft von Hansa ist **sehr** kämpferisch und zeigt echten Teamgeist	□	□	□	□	□
AF 15	Es beteiligen sich **sehr viele** Zuschauer im Stadion aktiv und laut an der Veranstaltung	□	□	□	□	□
AR 4	Im Stadion herrscht eine **echte** Gänsehaut-Stimmung	□	□	□	□	□

Frage 6: **Bitte geben Sie nun an, wie häufig Sie sich in der Vergangenheit über ihre Stadionbesuche bei Hansa wie folgt geäußert haben. Verwenden Sie dazu eine Skala von 1 bis 5:**

1 = „sehr häufig", 2 = „häufig", 3 = „ab und zu", 4 = „selten", 5 = „nie"

→ *Skala einmal komplett verbalisieren + Vorlage verwenden*

		Sehr häufig häufig ab und zu selten nie				
		1	2	3	4	5
PM 1	Von meinen Besuchen im Hansa-Stadion habe ich anderen Leuten positiv erzählt	□	□	□	□	□
PM 2	Ich habe einem Familienmitglied empfohlen mal zu einem Hansa-Spiel zu gehen	□	□	□	□	□
PM 3	Einen Besuch im Hansa-Stadion habe ich Leuten empfohlen, die sich eigentlich nicht für Fußball interessieren	□	□	□	□	□
PM 4	Einen Besuch im Hansa-Stadion habe ich Freunden und Bekannten empfohlen	□	□	□	□	□

Frage 7: **Nun möchte ich Sie bitten mir zu sagen, inwiefern die folgenden Aussagen zutreffen. Verwenden Sie dazu wieder eine Skala von 1 = „trifft voll und ganz zu" bis 5 = „trifft überhaupt nicht zu"**

→ *Skala bei Bedarf noch einmal vorzeigen!*

		trifft voll überhaupt zu trifft und ganz nicht zu				
		1	2	3	4	5
ZU 1	Insgesamt war ich mit vergangenen Besuchen im Hansa-Stadion sehr zufrieden	□	□	□	□	□
ZU 2	Im Vergleich zu anderen Freizeitaktivitäten bin ich mit den Besuchen von Hansa-Spielen besonders zufrieden	□	□	□	□	□
AR 6	Im Hansa-Stadion herrscht eine mitreißende Euphorie	□	□	□	□	□
PM 5	Über meine Besuche im Hansa-Stadion erzähle ich anderen Leuten häufiger positive Dinge als über andere Freizeitaktivitäten	□	□	□	□	□
ZU 4	Allgemein lohnt es sich sehr zu Hansa-Spielen ins Ostseestadion zu gehen	□	□	□	□	□

AR 7	Im Hansa-Stadion ist eine Stimmung wie im Rausch	☐	☐	☐	☐	☐
ZU 3	Ich habe vor auch in Zukunft zu Hansa-Spielen ins Ostseestadion zu gehen	☐	☐	☐	☐	☐

Frage 8: **Wie viel Geld geben Sie im Stadion außer für den Eintritt in der Regel aus?**

Summe_______→ *Euro ohne Kommastelle!*

Frage 9: **Besitzen Sie Fanartikel von Hansa?**

☐ ja → *weiter mit Frage 11* ☐ nein → *weiter mit Frage 10*

Frage 10: **Warum nicht?**

→ *gestützt, Optionen vorlesen! Mehrfachnennungen möglich!*

☐ zu teuer ☐ schlechte Qualität ☐ kein ausreichendes Sortiment

☐ weiß nicht, wo im Stadion erhältlich ☐ kein Interesse

Sonstiges____

→ *weiter mit Frage 12*

Frage 11: **Wie ist Ihr Gesamteindruck vom Fanartikelsortiment?**

☐ sehr gut ☐ gut ☐ mittelmäßig ☐ schlecht ☐ sehr schlecht

Frage 12: **Haben Sie Wünsche, Anregungen oder Kritik bezüglich des Angebotes an Fanartikeln im Ostseestadion?**

____

Frage 13: **In welchem Postleitzahlengebiet wohnen Sie?**

PLZ________

Frage 14: **Geschlecht des Befragten:**

→ *nicht abfragen, selbständig eintragen!*

männlich ☐ weiblich ☐

Frage 15: **Fanbekleidung des Befragten**

→ *nicht abfragen, selbständig eintragen!*

☐ keine ☐ teilweise ☐ viel

↓ ↓

(z.B. einzelner Schal oder Mütze) (z.B. Trikot, mehrere Schals etc.)

Anhang II B1: Ergebnisse des *t*-Tests auf Datumseinflüsse

		Levene-Test der Varianzgleichheit		T-Test für die Mittelwertgleichheit		
		F	Signifikanz	T	df	Sig. (2-seitig)
		Untere	Obere	Untere	Obere	Untere
AR2	Varianzen sind gleich	1,077	,300	-,593	619	,553
	Varianzen sind nicht gleich			-,593	616,330	,553
lebendiges Spielgeschehen	Varianzen sind gleich	,000	,988	-,059	619	,953
	Varianzen sind nicht gleich			-,059	618,977	,953
Fangesänge	Varianzen sind gleich	,066	,797	-,927	619	,354
	Varianzen sind nicht gleich			-,927	617,869	,354
voller Gästeblock	Varianzen sind gleich	18,206	,000	-3,966	619	,000
	Varianzen sind nicht gleich			-3,973	596,459	,000
Stadionhymnen	Varianzen sind gleich	1,077	,300	-1,841	619	,066
	Varianzen sind nicht gleich			-1,840	617,872	,066
Besucher mit Fanbekleidung	Varianzen sind gleich	,763	,383	,674	619	,501
	Varianzen sind nicht gleich			,674	618,379	,501
AR1	Varianzen sind gleich	,891	,345	-,135	619	,892
	Varianzen sind nicht gleich			-,135	613,756	,893
direkt am Spielgeschehen	Varianzen sind gleich	4,847	,028	-,715	619	,475
	Varianzen sind nicht gleich			-,715	609,640	,475
Choreografien	Varianzen sind gleich	4,733	,030	-,052	619	,958
	Varianzen sind nicht gleich			-,052	615,946	,958
spannendes Spielgeschehen	Varianzen sind gleich	,312	,577	-,328	619	,743
	Varianzen sind nicht gleich			-,328	618,981	,743
Zurufen von Sprechchören	Varianzen sind gleich	,001	,982	,166	619	,868
	Varianzen sind nicht gleich			,166	618,819	,868
AR5	Varianzen sind gleich	,047	,828	,089	619	,929
	Varianzen sind nicht gleich			,089	618,804	,929
begeisterter Jubel bei Toren	Varianzen sind gleich	3,610	,058	-,932	619	,351
	Varianzen sind nicht gleich			-,931	590,727	,352
volle Zuschauerränge	Varianzen sind gleich	1,870	,172	-,327	619	,744
	Varianzen sind nicht gleich			-,327	616,316	,744
hallenartige Akustik	Varianzen sind gleich	4,623	,032	-1,746	619	,081
	Varianzen sind nicht gleich			-1,744	601,306	,082

AR3	Varianzen sind gleich	,498	,481	-,326	619	,744
	Varianzen sind nicht gleich			-,326	617,877	,744
Stadionsprecher heizt an	Varianzen sind gleich	,144	,705	1,143	619	,253
	Varianzen sind nicht gleich			1,144	617,485	,253
Mannschaft zeigt Teamgeist	Varianzen sind gleich	,334	,563	1,104	619	,270
	Varianzen sind nicht gleich			1,105	616,897	,270
viele Zuschauer beteiligen sich	Varianzen sind gleich	1,725	,190	,003	619	,998
	Varianzen sind nicht gleich			,003	614,912	,998
AR4	Varianzen sind gleich	1,271	,260	-,657	619	,511
	Varianzen sind nicht gleich			-,657	614,529	,512
POSMU1	Varianzen sind gleich	,675	,412	-1,841	619	,066
	Varianzen sind nicht gleich			-1,840	608,861	,066
POSMU2	Varianzen sind gleich	,022	,882	-,967	619	,334
	Varianzen sind nicht gleich			-,967	618,816	,334
POSMU3	Varianzen sind gleich	,142	,707	,468	619	,640
	Varianzen sind nicht gleich			,468	618,987	,640
POSMU4	Varianzen sind gleich	,117	,732	-1,261	619	,208
	Varianzen sind nicht gleich			-1,261	615,200	,208
ZU1	Varianzen sind gleich	,001	,976	,108	619	,914
	Varianzen sind nicht gleich			,108	618,907	,914
ZU2	Varianzen sind gleich	1,002	,317	-,687	619	,492
	Varianzen sind nicht gleich			-,687	618,276	,492
AR6	Varianzen sind gleich	2,811	,094	-,957	619	,339
	Varianzen sind nicht gleich			-,957	614,700	,339
POSMU5	Varianzen sind gleich	,028	,867	-,898	619	,369
	Varianzen sind nicht gleich			-,898	618,600	,369
ZU4	Varianzen sind gleich	1,086	,298	,852	619	,394
	Varianzen sind nicht gleich			,852	618,951	,394
AR7	Varianzen sind gleich	2,498	,115	-2,100	619	,036
	Varianzen sind nicht gleich			-2,098	607,231	,036
ZU3	Varianzen sind gleich	,034	,853	-,159	619	,874
	Varianzen sind nicht gleich			-,159	616,325	,874

Anhang II B2: Ergebnisse der ANOVA auf Interviewereinflüsse

Test auf Homogenität der Varianzen

	Levene-Statistik	df1	df2	Signifikanz
AR2	2,350	26	594	,000
lebendiges Spielgeschehen	1,505	26	594	,053
Fangesänge	,818	26	594	,726
voller Gästeblock	1,730	26	594	,014
Stadionhymnen	2,956	26	594	,000
Besucher mit Fanbekleidung	2,188	26	594	,001
AR1	2,171	26	594	,001
direkt am Spielgeschehen	3,507	26	594	,000
Choreografien	1,501	26	594	,054
spannendes Spielgeschehen	1,113	26	594	,320
Zurufen von Sprechchören	1,439	26	594	,075
AR5	2,789	26	594	,000
begeisterter Jubel bei Toren	4,903	26	594	,000
volle Zuschauerränge	1,752	26	594	,013
hallenartige Akustik	1,468	26	594	,064
AR3	5,711	26	594	,000
Stadionsprecher heizt an	,872	26	594	,650
Mannschaft zeigt Teamgeist	1,567	26	594	,037
viele Zuschauer beteiligen sich	,790	26	594	,762
AR4	3,765	26	594	,000
POSMU1	1,369	26	594	,106
POSMU2	3,166	26	594	,000
POSMU3	1,167	26	594	,260
POSMU4	2,472	26	594	,000
ZU1	2,651	26	594	,000
ZU2	1,118	26	594	,313
AR6	1,758	26	594	,012
POSMU5	,973	26	594	,504
ZU4	3,837	26	594	,000
AR7	1,627	26	594	,027
ZU3	5,566	26	594	,000

ONEWAY ANOVA

		Quadrat -summe	df	Mittel der Quadrate	F	Signifikanz
AR2	Zwischen den Gruppen	13,937	26	,536	1,416	,084
	Innerhalb der Gruppen	224,800	594	,378		
	Gesamt	238,738	620			
lebendiges Spielgeschehen	Zwischen den Gruppen	19,577	26	,753	1,378	,102
	Innerhalb der Gruppen	324,639	594	,547		
	Gesamt	344,216	620			
Fangesänge	Zwischen den Gruppen	22,391	26	,861	1,289	,155
	Innerhalb der Gruppen	396,849	594	,668		
	Gesamt	419,240	620			
voller Gästeblock	Zwischen den Gruppen	41,169	26	1,583	1,274	,165
	Innerhalb der Gruppen	738,081	594	1,243		
	Gesamt	779,250	620			
Stadionhymnen	Zwischen den Gruppen	36,457	26	1,402	1,451	,070
	Innerhalb der Gruppen	574,019	594	,966		
	Gesamt	610,477	620			
Besucher mit Fanbekleidung	Zwischen den Gruppen	8,869	26	,341	,839	,697
	Innerhalb der Gruppen	241,637	594	,407		
	Gesamt	250,506	620			
AR1	Zwischen den Gruppen	10,024	26	,386	,954	,531
	Innerhalb der Gruppen	240,037	594	,404		
	Gesamt	250,061	620			
direkt am Spielgeschehen	Zwischen den Gruppen	18,668	26	,718	1,820	,008
	Innerhalb der Gruppen	234,288	594	,394		
	Gesamt	252,957	620			
Choreografien	Zwischen den Gruppen	38,548	26	1,483	1,642	,024
	Innerhalb der Gruppen	536,264	594	,903		
	Gesamt	574,812	620			
spannendes Spielgeschehen	Zwischen den Gruppen	22,211	26	,854	1,310	,141
	Innerhalb der Gruppen	387,483	594	,652		
	Gesamt	409,694	620			
Zurufen von Sprechchören	Zwischen den Gruppen	25,229	26	,970	1,172	,255
	Innerhalb der Gruppen	491,683	594	,828		
	Gesamt	516,911	620			
AR5	Zwischen den Gruppen	30,993	26	1,192	1,853	,007
	Innerhalb der Gruppen	382,209	594	,643		
	Gesamt	413,201	620			
begeisterter Jubel bei Toren	Zwischen den Gruppen	2,160	26	,083	1,111	,322
	Innerhalb der Gruppen	44,433	594	,075		
	Gesamt	46,593	620			
volle Zuschauerränge	Zwischen den Gruppen	17,869	26	,687	1,349	,117
	Innerhalb der Gruppen	302,695	594	,510		
	Gesamt	320,564	620			
hallenartige Akustik	Zwischen den Gruppen	38,825	26	1,493	2,045	,002
	Innerhalb der Gruppen	433,690	594	,730		
	Gesamt	472,515	620			

AR3	Zwischen den Gruppen	15,527	26	,597	1,726	,015
	Innerhalb der Gruppen	205,545	594	,346		
	Gesamt	221,072	620			
Stadionsprecher heizt an	Zwischen den Gruppen	19,233	26	,740	,802	,747
	Innerhalb der Gruppen	548,220	594	,923		
	Gesamt	567,452	620			
Mannschaft zeigt Teamgeist	Zwischen den Gruppen	16,487	26	,634	1,265	,172
	Innerhalb der Gruppen	297,652	594	,501		
	Gesamt	314,138	620			
Viele Zuschauer beteiligen sich	Zwischen den Gruppen	20,692	26	,796	1,356	,113
	Innerhalb der Gruppen	348,673	594	,587		
	Gesamt	369,366	620			
AR4	Zwischen den Gruppen	17,918	26	,689	1,357	,112
	Innerhalb der Gruppen	301,631	594	,508		
	Gesamt	319,549	620			
POSMU1	Zwischen den Gruppen	16,749	26	,644	1,334	,126
	Innerhalb der Gruppen	286,945	594	,483		
	Gesamt	303,694	620			
POSMU2	Zwischen den Gruppen	62,093	26	2,388	1,612	,029
	Innerhalb der Gruppen	879,820	594	1,481		
	Gesamt	941,913	620			
POSMU3	Zwischen den Gruppen	79,544	26	3,059	1,620	,028
	Innerhalb der Gruppen	1122,005	594	1,889		
	Gesamt	1201,549	620			
POSMU4	Zwischen den Gruppen	36,269	26	1,395	1,408	,087
	Innerhalb der Gruppen	588,314	594	,990		
	Gesamt	624,583	620			
ZU1	Zwischen den Gruppen	9,446	26	,363	,868	,655
	Innerhalb der Gruppen	248,497	594	,418		
	Gesamt	257,942	620			
ZU2	Zwischen den Gruppen	26,239	26	1,009	1,667	,021
	Innerhalb der Gruppen	359,648	594	,605		
	Gesamt	385,887	620			
AR6	Zwischen den Gruppen	11,887	26	,457	,966	,514
	Innerhalb der Gruppen	281,112	594	,473		
	Gesamt	292,998	620			
POSMU5	Zwischen den Gruppen	23,988	26	,923	1,028	,427
	Innerhalb der Gruppen	533,171	594	,898		
	Gesamt	557,159	620			
ZU4	Zwischen den Gruppen	10,877	26	,418	1,133	,297
	Innerhalb der Gruppen	219,413	594	,369		
	Gesamt	230,290	620			
AR7	Zwischen den Gruppen	19,527	26	,751	1,016	,443
	Innerhalb der Gruppen	438,911	594	,739		
	Gesamt	458,438	620			
ZU3	Zwischen den Gruppen	6,721	26	,259	1,274	,165
	Innerhalb der Gruppen	120,496	594	,203		
	Gesamt	127,217	620			

Anhang III: Gütebeurteilung des Messmodells der Stadionatmosphäre

A Vorbereitende Prüfung des reflektiven Modellteils

1 Screeplot aus der exploratorischen Faktorenanalyse der reflektiven Indikatoren der Stadionatmosphäre .... -237-

2 Ergebnisse der exploratorischen Faktorenanalyse für die reflektiven Indikatoren der Stadionatmosphäre .... -238-

3 Ergebnisse der Normalverteilungsprüfung der reflektiven Indikatoren der Stadionatmosphäre .... -239-

B Prüfung des formativen Modellteils sowie des Gesamtmodells

1 Korrelationsmatrix der formativen Indikatoren .... -240-

2 Ergebnisse der Normalverteilungsprüfung aller Indikatoren der Stadionatmosphäre .... -241-

3 Ergebnisse der Normalverteilungsprüfung der Indikatoren von ZU und POSMU .... -242-

4 Werte der Fit-Indizes des nomologischen Netzes aus den Konstrukten Stadionatmosphäre, Zuschauerzufriedenheit und Positive Mundkommunikation .... -243-

Anhang III A1: Screeplot aus der exploratorischen Faktorenanalyse der reflektiven Indikatoren der Stadionatmosphäre

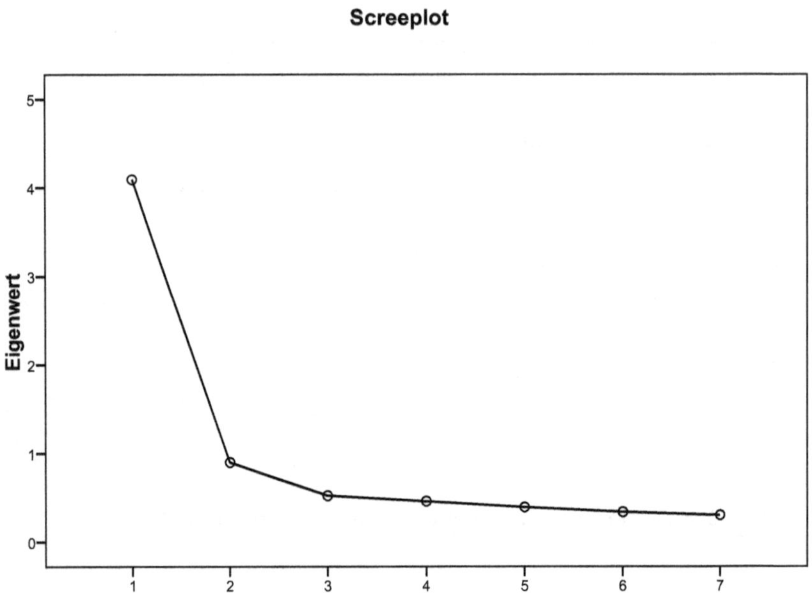

Anhang III A2: Ergebnisse der exploratorischen Faktorenanalyse für die reflektiven Indikatoren der Stadionatmosphäre

KMO- und Bartlett-Test

Maß der Stichprobeneignung nach Kaiser-Meyer-Olkin.		,886
Bartlett-Test auf Sphärizität	Ungefähres Chi-Quadrat	2068,328
	df	21
	Signifikanz nach Bartlett	,000

Kommunalitäten

	Anfänglich	Extraktion
AR2	,387	,318
AR1	,485	,441
AR5	,474	,490
AR3	,454	,490
AR4	,601	,652
AR6	,569	,633
AR7	,538	,602

Extraktionsmethode: Maximum Likelihood.

Erklärte Gesamtvarianz

	Anfängliche Eigenwerte			Summen von quadrierten Faktorladungen für Extraktion		
Faktor	**Gesamt**	**% der Varianz**	**Kumulierte %**	**Gesamt**	**% der Varianz**	**Kumulierte %**
1	4,092	58,452	58,452	3,628	51,825	51,825
2	,898	12,834	71,286			
3	,521	7,449	78,736			
4	,458	6,546	85,282			
5	,392	5,595	90,877			
6	,336	4,805	95,681			
7	,302	4,319	100,000			

Extraktionsmethode: Maximum Likelihood.

Faktorenmatrix(a)

	Faktor
	1
AR2	,564
AR1	,664
AR5	,700
AR3	,700
AR4	,807
AR6	,796
AR7	,776

Extraktionsmethode: Maximum-Likelihood.

a 1 Faktoren extrahiert. Es werden 4 Iterationen benötigt.

Anhang III A3: Ergebnisse der Normalverteilungsprüfung der reflektiven Indikatoren der Stadionatmosphäre

Assessment of normality						
	min	max	skew	c.r.	kurtosis	c.r.
AR7	1,000	5,000	0,922	9,380	0,310	1,575
AR6	1,000	5,000	1,399	14,233	1,845	9,385
AR5	1,000	5,000	1,194	12,142	1,049	5,338
AR4	1,000	5,000	1,164	11,844	0,994	5,055
AR3	1,000	4,000	1,504	15,297	1,834	9,331
AR2	1,000	4,000	1,154	11,742	0,437	2,224
AR1	1,000	4,000	1,272	12,942	0,793	4,035
Multivariate					28,142	31,238

Anhang III B1: Korrelationsmatrix der formativen Indikatoren

		AF1	AF2	AF3	AF4	AF5	AF6	AF7	AF8	AF9	AF10	AF11	AF12	AF13	AF14	AF15
AF1	Korrelation nach Pearson	1	,235(**)	,187(**)	,245(**)	,197(**)	,301(**)	,148(**)	,526(**)	,129(**)	,189(**)	,297(**)	,194(**)	,203(**)	,389(**)	,350(**)
	Signifikanz (2-seitig)		,000	,000	,000	,000	,000	,000	,000	,001	,000	,000	,000	,000	,000	,000
AF2	Korrelation nach Pearson	,235(**)	1	,121(**)	,234(**)	,227(**)	,240(**)	,275(**)	,273(**)	,301(**)	,216(**)	,244(**)	,309(**)	,248(**)	,137(**)	,353(**)
	Signifikanz (2-seitig)	,000		,003	,000	,000	,000	,000	,000	,000	,000	,000	,000	,000	,001	,000
AF3	Korrelation nach Pearson	,187(**)	,121(**)	1	,183(**)	,141(**)	,115(**)	,116(**)	,157(**)	,159(**)	-,016	,181(**)	,181(**)	,145(**)	,069	,137(**)
	Signifikanz (2-seitig)	,000	,003		,000	,000	,004	,004	,000	,000	,692	,000	,000	,000	,086	,001
AF4	Korrelation nach Pearson	,245(**)	,234(**)	,183(**)	1	,223(**)	,221(**)	,232(**)	,250(**)	,242(**)	,190(**)	,223(**)	,218(**)	,373(**)	,150(**)	,213(**)
	Signifikanz (2-seitig)	,000	,000	,000		,000	,000	,000	,000	,000	,000	,000	,000	,000	,000	,000
AF5	Korrelation nach Pearson	,197(**)	,227(**)	,141(**)	,223(**)	1	,138(**)	,164(**)	,155(**)	,166(**)	,126(**)	,188(**)	,203(**)	,208(**)	,175(**)	,352(**)
	Signifikanz (2-seitig)	,000	,000	,000	,000		,001	,000	,000	,000	,002	,000	,000	,000	,000	,000
AF6	Korrelation nach Pearson	,301(**)	,240(**)	,115(**)	,221(**)	,138(**)	1	,261(**)	,350(**)	,181(**)	,267(**)	,196(**)	,355(**)	,298(**)	,226(**)	,300(**)
	Signifikanz (2-seitig)	,000	,000	,004	,000	,001		,000	,000	,000	,000	,000	,000	,000	,000	,000
AF7	Korrelation nach Pearson	,148(**)	,275(**)	,116(**)	,232(**)	,164(**)	,261(**)	1	,222(**)	,252(**)	,168(**)	,152(**)	,158(**)	,275(**)	,212(**)	,252(**)
	Signifikanz (2-seitig)	,000	,000	,004	,000	,000	,000		,000	,000	,000	,000	,000	,000	,000	,000
AF8	Korrelation nach Pearson	,526(**)	,273(**)	,157(**)	,250(**)	,155(**)	,350(**)	,222(**)	1	,214(**)	,218(**)	,293(**)	,225(**)	,270(**)	,391(**)	,342(**)
	Signifikanz (2-seitig)	,000	,000	,000	,000	,000	,000	,000		,000	,000	,000	,000	,000	,000	,000
AF9	Korrelation nach Pearson	,129(**)	,301(**)	,159(**)	,242(**)	,166(**)	,181(**)	,252(**)	,214(**)	1	,155(**)	,210(**)	,286(**)	,311(**)	,167(**)	,333(**)
	Signifikanz (2-seitig)	,001	,000	,000	,000	,000	,000	,000	,000		,000	,000	,000	,000	,000	,000
AF10	Korrelation nach Pearson	,189(**)	,216(**)	-,016	,190(**)	,126(**)	,267(**)	,168(**)	,218(**)	,155(**)	1	,197(**)	,215(**)	,254(**)	,244(**)	,272(**)
	Signifikanz (2-seitig)	,000	,000	,692	,000	,002	,000	,000	,000	,000		,000	,000	,000	,000	,000
AF11	Korrelation nach Pearson	,297(**)	,244(**)	,181(**)	,223(**)	,188(**)	,196(**)	,152(**)	,293(**)	,210(**)	,197(**)	1	,293(**)	,256(**)	,226(**)	,286(**)
	Signifikanz (2-seitig)	,000	,000	,000	,000	,000	,000	,000	,000	,000	,000		,000	,000	,000	,000
AF12	Korrelation nach Pearson	,194(**)	,309(**)	,181(**)	,218(**)	,203(**)	,355(**)	,158(**)	,225(**)	,286(**)	,215(**)	,293(**)	1	,306(**)	,184(**)	,321(**)
	Signifikanz (2-seitig)	,000	,000	,000	,000	,000	,000	,000	,000	,000	,000	,000		,000	,000	,000
AF13	Korrelation nach Pearson	,203(**)	,248(**)	,145(**)	,373(**)	,208(**)	,298(**)	,275(**)	,270(**)	,311(**)	,254(**)	,256(**)	,306(**)	1	,235(**)	,333(**)
	Signifikanz (2-seitig)	,000	,000	,000	,000	,000	,000	,000	,000	,000	,000	,000	,000		,000	,000
AF14	Korrelation nach Pearson	,389(**)	,137(**)	,069	,150(**)	,175(**)	,226(**)	,212(**)	,391(**)	,167(**)	,244(**)	,226(**)	,184(**)	,235(**)	1	,307(**)
	Signifikanz (2-seitig)	,000	,001	,086	,000	,000	,000	,000	,000	,000	,000	,000	,000	,000		,000
AF15	Korrelation nach Pearson	,350(**)	,353(**)	,137(**)	,213(**)	,352(**)	,300(**)	,252(**)	,342(**)	,333(**)	,272(**)	,286(**)	,321(**)	,333(**)	,307(**)	1
	Signifikanz (2-seitig)	,000	,000	,001	,000	,000	,000	,000	,000	,000	,000	,000	,000	,000	,000	

Anhang III B2: Ergebnisse der Normalverteilungsprüfung aller Indikatoren der Stadionatmosphäre

Assessment of normality						
	min	Max	skew	c.r.	kurtosis	c.r.
AF15	1,000	4,000	0,655	6,664	-0,221	-1,123
AF14	1,000	5,000	0,703	7,147	-0,003	-0,015
AF13	1,000	5,000	0,885	9,004	0,326	1,656
AF12	1,000	5,000	1,186	12,062	1,329	6,759
AF11	1,000	5,000	0,200	2,037	-0,041	-0,211
AF10	**1,000**	**3,000**	**3,714**	**37,780**	**13,707**	**69,726**
AF9	1,000	5,000	0,630	6,408	-0,084	-0,425
AF8	1,000	5,000	0,067	0,683	-0,708	-3,601
AF7	1,000	5,000	0,501	5,095	-0,167	-0,847
AF6	1,000	4,000	1,066	10,847	0,359	1,824
AF5	1,000	4,000	1,186	12,064	0,950	4,832
AF4	1,000	5,000	0,671	6,829	-0,151	-0,770
AF3	1,000	5,000	-0,772	-7,852	0,012	0,060
AF2	1,000	5,000	0,801	8,154	0,177	0,901
AF1	1,000	4,000	-0,096	-0,980	-0,698	-3,553
AR7	1,000	5,000	0,922	9,380	0,310	1,575
AR6	1,000	5,000	1,399	14,233	1,845	9,385
AR5	1,000	5,000	1,194	12,142	1,049	5,338
AR4	1,000	5,000	1,164	11,844	0,994	5,055
AR3	1,000	4,000	1,504	15,297	1,834	9,331
AR2	1,000	4,000	1,154	11,742	0,437	2,224
AR1	1,000	4,000	1,272	12,942	0,793	4,035
Multivariate					111,629	42,802

Anhang III B3: Ergebnisse der Normalverteilungsprüfung der Indikatoren von ZU und POSMU

Assessment of normality						
	min	**Max**	**skew**	**c.r.**	**kurtosis**	**c.r.**
ZU4	1,000	4,000	1,286	13,081	0,984	5,003
ZU3	1,000	5,000	3,328	33,860	13,614	69,252
ZU2	1,000	5,000	0,974	9,909	0,635	3,231
ZU1	1,000	5,000	1,470	14,960	2,865	14,576
Multivariate					26,748	48,104

Assessment of normality						
	min	**max**	**skew**	**c.r.**	**kurtosis**	**c.r.**
PM5	1,000	5,000	1,006	10,230	0,489	2,486
PM4	1,000	5,000	1,289	13,115	1,545	7,858
PM3	1,000	5,000	0,423	4,306	-1,092	-5,556
PM2	1,000	5,000	1,284	13,067	0,653	3,320
PM1	1,000	5,000	1,270	12,924	2,814	14,315
Multivariate					14,814	22,061

Anhang III B4: Werte der Fit-Indizes des nomologischen Netzes aus den Konstrukten Stadionatmosphäre, Zuschauerzufriedenheit und Positive Mundkommunikation

Modellfit Grenzwert	**χ^2-Test** Nichtsignifikanz	**CFI** > 0,9	**NFI** > 0,9	**RMSEA** < 0,06 < 0,08	**TLI** > 0,9
Nomologisches Netzwerk	$\chi^2 = 2777$, $p < 0{,}000$	0,94	0,93	0,09	0,94

Anhang IV: Gütebeurteilung des angepassten Messmodells der Stadionatmosphäre

1 Normalverteilungsprüfung der Indikatoren aller angepassten Konstrukte .... -245-

2 VIF-Werte der formativen Indikatoren des angepassten Messmodells der Stadionatmosphäre .... -246-

Anhang IV 1: Normalverteilungsprüfung der Indikatoren aller angepassten Konstrukte

Assessment of normality						
	min	**max**	**skew**	**c.r.**	**kurtosis**	**c.r.**
ZU4	1,000	3,000	1,107	10,203	0,222	1,022
ZU2	1,000	4,000	0,840	7,741	0,186	0,858
ZU1	1,000	4,000	1,272	11,730	1,057	4,871
PM4	1,000	5,000	0,709	6,535	0,218	1,006
PM3	1,000	5,000	0,269	2,483	-0,956	-4,408
PM2	1,000	5,000	0,661	6,098	-0,169	-0,780
AF15	1,000	4,000	0,617	5,689	-0,283	-1,306
AF14	1,000	5,000	1,537	14,170	2,538	11,701
AF13	1,000	5,000	0,677	6,242	0,157	0,723
AF12	1,000	5,000	1,067	9,839	0,938	4,323
AF11	1,000	4,000	-0,007	-0,066	-0,368	-1,696
AF10	**1,000**	**3,000**	**4,316**	**39,795**	**19,627**	**90,477**
AF9	1,000	5,000	0,721	6,645	-0,032	-0,147
AF8	1,000	4,000	0,329	3,036	-0,893	-4,116
AF7	1,000	5,000	0,516	4,756	0,038	0,175
AF6	1,000	5,000	1,103	10,170	1,773	8,172
AF5	1,000	5,000	1,354	12,480	2,233	10,296
AF4	1,000	5,000	0,420	3,874	-0,323	-1,489
AF3	1,000	5,000	-0,741	-6,834	0,604	2,784
AF2	1,000	4,000	0,519	4,782	-0,319	-1,471
AR7	1,000	4,000	0,736	6,784	-0,010	-0,044
AR6	1,000	4,000	1,142	10,531	0,427	1,967
AR5	1,000	4,000	1,084	9,990	0,559	2,576
AR4	1,000	5,000	1,306	12,037	1,898	8,747
AR3	1,000	4,000	1,462	13,479	1,515	6,984
AR1	1,000	4,000	1,401	12,917	1,287	5,933
Multivariate					151,895	44,949

Anhang IV 2: VIF-Werte der formativen Indikatoren des angepassten Messmodells der Stadionatmosphäre

Koeffizienten(a)

Modell		Toleranz	VIF
	Begeisterter Jubel bei Toren	,877	1,140
	Gefüllte Zuschauerränge	,829	1,206
	Akustik wie in einer Halle	,772	1,296
	Stadionsprecher heizt das Publikum an	,737	1,357
	Mannschaft kämpferisch und Teamgeist	,814	1,228
	Aktive und laute Beteiligung vieler Zuschauer	,709	1,409
	Fangesänge	,691	1,448
	Gefüllter Gästefanblock	,938	1,066
	Fußballlieder und Stadionhymnen	,756	1,322
	Zuschauer mit Fanbekleidung	,804	1,244
	Zuschauer direkt am Spielgeschehen	,753	1,328
	Einstudierte Choreografien	,819	1,221
	Spannendes Spielgeschehen	,786	1,271
	Zurufen von Sprechchören zwischen Blocks	,665	1,504

a Abhängige Variable: Stadionatmosphäre

Literaturverzeichnis

Abdi, H. (2007): The binomial distribution. The binomial and sign tests, in: Salkind, H.J. (Hrsg.): Encyclopedia of measurement and statistics, Thousand Oaks.

Albers, S., Hildebrandt, L. (2006): Methodische Probleme bei der Erfolgsfaktorenforschung – Messfehler, formative versus reflektive Indikatoren und die Wahl des Strukturgleichungs-Modells, in: ZfbF, Vol. 58, No. 2, S. 2-33.

Albers, S., Götz, O. (2006): Messmodelle mit Konstrukten zweiter Ordnung in der betriebswirtschaftlichen Forschung, in: DBW, Vol. 66, No. 6, S. 669-677.

Anderson, J.C., Gerbing, D.W. (1982): Some methods for respecifying measurement models to obtain unidimensional construct measurement, in: Journal of Marketing Research, Vol. 19, No. 4, S. 453-460.

Anderson, J.C., Gerbing, D.W. (1991): Predicting the performance of measures in a confirmatory factor analysis with a pretest assessment of their substantive validities, in: Journal of applied psychology, Vol. 76, No. 5, S. 732-740.

Arnold, M.J., Reynolds, K.E. (2003): Hedonic shopping motivations, in: Journal of Retailing, Vol. 79, No. 2, S. 77-95.

Babin, B.J., Darden, W.R., Griffin, M. (1994): Work and or fun: Measuring hedonic and utilitarian shopping value, in: Journal of Consumer Research, Vol. 20, No. 4, S. 644-656.

Babin, B., Attaway, J. (2000): Atmospheric affect as a tool for creating value and gaining share of costumer, in: Journal of Business Research, Vol. 49, No. 2, S. 91-99.

Babin, B.J., Lee, Y.K., Kim, E.J., Griffin, M. (2005): Modeling consumer satisfaction and word-of-mouth: restaurant patronage in Korea, in: Journal of Services Marketing, Vol. 19, No. 3, S. 133-139.

Backhaus, K., Erichson, B., Plinke, W., Weiber, R. (2003): Multivariate Analysemethoden. Eine Anwendungsorientierte Einführung, 10. Auflage, Berlin et al.

Bagozzi, R.P. (1979): The role of measurement in theory construction and hypothesis testing: Toward a holistic model, in: Ferrell, O., Brown, S., Lamb, C. (Hrsg.): Conceptual and theoretical developments in marketing, Chicago, S. 15-32.

Bagozzi, R.P. (1994): Structural equation models in marketing research: Basic principles, in: Bagozzi, R.P. (Hrsg.): Principles of marketing research, Oxford, S. 317-385.

Bagozzi, R.P. (1998): A prospectus for theory construction in marketing: Revisited and revised, in: Hildebrandt, L., Homburg, C. (Hrsg.): Die Kausalanalyse: Ein Instrument der betriebswirtschaftlichen Forschung, Stuttgart, S. 45-81.

Bagozzi, R.P., Fornell, C. (1982): Theoretical concepts, measurements, and meaning, in: Fornell, C. (Hrsg.): A second generation of multivariate analysis: Measurement and evaluation, Band 2, New York, S. 24-38.

Bagozzi, R.P., Yi, Y. (1988): On the evaluation of structural equation models, in: Journal of the Academy of Marketing Science, Vol. 16, No. 1, S. 74-94.

Bagozzi, R.P., Baumgartner, H. (1994): The evaluation of structural equation models with unobservable variables and hypothesis testing, in: Bagozzi, R. (Hrsg.): Principles of marketing research, Cambridge, S. 386-422.

Baker, J. (1987): The role of the environment in marketing services: The consumer perspective, in: Czepiel, J.A., Congram, C.A., Shanahan, J. (Hrsg.): The service challenge: Integrating for competitive advantage, Proceedings Series of the American Marketing Association, Chicago, S. 79-84.

Baker, J., Levy, M., Grewal, D. (1992): An experimental approach to making retail store environment decisions, in: Journal of Retailing, Vol. 68, No. 4, S. 445-460.

Baker, J., Grewal, D., Parasuraman, A. (1994): The influence of store environment on quality inferences and store image, in: Journal of the Academy of Marketing Science, Vol. 22, No. 4, S. 328-339.

Balderjahn, I. (2003): Validität. Konzept und Methoden, in: WiSt, Heft 3, S. 130-135.

Barker, R.G. (1968): Ecological psychology: Concepts and methods for studying the environment of human behavior, Stanford.

Bauer, H.H., Sauer, N.E., Exler, S. (2005): The loyalty of German soccer fans: Does a team's brand image matter?, in: International Journal of Sports Marketing & Sponsorship, Vol. 7, No. 1, S. 14-22.

Bearden, W.O., Hardesty, R.L., Rose, R.L. (2001): Consumer self-confidence: Refinements in conceptualization and measurement, in: Journal of Consumer Research, Vol. 28, No. 1, S. 121-134.

Bell, P., Greene, T., Fisher, J., Baum, A. (2001): Environmental psychology. 5. Auflage, Fort Worth.

Benjamin, W. (1974): Das Kunstwerk im Zeitalter seiner technischen Reproduzierbarkeit: Drei Studien zur Kunstsoziologie, 7. Auflage, Frankfurt am Main.

Bennett, R. (1999): Sports sponsorship, spectator recall and false consensus, in: European Journal of Marketing, Vol. 33, No. 3/4, S. 291-313.

Bentin, N. (2006): Verfahren zur Messung der Kundenzufriedenheit im Überblick, in: Homburg, C. (Hrsg.): Kundenzufriedenheit. Konzepte, Methoden, Erfahrungen, 6. Auflage, Wiesbaden, S. 121-170.

Berekoven, L. (1995): Erfolgreiches Einzelhandelsmarketing, München.

Berlyne, D.E. (1960): Conflict, arousal and curiosity, New York.

Berlyne, D.E. (1963): Motivational problems raised by exploratory and epistemic behavior, in: Koch S. (Hrsg.): Psychology: a study of a science, New York et al., S. 284-364.

Berlyne, D.E. (1971): Aesthetics and psychobiology, New York.

Berlyne, D.E. (1974): Studies in the new experimental aesthetics. Steps toward an objective psychology of aesthetic appreciation, New York et al.

Berlyne, D.E. (1974a): The new experimental aesthetics. Steps toward an objective psychology of aesthetic appreciation, in: Berlyne D.E. (Hrsg.): Studies in the new experimental aesthetics, New York et al., S. 1-26.

Berlyne, D.E. (1974b): Hedonic tone and reward value of exposure to paintings, in: Berlyne, D.E. (Hrsg.): Studies in the new experimental aesthetics. Steps toward an objective psychology of aesthetic appreciation, New York, S. 227-233.

Betzin, J., Henseler, J. (2005): Einführung in die Funktionsweise des PLS-Algorithmus, in: Bliemel, F., Eggert, A., Fassot, G., Henseler, J. (Hrsg.): Handbuch PLS-Pfadmodellierung. Methode, Anwendung, Praxisbeispiele, Stuttgart, S. 49-69.

Beyer, T. (2006): Determinanten der Sportrezeption. Erklärungsmodell und kausalanalytische Validierung am Beispiel der Fußballbundesliga, Wiesbaden.

Bitner, M.J. (1992): Servicescapes: The impact of physical surroundings on customers and employees, in: Journal of Marketing, Vol. 56, April, S. 57-71.

Blalock, H.M. (1964): Causal inferences in nonexperimental research, Chapel Hill.

Bloch, P.H., Ridgway, N.M., Dawson, S.A. (1994): The shopping mall as consumer habitat, in: Journal of Retailing, Vol. 70, No. 1, S. 23-42.

Boedeker (1995): New-type and traditional shoppers: A comparison of two major consumer groups, in: International Journal of Retail & Distribution Management, Vol. 23, March, S. 17-26.

Böhme, G. (1995): Atmosphäre. Essays zur neuen Ästhetik, Frankfurt am Main.

Böhme, G. (1998): Anmutungen. Über das Atmosphärische, Stuttgart.

Böhme, G. (2001): Aisthetik: Vorlesungen über Ästhetik als allgemeine Wahrnehmungslehre, München.

Böhme, G. (2006): Architektur und Atmosphäre, München.

Bohrnstedt, G. (1970): Reliability and validity assessment in attitude measurement. In: Summers, G. (Hrsg.): Attitude measurement, London, S. 80-99.

Bollen, K.A. (1984): Multiple indicators: Internal consistency or no necessary relationship?, in: Quality and Quantity, Vol. 18, S. 377-385.

Bollen, K.A. (1989): Structural equations with latent variables, New York et al.

Bollen, K.A. (2002): Latent variables in psychology and the social sciences, in: Annual Review of Psychology, Vol. 52, S. 605-634.

Bollen, K., Lennox, R. (1991): Conventional wisdom on measurement: A structural equation perspective, in: Psychological Bulletin, Vol. 110, No. 2, S. 305-314.

Borsboom, D., Mellenberg, G.J., van Heerden, J. (2004): The concept of validity, in: Psychological Review, Vol. 111, No. 4, S. 1061-1071.

Bost, E. (1987): Ladenatmosphäre und Konsumentenverhalten, Heidelberg.

Briggs, S.R., Cheek, J. M. (1986): The role of factor analysis in the development and evaluation of personality scales, in: Journal of Personality and Social Psychology, Vol. 54, S. 106-148.

Brown, T.J., Barry, T.E., Dacin, P.A., Gunst, R.F. (2005): Spreading the word: Investigating antecedents of consumers' positive word-of-mouth intentions and behaviors in a retailing context, in: Journal of the Academy of Marketing Science, Vol. 33, No. 2, S. 123-138.

Brush, R.O. (1976): Perceived quality of scenic and recreational environments. Some methodological issues, in: Craik, K.H., Zube, E.H. (Hrsg.): Perceiving environmental quality. Research and applications, New York, London, S. 47-58.

Buckley, P.G. (1987): The internal atmosphere of a retail store, in: Advances in Consumer Research, Vol. 14, S. 568.

Bühner, M. (2006): Einführung in die Test- und Fragebogenkonstruktion, 2. Auflage, München et al.

Cacioppo, J.T., Gardner, W.L. (1999): Emotion, in: Annual Review of Psychology, Vol. 50, S. 191-214.

Campbell, C. (1987): The romantic ethic and the spirit of modern capitalism, Oxford.

Carp, F.M., Carp, A. (1982): A role for technical environmental assessment in perceptions of environmental quality and well-being, in: Journal of Environmental Psychology, Vol. 2, S. 171-191.

Celsi, R.L., Rose, R.L., Leigh, T.W. (1993): An exploration of high-risk leisure consumption through skydiving, in: Journal of Consumer Research, Vol. 20, S. 1-23.

Chandon, P., Wansink, B., Laurent, G. (2000): A benefit congruency framework of sales promotion effectiveness, in: Journal of Marketing, Vol. 64, No. 4, S. 65-81.

Chin, W.W. (1998): The partial least squares approach to structural equation modeling, in: Marcoulides, G.A. (Hrsg.): Modern methods for business research, Mahwah, S. 295-336.

Chin, W.W., Newsted, P.R. (1999): Structural equation modeling analysis with small samples using partial least squares, in: Hoyle, R. (Hrsg.): Statistical strategies for small sample research, Thousand Oaks, S. 307-341.

Christensen, D.L., Carp, F.M. (1987): PEQI-based environmental predictors of the residential satisfaction of older women, in: Journal of Environmental Psychology, Vol. 7, No. 1, S. 45-64.

Churchill, Jr. G.A. (1979): A paradigm for developing better measures of marketing constructs, in: Journal of Marketing Research, Vol. 16, No. 1, S. 64-73.

Clark, L.A., Watson, D. (1995): Constructing validity: Basic issues in objective scale development, in: Psychological Assessment, Vol. 7, No. 3, S. 309-319.

Cohen, J.B., Areni, C.S. (1991): Affect and consumer behavior, in: Robertson, R.S., Kassarjian, H.H. (Hrsg.): Handbook of consumer behavior, Englewood Cliffs, S. 188-240.

Cortina, J.M. (1993): What is Coefficient Alpha? An examination of theory and applications, in: Journal of Applied Psychology, Vol. 78, No. 1, S. 98-104.

Craik, K.H. (1968): The comprehension of the everyday physical environment, in: Journal of the American Institute of Planners, Vol. 34, S. 29-37.

Craik, K., Zube, E. (1976): Perceiving environmental quality. Research and applications, New York, London.

Craik, K.H., Zube, E.H. (1976a): The development of perceived environmental quality indices, in: Craik K.H., Zube, E.H. (Hrsg.): Perceiving environmental quality. Research and applications, New York, London, S. 3-22.

Craik, K., Zube, E. (1976b): Summary and research strategies, in: Craik, K., Zube, E. (Hrsg.): Perceiving environmental quality. Research and applications, New York, London, S. 256-288.

Craik, K., Zube, E. (1976c): Discussion summary, in: Craik, K., Zube, E. (Hrsg.): Perceiving environmental quality. Research and applications, New York, London, S. 91-100.

Craik, K.H., McKechnie, G.E. (1974): Perception of environmental quality: Preferential judgments versus comparative appraisal, Unveröffentlichtes Arbeitspapier der University of California, Berkley.

Craik, K.H., Feimer, N. (1987): Environmental assessment, in: Stokols, D., Altman, I. (Hrsg.): Handbook of environmental psychology, New York, S. 891-918.

Craney, T.A., Surles, J.G. (2002): Model-dependent variance inflation factor cutoff values, in: Quality Engineering, Vol. 14, No. 3, S. 391-403.

Cronbach, L. (1951): Coefficient Alpha and the internal structure of tests, in: Psychometrika, Vol. 12, S. 297-334.

Daniel, T.C. (1976): Criteria for development and application of perceived environmental quality indices, in: Craik, K.H., Zube, E.H. (Hrsg.): Perceiving environmental quality. Research and applications, New York, London, S. 27-45.

Daniel, T.C., Ittelson, W.H. (1981): Conditions for environmental perception research: Reactions to Ward and Russell, in: Journal of Experimental Psychology: General, Vol. 110, S. 153-157.

Darden, W.R., Babin, B.J. (1994): Exploring the concept of affective quality: Expanding the concept of retail personality, in: Journal of Business Research, Vol. 29, S. 101-109.

Darley, J.M., Gilbert, D.T. (1985): Social psychological aspects of environmental psychology, in: Lindzey, G., Aronson, E. (Hrsg.): Handbook of social psychology, 3. Auflage, S. 949-991.

Dhar, R., Wertenbroch, K. (2000): Consumer choice between hedonic and utilitarian goods, in: Journal of Marketing Research, Vol. 37, S. 60-71.

Diamantopoulos, A., Winklhofer, H.M. (2001): Index construction with formative indicators: An alternative to scale development, in: Journal of Marketing Research, Vol. 38, S. 269-277.

Diller, H. (2006): Probleme der Handhabung von Strukturgleichungsmodellen in der betriebswirtschaftlichen Forschung, in: Die Betriebswirtschaft, Vol. 66, No. 6, S. 611-617.

Dobson, S.M., Goddard, J.A. (1992): The demand for standing and seated viewing accommodation in the English Football League, in: Applied Economics of Education Review, Vol. 24., No. 10, S. 1155-1163.

Donovan, R.J., Rossiter, J.R. (1982): Store atmosphere: An environmental psychology approach, in: Journal of Retailing, Vol. 58, No. 1, S. 34-57.

Donovan, R.J., Rossiter, J.R., Marcoolyn, G., Nesdale, A. (1994): Store atmosphere and purchasing behavior, in: Journal of Retailing, Vol. 70, No. 3, S. 283-294.

Dorschel, A., (1994): Empfindung, Gefühl und Emotion. Zur Analyse von Bewertungen, in: Apel, K.O., Kettner, M. (Hrsg.): Mythos Wertfreiheit? Neue Beiträge zur Objektivität in den Human- und Kulturwissenschaften, Frankfurt am Main, New York, S. 157-174.

Eberl, M. (2004): Formative und reflektive Indikatoren im Forschungsprozess: Entscheidungsregeln und die Dominanz des reflektiven Modells, Schriften zur empirischen Forschung und quantitativen Unternehmensplanung, Ludwig-Maximilian-Universität München, München.

Edwards, J.R., Bagozzi, R.P. (2000): On the nature and direction of relationships between constructs and measures, in: Psychological Methods, Vol. 5, No. 2, S. 155-174.

Eroglu, S.A., Machleit, K.A. (1993): Atmospheric factors in the retail environment: Sights, sounds and smells, in: Advances in Consumer Research, Vol. 20, No. 4, S. 34.

Eroglu, S.A., Machleit, K.A., Davis, L.M. (2003): Empirical testing of a model of online store atmospherics and shopper responses, Psychology & Marketing, Vol. 20, No. 2, S. 139-150.

Fassot, G. (2005): Die PLS-Pfadmodellierung: Entwicklungsrichtungen, Möglichkeiten, Grenzen, in: Bliemel, F., Eggert, A., Fassot, G., Henseler, J. (Hrsg.): Handbuch PLS-Pfadmodellierung. Methode, Anwendung, Praxisbeispiele, Stuttgart, S. 19-29.

Fassott, G. (2006): Operationalisierung latenter Variablen in Strukturgleichungsmodellen: Eine Standortbestimmung, in: ZfbF, Vol. 58, No. 2, S. 67-88.

Fassott, G., Eggert, A. (2005): Zur Verwendung formativer und reflektiver Indikatoren in Strukturgleichungsmodellen: Bestandsaufnahme und Anwendungsempfehlungen, in: Bliemel, F., Eggert, A., Fassot, G., Henseler, J. (Hrsg.): Handbuch PLS-Pfadmodellierung. Methode, Anwendung, Praxisbeispiele, Stuttgart, S. 31-47.

Fiore, A.M., Yah, X., Yoh, E. (2000): Effects of a product display and environmental fragrancing on approach responses and pleasurable experiences, in: Psychology & Marketing, Vol. 17, No. 1, S. 27-54.

Floyd, F.J., Widaman, K.F. (1995): Factor analysis in the development and refinement of clinical assessment instruments, in: Psychological Assessment, Vol. 7, No. 3, S. 286-299.

Fornell, C. (1989): The blending of theoretical and empirical knowledge in structural equations with unobservables, in: Wold, H. (Hrsg.): Theoretical empiricism: A general rationale for scientific model-building, New York, S. 153-173.

Fornell, C., Larcker, D.F. (1981): Evaluating structural equation models with unobservable variables and measurement error, in: Journal of Marketing Research, Vol. 18, February, S. 39-50.

Fornell, C., Bookstein, F.L. (1982): Two structural equation models: LISREL and PLS applied to consumer exit-voice theory, in: Journal of Marketing Research, Vol. 19, S. 440-452.

Foxall, G.R., Greenley, G.E. (1999): Consumers' emotional responses to service environments, in: Journal of Business Research, Vol. 46, S. 149-158.

Friederici, M.R. (1998): Sportbegeisterung und Zuschauergewalt. Eine empirische Studie über Alltagstheorien von Sportlerinnen und Sportlern, Münster.

Fullerton, G. (2005): The service quality-loyalty relationship in retail services: Does commitment matter?, in: Journal of Retailing and Consumer Services, Vol. 12, S. 99-111.

Gardner, M.P., Siomkos, G.J. (1986): Toward a methodology for assessing effects of in-store atmospherics, in: Advances in Consumer Research, Vol. 13, S. 27-31.

Gifford, R. (1997): Environmental psychology. Principles and practice, 2. Auflage, Needham Heights.

Gleich, U. (1998): Sport, Medien und Publikum – Eine wenig erforschte Allianz, in: Media Perspektiven, Vol. 2, No. 3, S. 144-148.

Gosh, A. (1990): Retail Management, Orlando.

Götz, O., Liehr-Gobbers, K. (2004): Analyse von Strukturgleichungsmodellen mit Hilfe der Partial-Least-Squares(PLS)-Methode, in: DBW, Vol. 64, No. 6, S. 714-738.

Graumann, C.F. (2002): The phenomenological approach to people-environment studies, in: Bechtel, R. B., Churchman, A. (Hrsg.): Handbook of environmental psychology, New York, S. 95-113.

Gray, D., (2001): Sport marketing: Strategies and tactics, in: Parkhouse B. (Hrsg.): The management of sport: Its foundation and applications, Boston, S. 300-336.

Grewal, D., Baker, J., Levy, M., Voss, G.B. (2003): The effects of wait expectations and store atmosphere evaluations on patronage intentions in service-intensive retail stores, in: Journal of Retailing, Vol. 79, S. 259-268.

Gröppel, A. (1988): Erlebnisorientierte Kunden im Einzelhandel, Arbeitspapier Nr. 3 der Forschungsgruppe Konsum und Verhalten, Paderborn.

Gröppel, A. (1990): Erlebnisbetontes Handelsmarketing, in: Trommsdorff, V. (Hrsg.): Handelsforschung 1990. Internationalisierung im Handel, Wiesbaden, S. 121-137.

Gröppel-Klein, A. (2004): Aktivierungsforschung und Konsumentenverhalten, in: Gröppel-Klein, A. (Hrsg.): Konsumentenverhaltensforschung im 21. Jahrhundert, Wiesbaden, S. 29-66.

Hackett, P. M. W., Foxall, G.R. (1995): The structure of consumers' place evaluations, in: Environment and Behavior, Vol. 27, No. 3, S. 354-379.

Häder, M., Häder, S. (2000): Die Delphitechnik in den Sozialwissenschaften – Methodische Forschungen und innovative Anwendungen, Wiesbaden.

Häder, M. (2002): Delphi-Befragungen. Ein Arbeitsbuch, Wiesbaden.

Harrison-Walker, L.J. (2001): The measurement of word-of-mouth communication and an investigation of service quality and customer commitment as potential antecedents, in: Journal of Service Research, Vol. 4, S. 60-75.

Hauser, R.M., Goldberger, A.S. (1971): The treatment of unobservable variables in path analysis, in: Costner, H.L. (Hrsg.): Sociological methodology, London, S. 81-117.

Hauskeller, M. (1995): Atmosphären erleben. Philosophische Untersuchungen zur Sinneswahrnehmung, Berlin.

Havlena, W.J., Holbrook, M.B. (1986): The varieties of consumption experience: Comparing two typologies of emotion in consumer behavior, in: Journal of Consumer Research, Vol. 13, No.3, S. 394-404.

Hellbrück, J., Fischer, M. (1999): Umweltpsychologie. Ein Lehrbuch, Göttingen et al.

Helm, S. (2005): Entwicklung eines formativen Messmodells für das Konstrukt Unternehmensreputation, in: Bliemel, F., Eggert, A., Fassot, G., Henseler, J. (Hrsg.): Handbuch PLS-Pfadmodellierung. Methode, Anwendung, Praxisbeispiele, Stuttgart, S. 241-254.

Helson, H. (1964): Adaptation-level theory. An experimental and systematic approach to behaviour, New York.

Henseler, J. (2005): Einführung in die PLS-Pfadmodellierung, in: WiSt, Vol. 34, No. 2, S. 70-75.

Hermanns, A. (2001): Entwicklung und Perspektiven des Sportsponsoring, in: Hermanns, A., Riedmüller, F. (Hrsg.): Management-Handbuch Sportmarketing, München, S. 389-408.

Herrmann, A., Huber, F., Kressmann, F. (2006): Varianz- und kovarianzbasierte Strukturgleichungsmodelle: Ein Leitfaden zu deren Spezifikation, Schätzung und Beurteilung, in: ZfbF, Vol. 58, S. 34-66.

Herrmann, U.H. (1977): Die Fußballfans: Untersuchungen zum Zuschauersport, Schorndorf.

Hightower, R., Brady, M.K., Baker, T.L. (2002): Investigating the role of the physical environment in hedonic service consumption: An exploratory study of sporting events, in: Journal of Business Research, Vol. 55, No. 9, S. 697-708.

Hildebrandt, L. (1984): Kausalanalytische Validierung in der Marketingforschung, in: Marketing ZFP, Vol. 6, No. 1, S. 41-48.

Hildebrandt, L., Temme, D. (2006): Probleme der Validierung mit Strukturgleichungsmodellen, in: Die Betriebswirtschaft, Vol. 66, No. 6, S. 618-639.

Hirschfeld, C.C.L. (1779): Theorie der Gartenkunst, Leipzig, URL: http://digi.ub.uni-heidelberg.de/diglit/hirschfeld1779/0200 (Stand 25.08.2007), 44 Seiten.

Hirschman, E.C., Holbrook, M.B. (1982): Hedonic consumption: Emerging concepts, methods and propositions, in: Journal of Marketing, Vol. 46, S. 92-101.

Höge, H. (1984): Emotionale Grundlagen des ästhetischen Urteilens: Ein experimenteller Beitrag zur Psychologie der Ästhetik, Europäische Hochschulschriften, Reihe VI, Vol. 137, Frankfurt am Main et al.

Holahan, C.J. (1986): Environmental psychology, in: Annual Review of Psychology, Vol. 37, S. 381-407.

Holbrook, M.B. (1986): Emotion in the consumption experience: Toward a new model of the human consumer, in: Peterson, R.A., Hoyer, W.D., Wilson, W.R. (Hrsg.): The role of affect in consumer behavior: Emerging theories and applications, Toronto, S. 17-52.

Holbrook, M.B. (1994): The nature of costumer value. An axiology of services in the consumption experience, in: Rust R.T., Oliver, R.L. (Hrsg.): Service quality: New directions in theory and practice, Thousand Oaks et al., S. 21-71.

Holbrook, M.B., Hirschman, E.C. (1982): The experiential aspects of consumption: Consumer fantasies, feelings and fun, in: Journal of Consumer Research, Vol. 9, S. 132-140.

Holbrook, M.B., Lehmann, D.R., O´Shaughnessy, J. (1986): Using versus choosing: The relationship of the consumption experience to reasons for purchasing, European Journal of Marketing, Vol. 20, No. 8, S. 49-62.

Homburg, C., Baumgartner, H. (1995): Beurteilung von Kausalmodellen. Bestandsaufnahme und Anwendungsempfehlungen, in: Marketing ZFP, Vol. 17, No. 3, S. 162-176.

Homburg, C., Rudolph, B. (1995): Theoretische Perspektiven der Kundenzufriedenheit, in: Simon, H., Homburg, C. (Hrsg.): Kundenzufriedenheit. Konzepte, Methoden, Erfahrungen, 1. Auflage, Wiesbaden, S. 29-52.

Homburg, C., Giering, A. (1996): Konzeptualisierung und Operationalisierung komplexer Konstrukte. Ein Leitfaden für die Marketingforschung, in: Marketing ZFP, Vol. 18, No. 1, S. 5-24.

Hopkinson, G.C., Pujari, D. (1999): A factor analytic study of the sources of meaning in hedonic consumption, in: European Journal of Marketing, Vol. 33, No. 3/4, S. 273-290.

Horsmann, C. (2005): Bedingungen und Folgen der Kundenorientierung im persönlichen Verkauf, München, Mering.

Hu, L., Bentler, P.M. (1999): Cutoff criteria for fit indexes in covariance structure analysis: Conventional criteria versus new alternatives, in: Structural Equation Modelling, Vol. 6, No. 1, S. 1-55.

Hudson, L.A., Ozanne, J.L (1988): Alternative ways of seeking knowledge in consumer research, in: Journal of Consumer Research, Vol. 14, March, S. 508-522.

Irvin, L.C. (1969): Esthetics, in: Gardner, L., Elliot, A. (Hrsg.): Handbook of social psychology, Menlo Park et al., S. 853-916.

Ittelson, W.H. (1978): Environmental perception and urban experience, in: Environment and Behavior, Vol. 10, No. 2, S. 193-213.

Ittelson, W.H., Proshansky, H.M., Rivlin, L.G., Winkel, G.H. (1977): Einführung in die Umweltpsychologie, Stuttgart.

Jacoby, J. (1978): Consumer research: A state of the art review, in: Journal of Marketing, Vol. 40, April, S. 87-96.

James, D.L., Durand, R.M., Dreves, R.A. (1976): The use of a multi-attribute model in a store image study, in: Journal of Retailing, Vol. 52, Summer, S. 23.52.

Jarvis, C.B., MacKenzie, S.B., Podsakoff, P.M. (2003): A critical review of construct indicators and measurement model misspecifications in marketing and consumer research, in: Journal of Consumer Research, Vol. 30, No. 2, S. 199-218.

Jöreskog, K.G. (1973): A general method for estimation a linear structural equation system, in: Goldberger, A.S., Duncan, O.D. (Hrsg.): Structural equation models in the social sciences, New York, S. 85-112.

Jöreskog, K.G., Goldberger, A. (1975): Estimation of a model with multiple indicators and multiple causes of a single latent variable, in: Journal of the American Statistical Association, Vol. 70, No. 351, S. 631-639.

Kao, Y.-F., Huang, L.-S., Yang, M.-H. (2007): Effects of experiential elements on experiential satisfaction and loyalty intentions: A case study of the super basketball league in Taiwan, in: International Journal of Revenue Management, Vol. 1, No. 1, S. 79-96.

Kaplan, R. (1975): Some methods and strategies in the prediction of preference, in: Zube, E.H., Brush, R.O., Fabos, G.G. (Hrsg.): Landscape assessment: Values, perceptions and resources, New York, S. 118–129.

Kempf, D. S. (1999): Attitude formation from product trial: Distinct roles of cognition and affect for hedonic and functional products, in: Psychology & Marketing, Vol. 16, No. 1, S. 35-50.

Klausen, K. (1992): Management und Marketing in Sportvereinen, in: Zimmer A. (Hrsg.): Verein heute – zwischen Tradition und Innovation, Basel, S. 95-134.

Kleining, G. (1995): Qualitativ-heuristische Sozialforschung, Hamburg.

Koffka, K. (1935): Principles of gestalt psychology, New York.

Kotler, P. (1973): Atmospherics as a marketing tool, in: Journal of Retailing, Vol. 49, No. 4, S. 48-64.

Kotler, P. (2000): Marketing management, New Jersey.

Kotler, P., Armstrong, G., Brown, L., Adam, S. (1998): Marketing, Sydney.

Krafft, M., Götz, O., Liehr-Gobbers, K. (2005): Die Validierung von Strukturgleichungsmodellen mit Hilfe des Partial-Least-Squares (PLS)-Ansatzes, in: Bliemel, F., Eggert, A., Fassot, G., Henseler, J. (Hrsg.): Handbuch PLS-Pfadmodellierung. Methode, Anwendung, Praxisbeispiele, Stuttgart, S. 71-86.

Kröber-Riel, W., Weinberg, P. (2003): Konsumentenverhalten, München.

Kuller, R. (1980): Architecture and emotion, in: Mikellides, B. (Hrsg.): Architecture for people, London, S. 87-100.

Lewin, K. (1935): A dynamic theory of personality, New York.

Liessmann, K.P. (2004): Reiz und Rührung. Über ästhetische Empfindungen, Wien.

Loevinger, J. (1954): The attenuation paradox in test theory, in: Psychological Bulletin, Vol. 51, S. 493-504.

Lohmöller, J.-B. (1989): Latent variable path modelling with partial least squares, Heidelberg.

MacCallum, R.C., Browne, M.W. (1993): The use of causal indicators in covariance structure models: Some practical issues, in: Psychological Bulletin, Vol. 114, No. 3, S. 533-541.

Madrigal, B. (1995): Cognitive and affective determinants of fan satisfaction with sporting event attendance, in: Journal of Leisure Research, Vol. 27, No. 3, S. 205-227.

Madrigal, R. (2003): Investigating an evolving leisure experience: Antecedents and consequences of spectator affect during a live sporting event, in: Journal of Leisure Research, Vol. 35, No. 1, S. 23-48.

Mano, H., Oliver, R.L. (1993): Assessing the dimensionality and structure of the consumption experience: Evaluation, feeling and satisfaction, in: Journal of Consumer Research, Vol. 20, No. 3, S. 451-466.

Mehrabian, A. (1978): Räume des Alltags oder wie die Umwelt unser Verhalten bestimmt, Frankfurt, New York.

Mehrabian, A., Russell, J.A. (1974): An approach to environmental psychology, Cambridge.

Meixner, O. (1999): Konsumentenverhalten auf Bauernmärkten in Wien, in: Die Bodenkultur, Vol. 50, No. 4, S. 263-277.

Messing, M. (1996): Sportsoziologische und systemtheoretische Betrachtung von Zuschauerrollen, in: Messing M., Lames, M. (Hrsg.): Empirische Untersuchungen zur Sozialfigur des Sportzuschauers, Niedernhausen, S. 82-93.

Meyer, A., Blümelhuber, C., Pfeifer, M. (2000): Der Kunde als Co-Produzent und Co-Designer – oder: Die Bedeutung der Kundenintegration für die Qualitätspolitik von Dienstleistungsanbietern, in: Bruhn, M., Stauss, B. (Hrsg.): Dienstleistungsqualität, 3. Auflage, Wiesbaden, 49-70.

Michel, L., Conrad, W. (1982): Testtheoretische Grundlagen psychometrischer Tests, in: Groffmann, K.J., Michel, L. (Hrsg.): Enzyklopädie der Psychologie, Themenbereich B: Methodologie und Methoden, Serie II: Psychologische Diagnostik, Band I: Grundlagen Psychologischer Diagnostik, Göttingen, S. 1-129.

Middlemist, R.D., Knowles, E.S., Matter, C.F. (1976): Personal space invasions in the lavatory: Suggestive evidence for arousal, in: Journal of Personality and Social Psychology, Vol. 33, S. 541-546.

Milbrath, L.W., Sahr, R.C. (1975): Perception of environmental quality, in: Social Indicators Research, Vol. 1, S. 397-438.

Miller, R. (1998): Umweltpsychologie. Eine Einführung, Stuttgart et al.

Milliman, R. E. (1986): The influence of background music on the behaviour of restaurant patrons, in: Journal of Consumer Research, Vol. 13, No. 2, S. 286-289.

Namboodiri, N.K., Carter, L.F., Blalock, H.M. (1975): Applied multivariate analysis and experimental design, New York.

Nasar, J.L. (1994): Urban design aesthetics: The evaluative qualities of building exteriors, in: Environment and Behavior, Vol. 26, S. 377-401.

Neale, L., Funk, D. (2006): Investigating motivation, attitudinal loyalty and attendance behaviour with fans of Australian Football, in: International Journal of Sports Marketing & Sponsorship, Vol. 7, No. 4, S. 307-317.

Nerdinger, F.W. (2001): Psychologie des persönlichen Verkaufs. Lehr- und Handbücher der Psychologie, München und Wien.

Neumann, R., Strack, F. (2000): Mood contagion: The automatic transfer of mood between persons, in: Journal of Personality and Social Psychology, Vol. 79, No. 2, S. 211-223.

Norberg-Schulz, C. (1980): Genius loci: Towards a phenomenology of architecture, London.

North, A.C, Hargreaves, D.J. (1998): The effect of music on atmosphere and purchase intentions in a cafeteria, in: Journal of Applied Psychology, Vol. 28, No. 24, S. 2254-2273.

North, A.C., Shilcock, A., Hargreaves, D.J. (2003): The effect of musical style on restaurant customers' spending, in: Environment and Behavior, Vol. 35, No. 5, S. 712-718.

Nötzel, R. (1990): Märkte und marktähnliche Veranstaltungen als Magneten für Städte, in: Planung und Analyse, Vol. 17, No. 1, S. 5-10.

Novick, M.R. (1966): The axioms and principal results of classical test theory, in: Journal of Mathematical Psychology, Vol. 3, S. 1-18.

Nunnally, J.C., Bernstein, I.H. (1994): Psychometric theory, 3. Auflage, New York.

Oliver, R.L. (1994): Conceptual issues in the structural analysis of consumption emotion, satisfaction, and quality: Evidence in a service setting, in: Advances in Consumer Research, Vol. 21, S. 16-22.

Opaschowski, H. (1996): Die Zukunft des Sports. Zwischen Inszenierung und Vermarktung. Eine Analyse vom Freizeit – Forschungsinstitut der BAT, Hamburg.

Oppewal, H., Timmermans, H. (1999): Modeling consumer perception of public space in shopping centers, in: Environment and Behavior, Vol. 31, No. 1, S. 45-65.

o.V. (2006): Bälle, Tore und Finanzen III. Fußballstudie 2006, Ernst & Young, Stuttgart.

o.V. (2007): Alles über die Fanbeauftragten der 1. Bundesliga, der 2. Bundesliga sowie der Regionalligen, URL: http://www.die-fanbeauftragten.de/vorstellung_ wiruebe-runs.php (Stand 27.09.2007), 1 Seite.

o.V. (2007): Bundesliga, URL: http://www.bundesliga.de/de/liga/news/2006/ in-dex.php?f=6355 5.php (Stand 01.10.2007, 1 Seite.

o.V. (2007): Bundesliga elektrisiert die Massen, URL: http://www.bundesliga.de/de/ fan-kurve/ atmosphaere/index.php, (Stand 01.10.2007), 1. Seite.

o.V. (2007): Spieltagsübersicht, URL: http://www.dfl.de/de/statistik/spieltag/index.php?& competition=87&season=7&matchday=1, (Stand 19.11.2007), 17 Seiten.

o.V. Deloitte & Touche (2004): Bundesliga behauptet sich im europäischen 10 Milliarden Euro Fußballmarkt, Pressemitteilung Deloitte & Touche GmbH: Manchester, Düsseldorf.

Parasuraman, A., Zeithaml, V., Berry, L. (1988): SERVQUAL: A multiple-item scale for measuring customer perceptions of service quality, in: Journal of Retailing, Vol. 64, No. 1, S. 12-40.

Pennartz, P.J.J. (1986): Atmosphere at home: A qualitative approach, in: Journal of Environmental Psychology, Vol. 6, S. 135-153.

Peterson, G.L. (1976): Perceived quality of scenic and recreational environments. Research needs and priorities, in: Craik, K.H., Zube, E.H. (Hrsg.): Perceiving environmental quality. Research and applications, New York, London, S. 59-90.

Peel, D. A., Thomas, D. A. (1992): The demand for football: Some evidence on outcome uncertainty, in: Empirical Economics, Vol. 17, S. 323–331.

Peter, J.P. (1981): Construct validity: A review of basic issues and marketing practices, in: Journal of Marketing Research, Vol. 18, S. 133-145.

Pfaff, S. (2002): Erlebnismarketing für die Besucher von Sportveranstaltungen - Erlebnisstrategien und -instrumente am Beispiel der Fußballbundesliga, Dissertation, Universität Göttingen.

Pine, B.J., Gilmore, J.H. (2000): Erlebniskauf: Konsum als Erlebnis, Business als Bühne, Arbeit als Theater, München.

Podsakoff, P.M., MacKenzie, S.B., Podsakoff, N.P., Lee, Y.J. (2003): The mismeasure of man(agement) and its implications for leadership research, in: The Leadership Quarterly, Vol. 14, S. 615-656.

Pons, F., Mourali, M., Nyeck, S. (2006): Consumer orientation toward sporting events, in: Journal of Service Research, Vol. 8, No. 3, S. 276-287.

Price, L.L., Arnould, E.J. (1999): Commercial friendships: Service provider-client relationships in context, in: Journal of Marketing, Vol. 63, S. 38-56.

Proshansky, H.M., Fabian, A.K., Kaminoff, R. (1983): Place identity: physical world socialization of the self, in: Journal of Environmental Psychology, Vol. 3, S. 57-84.

Reckenfelderbäumer, M. (2003): Auswirkungen der Integrativität auf die Qualitätspolitik von Fußballclubs, in: Reckenfelderbäumer, M., Welling, M. (Hrsg.): Fußball als Gegenstand der Betriebswirtschaftslehre. Leistungstheoretische und qualitätspolitische Grundlagen, Schriften der wissenschaftlichen Hochschule Lahr, Lahr, S. 47-87.

Renko, S., Vignali, G. (2006): The meaning of store image and store atmosphere in the store choice process, in: International Customer Behaviour and Retailing Research: 2nd Circle conference, S. 61-71.

Richey, J., Mar, B.W., Horner, R. (1985): The Delphi Technique in environmental assessment, in: Journal of Environmental Management, Vol. 21, No. 2, S. 135-159.

Riedmüller, F. (2003): Dienstleistungsqualität bei professionellen Sportveranstaltungen. Entwicklung und Überprüfung eines Erklärungsmodells, Dissertation, Universität der Bundeswehr München.

Rindskopf, D. (1984): Using phantom and imaginary latent variables to parameterize constraints in linear structural models, in: Psychometrika, Vol. 49, S. 37-47.

Ringle, C.M. (2004): Gütemaße für den Partial Least Squares-Ansatz zur Bestimmung von Kausalmodellen, Arbeitspapier Nr. 16 des Instituts für Industriebetriebslehre und Organisation an der Universität Hamburg, Hamburg.

Roseman, I.J., Smith, C.A. (2001): Appraisal theory. Overview, assumptions, varieties, controversies, in: Scherer, K.R., Schorr, A., Johnstone, T. (Hrsg.): Appraisal processes in emotion. Theorie, methods, research, New York, S. 3-19.

Rossiter, J.R. (2002): The C-OAR-SE procedure for scale development in marketing, in: International Journal of Research in Marketing, Vol. 19, S. 305-335.

Ruddell, E.J., Gramann, J.H., Rudis, V.A., Westphal, J.M. (1989): The psychological utility of visual penetration in near-view forest scenic-beauty models, in: Environment and Behavior, Vol. 21, S. 393-412.

Russell, J., Pratt, G. (1980): A description of the affective quality attributed to environments, in: Journal of Personality and Social Psychology, Vol. 38, No. 3, S. 311-322.

Russell, J.A., Ward, L.M., Pratt, G. (1981): Affective quality attributed to environments: A factor analytic study, in: Environment and Behavior, Vol. 13, S. 259-288.

Russell, J.A., Ward, L.M. (1982): Environmental psychology, in: Annual Review of Psychology, Vol. 33, S. 651-88.

Russell, J.A., Lanius, U.F. (1984): Adaptation level and the affective appraisal of environments, in: Journal of Environmental Psychology, Vol. 4, No. 4, S. 119-135.

Russell, J.A., Snodgrass, J. (1987): Emotion and the environment, in: Stokols, D., Altman, I. (Hrsg.): Handbook of environmental psychology, New York, S. 245-281.

Russell, J.A., Weiss, A., Mendelsohn, G.A. (1989): Affect grid: A single-item scale of pleasure and arousal, in: Journal of Personality and Social Psychology, Vol. 57, S. 493-502.

Russell, G.W. (1993): The social psychology of sport, New York.

Russell, D.W. (2002): In search of underlying dimension: The use (and abuse) of factor analysis, in: Personality and Social Psychology Bulletin, Vol. 28, No. 12, S. 1629-1646.

Sauer, N.E. (2005): Entwicklung und Validierung einer Skala zur Messung von Consumer Sophistication, in: Marketing ZFP, Vol. 27, No. 1, S. 55-70.

Schermelleh-Engel, K., Moosbrugger, H., Müller, H. (2003): Evaluating the fit of structural equation models: Test of significance and descriptive goodness-of-fit measures, in: Methods of Psychological Research Online, Vol. 8, No. 2, S. 23-74.

Scherer, K.R. (1996): Emotion, in: Stroebe, W., Hewstone, M., Stephenson, G.M. (Hrsg.): Sozialpsychologie, 3. Auflage, Berlin, S. 293-330.

Scheuch, M. (2001): Verkaufsraumgestaltung und Ladenatmosphäre im Handel, Dissertation, Wirtschaftsuniversität Wien.

Scholderer, J., Balderjahn, I. (2005): PLS versus LISREL: Ein Methodenvergleich, in: Bliemel, F., Eggert, A., Fassot, G., Henseler, J. (Hrsg.): Handbuch PLS-Pfadmodellierung. Methode, Anwendung, Praxisbeispiele, Stuttgart, S. 87-98.

Scholderer, J., Balderjahn, I. (2006): Was unterscheidet harte und weiche Strukturgleichungsmodelle nun wirklich?. Ein Klärungsversuch zur LISREL-PLS-Frage, in: Marketing ZFP, Vol. 28, No. 1, S. 57-70.

Scholderer, J., Balderjahn, I., Paulssen, M. (2006): Kausalität, Linearität, Reliabilität: Drei Dinge, die Sie nie über Strukturgleichungsmodelle wissen wollten, in: DBW, Vol. 66, No. 6, S. 640-650.

Schlosser, A.E. (1998): Applying the functional theory of attitudes to understanding the influence of store atmosphere on store inferences', in: Journal of Consumer Psychology, Vol. 7, No. 4, S. 354-369.

Schmitt, B. (1999): Experiential marketing, in: Journal of Marketing Management, Vol. 15, S. 53-68.

Schmitz, H. (1998): Situationen und Atmosphären. Zur Ästhetik und Ontologie bei Gernot Böhme, in: Hauskeller M., Rehmann-Sutter, C., Schiemann, G. (Hrsg.): Naturerkenntnis und Natursein, Frankfurt am Main, S. 176-190.

Schmitz, H. (2003): Was ist neue Phänomenologie?, Rostock.

Schulze, G. (2005): Die Erlebnisgesellschaft. Kultursoziologie der Gegenwart, 8. Auflage Frankfurt am Main.

Sherry, J.F. (1990): A sociocultural analysis of a midwestern American flea market, in: Journal of Consumer Research, Vol. 17, No. 1, S. 13-30.

Sloan, L.R. (1989): The motives of sport fans, in: Goldstein F.H. (Hrsg.): Sports, games, and play: Social and psychological viewpoints, 2. Auflage, Hillsdale, S. 175-240.

Solomon, M., Bamossy, G., Askegaard, S., Hogg, M.K. (2006): Consumer behaviour. A European perspective, 3. Auflage, Harlow et al.

Spies, K., Hesse, F., Loesch, K. (1997): Store atmosphere, mood and purchasing behavior, in: International Journal of Research in Marketing, Vol. 14, S. 1-17.

Stollenwerk, H.J. (1996): Sport – Zuschauer – Medien, Aachen.

Strauß, B. (1996): Selbstdarstellung von Sportzuschauern, in: Conzelmann, A., Gabler, H., Schlicht, W. (Hrsg.): Soziale Interaktionen und Gruppen im Sport: Bericht über die Tagung der Arbeitsgemeinschaft für Sportpsychologie vom 25. bis 27.05.1995 in Tübingen, Köln, S. 123-134.

Sundstrom, E., Bell, P.A., Busby, P.L., Asmus, C. (1996): Environmental psychology 1989-1994, in: Annual Review of Psychology, Vol. 47, S. 485-512.

Tai, S., Fung, A. (1997): Application of an environmental psychology model to in-store buying behaviour, in: The International Review of Retail, Distribution and Consumer Research, Vol. 7, No. 4, S. 311-338.

Tauber, E.M. (1972): Why do people shop?, in: Journal of Marketing, Vol. 36, S. 46-49.

Taylor, S., Bogdan, R. (1984): Introduction to qualitative research methods: The search for meanings, New York.

Tellenbach, H. (1968): Geschmack und Atmosphäre, Salzburg.

Thompson, C.J., William, B.L., Howard, R.P. (1990): The lived meaning of free choice: An existential-phenomenological description of everyday consumer experiences of contemporary married women, in: Journal of Consumer Research, Vol. 17, December, S. 346-361.

Thörner, C. (2001): Qualität professioneller Sportleistungen. Eine Analyse unter besonderer Betrachtung von Teamsportligen, München.

Trail, G. T., James, J. D. (2001): The motivation scale for sport consumption: assessment of the scale's psychometric properties, in: Journal of Sport Behavior, Vol. 24, No. 1, S. 108-127.

Trommsdorff, V. (2002): Konsumentenverhalten, Stuttgart.

Turley, L.W., Fugate, D.L. (1992): The multidimensional nature of service facilities: Viewpoints and recommendations, in: Journal of Services Marketing, Vol. 6, No. 3, S. 37-45.

Überla, K. (1977): Faktorenanalyse. Eine systematische Einführung für Psychologen, Mediziner, Wirtschafts- und Sozialwissenschaftler, Nachdruck der zweiten Auflage, Berlin et al.

Uhrich, S., Königstorfer, J. (im Druck): Atmosphäre bei Sportveranstaltungen – Ein umweltpsychologisches Rahmenkonzept, in: Klein, M.-L., Kurscheidt, M. (Hrsg.): Neue Perspektiven ökonomischer Sportforschung, Sportökonomie – Schriftenreihe des AK Sportökonomie, Band 9, Schorndorf.

Vinzi, V.E., Lauro, D., Tenenhaus, M. (2003): PLS Path Modeling, Working Paper, DMS – University of Naples, HEC – School of Management, Neapel.

von Uexküll, J. (1957): A stroll through the world of animals and men, in: Schiller, C.H., Lashley, K.S. (Hrsg.): Instinctive behavior: The development of a modern concept, New York, S. 5-80.

von Wangenheim, F., Bayón, T., Weber, L. (2002): Der Einfluss von persönlicher Kommunikation auf Kundenzufriedenheit, Kundenbindung und Weiterempfehlungsverhalten, in: Marketing ZFP, Vol. 24, No. 3, S. 181-194.

Voss-Uhlenbrock, H. (1998): Das Bundesligastadion: Von der Kampfbahn zur Erlebniswelt, in: Hennings, G., Müller, S. (Hrsg.): Kunstwelten. Künstliche Erlebniswelten und Planung, Dortmunder Beiträge zur Raumplanung, Dortmund, S. 51-70.

Wakefield, K.L., Blodgett, J.G. (1994): The importance of servicescapes in leisure service settings, in: Journal of Services Marketing, Vol. 8, No. 3, S. 66-76.

Wakefield, K.L., Blodgett, J.G. (1996): The effect of the servicescape on customers behavioral intentions in leisure service settings, in: Journal of Services Marketing, Vol. 10, S. 45-61.

Wakefield, K.L., Blodgett, J.G. (1999): Customer response to intangible and tangible service factors, in: Psychology & Marketing, Vol. 16, No. 1, S. 51-68.

Wakefield, K., Blodgett, J.G., Sloan, H.J. (1996): Measurement and management of the sportscape, in: Journal of Sport Management, Vol. 10, January, S. 15-31.

Wakefield, K.L., Baker, J. (1998): Excitement at the mall: Determinants and effects on shopping response, in: Journal of Retailing, Vol. 74, S. 515-540.

Wann, D.L. (1995): Preliminary validation of the sport fan motivation scale, in: Journal of Sport & Social Issues, Vol. 19, No. 4, S. 377-396.

Wann, D.L., Branscombe, N.R. (1993): Sport fans: Measuring the degree of identification with their team, in: International Journal of Sport Psychology, Vol. 24, S. 1-17.

Wann, D.L., Melnick, M.J., Russell, G.W., Pease, D.G. (2001): Sport fans. The psychology and social impact of spectators, New York, London.

Wann, D.L, Royalty, J.L., Rochelle, A.R. (2002): Using motivation and team identification to predict sport fans emotional responses to team performance, in: Journal of Sport Behavior, Vol. 25, No. 2, S. 207-216.

Wapner, S., Demick, J. (2002): The increasing contexts of context in the study of environment behavior relations, in: Bechtel, R. B., Churchman, A. (Hrsg.): Handbook of environmental psychology, New York, S. 3-14.

Ward, L.M., Russell, J.A. (1981): The psychological representation of molar physical environments, in: Journal of Experimental Psychology: General, Vol. 110, S. 121-152.

Ward, L.M., Snodgrass, J., Chew, B., Russell, J.A. (1988): The role of plans in cognitive and affective responses to places, in: Journal of Environmental Psychology, Vol. 8, S. 1-8.

Watson, D., Tellegen, A. (1985): Toward a consensual structure of mood, in: Psychological Bulletin, Vol. 98, S. 219-235.

Weinberg, P. (1992): Erlebnismarketing, München.

Westbrook, R.A., Black, W. (1985): A motivation-based shopper typology, in: Journal of Retailing, Vol. 61, S. 78-103.

Westerbeek, H.M., Shilbury, D. (1999): Increasing the focus on „place“ in the marketing mix for facility dependent sport services, in: Sport Management Review, Vol. 2, S. 1-23.

Whitney, J. D. (1988): Winning games versus winning championships. The economics of fan interest and team performance, in: Economic Inquiry, Vol. 26, S. 703–724.

Wochnowski, H. (1996): Veranstaltungsmarketing – Grundlagen und Gestaltungsempfehlungen zur Vermarktung von Veranstaltungen, Frankfurt Main.

Wohlwill, J.F. (1976): Environmental aesthetics: The environment as a source of affect, in: Altmann, I., Wohlwill, J.F. (Hrsg.): Human behavior and environment, Vol. 1, S. 37-86.

Wold, H. (1982): Soft modelling: The basic design and some extensions, in: Jöreskog, K.G., Wold, H. (Hrsg.): Systems under indirect observations: Causality, structure, prediction, Part 2, Amsterdam, S. 1-54.

Woratschek, H., Schafmeister, G., Hoeneß, B. (2006): How can revenues be increased by selling sport broadcasting rights abroad? New insights from the managerial perspective, in: Proceedings of the 14th EASM European Sport Management Congress, September 2006, Nikosia, 224-226.

Woratschek, H., Horbel, C., Roth, S., Popp, B. (im Druck): Der Einsatz der Videographie im Dienstleistungsmanagement – Eine Analyse von "verrückten Typen", in: Benkenstein, M. (Hrsg.): Neue Herausforderungen an das Dienstleistungsmarketing, Tagungsband des 12. Workshops Dienstleistungsmarketing, Wiesbaden.

Yalch, R., Spangenberg, E. (1990): Effects of store music on shopping behavior, in: Journal of Consumer Marketing, Vol. 7, Spring, S. 55-63.

Zubek, J.P. (1969): Sensory deprivation: Fifteen years of research, New York.

Zuckerman, M. (1979): Sensation seeking: Beyond the optimal level of arousal, Hillsdale.

SPRINGER NATURE

GPSR Compliance

The European Union's (EU) General Product Safety Regulation (GPSR) is a set of rules that requires consumer products to be safe and our obligations to ensure this.

If you have any concerns about our products, you can contact us on ProductSafety@springernature.com

In case Publisher is established outside the EU, the EU authorized representative is:

Springer Nature Customer Service Center GmbH
Europaplatz 3
69115 Heidelberg, Germany

FSC
www.fsc.org
MIX
Papier | Fördert gute Waldnutzung
FSC® C083411

Kolibri 360 GmbH
Ferdinand-Jühlke-Straße 7
99095 Erfurt, Deutschland
produktsicherheit@kolibri360.de